"책 표지 한번 별나네?"

책의 얼굴이라는 표지에 책에 대한 정보가 없으니 당황스러우셨죠?

우리 함께 공부하는 별님들의 꿈은 무엇인가요?
꿈은 명사가 아닌 동사여야 합니다.
제가 동사의 꿈을 여러분과 함께 꾸고자 합니다.

많은 사람들이 쓰는 책의 얼굴에 선한 메시지가 담겨진다면 얼마나 아름다울까?

이 작은 움직임이 큰 몸짓으로 바뀌어 나간다면 우리는 얼마나 더 따스해질까?

그래서 과감하게 책의 얼굴을 바꿔 보기로 했습니다.
누군가에게 도움을 주는 삶.
저도 사실은 익숙하진 않습니다.

우리 함께 해봐요.
삶 속에서, 그냥 평범한 일상 속에서
나도 누군가에게 도움을 '지금' 주고 있다는 느낌을 가져 보죠.

<u>별똥별을 보고 소원을 빌면 이루어진다고 하죠?</u>

큰별쌤과 함께 한국사를 공부한 별님들의 따뜻한 마음,
그 마음이 모여 간절한 바람이 있는 곳에 별똥별이 되어 날아갑니다.

이 책을 통해 나오는 수익금의 일부가
누군가에게 희망의 빛으로 다가가길 소망합니다.
이 책을 통해 우리는 서로를 기대고 있는 '사람(人)'이라는 사실을
공유하길 소망합니다.

이 책을 통해 당신은 '지금' 누군가의 별똥별이 되어줄 수 있습니다.
이미 누군가의 꿈을 '지금' 응원하고 있는 겁니다.

우리 별님들은 그런 사람입니다.

집필 및 검토

최태성

모두의 별★별 한국사 연구소장

EBS 한국사 대표 강사, ETOOS 한국사 강사

성균관대학교 사학과 졸업

중·고등학교 한국사 교과서 및 역사부도 집필

EBS 평가원 연계 교재 집필 및 검토

2013년 국사편찬위원회 자문위원

2011~2012년 EBS 역사 자문위원

MBC 〈무한도전〉 '문화재 특강' 진행

KBS 1 TV 〈역사저널 그날〉 패널 출연

KBS 라디오 FM 대행진 〈별별 히스토리〉 코너 진행

EBS1 〈미래교육 플러스〉 진행

tvN STORY 〈벌거벗은 한국사〉 진행

모두의 별★별 한국사 연구소 곽승연 이상선 김혜진 권혜성

Staff

발행인 정선욱

퍼블리싱 총괄 남형주

개발 김태원 김경대 김인겸 정명희 조정연

기획·디자인·마케팅 조비호 김정인 차혜린 강윤정

유통·제작 서준성 신성철

큰별쌤 최태성의 별★별 한국사 7일의 기적 한국사능력검정시험 | 기본(4·5·6급) 202404 제5판 1쇄

펴낸곳 이투스에듀(주) 서울시 서초구 남부순환로 2547

고객센터 1599-3225 **등록번호** 제2007-000035호 **ISBN** 979-11-389-2441-2 [13910]

큰별쌤 최태성의

별★별한국사

최신판

7일의 기적

한국사능력검정시험
기본 (4·5·6급)

최태성 지음

한국사능력검정시험이란?

한능검 접수
가이드 영상

한국사능력검정시험은 한국사 학습 능력을 측정할 수 있는 대표적인 시험입니다. 국사편찬위원회는 우리 역사에 대한 관심을 제고하고, 한국사 전반에 걸쳐 역사적 사고력을 평가하는 다양한 유형의 문항을 개발하고 있습니다. 이를 통해 한국사 교육의 올바른 방향을 제시하고, 자발적 역사 학습을 통해 고차원적 사고력과 문제해결 능력을 배양하고자 합니다.

시험 목적

- 우리 역사에 대한 관심을 확산·심화시키는 계기를 마련함
- 균형 잡힌 역사의식을 갖도록 함
- 고차원적 사고력과 문제해결 능력을 육성함
- 역사 교육의 올바른 방향을 제시함

◉ **시험 주관 및 시행 기관** 국사편찬위원회

◉ **응시 대상** 한국사에 관심 있는 대한민국 국민(외국인도 가능)

※출처 : 국사편찬위원회 한국사능력검정시험

시험 종류 및 인증 등급

시험 종류	심화	기본
인증 등급	1급(80점 이상)	4급(80점 이상)
	2급(70~79점)	5급(70~79점)
	3급(60~69점)	6급(60~69점)
문항수	50문항(5지 택1형)	50문항(4지 택1형)

* 배점 : 100점 만점 (문항별 1점~3점 차등 배점)

기본 시험 시간

시간	내용	소요 시간
10:00~10:10	오리엔테이션(시험 시 주의 사항)	10분
10:10~10:15	신분증 확인(감독관)	5분
10:15~10:20	문제지 배부	5분
10:20~11:30	시험 실시(50문항), 파본 확인	70분

평가 내용

시험 종류	평가 내용
심화	한국사 심화 과정으로 한국사에 대한 체계적인 이해를 바탕으로 한국사의 주요 사건과 개념을 종합적으로 이해하고, 역사 자료를 분석하고 해석하는 능력, 한국사의 흐름속에서 시대적 상황 및 쟁점을 파악하는 능력을 평가
기본	한국사 기본 과정으로 기초적인 역사 상식을 바탕으로 한국사의 필수 지식과 기본적인 흐름을 이해하는 능력을 평가

여기서 잠깐!

한국사능력검정시험 "기본"은 선택지가 '4지 택1' 형태인 50문항을 70분 동안 풀어야 합니다. 문항의 난도는 기존의 초급과 중급 사이로 출제되며 합격률은 50~60% 정도입니다. 다소 어렵게 느껴지기도 하겠지만, 큰별쌤이 짚어 주는 중요 개념을 잘 알아 두고, 기출문제 풀이로 문제 유형을 익히면 충분히 합격할 수 있습니다.

시험 합격 비법

유튜브 **최태성 1TV**(인강 전문 채널)

모두의 별★별 한국사(http://www.etoos.com/bigstar)

원서 접수 및 자세한 시험 정보

국사편찬위원회 (http://www.historyexam.go.kr)

큰별쌤의 결론은?

1 초등부터 성인까지 한국사 필수 시대!

한국사를 손 놓을 수는 없죠!

2 한국사는 계속된다! 쭈~욱!

공무원 시험, 교원임용 시험, 승진 시험 등

**3 한국사능력검정시험은
선발 시험이 아닌 인증 시험!**

80점 이상이면 4급
70~79점이면 5급
60~69점이면 6급

4 도전해 볼 만한 수준!

한 달 정도만 투자해서
필수 개념만 익히면 합격할 수 있어요.

전체적인 흐름을 파악하시고,
개념을 꼼꼼히 확인하세요.

사진, 자료 등은 시대와 꼭 연결하여
익숙하게 만들어 두세요.

시험 합격도 중요하지만
한국사 공부를 통해
역사 속의 사람들을 만나 소통해 보고
한 번의 인생 어떻게 살아갈 것인가를
생각해 보는 계기가 되기를 바랄게요.

7일로 핵심 개념 정리하기

핵심 개념 **한눈에 보기**

시험에 자주 나오는 개념을 한눈에 파악할 수 있도록 정리하였어요. 학습에 앞서 미리 중요한 개념을 익히고, 학습 후 핵심 개념을 잘 파악하고 있는지 확인해 보세요.

한눈에 사로잡는 **판서와 흐름 잡기**

한국사를 딱 10개의 판서로 정리하였어요. 한 판에 담긴 판서를 통해 중요한 개념을 정리하고, 연표를 통해 흐름을 잡아 보세요.

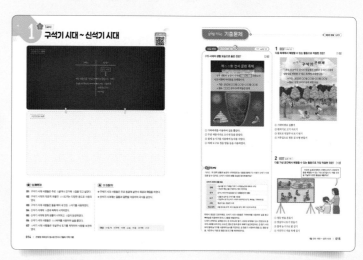

흐름을 잡는 **판서**

판서를 주제별로 나누어 정리하였어요. '별 채우기'는 자주 나오는 기출 선택지이니 꼭 눈여겨 봐 두세요. 추가로 알아 두어야 할 내용은 '별 더하기'에 정리하였습니다.

실력을 키우는 **기출문제**

실력을 키우는 기출문제를 통해 출제 유형을 익히고 공부한 내용을 확인해 보세요.

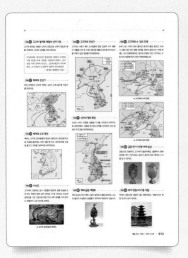

자주 나오는 기출 자료

시험에 자주 나오는 자료를 선별하였
어요. 판서의 개념과 연결하여 눈에 익
혀 주세요.

큰별쌤 최태성의 별★별 한국사 7일의 기적 한국사능력검정시험 기본(4·5·6급)은
단기간에 합격할 수 있도록 시험에 꼭 나오는 핵심 내용만을 압축해 놓았습니다.
시험 전 중요한 개념들을 정리하고 관련된 문제를 풀면서 합격을 노려보세요!

주제 특강

시험에 종종 출제되는 세시 풍속, 유네스
코와 유산, 지역사, 문화재, 근·현대 인물
등을 기출문제와 함께 정리하였어요.

최종 점검 기출 모의고사

실전 감각을 익힐 수 있는 기출 모의고
사입니다. 빈출 주제를 선별해 2회분으
로 구성하였어요. 자신의 실력도 확인
해 보고 최종 점검용으로 풀어 보세요.

정답과 해설

자세하고 친절한 해설로 문제를 풀어
가는 방법을 익히고 핵심 개념도 다시
정리해 보세요.

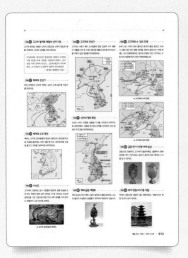

이 책의
구성

이 책의 차례

1일

선사 시대 ~ 삼국 시대

여러 나라의 성장

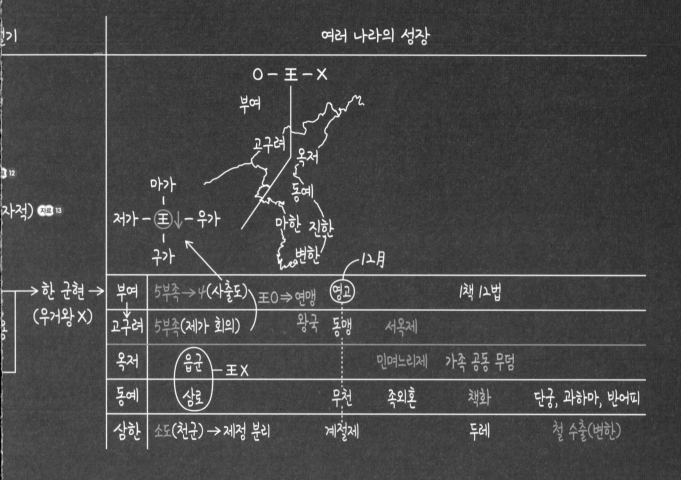

O - 王 - X

부여
고구려 옥저
마가 동예
저가 - (王)↓ - 우가 마한 진한
구가 변한

12月

부여	5부족→4(사출도)	王O ⇒ 연맹	(영고)	1책 12법		
고구려	5부족(제가 회의)	왕국	동맹	서옥제		
옥저	(음군) — 王X			민며느리제	가족 공동 무덤	
동예	(삼로)		무천	족외혼	책화	단궁, 과하마, 반어피
삼한	소도(천군)→제정 분리		계절제		두레	철 수출(변한)

→ 한 군현 →
(우거왕 X)

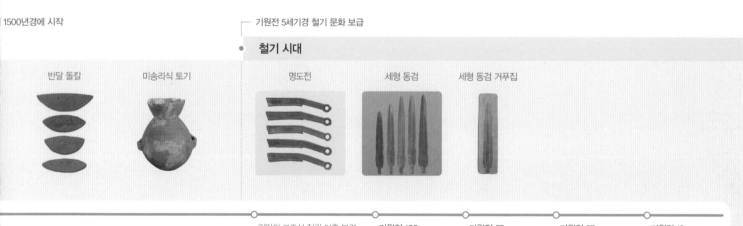

철기 시대

반달 돌칼 미송리식 토기 명도전 세형 동검 세형 동검 거푸집

위만의 고조선 집권 이후 본격 기원전 108 기원전 57 기원전 37 기원전 18
적으로 철기 문화가 수용됨 고조선 멸망 신라 건국 고구려 건국 백제 건국

1일-1 선사 시대*

	구석기	신석기	청동기	천
		농경 시작	계급 출현	중국 교류

이동 생활(동굴, 막집) ～～→ 정착(움집=강·바다)
주먹도끼(뗀석기) ～～～→ 간석기, 가락바퀴 자료 05
자료 01   자료 02   빗살무늬 토기 자료 06
애니미즘

신석기 농경 시작
자료 03
자료 04

청동기 계급 출현

고인돌 자료 07

비파형 동검 자료 08

자료 09
반달 돌칼
민무늬 토기
(미송리식 토기)
자료 10

─ 고조선 ─
· 8조법 자료 11
· 제정일치(단군왕검)

천 중국 교류

· 명도전, 붓 자료
· 세형 동검(독

～～→ 위만 조선
(왕검성)
· 철기 본격 수
· 중계 무역

흐름잡기 ≫

약 70만 년 전부터 시작
● **구석기 시대**
주먹도끼   슴베찌르개

기원전 8000년경에 시작
● **신석기 시대**
움집(복원)   가락바퀴   빗살무늬 토기

기원전 2000년~기원전
● **청동기 시대**
비파형 동검

기원전 2333
고조선 건국

1 교시 **구석기 시대 ~ 신석기 시대**

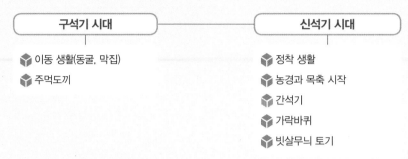

구석기 시대	신석기 시대
🔷 이동 생활(동굴, 막집)	🔷 정착 생활
🔷 주먹도끼	🔷 농경과 목축 시작
	🔷 간석기
	🔷 가락바퀴
	🔷 빗살무늬 토기

2 교시 **청동기 시대 ~ 철기 시대**

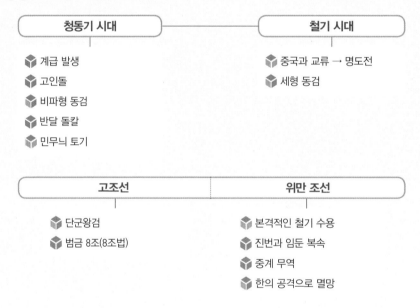

청동기 시대	철기 시대
🔷 계급 발생	🔷 중국과 교류 → 명도전
🔷 고인돌	🔷 세형 동검
🔷 비파형 동검	
🔷 반달 돌칼	
🔷 민무늬 토기	

고조선	위만 조선
🔷 단군왕검	🔷 본격적인 철기 수용
🔷 범금 8조(8조법)	🔷 진번과 임둔 복속
	🔷 중계 무역
	🔷 한의 공격으로 멸망

3 교시 **여러 나라의 성장**

부여	고구려	옥저	동예	삼한
🔷 사출도	🔷 5부족 연맹	🔷 읍군, 삼로	🔷 읍군, 삼로	🔷 천군, 소도
🔷 영고	🔷 동맹	🔷 민며느리제	🔷 무천	🔷 계절제
🔷 1책 12법	🔷 서옥제	🔷 가족 공동 무덤	🔷 책화	🔷 낙랑과 왜에 철 수출
			🔷 단궁, 과하마, 반어피	(변한)

❹ 교시 　고구려

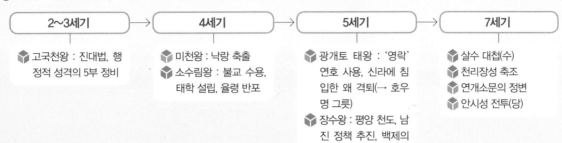

2~3세기	4세기	5세기	7세기
◆ 고국천왕 : 진대법, 행정적 성격의 5부 정비	◆ 미천왕 : 낙랑 축출 ◆ 소수림왕 : 불교 수용, 태학 설립, 율령 반포	◆ 광개토 태왕 : '영락' 연호 사용, 신라에 침입한 왜 격퇴(→ 호우명 그릇) ◆ 장수왕 : 평양 천도, 남진 정책 추진, 백제의 한성 함락	◆ 살수 대첩(수) ◆ 천리장성 축조 ◆ 연개소문의 정변 ◆ 안시성 전투(당)

❺ 교시 　백제

2~3세기	4세기	5세기	6세기	7세기
◆ 고이왕 : 관복·관등제 정비	◆ 근초고왕 : 마한 정복, 평양성 공격, "서기" 편찬(고흥) ◆ 침류왕 : 불교 수용	◆ 개로왕 : 장수왕의 공격으로 전사(한성 함락 → 아들 문주왕이 웅진 천도)	◆ 무령왕 : 22담로에 왕족 파견, 중국 남조와 교류(→ 벽돌무덤) ◆ 성왕 : 사비 천도, 국호 '남부여'로 개칭, 관산성 전투(→ 전사)	◆ 무왕 : 익산에 미륵사 건립 ◆ 의자왕 : 신라의 대야성 함락(윤충), 멸망(계백, 황산벌 전투 → 사비성 함락)

❻ 교시 　신라, 가야

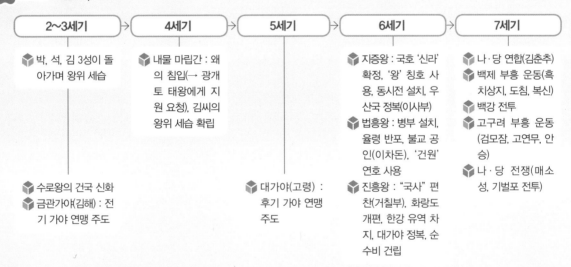

2~3세기	4세기	5세기	6세기	7세기
◆ 박, 석, 김 3성이 돌아가며 왕위 세습	◆ 내물 마립간 : 왜의 침입(→ 광개토 태왕에게 지원 요청), 김씨의 왕위 세습 확립		◆ 지증왕 : 국호 '신라' 확정, '왕' 칭호 사용, 동시전 설치, 우산국 정복(이사부) ◆ 법흥왕 : 병부 설치, 율령 반포, 불교 공인(이차돈), '건원' 연호 사용	◆ 나·당 연합(김춘추) ◆ 백제 부흥 운동(흑치상지, 도침, 복신) ◆ 백강 전투 ◆ 고구려 부흥 운동(검모잠, 고연무, 안승)
◆ 수로왕의 건국 신화 ◆ 금관가야(김해) : 전기 가야 연맹 주도		◆ 대가야(고령) : 후기 가야 연맹 주도	◆ 진흥왕 : "국사" 편찬(거칠부), 화랑도 개편, 한강 유역 차지, 대가야 정복, 순수비 건립	◆ 나·당 전쟁(매소성, 기벌포 전투)

❼ 교시 　삼국의 문화

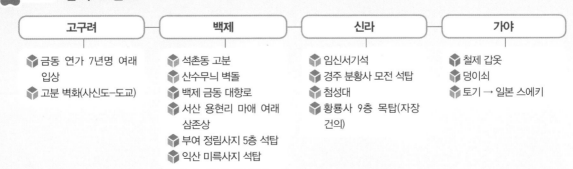

고구려	백제	신라	가야
◆ 금동 연가 7년명 여래 입상 ◆ 고분 벽화(사신도−도교)	◆ 석촌동 고분 ◆ 산수무늬 벽돌 ◆ 백제 금동 대향로 ◆ 서산 용현리 마애 여래 삼존상 ◆ 부여 정림사지 5층 석탑 ◆ 익산 미륵사지 석탑	◆ 임신서기석 ◆ 경주 분황사 모전 석탑 ◆ 첨성대 ◆ 황룡사 9층 목탑(자장 건의)	◆ 철제 갑옷 ◆ 덩이쇠 ◆ 토기 → 일본 스에키

6C	7C	문화재

	• 수 → 살수 대첩(을지문덕) 자료16
	 • 당 ← 천리장성(연개소문)
	    → 안시성 전투
		• 금동 연가 7년명 여래 입상 자료20
		 • 돌무지무덤(장군총) → 굴식 돌방무덤
		    (사신도 – 도교) 자료21

: 22담로(왕족 파견), 벽돌무덤(중국 남조 영향) 웅진→ 사비, 남부여 자료18	• 무왕 : 익산 미륵사지(서동 & 선화 공주) • 의자왕 X : 황산벌 전투(계백)	• 석촌동 고분 • 사택지적비, 산수무늬 벽돌 – 도교 – 금동 대향로 자료22 • 서산 용현리 마애 여래 삼존상 –'백제의 미소' • 부여 정림사지 5층 석탑(=평제탑) 자료23

: 신라, 왕, 우산국(이사부), 동시전
 : 율령, 불교(이차돈)
 	
 ┌ 순수비, 화랑도↑
 └ 당항성(한강), 〈국사〉
	• 나·당 연합 : ┌ 백제 X – 흑치상지, 도침, 복신
	        ⇒ 백강 전투
	        └ 고구려 X – 검모잠, 고연무, 안승
	 • 나·당 전쟁 : 매소성, 기벌포
	 • 삼국 통일(문무왕)
		• 임신서기석
		 • 선덕 여왕 ⇒ 경주 분황사 모전 석탑, 첨성대,
		        황룡사 9층 목탑(자장)
		        → 진흥왕

		철제 갑옷, 덩이쇠, 토기(→ 일본 스에키)

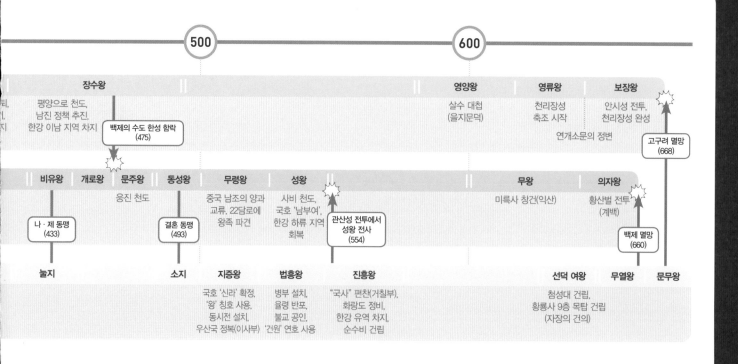

1일-2 삼국 시대*

	2~3C	4C	5C	
고구려(5C) by 주몽	고국천왕 : 행정 5부, 진대법(을파소)	• 미천왕 : 낙랑X • 고국원왕X(평양성) • 소수림왕 : 율령, 불교, 태학	• 광개토 태왕(영락) : (비), 호우명 그릇 자료14 • 장수왕 : 국내성 → 평양(남하) 충주 고구려비 자료15	
백제(4C) by 온조	고이왕 한강	• 근초고왕 자료17 ── 요서, 규슈, 마한 ╰ 칠지도 └ 〈서기〉 • 침류왕 : 동진 → 불교 수용	개로왕X, 한성X → 웅진(공주)	• 무령왕 X • 성왕 :
신라(6C) by 박혁거세	박 → 석 → (김) ∿∿→ 내물 마립간 ← 왜 ←		〈나·제 동맹〉 X ─── 관산성	• 지증왕 • 법흥왕 ∿∿ • 진흥왕 자료19
연맹 **가야** by 김수로	연맹 왕국 ⇒ 금관가야 (김해)		X ┈┈┈→ 대가야 (고령)	

고대 국가
왕↑ 율령 불교

흐름잡기 ⟫

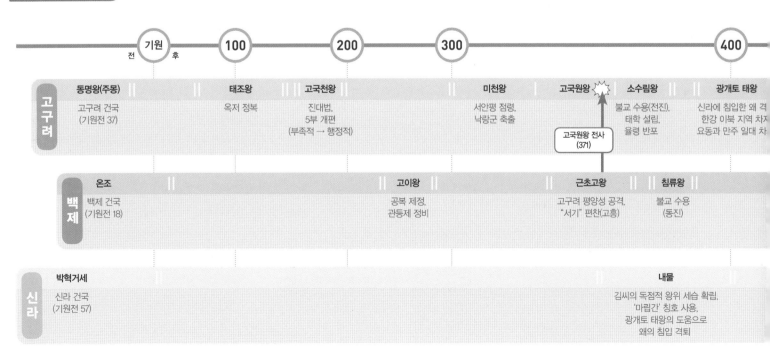

	기원 100	200	300	400
고구려	**동명왕(주몽)** 고구려 건국 (기원전 37)	**태조왕** 옥저 정복 · **고국천왕** 진대법, 5부 개편 (부족적 → 행정적)	**미천왕** 서안평 점령, 낙랑군 축출 · **고국원왕**✦ 고국원왕 전사 (371) · **소수림왕** 불교 수용(전진), 태학 설립, 율령 반포	**광개토 태왕** 신라에 침입한 왜 격퇴 한강 이북 지역 차지 요동과 만주 일대 차지
백제	**온조** 백제 건국 (기원전 18)	**고이왕** 공복 제정, 관등제 정비	**근초고왕** 고구려 평양성 공격, "서기" 편찬(고흥)	**침류왕** 불교 수용 (동진)
신라	**박혁거세** 신라 건국 (기원전 57)			**내물** 김씨의 독점적 왕위 세습 확립, '마립간' 칭호 사용, 광개토 태왕의 도움으로 왜의 침입 격퇴

자료 01 주먹도끼

구석기 시대의 대표적인 뗀석기입니다. 손에 쥐고 쓸 수 있는 만능 도구였어요.

자료 02 슴베찌르개

구석기 시대 후기에 제작된 뗀석기 중 하나입니다. 주로 슴베 부분을 자루에 박아 사냥 도구로 사용하였어요.

슴베

자료 03 움집(복원)

신석기 시대에 농경과 목축이 시작되면서 정착 생활이 이루어졌어요. 신석기 시대 사람들은 주로 강가나 바닷가에 움집을 짓고 마을을 이루어 살았어요.

자료 04 갈돌과 갈판

신석기 시대에 제작된 대표적인 간석기이며, 곡물의 껍질을 벗기거나 가루로 만드는 데 이용하였어요.

자료 05 가락바퀴

신석기 시대에 실을 뽑는 데 사용한 도구로, 가락바퀴에 막대를 꽂아 돌려 식물 껍질의 섬유질을 꼬아 실로 만들었어요.

자료 06 빗살무늬 토기

신석기 시대의 대표적인 토기로, 식량을 저장하거나 음식을 조리하는 데 사용하였어요.

자료 07 고인돌

청동기 시대에 많은 노동력을 동원할 수 있는 사람, 즉 지배자(군장)의 등장을 짐작할 수 있는 유적이에요.

자료 08 비파형 동검

청동은 재료가 귀하고 다루기가 어려웠기 때문에 주로 의례용 도구나 지배자의 무기, 장신구 등을 만드는 데 쓰였어요. 비파형 동검은 대표적인 청동기 시대의 유물이에요.

자료 09 반달 돌칼

청동기 시대의 대표적인 농기구로, 주로 이삭을 자르는 데 사용하였어요.

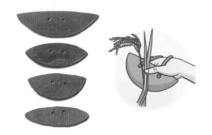

자료 10 미송리식 토기

청동기 시대의 민무늬 토기 가운데 하나로, 발견된 지역의 이름을 따 미송리식 토기라고 합니다. 몸체에 손잡이가 달린 것이 특징이에요.

자료 11 고조선의 8조법

고조선은 8개 조의 법을 만들어 사회 질서를 유지하는 데 이용하였어요. 현재는 8조 가운데 3개 조항이 전해지고 있어요.

> • 사람을 죽인 자는 즉시 죽인다.
> • 남에게 상처를 입힌 자는 곡식으로 갚는다.
> • 도둑질을 한 자는 노비로 삼는데, 용서받고자 하는 자는 50만 전을 내야 한다.
> — "한서" —

자료 12 명도전과 붓

철기 시대에 중국과 교류하였음을 알 수 있는 유물이에요. 명도전은 중국 전국 시대에 사용된 칼 모양의 청동 화폐입니다. 또한, 창원 다호리 유적에서 발견된 붓을 통해 당시에 중국 한자가 전해졌음을 짐작할 수 있어요.

자료 13 세형 동검

철기 시대에도 의례용 도구로 청동기가 제작되었어요. 그중 세형 동검은 청천강 이남 지역에서 주로 발견되는데, 이를 통해 한반도에서 독자적인 청동기 문화가 발전하였음을 알 수 있습니다.

자료 14 고구려 광개토 태왕의 신라 지원

고구려 광개토 태왕은 신라의 요청으로 군대를 보내 신라에 침입한 왜를 격퇴하였어요.

> 10년(400) 경자년에 왕(광개토 태왕)이 보병과 기병 5만을 보내 신라를 구원하게 하였다. 남거성을 거쳐 신라에 이르니, 그곳에 왜군이 가득하였다. 고구려군이 도착하자 왜적이 퇴각하였다.
> – 광개토 태왕릉비 비문 –

자료 17 백제의 전성기

한강 유역에서 건국된 백제는 4세기 근초고왕 때 전성기를 맞이했어요.

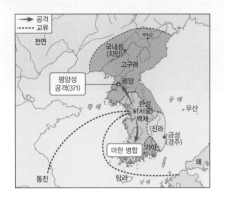

자료 18 백제의 수도 변천

백제는 고구려 장수왕에게 한성이 함락되자 웅진(공주)으로 도읍을 옮겼어요. 이후 성왕 때 다시 사비(부여)로 도읍을 옮기고 국호를 '남부여'로 바꾸었어요.

자료 21 사신도

고구려의 고분에는 당시 사람들의 종교와 생활 모습을 보여 주는 벽화가 많이 남아 있어요. 이 중 사신도는 도교의 방위신을 그린 그림으로 죽은 자의 사후 세계를 지켜 준다는 믿음에서 그린 것으로 보여요.

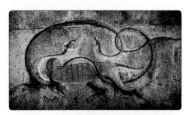

▲ 고구려 강서대묘의 현무도

자료 15 고구려의 전성기

고구려는 4세기 후반 소수림왕이 중앙 집권적 국가 체제의 기틀을 다진 후 5세기 광개토 태왕과 장수왕 때 전성기를 이루고 넓은 영토를 차지하였어요.

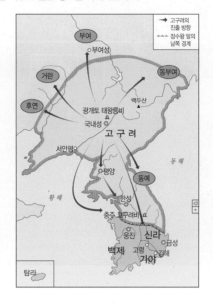

자료 19 신라의 영토 확장

신라는 6세기 지증왕, 법흥왕 시기를 거치면서 비약적으로 발전하였고, 진흥왕 때 한강 유역을 차지하여 삼국 항쟁의 주도권을 장악하였어요.

자료 22 백제 금동 대향로

부여 능산리 부근 백제 시대의 절터에서 출토되었어요. 도교와 불교의 이상향과 상징물이 어우러져 표현되어 있습니다.

자료 16 고구려와 수·당의 전쟁

6세기 말~7세기 초에 들어선 중국의 통일 왕조인 수와 그 뒤를 이은 당이 팽창 정책을 펴면서 동아시아 국제 정세는 크게 변화하였어요. 중국과 맞닿아 있던 고구려는 수와 당의 침입에 맞서 싸워 격퇴하였습니다.

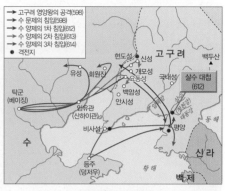

▲ 고구려와 수의 전쟁

▲ 고구려와 당의 전쟁

자료 20 금동 연가 7년명 여래 입상

금동으로 만들어진 고구려의 불상이에요. 불꽃무늬 광배 뒷면에 '연가 7년'이라는 글자가 새겨져 있어 제작된 시기를 알 수 있어요.

자료 23 부여 정림사지 5층 석탑

부여의 정림사에 세워진 5층 석탑이에요. 석탑이지만 목탑 양식이 남아 있어요.

구석기 시대 ~ 신석기 시대

강의 바로 보기

흐름을 잡는 판서

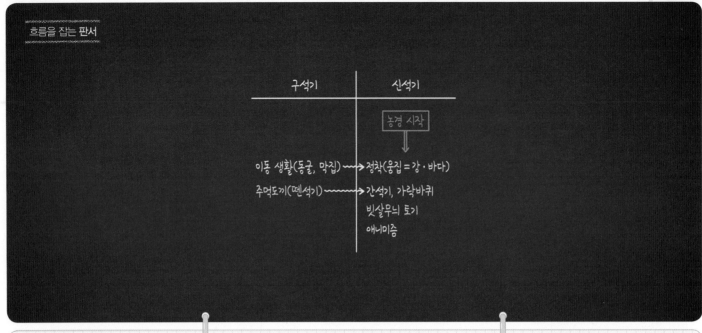

나만의 판서 **노트**

⭐ 별 채우기

01 구석기 시대 사람들은 주로 ⭐굴이나 강가에 ⭐집을 짓고 살았다.

02 구석기 시대의 대표적 유물인 ⭐⭐도끼는 다양한 용도로 사용되었다.

03 구석기 시대 사람들은 돌을 떼어 내 만든 ⭐석기를 사용하였다.

04 신석기 시대에 ⭐경과 목축이 시작되었다.

05 신석기 시대에 정착 생활이 시작되고 ⭐집이 등장하였다.

06 신석기 시대 사람들은 ⭐⭐바퀴를 사용하여 실을 뽑았다.

07 ⭐석기 시대 사람들은 빗살무늬 토기를 제작하여 식량을 보관하였다.

⭐ 별 더하기

✦ 구석기 시대 사람들은 주로 동굴에 살면서 사냥과 채집을 하였다.

✦ 신석기 시대에는 갈돌과 갈판을 이용하여 곡식을 갈았다.

|정답| 01 동, 막 02 주먹 03 뗀 04 농 05 움 06 가락 07 신

대표 문항 ZOOM IN 🔍 기본 60회 1번

(가) 시대의 생활 모습으로 옳은 것은? [2점]

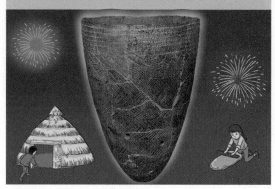

제△△회 선사 문화 축제

키워드 1 신석기 시대에 농경이 시작되었고, 사람들이 점차 마을을 이루고 정착 생활을 하기 시작하였어요.

정착 생활과 농경이 시작된 [(가)] 시대로의 시간 여행에 여러분을 초대합니다.

◆ 기간 : 2022년 ○○월 ○○일~○○월 ○○일
◆ 장소 : □□□ 선사 유적 박물관 일대

① 가락바퀴를 이용하여 실을 뽑았다.
② 무덤 껴묻거리로 오수전 등을 묻었다.
③ 철제 농기구를 사용하여 농사를 지었다.
④ 의례 도구로 청동 방울 등을 사용하였다.

꼼꼼 친절 해설

키워드 1의 정착 생활과 농경이 시작되었다는 내용을 통해 (가) 시대가 신석기 시대임을 알 수 있어요. 신석기 시대의 생활 모습을 정리해 볼까요?

신석기 시대의 생활 모습

경제	• 농사를 짓고 가축을 기르기 시작함(농경과 목축의 시작) • 사냥과 채집, 물고기잡이도 계속 이루어짐
주거	강가나 바닷가에 움집을 짓고 생활함(정착 생활)
도구	• 갈돌과 갈판 등 간석기를 사용함 • 빗살무늬 토기(신석기 시대의 대표적인 토기), 뼈바늘, 가락바퀴 등
사회	계급이 없는 평등한 사회
주요 유적	서울 암사동 유적, 부산 동삼동 유적, 제주 고산리 유적 등

따라서 정답은 ①번이에요. 신석기 시대 사람들은 가락바퀴를 사용하여 실을 뽑고 뼈바늘을 이용하여 옷이나 그물을 만들었어요.

나머지 선택지도 살펴봅시다. ② 우리나라 철기 시대의 유적에서 당시 한반도와 중국의 교류를 보여 주는 오수전, 명도전 등의 중국 화폐가 발견되었어요. ③ 철기 시대부터 철제 농기구를 사용하여 농사를 지었어요. ④ 청동기 시대부터 청동 검, 청동 방울, 거친무늬 거울 등 청동으로 도구를 제작하였어요.

---

1 기본 57회 1번

다음 축제에서 체험할 수 있는 활동으로 적절한 것은? [1점]

전곡리 **구석기 문화제**

주로 동굴이나 강가의 막집에서 살았던 구석기 시대의 생활상을 체험할 수 있는 축제에 초대합니다.

◆ 기간 : 2022년 ○○월 ○○일~○○월 ○○일
◆ 장소 : 연천 전곡리 유적 체험 마을

① 가락바퀴로 실뽑기
② 뗀석기로 고기 자르기
③ 점토로 빗살무늬 토기 빚기
④ 거푸집으로 청동 검 모형 만들기

---

2 기본 66회 1번

다음 가상 공간에서 체험할 수 있는 활동으로 가장 적절한 것은? [1점]

이곳은 농경과 목축이 시작된 신석기 시대의 마을을 체험할 수 있는 가상 공간입니다. 마을 곳곳을 거닐며 다양한 활동을 해볼까요?

① 청동 방울 흔들기
② 빗살무늬 토기 만들기
③ 철제 농기구로 밭 갈기
④ 거친무늬 거울 목에 걸기

청동기 시대 ~ 철기 시대

강의 바로 보기

흐름을 잡는 판서

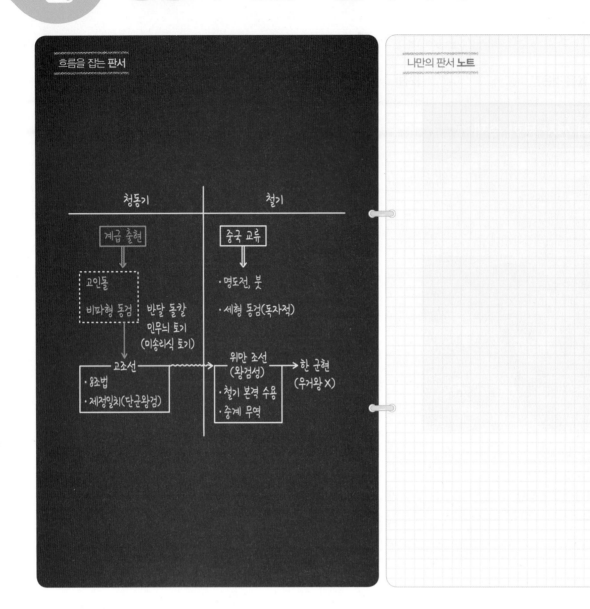

나만의 판서 **노트**

★ 별 **채우기**

01 청동기 시대에 지배자의 무덤으로 ★★돌을 만들었다.

02 청동기 시대에 거푸집을 이용하여 ★★형 동검을 제작하였다.

03 청동기 시대 사람들은 ★★ 돌칼을 사용하여 곡식을 수확하였다.

04 미송리식 토기는 청동기 시대의 대표적인 ★무늬 토기이다.

05 우리 역사상 최초의 국가인 고조선은 ★★기 문화를 바탕으로 세워졌다.

06 고조선은 사회 질서를 유지하기 위해 범금 ★조를 만들었다.

07 기원전 2세기에 ★★이 고조선으로 들어와 준왕을 몰아내고 왕이 되었다.

08 위만 집권 이후 ★★★은 중국의 한과 한반도 남부 사이에서 중계 무역을 하였다.

09 고조선은 위만 집권 이후 본격적으로 ★★ 문화를 수용하였다.

10 고조선은 ★의 공격으로 멸망하였다.

★ 별 **더하기**

＋ 청동기 시대에 농경이 발달하면서 빈부 차이와 계급이 발생하였다.

＋ 청동기 시대에 거푸집을 이용하여 청동기를 제작하였다.

＋ 철기 시대부터 철제 농기구와 철제 무기를 사용하였다.

＋ "삼국유사"에 고조선의 건국 이야기가 실려 있다.

|정답| 01 고인 02 비파 03 반달 04 민 05 청동 06 8 07 위만 08 고조선
09 철기 10 한

대표 문항 ZOOM IN 🔍 기본 67회 1번

(가) 시대의 생활 모습으로 가장 적절한 것은? [1점]

고인돌의 고장
화순으로 오세요

> **키워드 1** 청동기 시대 ... 등의 금속을 섞어 만든 청동으로 도구를 만들어 사용하기 시작했어요.

화순에는 처음으로 금속 도구를 사용한 (가) 시대의 문화유산인 고인돌 유적이 있습니다. 이곳에는 고인돌의 덮개돌을 떼어 냈던 채석장이 남아 있어서 고인돌을 만들었던 과정을 확인할 수 있습니다.

> **키워드 2** 고인돌은 청동기 시대 지배자의 무덤으로 알려져 있어요.

① 철제 농기구로 농사를 지었다.
② 주로 동굴이나 막집에서 살았다.
③ 반달 돌칼로 벼 이삭을 수확하였다.
④ 빗살무늬 토기에 곡식을 저장하기 시작하였다.

꼼꼼 친절 해설

키워드 1의 처음으로 금속 도구를 사용하였다는 내용과 키워드 2의 '고인돌'을 통해 (가) 시대가 청동기 시대임을 알 수 있어요. 청동기 시대의 사회 모습에 대해 알아볼까요?

청동기 시대의 사회 모습	
도구	• 청동기 : 주로 지배 계급의 무기나 제사 도구로 사용됨(비파형 동검, 거친무늬 거울 등) • 생활 도구 : 농기구 등은 여전히 돌과 나무로 만들어짐(반달 돌칼 등) • 토기 : 민무늬 토기가 만들어짐(미송리식 토기 등)
주거	구릉 지대에 마을을 이루어 생활함, 움집이 점차 지상 가옥으로 발전함
사회	계급이 발생함, 지배자의 무덤으로 고인돌을 만듦
경제	농경이 발전함, 한반도 일부 지역에 벼농사가 보급됨
주요 유적	부여 송국리 유적, 여주 흔암리 유적 등

따라서 정답은 ③번이에요. 청동기 시대 사람들은 반달 돌칼을 사용하여 벼 등 곡식을 수확하였어요.
나머지 선택지도 확인해 볼까요? ① 철기 시대부터 철제 농기구로 농사를 지었어요.
② 구석기 시대 사람들은 주로 동굴이나 강가에 막집을 짓고 살았으며 이동 생활을 하였어요. ④ 신석기 시대 사람들은 빗살무늬 토기를 만들어 곡식을 저장하고 음식을 조리하는 데 사용하였어요.

1 기본 61회 1번

다음 축제에서 체험할 수 있는 활동으로 적절한 것은? [1점]

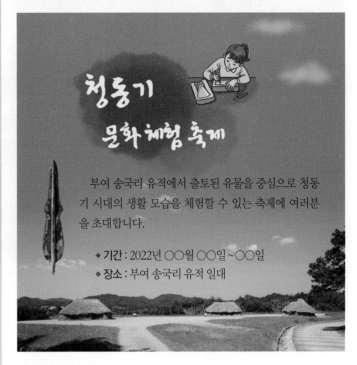

청동기 문화 체험 축제

부여 송국리 유적에서 출토된 유물을 중심으로 청동기 시대의 생활 모습을 체험할 수 있는 축제에 여러분을 초대합니다.

◆ 기간 : 2022년 ○○월 ○○일 ~ ○○일
◆ 장소 : 부여 송국리 유적 일대

① 막집 지어 보기
② 민무늬 토기 만들기
③ 철제 갑옷 입어 보기
④ 주먹도끼로 나무 손질하기

2 기본 63회 2번

(가) 나라에 대한 설명으로 옳은 것은? [2점]

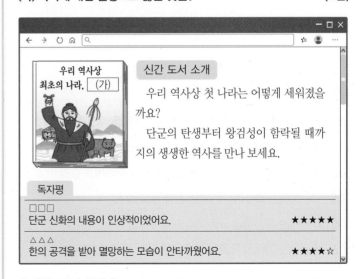

우리 역사상 최초의 나라, (가)

신간 도서 소개

우리 역사상 첫 나라는 어떻게 세워졌을까요?
단군의 탄생부터 왕검성이 함락될 때까지의 생생한 역사를 만나 보세요.

독자평

□□□ 단군 신화의 내용이 인상적이었어요.	★★★★★
△△△ 한의 공격을 받아 멸망하는 모습이 안타까웠어요.	★★★★☆

① 범금 8조가 있었다.
② 책화라는 풍습이 있었다.
③ 낙랑군과 왜에 철을 수출하였다.
④ 제가 회의에서 나라의 중요한 일을 결정하였다.

여러 나라의 성장

강의 바로 보기

흐름을 잡는 판서

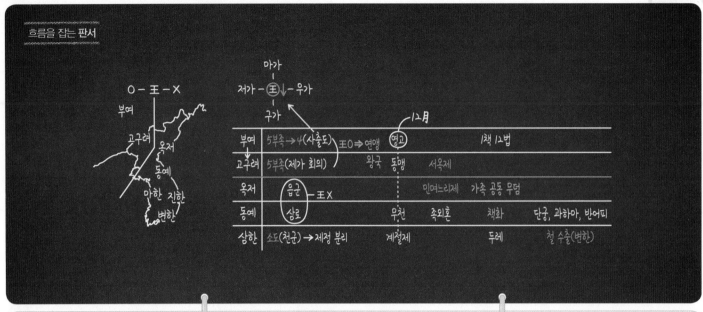

나만의 판서 노트

⭐ 별 채우기

01 부여에서는 여러 가(加)들이 별도로 ⭐⭐도를 주관하였다.

02 부여는 12월에 ⭐⭐라는 제천 행사를 열었다.

03 부여에서는 도둑질한 자에게 훔친 물건의 ⭐⭐배로 갚게 하였다.

04 고구려에는 ⭐⭐제라는 혼인 풍습이 있었다.

05 옥저에는 혼인 풍습으로 ⭐⭐⭐⭐제가 있었다.

06 ⭐⭐에는 가족의 유골을 한 목곽에 모아 두는 풍습이 있었다.

07 동예는 10월에 ⭐⭐이라는 제천 행사를 열었다.

08 동예에는 읍락 간 경계를 중시하는 ⭐⭐라는 풍습이 있었다.

09 ⭐⭐에는 특산물로 단궁, 과하마, 반어피 등이 있었다.

10 옥저와 동예에는 ⭐군, ⭐로라는 지배자가 있었다.

11 삼한에는 ⭐⭐라고 불리는 신성 지역이 있었다.

12 삼한에는 제사장인 ⭐⭐이 있었다.

13 삼한은 5월과 10월에 농경과 관련된 ⭐⭐제를 지냈다.

14 삼한 가운데 변한은 ⭐이 많이 생산되어 낙랑과 왜에 수출하였다.

⭐ 별 더하기

➕ **삼한**에는 신지·읍차 등의 지배자가 있었다.

|정답| 01 사출 02 영고 03 12 04 서옥 05 민며느리 06 옥저 07 무천
08 책화 09 동예 10 읍, 삼 11 소도 12 천군 13 계절 14 철

대표 문항 **ZOOM IN** 🔍 기본 66회 2번

밑줄 그은 '이 나라'에 대한 설명으로 옳은 것은? [2점]

● 키워드 1 부여에서는 왕이 중앙을 다스리고 마가, 우가, 저가, 구가 등 여러 가(加)들이 별도로 사출도라고 불린 지역을 주관하였어요.

> 이 유물은 여러 가들이 별도로 사출도를 다스린 이 나라의 금제 허리띠 장식이에요.

> 날개 달린 말의 모습이 새겨져 있네요.

① 영고라는 제천 행사를 열었다.
② 신성 지역인 소도가 존재하였다.
③ 혼인 풍습으로 민며느리제가 있었다.
④ 읍락 간의 경계를 중시하는 책화가 있었다.

🔍 **꼼꼼 친절해설**

키워드 1의 '사출도'를 통해 밑줄 그은 '이 나라'가 부여임을 알 수 있어요. 부여의 사회 모습을 정리해 볼까요?

부여의 사회 모습

위치	만주 쑹화강 유역의 평야 지대에서 성장함
정치	왕이 중앙을 다스리고 마가·우가·저가·구가 등 여러 가(加)들이 별도로 사출도를 주관함 → 왕권이 약함
풍속	• 남의 물건을 도둑질한 자에게 훔친 물건의 12배로 갚게 함(1책 12법) • 12월에 영고라는 제천 행사를 열어 하늘에 제사를 지냄 • 흰옷을 즐겨 입음

따라서 정답은 ①번이에요. 부여는 12월에 영고라는 제천 행사를 열었어요. 나머지 선택지도 확인해 볼까요? ② 삼한에는 제사장인 천군과 신성 지역인 소도가 있었어요. ③ 옥저에는 남자 집에서 신부가 될 여자아이를 데려와 키우고 어른이 되면 돌려보낸 뒤 신부 집에 예물을 보내어 정식으로 혼인하는 민며느리제의 풍습이 있었어요. ④ 동예에는 읍락 간의 경계를 중시하여 다른 부족의 영역을 침범하면 소나 말, 노비 등으로 변상하게 하는 책화가 있었어요.

---

1 기본 67회 2번

다음 퀴즈의 정답으로 옳은 것은? [2점]

한국사 퀴즈 대회

> **1단계** : 철기 문화를 바탕으로 동해안 지역에서 일어난 나라입니다.
>
> **2단계** : 여자아이를 데려와 기른 후 성인이 되면 며느리로 삼는 풍속이 있었습니다.
>
> **3단계** : 왕이 따로 없고, 읍군이나 삼로라고 불리는 군장이 자기 영역을 다스렸습니다.

> 제시된 힌트를 종합하여 알 수 있는 나라의 이름은 무엇일까요?

① 부여　　② 옥저　　③ 동예　　④ 마한

---

2 기본 60회 2번

(가) 나라에 대한 설명으로 옳은 것은? [3점]

> (가) 의 사회 모습을 알려 주는 내용이네.

사료로 만나는 한국사

국읍마다 한 사람을 세워 천신에게 지내는 제사를 주관하게 하니 천군이라 하였다. 또 나라마다 별읍이 있으니 이를 소도라 하였는데 …… 그 안으로 도망쳐 온 사람들은 모두 돌려보내지 않았다.

－ "삼국지" 동이전 －

① 영고라는 제천 행사가 있었다.
② 신지, 읍차 등의 지배자가 있었다.
③ 혼인 풍습으로 민며느리제가 있었다.
④ 읍락 간의 경계를 중시하는 책화가 있었다.

강의 바로 보기

흐름을 잡는 판서

고대 국가 : 왕↑, 율령, 불교

	2~3C	4C	5C	7C
주몽 건국	고국천왕 : 행정적 성격의 5부, 진대법(을파소)	• 미천왕 : 낙랑 X → 고국원왕 X(평양성) • 소수림왕 : 율령, 불교, 태학 └ 백제 근초고왕의 공격	• 광개토 태왕(영락) : 비, 호우명 그릇 • 장수왕 : 국내성 → 평양(남하) 　　　　　충주 고구려비 　　　　　　　　한강	• 수 → 살수 대첩(을지문덕) • 당 ← 천리장성(연개소문) 　　→ 안시성 전투

나만의 판서 노트

⭐ 별 채우기

01 고국천왕은 부족적 성격의 5부를 ⭐⭐적 성격으로 개편하였다.

02 고국천왕은 빈민을 구제하기 위해 ⭐⭐법을 실시하였다.

03 ⭐⭐왕은 낙랑군을 몰아내고 영토를 확장하였다.

04 소수림왕은 중국 전진으로부터 ⭐교를 수용하였다.

05 소수림왕은 ⭐학을 설립하고 ⭐령을 반포하였다.

06 광개토 태왕은 '⭐⭐'이라는 독자적인 연호를 사용하였다.

07 장수왕은 국내성에서 ⭐⭐으로 수도를 옮겼다.

08 을지문덕은 ⭐수에서 수의 군대를 격퇴하였다.

09 고구려는 당의 침입에 대비하여 국경 지역에 ⭐⭐⭐성을 축조하였다.

10 고구려는 ⭐의 태종이 이끈 군대의 공격을 안시성에서 물리쳤다.

⭐ 별 더하기

+ 태조왕은 옥저를 복속시켰다.

+ 고국원왕은 백제 근초고왕의 공격으로 평양성에서 전사하였다.

+ 광개토 태왕은 신라에 침입한 왜를 격퇴하였다.

+ 광개토 태왕은 거란, 숙신, 후연, 동부여 등을 정벌하였다.

+ 장수왕은 백제를 공격하여 수도 한성을 함락하였다.

+ 연개소문은 천리장성의 축조를 감독하였으며, 정변을 일으켜 정권을 장악하였다.

+ 고구려는 귀족 회의인 제가 회의에서 국가 중대사를 결정하였다.

| **정답** | 01 행정　02 진대　03 미천　04 불　05 태, 율　06 영락　07 평양　08 살　09 천리장　10 당 |

대표 문항 ZOOM IN

기본 67회 3번

밑줄 그은 '나'의 업적으로 옳은 것은? [2점]

키워드 1 광개토 태왕은 고구려 제19대 왕입니다.

고구려 제19대 왕인 나는 거란, 숙신, 후연, 동부여 등을 정벌하고, 영토를 크게 넓혔소.

키워드 2 광개토 태왕은 거란, 숙신, 후연, 동부여 등을 정벌하여 요동과 만주 지역 대부분을 차지하는 등 영토를 크게 넓혔어요.

① 태학을 설립하였다.

② 천리장성을 축조하였다.

③ 도읍을 평양성으로 옮겼다.

④ 신라에 침입한 왜를 격퇴하였다.

꼼꼼 친절 **해설**

키워드 1의 '고구려 제19대 왕'과 키워드 2의 거란, 숙신, 후연, 동부여 등을 정벌하였다는 내용을 통해 밑줄 그은 '나'가 고구려 광개토 태왕임을 알 수 있어요. 광개토 태왕은 재위 기간 동안 '영락'이라는 연호를 사용하였으며, 적극적으로 영토 확장에 나서서 백제를 공격하여 한강 이북 지역을 차지하고, 요동과 만주 일대를 장악하는 등 영토를 크게 넓혔어요. 고구려의 국력이 크게 확대된 광개토 태왕과 장수왕 시기의 사실을 정리해 볼까요?

고구려의 국력 확대	
광개토 태왕	• 백제를 공격함(한강 이북 지역 차지), 신라의 요청으로 신라에 침입한 왜를 격퇴함, 만주와 요동 일대를 장악함 • '영락'이라는 독자적인 연호를 사용함
장수왕	• 광개토 태왕의 업적을 기리기 위해 광개토 태왕릉비를 세움 • 중국 남북조와 교류하며 균형 외교를 펼침 • 평양으로 도읍을 옮기고 본격적으로 남진 정책을 추진함 → 신라와 백제가 동맹(나·제 동맹)을 맺어 고구려에 대항함 • 백제를 공격하여 수도 한성을 빼앗음 → 한강 유역을 차지함, 백제 개로왕을 죽임 • 한반도 중부 지역까지 영토를 넓힘 → 충주 고구려비를 통해 알 수 있음

따라서 정답은 ④번이에요. 광개토 태왕은 왜의 침입을 받은 신라 내물 마립간이 도움을 요청하자 군대를 보내 신라에 침입한 왜를 격퇴하였어요.

나머지 선택지도 확인해 볼까요? ① 고구려 소수림왕은 인재를 양성하기 위해 수도에 태학을 설립하여 유학 교육을 시행하였어요. ② 고구려는 당의 침입에 대비하기 위해 영류왕 때부터 국경 지역에 천리장성을 쌓기 시작하여 보장왕 때 완성하였어요. ③ 고구려 장수왕은 427년에 국내성에서 평양(성)으로 도읍을 옮기고 본격적으로 남진 정책을 추진하였어요.

1 기본 54회 3번

(가)에 들어갈 내용으로 옳은 것은? [2점]

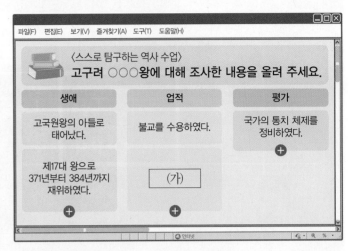

파일(F) 편집(E) 보기(V) 즐겨찾기(A) 도구(T) 도움말(H)

〈스스로 탐구하는 역사 수업〉
고구려 ○○○왕에 대해 조사한 내용을 올려 주세요.

생애	업적	평가
고국원왕의 아들로 태어났다.	불교를 수용하였다.	국가의 통치 체제를 정비하였다. ⊕
제17대 왕으로 371년부터 384년까지 재위하였다. ⊕	(가) ⊕	

① 태학을 설립하였다.

② 병부를 설치하였다.

③ 화랑도를 정비하였다.

④ 웅진으로 천도하였다.

2 기본 64회 4번

(가) 시기에 있었던 사실로 옳은 것은? [2점]

수의 군대를 이곳 살수에서 크게 물리 쳤노라.

(가)

우리가 안시성에서 힘을 합쳐 당군을 물 리쳤다.

① 김흠돌이 반란을 도모하였다.

② 연개소문이 정변을 일으켰다.

③ 장문휴가 당의 산둥반도를 공격하였다.

④ 검모잠이 고구려 부흥 운동을 전개하였다.

1일 **5교시**

백제

강의 바로 보기

흐름을 잡는 판서

	2~3C	4C	5C	6C	7C
온조 건국	고이왕 : 관직, 관등제 마련 한강	· 근초고왕 ┌ 요서, 규슈, 마한 └ 칠지도 〈서기〉 · 침류왕 : 동진 → 불교 수용	개로왕 X, 한성 X → 웅진(공주) ↑ 고구려 장수왕의 공격 〈나·제 동맹〉	· 무령왕 : 22담로(왕족 파견), 벽돌무덤(중국 남조 영향) · 성왕 : 웅진 → 사비, 남부여	· 무왕 : 익산 미륵사지 (서동 & 선화 공주) · 의자왕 X : 황산벌 전투(계백) ↑ 나·당 연합군 공격

나만의 판서 노트

⭐ 별 채우기

01 백제는 ⭐에 칠지도를 보냈다.

02 ⭐⭐⭐왕은 남으로 진출하여 마한의 남은 세력을 복속시켰다.

03 근초고왕 때 고흥이 역사서인 "⭐⭐"를 편찬하였다.

04 ⭐⭐왕은 중국 동진으로부터 불교를 수용하였다.

05 백제는 장수왕의 공격으로 한성이 함락된 후 ⭐⭐으로 천도하였다.

06 무령왕은 지방의 22⭐⭐에 왕족을 파견하였다.

07 무령왕릉은 중국의 영향을 받아 ⭐⭐무덤 형태로 만들어졌다.

08 성왕은 ⭐⭐로 천도하고 국호를 '⭐⭐⭐'로 바꾸었다.

09 무왕은 익산에 ⭐⭐사를 건립하였다.

10 계백의 결사대는 ⭐⭐⭐ 전투에서 신라군에 패배하였다.

⭐ 별 더하기

➕ **온조**는 한강 유역의 **위례성**에 도읍을 정하고 백제를 건국하였다.

➕ **근초고왕**은 고구려의 **평양성**을 공격하여 고국원왕을 전사시켰다.

➕ 고구려가 평양으로 천도하자 백제는 **신라**와 동맹을 맺었다.

➕ **성왕**은 **진흥왕**과 연합하여 **한강 하류 지역**을 되찾았다.

➕ **성왕**은 신라 공격에 나섰다가 **관산성 전투**에서 전사하였다.

➕ **의자왕**은 **대야성**을 비롯한 신라의 40여 개 성을 빼앗았다.

➕ 백제에서는 귀족들이 **정사암**에 모여 국가의 중대사를 결정하였다.

| **정답** | 01 왜 02 근초고 03 서기 04 침류 05 웅진 06 담로 07 벽돌
08 사비, 남부여 09 미륵 10 황산벌 |

대표 문항 **ZOOM IN** 🔍 기본 61회 5번

(가) 국가에 대한 설명으로 옳은 것은? [2점]

이 전시실에서는 한성을 빼앗긴 뒤 웅진과 사비에서 국력을 회복하며 문화의 꽃을 피운 (가) 의 문화유산을 감상할 수 있습니다.

① 주몽이 건국하였다.

② 지방에 22담로를 두었다.

③ 8조법으로 백성을 다스렸다.

④ 골품제라는 신분 제도가 있었다.

키워드 1 백제는 5세기 고구려 장수왕의 공격으로 수도 한성이 함락되자 웅진(지금의 공주)으로 도읍을 옮겼어요. 이후 6세기에 성왕이 대외 진출에 유리한 사비(지금의 부여)로 다시 천도하였어요.

꼼꼼 친절 해설

키워드 1의 한성을 빼앗긴 뒤 웅진과 사비에서 국력을 회복하였다는 내용을 통해 (가) 국가가 백제임을 알 수 있어요. 백제는 한강 유역을 중심으로 발전하였으며, 두 차례 도읍을 옮겼어요. 백제의 도읍 변천과 해당 시기의 주요 사실들을 정리해 볼까요?

백제의 수도 변화와 주요 사실	
한성 시기	• 고이왕 : 관등제를 정비함 • 근초고왕 : 마한의 남은 세력을 복속시킴, 고구려의 평양성을 공격하여 고국원왕을 전사시킴, 중국·왜와 활발히 교류함 • 침류왕 : 중국 동진으로부터 불교를 받아들임 • 개로왕 : 장수왕의 공격을 받아 한성을 빼앗기고 죽임을 당함
웅진 시기	• 문주왕 : 웅진으로 천도함 • 무령왕 : 22담로에 왕족을 파견함, 중국 남조의 양과 활발히 교류함
사비 시기	• 성왕 : 사비로 도읍을 옮기고 나라 이름을 '남부여'로 고침, 신라 진흥왕과 연합하여 고구려와 맞서 싸워 한강 하류 지역을 일시적으로 회복함(→ 신라에 빼앗김), 신라와의 관산성 전투에서 전사함 • 무왕 : 익산에 미륵사를 건립함 • 의자왕 : 신라를 공격하여 대야성을 비롯한 40여 성을 점령함, 나·당 연합군의 공격으로 멸망함(660)

따라서 정답은 ②번이에요. 담로는 백제의 지방 행정 구역이며, 무령왕은 지방 통제를 강화하기 위해 22담로에 왕족을 파견하였어요.

나머지 선택지도 살펴볼까요? ① 주몽은 졸본을 도읍으로 고구려를 건국하였어요. ③ 고조선은 8조법(범금 8조)으로 백성을 다스리고 사회 질서를 유지하였어요. ④ 신라에는 골품에 따라 정치 활동은 물론 옷차림, 집의 크기 등 일상생활까지 규제하는 골품제라는 신분 제도가 있었어요.

---

1 기본 64회 3번

(가)에 들어갈 내용으로 옳은 것은? [2점]

〈다큐멘터리 기획안〉

백제, 전성기를 맞이하다

■ 기획 의도

4세기 중반 활발한 대외 활동을 전개하고 백제를 발전시킨 근초고왕의 업적을 조명한다.

■ 구성 내용

1부. 마한의 여러 세력을 복속시키다

2부. (가)

3부. 남조의 동진 및 왜와 교류하다

① 사비로 천도하다

② 22담로를 설치하다

③ 고국원왕을 전사시키다

④ 독서삼품과를 시행하다

---

2 기본 66회 5번

(가) 왕에 대한 설명으로 옳은 것은? [2점]

부여 야행, 백제의 밤을 느끼다

(가) 이/가 도읍으로 정한 부여예서 열리는 다양한 행사에 참여해 보세요.

행사1 정림사지 오층 석탑 탑돌이
행사2 궁남지에서 연꽃 유등 띄우기

① 왜에 칠지도를 보냈다.

② 동진으로부터 불교를 받아들였다.

③ 신라를 공격하여 대야성을 점령하였다.

④ 진흥왕과 연합하여 한강 하류 지역을 되찾았다.

신라, 가야

강의 바로 보기

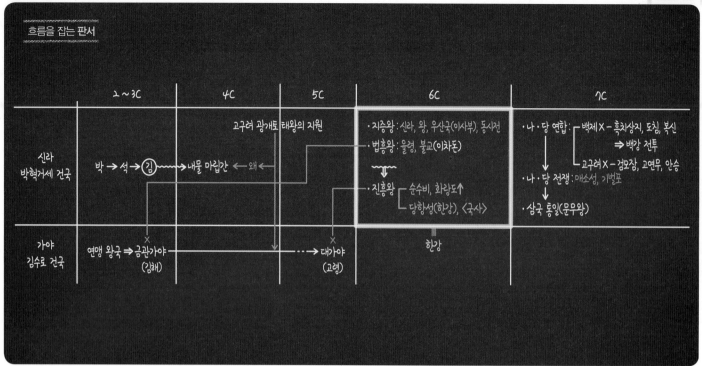

흐름을 잡는 판서

	2~3C	4C	5C	6C	7C

신라 박혁거세 건국: 박 → 석 → ㉧ ~~~ → 내물 마립간 ← 왜

고구려 광개토 태왕의 지원

· 지증왕 : 신라, 왕, 우산국(이사부), 동시전
· 법흥왕 : 율령, 불교(이차돈)
· 진흥왕 ┌ 순수비, 화랑도↑
        └ 당항성(한강), 〈국사〉

· 나·당 연합 : ┌ 백제X - 흑치상지, 도침, 복신
                  ⇒ 백강 전투
              └ 고구려X - 검모잠, 고연무, 안승
· 나·당 전쟁 : 매소성, 기벌포
· 삼국 통일(문무왕)

가야 김수로 건국: 연맹 왕국 ⇒ 금관가야(김해) × → 대가야(고령) × / 한강

⭐ 별 채우기

01 신라에서는 ⭐⭐ 마립간 때 김씨의 왕위 세습이 확립되었다.

02 지증왕은 국호를 '⭐⭐'로 확정하고 최고 지배자의 칭호를 '⭐'으로 사용하기 시작하였다.

03 지증왕은 이사부를 보내 ⭐⭐국을 정복하였다.

04 법흥왕은 ⭐령을 반포하여 체제를 정비하였다.

05 법흥왕은 이⭐⭐의 순교를 계기로 불교를 공인하였다.

06 법흥왕은 ⭐⭐가야를 병합하였다.

07 진흥왕은 ⭐⭐도를 국가적인 조직으로 정비하였다.

08 진흥왕은 ⭐가야를 정복하였다.

09 ⭐⭐왕은 한강 유역을 정복하여 영토를 확장하고 북한산에 순수비를 건립하였다.

10 진흥왕 때 거칠부가 "⭐⭐"를 편찬하였다.

11 신라는 ⭐⭐성 전투, ⭐⭐포 전투에서 당군을 격퇴하였다.

12 ⭐⭐왕은 삼국 통일을 이룩하였다.

13 백제 멸망 이후 ⭐치상지, ⭐침, ⭐신 등이 백제 부흥 운동을 전개하였다.

14 백제 부흥군과 왜군이 연합하여 ⭐강에서 나·당 연합군에 맞서 싸웠으나 패배하였다.

15 고구려 멸망 이후 검모⭐, 고⭐무, 안⭐ 등이 고구려 부흥 운동을 전개하였다.

16 ⭐⭐⭐왕이 금관가야를 건국하였다는 설화가 전해진다.

⭐ 별 더하기

➕ 지증왕은 순장을 금지하고 우경을 장려하였다.

➕ 지증왕은 시장을 감독하기 위해 동시전을 설치하였다.

➕ 법흥왕은 병부를 설치하였다.

➕ 가야는 철이 많이 생산되어 덩이쇠를 화폐처럼 사용하고, 낙랑과 왜에 철을 수출하였다.

➕ 광개토 태왕의 공격 이후 가야 연맹의 중심이 금관가야에서 대가야로 바뀌었다.

➕ 신라의 귀족 회의인 화백 회의는 만장일치제로 운영되었다.

➕ 648년 김춘추는 신라와 당의 연합을 성사시켰고, 이후 김유신의 도움을 받아 왕위에 올랐다.

|정답| **01** 내물 **02** 신라, 왕 **03** 우산 **04** 율 **05** 차돈 **06** 금관 **07** 화랑
08 대 **09** 진흥 **10** 국사 **11** 매소, 기벌 **12** 문무 **13** 흑, 도, 복 **14** 백
15 잠, 연, 승 **16** 김수로

대표 문항 ZOOM IN 🔍 기본 67회 5번

(가) 왕의 업적으로 옳은 것은? [2점]

● 키워드 1 신라 진흥왕이 한강 중·상류 지역인 적성을 차지한 후 세운 비석이에요.

단양 신라 적성비는 (가) 대에 고구려 영토인 적성을 점령하고 세워진 것입니다. 비문에는 이사부 등 당시 공을 세운 인물이 기록되어 있으며, 충성을 다한 적성 사람 야이차에게 상을 내렸다는 내용도 담겨 있습니다.

① 국학을 설치하였다.
② 화랑도를 정비하였다.
③ 독서삼품과를 시행하였다.
④ 김헌창의 난을 진압하였다.

꼼꼼 친절해설

키워드 1의 '단양 신라 적성비'를 통해 (가) 왕이 신라 진흥왕임을 알 수 있어요. 6세기에 신라 진흥왕은 적극적으로 영토 확장에 나서서 점령한 지역에 단양 신라 적성비와 4개의 순수비(북한산 순수비, 창녕 척경비, 황초령 순수비, 마운령 순수비)를 세웠어요. 6세기에 신라의 발전을 이끈 주요 왕들에 대해 정리해 볼까요?

6세기 신라의 성장

지증왕	• 나라 이름을 '신라'로 정하고 최고 지배자의 칭호로 '왕'을 사용함 • 이사부를 보내 우산국(울릉도 일대)을 정복함 • 우경을 장려함, 순장을 금지함, 동시와 동시전을 설치함
법흥왕	• 병부와 상대등을 설치함, 율령을 반포함 • 이차돈의 순교를 계기로 불교를 공인함 • 금관가야를 병합함, '건원'이라는 연호를 사용함
진흥왕	• 화랑도를 국가적 조직으로 정비함 • 거칠부에게 역사책인 "국사"를 편찬하게 함 • 백제 성왕과 연합하여 고구려를 공격함(한강 상류 지역을 차지함) → 백제로부터 한강 하류 지역을 빼앗음 → 백제와의 관산성 전투에서 승리함(백제 성왕이 전사함) → 한강 유역을 차지함 • 대가야를 정복하고 낙동강 일대를 장악함 • 단양 신라 적성비와 4개의 순수비(북한산 순수비, 창녕 척경비, 황초령비, 마운령비)를 세움

따라서 정답은 ②번이에요. 신라 진흥왕은 화랑도를 국가적인 조직으로 개편하여 많은 인재를 양성하였어요.
나머지 선택지도 확인해 볼까요? ① 신라 신문왕은 인재를 양성하기 위해 국학을 설치하여 유학을 교육하였어요. ③ 신라 원성왕은 유학적 소양을 갖춘 인재를 선발하기 위해 국학생을 대상으로 독서삼품과를 시행하였어요. ④ 신라 헌덕왕 때 웅천주 도독 김헌창이 무열왕의 직계 자손인 자신의 아버지 김주원이 왕이 되지 못한 것에 불만을 품고 난을 일으켰으나 관군에 의해 진압되었어요.

1 기본 67회 6번

밑줄 그은 '이 나라'에 대한 설명으로 옳은 것은? [2점]

이 나라의 김해 대성동 고분군, 고령 지산동 고분군, 함안 말이산 고분군 등에서 나온 유물을 통해 당시 사람들의 뛰어난 세공 기술을 엿볼 수 있습니다.

① 지방에 22담로를 두었다.
② 한의 침략을 받아 멸망하였다.
③ 낙랑과 왜에 철을 수출하였다.
④ 화백 회의에서 중요한 일을 결정하였다.

2 기본 67회 7번

(가)~(다) 사건을 일어난 순서대로 옳게 나열한 것은? [3점]

① (가) - (나) - (다)
② (가) - (다) - (나)
③ (나) - (가) - (다)
④ (다) - (가) - (나)

삼국의 문화

강의 바로 보기

흐름을 잡는 판서

나라	문화재
고구려	· 금동 연가 7년명 여래 입상 · 돌무지무덤(장군총) → 굴식 돌방무덤 　　　　　　　　　　　(사신도 – 도교)
백제	· 석촌동 고분 · 사택지적비, 산수무늬 벽돌 – 도교 – 백제 금동 대향로 · 서산 용현리 마애 여래 삼존상 – '백제의 미소' · 부여 정림사지 5층 석탑(= 평제탑)
신라	· 임신서기석 · 선덕 여왕 ⇒ 경주 분황사 모전 석탑, 첨성대, 　　　　　　　　황룡사 9층 목탑(자장) 　　　　　　　　　└→ 진흥왕
가야	철제 갑옷, 덩이쇠, 토기(→ 일본 스에키)

나만의 판서 노트

★ 별 채우기

01 금동 연가 7년명 여래 입상은 ★★★의 불상으로, 뒷면에 제작 연대를 알 수 있는 글귀가 새겨져 있다.

02 고구려의 초기 무덤 양식은 ★★★무덤이며 대표적으로 장군총을 들 수 있다.

03 고구려 사신도는 ★교 사상과 밀접한 관련이 있다.

04 백제 금동 대향로에는 불교와 ★교 사상이 함께 반영되어 있다.

05 서산 용현리 마애 여래 삼존상은 '★★의 미소'로 널리 알려져 있다.

06 부여 정림사지 5층 석탑과 익산 미륵사지 석탑은 ★★의 대표적인 불탑이다.

07 경주 ★★★ 모전 석탑은 돌을 벽돌 모양으로 다듬어 쌓아 올린 불탑이다.

08 신라는 선덕 여왕 때 천문 관측을 위해 ★★대를 세웠다.

09 신라 ★★왕 때 황룡사가 건립되었다.

10 대★★가 성장한 고령의 지산동 고분군에서는 금동관, 철제 판갑옷 등 다양한 유물이 출토되었다.

11 ★★의 토기는 일본 스에키 제작에 영향을 끼쳤다.

★ 별 더하기

✦ 고구려의 지방에는 글과 활쏘기를 가르치는 경당이 있었다.

✦ 무용총, 각저총 등의 천장과 벽에 남아 있는 고분 벽화를 통해 고구려 사람들의 생활 모습을 짐작할 수 있다.

✦ 익산 미륵사지 석탑은 목탑 양식이 반영된 백제의 석탑이며, 탑의 복원 과정에서 금제 사리장엄구와 사리봉영기가 발견되었다.

✦ 신라의 돌무지덧널무덤인 천마총에서는 천마도 등 많은 유물이 출토되었다.

✦ 신라 선덕 여왕 때 세워진 황룡사 9층 목탑은 고려 시대에 있었던 몽골의 침입으로 소실되었다.

✦ 우즈베키스탄 아프라시아브 궁전 벽화, 경주 계림로 보검, 유리그릇 등을 통해 삼국이 서역과 교류하였음을 알 수 있다.

| 정답 | **01** 고구려　**02** 돌무지　**03** 도　**04** 도　**05** 백제　**06** 백제　**07** 분황사
　　　08 첨성　**09** 진흥　**10** 가야　**11** 가야

대표 문항 **ZOOM IN** 🔍 기본 50회 4번

(가)에 들어갈 문화유산으로 옳은 것은? [2점]

문화유산 해설

◀ (가) ▶

문화재 설명

국보 제119호로 지정된 고구려의 불상으로 경상남도 의령에서 출토되었다. 전체 높이는 16.2cm이다. 뒷면에 새겨진 '연가 7년'이라는 글자로 불상의 제작 시기를 추정할 수 있다.

▸ **키워드 1** 경상남도 의령에서 출토된 고구려의 불상은 금동 연가 7년명 여래 입상이에요.

▸ **키워드 2** 불상 뒷면에 '연가 7년'이라는 글자가 새겨져 있어 금동 연가 7년명 여래 입상이라고 하였어요.

① 　②

③ 　④

꼼꼼 **친절 해설**

키워드 1의 고구려 불상이며, **키워드 2**의 불상 뒷면에 '연가 7년'이라는 글자가 새겨져 있다는 내용을 통해 (가)에 들어갈 문화유산이 금동 연가 7년명 여래 입상임을 알 수 있어요. 삼국 시대의 불상에 대해 정리해 볼까요?

삼국의 대표적 불상

고구려	금동 연가 7년명 여래 입상 : 불상 뒷면에 '연가 7년'이라는 글자가 새겨져 있어 제작 연도를 알 수 있음
백제	서산 용현리 마애 여래 삼존상 : 서산 용현리에 있는 바위 절벽에 새겨진 불상으로 표정이 온화하고 부드러워 '백제의 미소'라고도 불림
신라	경주 배동 석조 여래 삼존 입상 : 어린아이 같은 표정으로 부처의 자비로움을 표현함

따라서 정답은 ③번이에요. 금동 연가 7년명 여래 입상은 고구려의 불상으로, 불상 뒷면에 제작 연대를 알 수 있는 글자가 새겨져 있어요.
나머지 선택지의 불상도 살펴볼까요? ① 삼국 시대에 만들어진 금동 미륵보살 반가 사유상이에요. 삼국 시대에 미륵보살 반가 사유상이 많이 만들어졌어요. ② 통일 신라 시대에 만들어진 경주 석굴암의 본존불상으로, 석굴암의 중앙에 모셔져 있어요. ④ 발해의 이불병좌상이에요. 두 부처가 나란히 앉아 있는 모습을 표현한 불상으로 고구려 불상 양식의 영향을 받았어요.

---

1 기본 64회 6번

(가)에 들어갈 문화유산으로 옳은 것은? [1점]

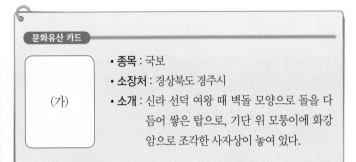

문화유산 카드

(가)

• 종목 : 국보
• 소장처 : 경상북도 경주시
• 소개 : 신라 선덕 여왕 때 벽돌 모양으로 돌을 다듬어 쌓은 탑으로, 기단 위 모퉁이에 화강암으로 조각한 사자상이 놓여 있다.

①  분황사 모전 석탑

② 정림사지 오층 석탑

③ 월정사 팔각 구층 석탑

④ 화엄사 사사자 삼층 석탑

---

2 기본 66회 8번

(가)에 들어갈 문화유산으로 옳은 것은? [2점]

백제 무왕이 건립한 사찰의 터에는 목탑 양식이 반영된 석탑이 남아 있습니다. 이 석탑의 복원 공사 중에 사리장엄구와 금제 사리봉영기가 발견되었습니다.

(가)

①  경천사지 십층 석탑

② 화엄사 사사자 삼층 석탑

③ 미륵사지 석탑

④ 분황사 모전 석탑

2일

남북국 시대 ~
고려 시대

문화	정치	경제·사회·문화

문화

원효: 일심 사상, 무애가, 아미타 ─┐
의상: 관음 신앙, 화엄종, 부석사 창건 ─┘ 대중화

혜초: 〈왕오천축국전〉

∟ = 3층 석탑 + 다보탑 자료 06

〈무구정광대다라니경〉 자료 07
: 현존 최고(最古) 목판 인쇄물

, 동궁과 월지(안압지)

사 동종(현존 최고),

대왕 신종(에밀레종, 현존 최대) 자료 09

ㄴ사탑(선종)

정치

발해 (북)

王
• 대조영 : 동모산
• 무왕(인안)
  : 장문휴 → 산둥반도 공격
• 문왕(대흥)
  : 친당, 3성 6부, 신라도
• 선왕(건흥)
  : 전성기 → 해동성국
  5경 15부 62주
  → 멸망(거란)

경제·사회·문화

• 솔빈부 말, 발해관
• 지배층 : 고구려인 多 + 말갈

고구려 계승	당 영향
王 ──→ 일본 "나 고려왕은 ~" • 온돌 • 이불병좌상 자료 10 • 석등, 돌사자상	• 3성　　　6부 　정당성(대내상)　충·인·의· 　중대성　　　지·예·신 　선조성 　└──┬──┘ 　　독자성 • 주작대로 　└ 상경 용천부 • 주자감 • 영광탑 자료 11

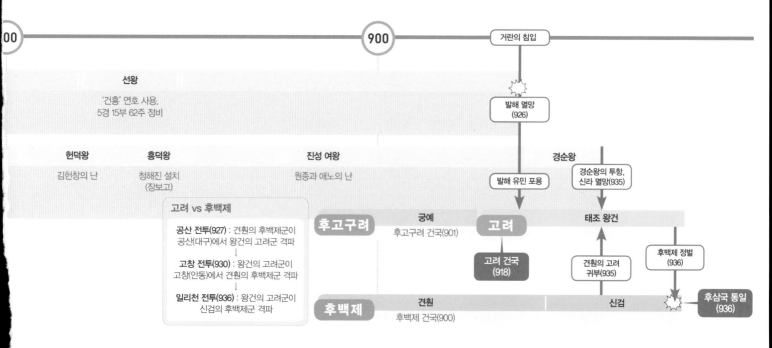

	900		거란의 침입

선왕
'건흥' 연호 사용,
5경 15부 62주 정비

| | 발해 멸망
(926) |

헌덕왕	흥덕왕	진성 여왕	경순왕
김헌창의 난	청해진 설치 (장보고)	원종과 애노의 난	

발해 유민 포용

경순왕의 투항,
신라 멸망(935)

고려 vs 후백제

공산 전투(927) : 견훤의 후백제군이
공산(대구)에서 왕건의 고려군 격파
↓
고창 전투(930) : 왕건의 고려군이
고창(안동)에서 견훤의 후백제군 격파
↓
일리천 전투(936) : 왕건의 고려군이
신검의 후백제군 격파

후고구려 ── 궁예 ── **고려** ── 태조 왕건
후고구려 건국(901)

고려 건국
(918)

견훤의 고려
귀부(935)

후백제 정벌
(936)

후삼국 통일
(936)

후백제 ── 견훤 ── 신검
후백제 건국(900)

2일-1 남북국 시대*

	정치		경제·사회	
통일 신라 (남)	**중대(왕↑, 신문왕)**	**하대(왕↓, 진골 간 왕위 다툼)** 자료 02		

통일 신라 (남)

중대(왕↑, 신문왕)
- 상수리 제도, 외사정(문무왕)
- 김흠돌의 난
- 상대등(화백 회의)↓, 시중↑
- 관료전 O, 녹읍 X ⟶
- 9주 5소경 자료 01
  └ 수도 편재성 극복
- 9서당 10정
  └ 중앙군 ⟹ 민족 융합
- 6두품↑
- 국학

하대(왕↓, 진골 간 왕위 다툼) 자료 02
- 김헌창의 난
- 상대등↑, 시중↓
- 녹읍 부활(경덕왕)
- 독서삼품과 X
  ↑
- 호족 + 6두품 ← 모순
  └ 선종, 풍수지리설
   견훤, 궁예(→ 왕건)
   │   자료 03
   공산 O ⟶ 고창 O
            ↓
         일리천 O
- 원종·애노의 난(진성 여왕)

경제·사회
- 민정 문서(토지, 人 ⟹ 조세)
- 자료 04 국제 무역항
  당항성, 울산항, 법화원, 신라방, 청해진, 장보고
- 골품제(폐쇄적 신분제) 자료 05

- 승려
- 불국〇
- 자료 08 석굴암
- 상원
- 성덕
- 철감

흐름잡기 >>>

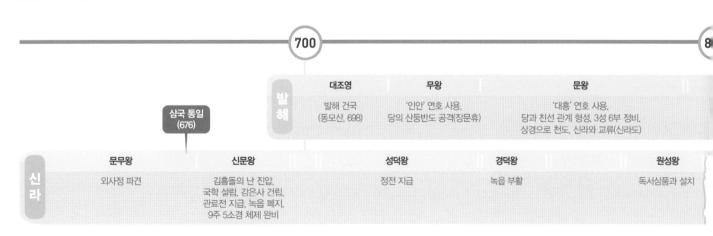

발해

	대조영	무왕	문왕
발해	발해 건국 (동모산, 698)	'인안' 연호 사용, 당의 산둥반도 공격(장문휴)	'대흥' 연호 사용, 당과 친선 관계 형성, 3성 6부 정비, 상경으로 천도, 신라와 교류(신라도)

삼국 통일 (676)

신라

	문무왕	신문왕	성덕왕	경덕왕	원성왕
신라	외사정 파견	김흠돌의 난 진압, 국학 설립, 감은사 건립, 관료전 지급, 녹읍 폐지, 9주 5소경 체제 완비	정전 지급	녹읍 부활	독서삼품과 설치

700   8

① 교시 통일 신라(정치)

중대	하대	후삼국 시대

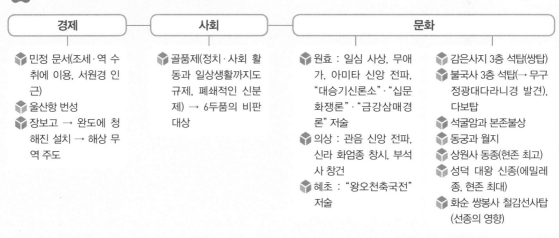

중대
- 외사정 파견(문무왕), 상수리 제도
- 신문왕 : 김흠돌의 난 진압 → 연루된 많은 진골 귀족 세력 숙청
- 관료전 지급, 녹읍 폐지
- 9주 5소경 체제 완비
- 9서당 10정 정비
- 국학 설립

하대
- 녹읍 부활(경덕왕)
- 독서삼품과 마련(원성왕)
- 김헌창의 난(헌덕왕)
- 원종과 애노의 난(진성 여왕)
- 호족 세력 성장 → 선종 후원, 풍수지리설 수용

후삼국 시대
- 견훤, 후백제 건국(완산주)
- 궁예, 후고구려 건국(송악 → 철원)
- 공산 전투(후백제 승리)
- 고창 전투(고려 승리)
- 일리천 전투(고려 승리)

② 교시 통일 신라(경제, 사회, 문화)

경제	사회	문화

경제
- 민정 문서(조세·역 수취에 이용, 서원경 인근)
- 울산항 번성
- 장보고 → 완도에 청해진 설치 → 해상 무역 주도

사회
- 골품제(정치·사회 활동과 일상생활까지도 규제, 폐쇄적인 신분제) → 6두품의 비판 대상

문화
- 원효 : 일심 사상, 무애가, 아미타 신앙 전파, "대승기신론소"·"십문화쟁론"·"금강삼매경론" 저술
- 의상 : 관음 신앙 전파, 신라 화엄종 창시, 부석사 창건
- 혜초 : "왕오천축국전" 저술
- 감은사지 3층 석탑(쌍탑)
- 불국사 3층 석탑(→ 무구정광대다라니경 발견), 다보탑
- 석굴암과 본존불상
- 동궁과 월지
- 상원사 동종(현존 최고)
- 성덕 대왕 신종(에밀레종, 현존 최대)
- 화순 쌍봉사 철감선사탑(선종의 영향)

③ 교시 발해(정치)

대조영	→	무왕	→	문왕	→	선왕

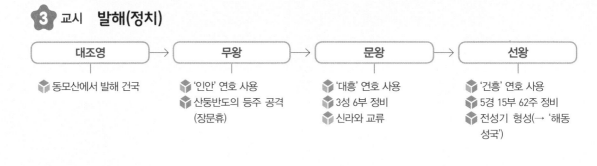

대조영
- 동모산에서 발해 건국

무왕
- '인안' 연호 사용
- 산둥반도의 등주 공격(장문휴)

문왕
- '대흥' 연호 사용
- 3성 6부 정비
- 신라와 교류

선왕
- '건흥' 연호 사용
- 5경 15부 62주 정비
- 전성기 형성(→ '해동성국')

④ 교시 발해(경제, 사회, 문화)

경제	고구려 계승	당 영향

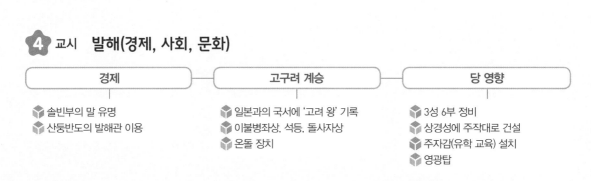

경제
- 솔빈부의 말 유명
- 산둥반도의 발해관 이용

고구려 계승
- 일본과의 국서에 '고려 왕' 기록
- 이불병좌상, 석등, 돌사자상
- 온돌 장치

당 영향
- 3성 6부 정비
- 상경성에 주작대로 건설
- 주자감(유학 교육) 설치
- 영광탑

5 교시 고려(전기 정치)

| 태조 | → | 광종 | → | 성종 | → | 문벌 사회의 분열 |

태조
- 호족 통합(혼인 정책, 왕씨 성 하사), 호족 견제(사심관 제도, 기인 제도)
- 흑창 설치, 서경 중시 (→ 북진 정책)
- 훈요 10조

광종
- 노비안검법 실시
- 과거제 도입(쌍기)
- 연호 사용(광덕, 준풍)

성종
- 최승로의 시무 28조
- 12목 설치, 지방관 파견
- 향리제 정비

문벌 사회의 분열
- 이자겸의 난
- 묘청의 서경 천도 운동

중앙 통치 조직
- 2성 6부
- 도병마사, 식목도감
- 대간 : 서경권 행사

지방 행정 조직
- 5도(일반 행정 구역) + 양계(군사 행정 구역)
- 향·부곡·소

6 교시 고려(후기 정치)

무신 집권기 → **공민왕**

무신 집권기
- 교정도감 : 최충헌(봉사 10조)이 설치, 최고 권력 기구
- 정방 : 최우가 설치, 인사 행정 기구
- 삼별초 : 최씨 무신 정권의 군사 기반

공민왕
- 기철 등 친원파 숙청, 몽골풍 금지
- 정방 폐지, 정동행성 이문소 폐지
- 쌍성총관부 공격, 전민변정도감 설치(신돈 주도)

7 교시 고려(외교)

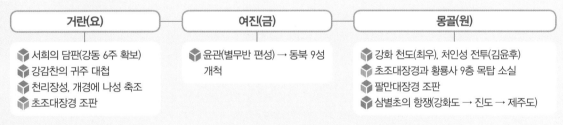

거란(요) — **여진(금)** — **몽골(원)**

거란(요)
- 서희의 담판(강동 6주 확보)
- 강감찬의 귀주 대첩
- 천리장성, 개경에 나성 축조
- 초조대장경 조판

여진(금)
- 윤관(별무반 편성) → 동북 9성 개척

몽골(원)
- 강화 천도(최우), 처인성 전투(김윤후)
- 초조대장경과 황룡사 9층 목탑 소실
- 팔만대장경 조판
- 삼별초의 항쟁(강화도 → 진도 → 제주도)

8 교시 고려(경제, 사회)

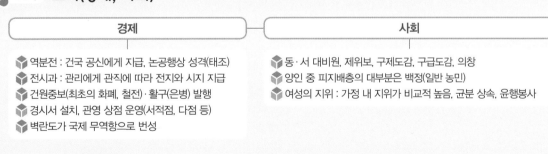

경제 — **사회**

경제
- 역분전 : 건국 공신에게 지급, 논공행상 성격(태조)
- 전시과 : 관리에게 관직에 따라 전지와 시지 지급
- 건원중보(최초의 화폐, 철전)·활구(은병) 발행
- 경시서 설치, 관영 상점 운영(서적점, 다점 등)
- 벽란도가 국제 무역항으로 번성

사회
- 동·서 대비원, 제위보, 구제도감, 구급도감, 의창
- 양인 중 피지배층의 대부분은 백정(일반 농민)
- 여성의 지위 : 가정 내 지위가 비교적 높음, 균분 상속, 윤행봉사

9 교시 고려(문화)

전기 — **후기**

전기
- 국자감(→ 7재·양현고 설치), 9재 학당(최충 설립)
- 의천 : 해동 천태종 개창, 교관겸수 주장, 교장도감
- 하남 하사창동 철조 석가여래 좌상
- 논산 관촉사 석조 미륵보살 입상
- 영주 부석사 소조 여래 좌상, 초조대장경, 순청자
- 평창 월정사 8각 9층 석탑

후기
- 지눌 : 조계종 정립, 정혜쌍수·돈오점수 주장, 수선사 결사 제창
- 성리학 도입(안향), 이제현("역옹패설", "사략" 저술)
- 영주 부석사 무량수전(주심포 양식)
- 개성 경천사지 10층 석탑
- "직지심체요절"(청주 흥덕사, 현존 최고의 금속 활자본)
- 팔만대장경, 상감 청자, 화통도감(최무선, 화포와 화약 개발)

경제 · 사회		문화 1170	

조) → 전시과(세습 X)	유학	국자감 + 향교 < 최충의 9재 학당 └ 전문 7재	· 성리학(by 안향) → 신진 사대부 · 이제현(〈역옹패설〉, 〈사략〉)
습O) + 음서 ⇒ 문벌	역사	〈삼국사기〉: 김부식, 기전체, 현존 우리나라 최고(最古) 역사서	〈삼국유사〉: 일연, 단군

〈자료 15〉 벽란도(COREA)

		의천	지눌
종, 최초 화폐, 철전) X 〈자료 16〉	불교 승려	· 천태종 · 교 + 선 = 교관겸수	· 조계종 · 선 + 교 = 정혜쌍수, 돈오점수 · 결사(수선사)
) → 권문세족 → 신진 사대부 원, 제위보, 구제도감,	불교 불상	· 하남 하사창동 철조 석가여래 좌상 · 논산 관촉사 석조 미륵보살 입상 〈자료 17〉 →무량수전(주심포) · 영주 (부석사)(의상) 소조 여래 좌상 〈자료 18〉	
농민, 천민 X	불교 탑	평창 월정사 8각 9층 석탑 〈자료 19〉	개성 경천사지 10층 석탑 〈자료 20〉 └ 원 영향
지위↑(균분 상속, 윤행봉사),	인쇄	초조대장경(거란 X) ∼∼∼∼∼→팔만대장경(몽골) 〈직지심체요절〉(청주 흥덕사)	
	공예	청자(순청자 --→ 상감 청자) 〈자료 21〉	
	무기	화통도감(최무선 → 진포 대첩)	

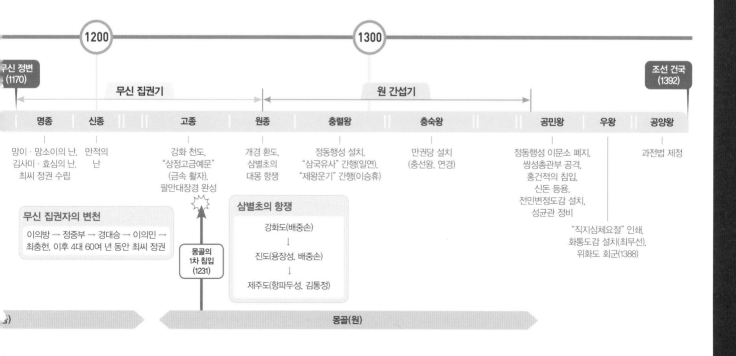

무신 정변 (1170) ─ 무신 집권기 ─ 원 간섭기 ─ 조선 건국 (1392)

명종	신종	고종	원종	충렬왕	충숙왕	공민왕	우왕	공양왕
망이 · 망소이의 난, 김사미 · 효심의 난, 최씨 정권 수립	만적의 난	강화 천도, "상정고금예문" (금속 활자), 팔만대장경 완성	개경 환도, 삼별초의 대몽 항쟁	정동행성 설치, "삼국유사" 간행(일연), "제왕운기" 간행(이승휴)	만권당 설치 (충선왕, 연경)	정동행성 이문소 폐지, 쌍성총관부 공격, 홍건적의 침입, 신돈 등용, 전민변정도감 설치, 성균관 정비		과전법 제정

"직지심체요절" 인쇄,
화통도감 설치(최무선),
위화도 회군(1388)

무신 집권자의 변천
이의방 → 정중부 → 경대승 → 이의민 →
최충헌, 이후 4대 60여 년 동안 최씨 정권

몽골의
1차 침입
(1231)

삼별초의 항쟁
강화도(배중손)
↓
진도(용장성, 배중손)
↓
제주도(항파두성, 김통정)

몽골(원)

2일-2 고려 시대*

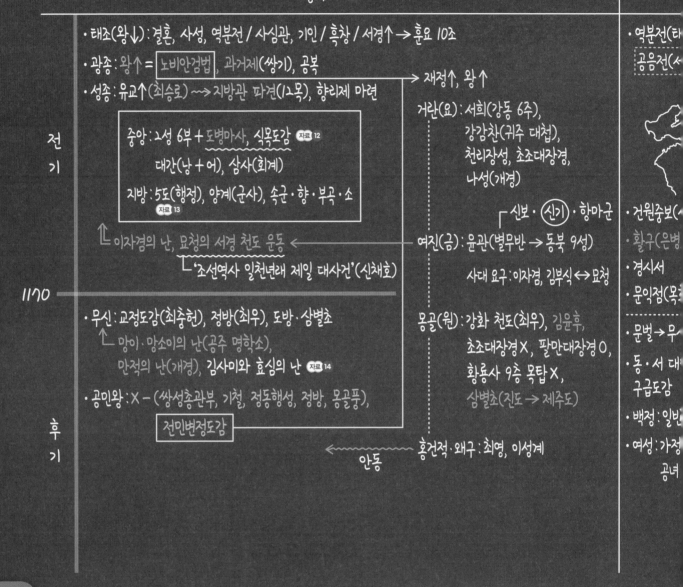

정치·외교

전기

- 태조(왕↓) : 결혼, 사성, 역분전 / 사심관, 기인 / 흑창 / 서경↑ → 훈요 10조
- 광종 : 왕↑ = 노비안검법, 과거제(쌍기), 공복
- 성종 : 유교↑(최승로) ↝ 지방관 파견(12목), 향리제 마련

  → 재정↑, 왕↑

  중앙 : 2성 6부 + 도병마사, 식목도감 [자료 12]
  대간(낭 + 어), 삼사(회계)
  지방 : 5도(행정), 양계(군사), 속군·향·부곡·소 [자료 13]

  ⇧ 이자겸의 난, 묘청의 서경 천도 운동 ←
  └ '조선역사 일천년래 제일 대사건'(신채호)

거란(요) : 서희(강동 6주),
강감찬(귀주 대첩),
천리장성, 초조대장경,
나성(개경)

┌ 신보·신기·항마군
여진(金) : 윤관(별무반 → 동북 9성)

  사대 요구 : 이자겸, 김부식 ↔ 묘청

몽골(원) : 강화 천도(최우), 김윤후,
초조대장경 X, 팔만대장경 O,
황룡사 9층 목탑 X,
삼별초(진도 → 제주도)

1170

후기

- 무신 : 교정도감(최충헌), 정방(최우), 도방·삼별초
  ⇧ 망이·망소이의 난(공주 명학소),
  만적의 난(개경), 김사미와 효심의 난 [자료 14]
- 공민왕 : X – (쌍성총관부, 기철, 정동행성, 정방, 몽골풍),
  전민변정도감

  ← 안동   홍건적·왜구 : 최영, 이성계

- 역분전(태
- 공음전(서
- 건원중보(
- 활구(은병
- 경시서
- 문익점(목
- 문벌 → 무
- 동·서 대
  구급도감
- 백정 : 일반
- 여성 : 가정
  공녀

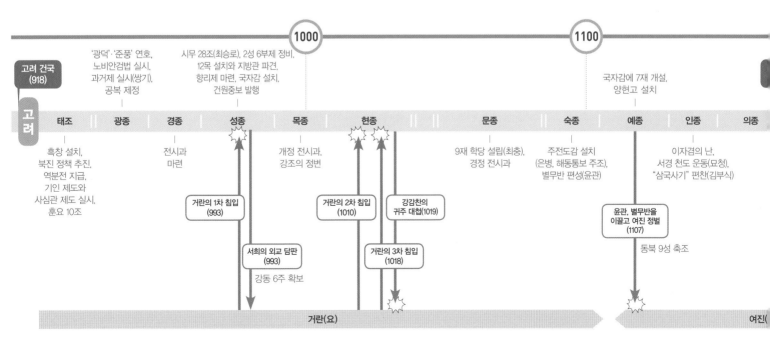

자료 01 9주 5소경

통일 후 신라는 전국을 9주로 나누고 수도가 한쪽에 치우친 점을 보완하기 위해 5소경을 설치하였어요.

자료 02 신라 말의 사회 동요

신라 말 정치 혼란으로 민생이 더욱 피폐해져 전국 곳곳에서 농민 봉기가 일어났어요. 원종·애노의 난을 시작으로 각지에서 봉기가 일어나면서 혼란은 가중되었고, 이를 틈타 호족 세력이 성장하였어요.

자료 03 후삼국의 성립

완산주(전주)를 도읍으로 견훤이 후백제를, 송악(개성)을 도읍으로 궁예가 후고구려를 건국하면서 후삼국이 성립되었어요.

자료 04 남북국 시대의 교류

남북국을 형성한 신라와 발해는 당, 일본 등 주변국과 활발하게 교류하였어요. 또 신라도를 통해 양국이 교류하였어요.

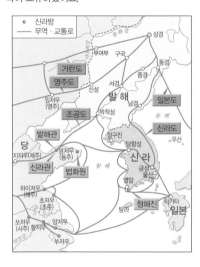

자료 05 신라의 골품제

신라의 골품제는 정치·사회 활동뿐만 아니라 일상생활까지 규제하는 폐쇄적인 신분 제도였어요.

1	이벌찬					자색
2	이 찬					
3	잡 찬					
4	파진찬					
5	대아찬					
6	아 찬					비색
7	일길찬					
8	사 찬					
9	급벌찬					
10	대나마					청색
11	나 마					
12	대 사					황색
13	사 지					
14	길 사					
15	대 오					
16	소 오					
17	조 위					
등급	관등명	진골	6두품	5두품	4두품	공복
		골품				

▲ 신라의 골품과 관등표

자료 06 경주 불국사 3층 석탑과 다보탑

자료 07 무구정광대다라니경

자료 08 경주 석굴암 본존불

자료 09 성덕 대왕 신종

자료 10 발해 이불병좌상

자료 11 발해 석등과 영광탑

자료 ⑫ 고려의 중앙 통치 조직

고려는 성종 때 당과 송의 제도를 참고하여 2성 6부의 중앙 정치 체제를 정비하였으며, 도병마사와 식목도감 같은 고려만의 독자적 회의 기구도 운영하였어요.

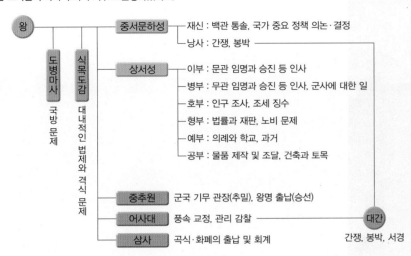

자료 ⑬ 고려의 지방 행정 조직

고려의 지방 행정 조직은 5도 양계와 경기 지역으로 정비되었어요. 5도는 일반 행정 구역이고 양계는 군사 행정 구역이며, 경기 지역은 수도 개경과 그 주변에 해당합니다.

자료 ⑭ 무신 집권기 하층민의 봉기

무신 집권기에도 지배층의 수탈이 계속되어 견디다 못한 하층민이 전국 곳곳에서 봉기하였어요.

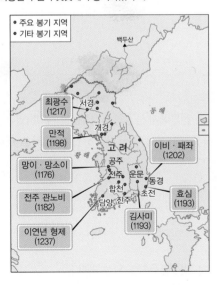

자료 ⑮ 고려의 대외 무역

고려 시대에 국제 무역이 활발하게 이루어졌어요. 개경 근처에 있는 예성강 하구의 벽란도는 국제 무역항으로 번성하였어요.

자료 ⑯ 고려의 화폐

고려 시대에 건원중보, 은병(활구), 해동통보 등의 화폐가 유통되었어요.

▲ 건원중보　　　▲ 은병

자료 ㉑ 고려청자

▲ 순청자
(청자 참외 모양 병)

▲ 상감 청자
(청자 상감 운학무늬 매병)

자료 ⑰ 논산 관촉사 석조 미륵보살 입상

자료 ⑱ 영주 부석사 소조 여래 좌상

자료 ⑲ 평창 월정사 8각 9층 석탑

자료 ⑳ 개성 경천사지 10층 석탑

통일 신라(정치)

강의 바로 보기

흐름을 잡는 판서

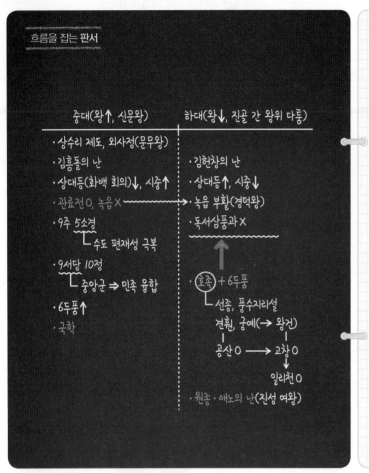

중대(왕↑, 신문왕)
- 상수리 제도, 외사정(문무왕)
- 김흠돌의 난
- 상대등(화백 회의)↓, 시중↑
- 관료전 O, 녹읍 X ～～～→
- 9주 5소경
  └ 수도 편재성 극복
- 9서당 10정
  └ 중앙군 ⇒ 민족 융합
- 6두품↑
- 국학

하대(왕↓, 진골 간 왕위 다툼)
- 김헌창의 난
- 상대등↑, 시중↓
- 녹읍 부활(경덕왕)
- 독서삼품과 X
  ↑
- (호족)＋6두품
  └ 선종, 풍수지리설
  견훤, 궁예(→ 왕건)
  │
  공산 O → 고창 O
            ↓
          일리천 O
- 원종 · 애노의 난(진성 여왕)

나만의 판서 노트

★ 별 채우기

01 신라는 지방 세력을 견제하기 위해 상⭐⭐ 제도를 실시하였다.

02 신라는 지방관을 감찰하기 위해 외⭐⭐을 파견하였다.

03 신문왕은 김⭐⭐의 난을 진압하고 왕권을 강화하였다.

04 신문왕은 ⭐⭐전을 지급하고 ⭐읍을 폐지하였다.

05 통일 이후 신라는 전국을 ⭐주로 나누고 ⭐소경을 설치하였다.

06 통일 이후 신라는 중앙군으로 ⭐서당, 지방군으로 ⭐⭐정을 두었다.

07 신문왕은 ⭐⭐을 설립하여 유학을 교육하였다.

08 신라 말에 김⭐⭐이 자신의 아버지 김주원이 왕이 되지 못한 것에 불만을 품고 반란을 일으켰다.

09 신라 말에 지방에서는 스스로 성주, 장군을 칭하고 독자적으로 군대를 보유한 ⭐⭐이 등장하였다.

10 신라 말에 호족의 지원을 받은 ⭐종이 유행하였다.

11 ⭐⭐은 후백제를, ⭐⭐는 후고구려를 건국하였다.

12 궁예가 왕위에서 쫓겨난 후 ⭐⭐이 왕으로 추대되어 고려를 건국하였다.

13 왕건의 고려군은 현재 안동 지역에서 벌어진 ⭐⭐ 전투에서 후백제군에 승리하였다.

14 왕건의 고려군은 ⭐⭐⭐ 전투에서 신검의 후백제군을 격퇴하였다.

15 신라 말에 사회 혼란이 심해지고 ⭐⭐과 애노의 난 등 농민 봉기가 전국 각지에서 일어났다.

★ 별 더하기

✚ 신문왕은 아버지 문무왕을 위해 감은사를 완성하였다.

✚ 궁예는 정치 기구로 광평성을 두었다.

✚ 궁예는 국호를 '마진'으로 바꾸고 철원으로 천도한 후 다시 국호를 '태봉'으로 바꾸었다.

✚ 견훤은 신라의 금성을 습격하여 경애왕을 죽게 하였다.

✚ 왕건의 고려군은 공산 전투에서 견훤의 후백제군에 패배하였다.

✚ 왕건은 후삼국을 통일하였다.

| 정답 | 01 수리 02 사정 03 흠돌 04 관료, 녹 05 9, 5 06 9, 10 07 국학 08 헌창 09 호족 10 선 11 견훤, 궁예 12 왕건 13 고창 14 일리천 15 원종

밑줄 그은 '이 왕'의 업적으로 옳은 것은? [2점]

●**키워드 1** 신문왕은 삼국 통일을 완성한 문무왕의 큰아들로, 문무왕의 뒤를 이어 즉위하였어요.

문무왕의 아들인 <u>이 왕</u>은 동해에 작은 산이 떠다닌다는 이야기를 듣고 이견대로 갔어요. 용이 나타나 말하기를, 산에 있는 대나무로 피리를 만들면 천하가 평온해질 것이라고 했어요. 이후 그 대나무로 피리를 만들어 <u>만파식적</u>이라 부르고, 나라의 보물로 삼았어요.
●**키워드 2** '만 개의 파도를 잠재워 주는 피리'라는 뜻이에요.

① 국학을 설립하였다.
② 우산국을 정벌하였다.
③ 천리장성을 축조하였다.
④ 화랑도를 국가 조직으로 개편하였다.

꼼꼼 친절 해설

키워드 1의 '문무왕의 아들'과 키워드 2의 '만파식적'을 통해 밑줄 그은 '이 왕'이 신라 신문왕임을 알 수 있어요. 신문왕은 문무왕의 아들로, 왕이 된 후 왕권 강화를 위해 노력하였어요. 또한, 만파식적 설화가 전해지고 있는데, 이것은 신문왕 때 나라가 융성하고 정치적 안정을 이룬 것과 관련 있는 것으로 보여요. 신문왕 재위 시기의 일을 정리해 볼까요?

신라 신문왕 재위 시기의 일

정치	• 장인 김흠돌의 난을 진압하고 반란에 가담한 진골 귀족을 숙청함 → 왕권을 강화함 • 설총('화왕계' 저술) 등 6두품을 등용함 • 지방 행정 조직을 9주 5소경으로 완비함 • 군사 조직을 9서당 10정으로 정비함
경제	관리에게 관료전을 지급하고 녹읍을 폐지함
문화	• 국학을 설립하여 유학 교육을 실시함 • 아버지 문무왕을 위해 감은사를 완성함 • 만파식적 이야기가 전해짐

따라서 정답은 ①번이에요. 신문왕은 인재 양성을 위해 국학을 설립하여 유학을 교육하였어요.
나머지 선택지도 확인해 볼까요? ② 신라 지증왕은 이사부를 보내 지금의 울릉도 일대에 있던 작은 나라인 우산국을 정벌하였어요. ③ 고구려는 당의 침입에 대비하기 위해 영류왕 때부터 국경 지역에 천리장성을 쌓기 시작하여 보장왕 때 완성하였어요. 한편, 고려도 북방 민족의 침입에 대비하여 국경 지역에 천리장성을 쌓았어요. ④ 신라 진흥왕은 인재 양성을 위해 화랑도를 국가 조직으로 개편하였어요.

---

1 기본 60회 10번

다음 기획서에 나타난 시기에 발생한 사건으로 옳은 것은? [2점]

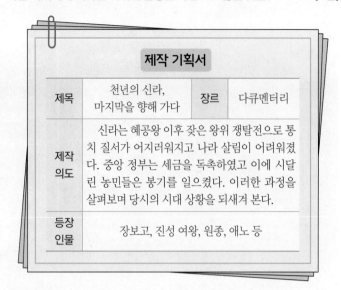

제작 기획서

제목	천년의 신라, 마지막을 향해 가다	장르	다큐멘터리
제작 의도	신라는 혜공왕 이후 잦은 왕위 쟁탈전으로 통치 질서가 어지러워지고 나라 살림이 어려워졌다. 중앙 정부는 세금을 독촉하였고 이에 시달린 농민들은 봉기를 일으켰다. 이러한 과정을 살펴보며 당시의 시대 상황을 되새겨 본다.		
등장 인물	장보고, 진성 여왕, 원종, 애노 등		

① 김헌창의 난
② 이자겸의 난
③ 김사미·효심의 난
④ 망이·망소이의 난

---

2 기본 64회 8번

밑줄 그은 '인물'에 대한 설명으로 옳은 것은? [2점]

이 사당은 후백제를 세운 <u>인물</u>을 기리고 있어.

그는 아들 신검에 의해 금산사에 유폐된 비운의 왕이기도 해.

① 청해진을 설치하였다.
② 국호를 마진으로 하였다.
③ 경주의 사심관으로 임명되었다.
④ 공산 전투에서 고려에 승리하였다.

통일 신라(경제, 사회, 문화)

강의 바로 보기

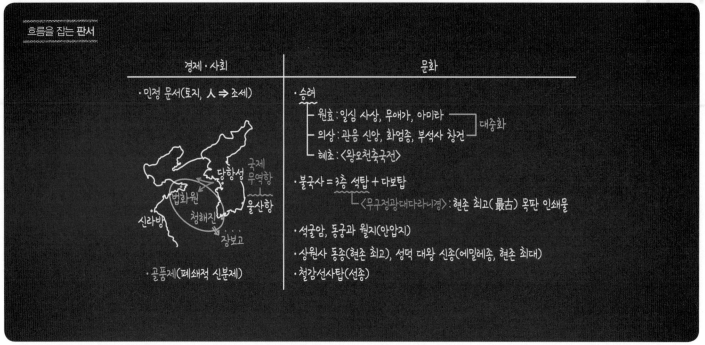

흐름을 잡는 판서

경제·사회	문화
· 민정 문서(토지, 人 ⇒ 조세)	· 승려

경제·사회
- 민정 문서(토지, 人 ⇒ 조세)
- 당항성 국제 무역항 / 울산항 / 법화원 / 청해진 / 장보고 / 신라방
- 골품제(폐쇄적 신분제)

문화
- 승려
  - 원효 : 일심 사상, 무애가, 아미타 ─┐
  - 의상 : 관음 신앙, 화엄종, 부석사 창건 ─┼ 대중화
  - 혜초 : 〈왕오천축국전〉
- 불국사 = 3층 석탑 + 다보탑
  - 〈무구정광대다라니경〉 : 현존 최고(最古) 목판 인쇄물
- 석굴암, 동궁과 월지(안압지)
- 상원사 동종(현존 최고), 성덕 대왕 신종(에밀레종, 현존 최대)
- 철감선사탑(선종)

⭐ 별 채우기

01 통일 신라 시대 서원경 부근 4개 촌락의 경제 상황을 기록한 신라 촌락 문서(⭐⭐ 문서)에는 마을 이름과 경계, 논밭의 넓이, 인구수 등이 기록되어 있다.

02 신라는 진흥왕 때 한강 유역 일대를 차지한 이후 ⭐⭐성을 통해 중국과 직접 교역하였다.

03 장보고는 완도에 ⭐⭐진을 설치하여 해상 무역을 주도하였다.

04 장보고는 산둥반도에 신라인을 위한 사찰인 ⭐⭐원을 건립하였다.

05 신라의 ⭐⭐제는 일상생활까지 규제하는 엄격한 신분제였다.

06 ⭐⭐는 모든 진리는 한마음에서 나온다는 일심 사상을 주장하였다.

07 ⭐⭐는 '무애가'를 지어 부르며 불교 대중화에 기여하였다.

08 ⭐⭐는 '나무아미타불'만 외워도 누구나 극락정토에 갈 수 있다고 주장하였다.

09 ⭐⭐은 신라 화엄종을 개창하였으며, 부석사 등을 창건하였다.

10 ⭐⭐는 인도와 중앙아시아 지역을 순례한 후 "왕오천축국전"을 저술하였다.

11 경주 불국사 3층 석탑을 보수하는 과정에서 무구정광⭐⭐⭐⭐경이 발견되었다.

12 성덕왕 때 만들어진 ⭐⭐⭐ 동종은 우리나라 범종 가운데 가장 오래된 것이다.

13 현존하는 우리나라 최대(最大)의 종은 경덕왕이 아버지를 기리기 위해 만들기 시작한 ⭐⭐ ⭐⭐ 신종이다.

14 신라 말에 ⭐종의 유행으로 화순 쌍봉사 철감선사탑과 같은 승탑이 많이 제작되었다.

⭐ 별 더하기

✛ 신라 촌락 문서(민정 문서)는 노동력 동원과 세금 징수를 위해 작성되었다.

✛ 원효는 "대승기신론소", "십문화쟁론", "금강삼매경론" 등을 저술하였다.

✛ 의상은 화엄 사상을 전파하고, '화엄일승법계도'를 남겼다.

✛ 경주시 토함산에 위치한 석굴암은 불국사와 함께 유네스코 세계 유산으로 등재되었다.

✛ 통일 신라 시대 별궁 터인 동궁과 월지에서는 금동 초 심지 가위 등이 발견되었다.

|정답| 01 민정 02 당항 03 청해 04 법화 05 골품 06 원효 07 원효 08 원효
09 의상 10 혜초 11 대다라니 12 상원사 13 성덕 대왕 14 선

대표 문항 **ZOOM IN** 🔍 기본 50회 7번

키워드 1 원효는 일심 사상과 화쟁 사상을 통해 종파 간의 사상적 대립을 해소하고 조화를 이루고자 노력하였어요.

(가) 인물에 대한 설명으로 옳은 것은? [2점]

┌─────────────────────────────────────┐
│ **역사 인물 카드** │
│  **〈주요 활동〉** │
│ • 모든 진리는 한마음에서 나온다 │
│   는 일심 사상을 주장 │
│ • 무애가를 지어 불러 불교 대중화 │
│   에 기여 │
│   (가) • "대승기신론소" 등을 저술 │
└─────────────────────────────────────┘

키워드 2 원효는 '무애가'를 지어 부르며 일반 사람들이 불교를 쉽게 받아들일 수 있게 하였어요.

① 세속 5계를 지었다.

② 십문화쟁론을 저술하였다.

③ 수선사 결사를 제창하였다.

④ 영주 부석사를 건립하였다.

🔍 **친절해설**

키워드 1의 일심 사상을 주장하였다는 내용과 키워드 2의 무애가를 지어 불러 불교 대중화에 기여하였다는 내용을 통해 (가) 인물이 원효임을 알 수 있어요. 불교 대중화에 기여한 신라의 승려 원효와 의상의 활동을 정리해 볼까요?

원효와 의상의 활동	
원효	• '나무아미타불'만 외우면 누구나 극락정토에 갈 수 있다고 주장함(아미타 신앙), '무애가'를 지어 부름 → 불교 대중화에 기여함 • 일심 사상과 화쟁 사상을 통해 종파 간의 사상적 대립을 해소하고 조화를 이루고자 노력함 • "대승기신론소", "십문화쟁론", "금강삼매경론" 등을 저술함
의상	• 당에서 유학한 후 신라로 돌아와 신라 화엄종을 열고, 화엄 사상을 바탕으로 조화를 강조함 • 현세에서 고난을 구제받고자 하는 관음 신앙을 전파함 • 영주 부석사, 양양 낙산사 등 많은 사찰을 지음 • '화엄일승법계도'를 지음

따라서 정답은 ②번이에요. 원효는 "대승기신론소", "십문화쟁론" 등을 저술하였어요. 나머지 선택지도 살펴봅시다. ① 신라의 승려 원광은 화랑도의 행동 규범으로 세속 5계를 제시하였어요. ③ 고려 후기의 승려 지눌은 참선과 노동에 힘쓸 것을 강조하며 수선사 결사를 제창하여 불교계를 개혁하고자 하였어요. ④ 신라의 승려 의상은 영주 부석사, 양양 낙산사 등 많은 사찰을 건립하였어요.

---

1 기본 66회 9번

밑줄 그은 '이 시기'에 볼 수 있는 모습으로 가장 적절한 것은? [2점]

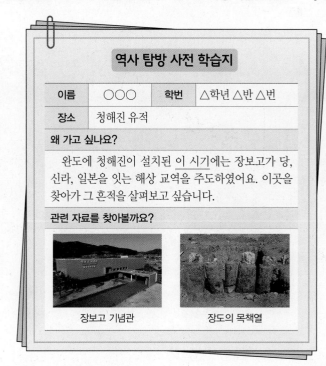

┌─────────────────────────────────────┐
│ **역사 탐방 사전 학습지** │
│ | 이름 | ○○○ | 학번 | △학년 △반 △번 | │
│ | 장소 | 청해진 유적 | | | │
│ **왜 가고 싶나요?** │
│ 완도에 청해진이 설치된 이 시기에는 장보고가 당, │
│ 신라, 일본을 잇는 해상 교역을 주도하였어요. 이곳을 │
│ 찾아가 그 흔적을 살펴보고 싶습니다. │
│ **관련 자료를 찾아볼까요?** │
│ 장보고 기념관   장도의 목책열 │
└─────────────────────────────────────┘

① 분청사기를 만드는 도공

② 녹읍을 지급받는 진골 귀족

③ 장시에서 책을 읽어 주는 전기수

④ 상평통보로 물건값을 치르는 농민

---

2 기본 67회 9번

밑줄 그은 '불상'에 해당하는 것으로 옳은 것은? [1점]

┌─────────────────────────────────────┐
│ 제가 오늘 소개해 드릴 한국의 문화유산은 석굴암이에요. 석굴암은 화 │
│ 강암을 이용하여 인공적으로 만든 사원이에요. 이곳에서 특히 인상 깊었 │
│ 던 것은 바로 석굴암 내부에 있는 아름다운 불상이었어요. 감동 그 자체 │
│ 였지요. 여러분, 한국에 오면 여기 꼭 가봐야 하겠죠? │
└─────────────────────────────────────┘

한국의 세계 유산 3화

① 　② 　③ 　④

발해(정치)

흐름을 잡는 판서

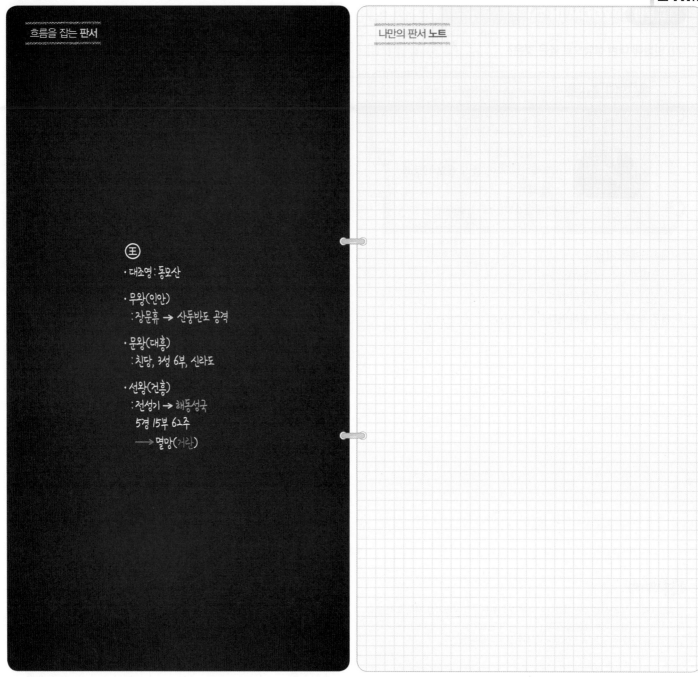

(王)

· 대조영 : 동모산

· 무왕(인안)
  : 장문휴 → 산동반도 공격

· 문왕(대흥)
  : 친당, 3성 6부, 신라도

· 선왕(건흥)
  : 전성기 → 해동성국
  5경 15부 62주
  ──→ 멸망(거란)

나만의 판서 노트

⭐ 별 채우기

01 ⭐⭐⭐은 동모산에서 발해를 건국하였다.

02 ⭐왕은 장문휴를 보내 당의 산동반도를 공격하게 하였다.

03 ⭐왕은 당의 제도를 본떠 3성 6부의 중앙 관제를 정비하였다.

04 무왕은 '⭐⭐', 문왕은 '⭐⭐', 선왕은 '⭐⭐'이라는 독자적인 연호를 사용하였다.

05 발해는 전성기에 ⭐⭐성국이라 불리기도 하였다.

06 발해는 전국을 ⭐경 ⭐⭐부 ⭐⭐주로 나누어 다스렸다.

07 발해는 ⭐⭐의 침략을 받아 멸망하였다.

⭐ 별 더하기

+ 발해는 **무왕** 때 당의 **등주**를 공격하였다.

+ **문왕**은 중경에서 **상경**으로 도읍을 옮겼다.

+ 발해는 **정당성** 아래에 **6부**를 두어 행정을 담당하게 하였다.

| **|정답|** 01 대조영 02 무 03 문 04 인안, 대흥, 건흥 05 해동 06 5, 15, 62 07 거란 |

대표 문항 ZOOM IN 🔍 기본 61회 9번

(가) 국가에 대한 설명으로 옳은 것은? [2점]

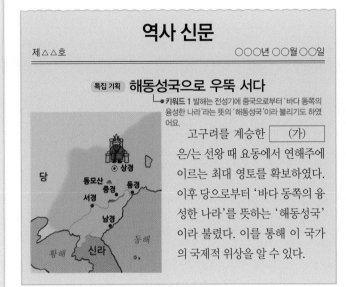

① 한의 침략을 받아 멸망하였다.
② 중앙 정치 조직을 3성 6부로 정비하였다.
③ 정사암에서 국가의 중대사를 결정하였다.
④ 화랑도를 국가적인 조직으로 운영하였다.

꼼꼼 친절해설

키워드 1의 '해동성국'을 통해 (가) 국가가 발해임을 알 수 있어요. 발해는 고구려 출신 대조영이 고구려 유민과 말갈인을 이끌고 동모산에서 세운 나라입니다. 발해의 건국부터 멸망까지 주요 사실을 정리해 볼까요?

발해의 건국과 발전

건국	고구려 출신 대조영이 지린성 동모산에서 발해를 건국함(698)
무왕	• 장문휴를 보내 당의 산둥반도 등주를 공격함 • '인안'이라는 독자적인 연호를 사용함
문왕	• 일본에 보낸 외교 문서에 '고려', '고려 국왕'이라는 명칭을 사용함 → 발해가 고구려를 계승한 나라임을 밝힘 • 당과 친선 관계를 형성하고 당의 문물을 받아들임 → 중앙 정치 조직을 3성 6부로 정비함 • 상경으로 도읍을 옮기고 당의 장안성을 본뜬 상경성을 건설함 • 신라와의 교통로('신라도')를 설치하고 교류함 • '대흥'이라는 독자적인 연호를 사용함
선왕	• 연해주에서 요동 지방에 이르는 최대 영토를 확보함 → 옛 고구려의 영토 대부분을 되찾음 • '건흥'이라는 독자적인 연호를 사용함
멸망	거란의 침략을 받아 멸망함(926)

따라서 정답은 ②번입니다. 발해는 문왕 때 당의 문물을 받아들여 중앙 정치 조직을 3성 6부로 정비하였어요.
나머지 선택지도 살펴봅시다. ① 고조선은 한 무제의 침입으로 기원전 108년에 왕검성이 함락되어 멸망하였어요. ③ 백제에서는 귀족들이 정사암에 모여 재상을 선출하고 나랏일을 논의하였어요. ④ 신라는 진흥왕 때 화랑도를 국가적인 조직으로 개편하여 많은 인재를 양성하였어요.

---

1 기본 60회 11번

(가)에 들어갈 사실로 옳은 것은? [2점]

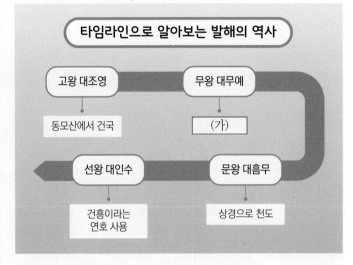

① 대마도 정벌
② 4군 6진 개척
③ 동북 9성 축조
④ 산둥반도의 등주 공격

---

2 기본 63회 6번

(가) 국가에 대한 설명으로 옳은 것은? [2점]

> 이 사료의 대무예는 (가) 의 무왕으로, 대조영의 아들입니다. 그는 장문휴에게 명령하여 당의 등주를 공격하는 등 대당 강경책을 펼쳤습니다.

> 대무예가 대장 장문휴를 보내 수군을 거느리고 등주를 공격하게 하였다. 당 현종은 급히 대문예에게 유주의 군사를 거느리고 반격하게 하였다.

① 마한의 소국 중 하나였다.
② 상수리 제도를 실시하였다.
③ 전성기에 해동성국이라 불렸다.
④ 광덕, 준풍 등의 연호를 사용하였다.

발해(경제, 사회, 문화)

강의 바로 보기

흐름을 잡는 판서

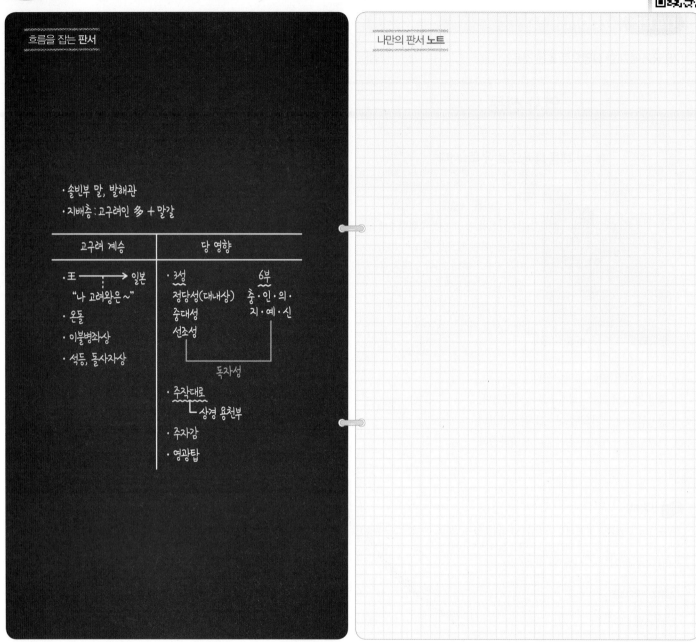

- 솔빈부 말, 발해관
- 지배층 : 고구려인 多 + 말갈

고구려 계승	당 영향
• 王 ──→ 일본 　"나 고려왕은 ~" • 온돌 • 이불병좌상 • 석등, 돌사자상	• 3성　　　　6부 　정당성(대내상)　충·인·의· 　중대성　　　지·예·신 　선조성 　　　└─ 독자성 • 주작대로 　　└ 상경 용천부 • 주자감 • 영광탑

나만의 판서 노트

⭐ 별 채우기

01 발해는 일본에 보낸 국서에서 ⭐⭐⭐를 계승한 국가임을 밝혔다.

02 발해 도성 터의 온돌 유적을 통해 발해가 ⭐⭐⭐를 계승하였음을 알 수 있다.

03 발해의 ⭐⭐ 병좌상은 고구려의 영향을 받은 불상이다.

04 이불병좌상, 발해 석등, 돌⭐⭐⭐ 등은 발해 문화가 고구려 문화의 영향을 받았음을 보여 준다.

05 발해의 중앙 관제는 당의 ⭐성 ⭐부를 모방하였으나 명칭과 운영 방식에서 독자성을 보였다.

06 ⭐⭐성의 장관인 대내상이 발해의 국정을 총괄하였다.

07 발해는 유학 교육 기관으로 ⭐⭐⭐을 설치하였다.

⭐ 별 더하기

✚ 발해의 정효 공주 묘지석에는 '대흥'이라는 연호가 새겨져 있다.

✚ 당의 산둥반도에 발해 사신을 위한 숙소인 발해관이 설치되었다.

✚ 발해는 솔빈부의 말이 특산물로 유명하였다.

|정답| 01 고구려　02 고구려　03 이불　04 사자상　05 3, 6　06 정당
07 주자감

실력을 키우는 기출문제

대표 문항 ZOOM IN

중급 40회 9번

다음 사신을 파견한 국가의 대외 교류에 대한 설명으로 옳은 것은?

[2점]

키워드 1 상경은 문왕이 수도로 삼은 이후 가장 오랫동안 발해의 수도였어요.

조공길에 오르는 사신이 되어 상경성을 떠나려니 어깨가 무겁구나. · 상경

키워드 2 당의 산둥반도 등주에 발해 사신을 위한 숙소인 발해관이 설치되어 있었어요.

우리나라 사신을 위한 숙소가 있다니 거기서 묵어야지. 당의 수도 장안까지 가려면 푹 쉬어야 해.

중경
서경
등주

① 낙랑과 왜에 철을 수출하였다.
② 개시와 후시를 통해 무역을 하였다.
③ 일본도를 경유하여 일본과 교역하였다.
④ 청해진을 설치하여 해상 무역을 전개하였다.
⑤ 벽란도를 통해 아라비아 상인들과 교역하였다.

꼼꼼 친절 해설

키워드 1의 상경성이 수도라는 점과 키워드 2의 등주에 사신을 위한 숙소가 마련되어 있다는 내용을 통해 사신을 파견한 국가가 발해임을 알 수 있어요. 발해는 당을 비롯한 주변 국가들과 활발하게 교류하였어요. 발해의 경제에 대해 알아볼까요?

발해의 경제

목축 발달	솔빈부의 말이 특산물로 유명하여 수출함
대외 무역	• 당 : 문왕 때 교류를 시작함, 당의 산둥반도에 발해관이 설치됨 • 일본 : '일본도'를 통해 교류, 한 번에 수백 명이 오갈 정도로 활발하였음, 담비 가죽을 수출함 • 신라 : '신라도'라는 상설 교통로를 통해 교류함

따라서 정답은 ③번이에요. 발해는 '일본도', '신라도' 등의 교통로를 이용하여 일본, 신라와 교역하였어요.

나머지 선택지도 확인해 봅시다. ① 삼한 중 낙동강 하류 지역의 변한과 이후 이 지역에서 성장한 금관가야는 철이 풍부하게 생산되어 낙랑과 왜에 철을 수출하였어요. ② 조선 후기에 공무역인 개시와 사무역인 후시를 통한 대외 무역이 활발하였어요. ④ 신라 말에 장보고는 지금의 완도에 청해진을 설치하여 해적을 소탕하고 해상 무역권을 장악하였어요. ⑤ 고려 시대에 벽란도가 국제 무역항으로 번성하여 송, 일본뿐만 아니라 멀리 아라비아 상인들도 들어와 교역하였어요.

---

1 기본 64회 9번

다음 자료에 해당하는 국가의 문화유산으로 옳은 것은? [2점]

○ 대조영은 마침내 그 무리를 거느리고 동쪽으로 가서 계루부의 옛 땅을 차지하고, 동모산에 웅거하여 성을 쌓고 살았다.
○ 대인수가 왕위에 올라 연호를 건흥으로 바꾸었다. …… 여러 차례 학생들을 유학 보내어 고금의 제도를 익히게 하니, 비로소 해동성국에 이르렀다.

① 영광탑
② 금관총 금관
③ 금동 대향로
④ 판갑옷과 투구

2 기본 67회 8번

(가) 국가의 문화유산으로 옳지 않은 것은? [2점]

(가) 은/는 여러 번 도읍을 옮겼지만, 이곳 상경성을 가장 오랫동안 도읍으로 삼았습니다. 문왕은 당의 도읍 장안성의 구조를 본떠 상경성을 만들었습니다.

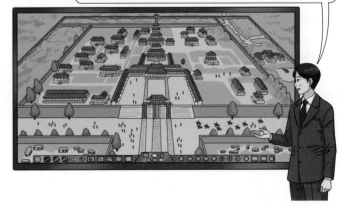

①
칠지도

②
이불병좌상

③
영광탑

④
정효 공주 무덤 벽화

고려(전기 정치)

강의 바로 보기

흐름을 잡는 판서

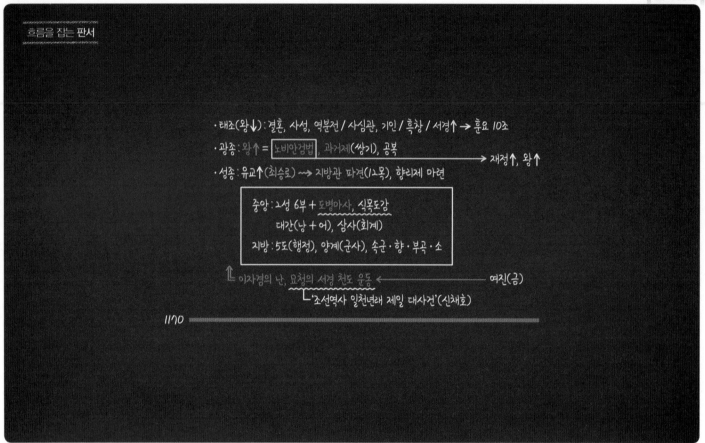

- 태조(왕↓): 결혼, 사성, 역분전 / 사심관, 기인 / 흑창 / 서경↑ → 훈요 10조
- 광종: 왕↑ = 노비안검법, 과거제(쌍기), 공복 ────→ 재정↑, 왕↑
- 성종: 유교↑(최승로) ⤳ 지방관 파견(12목), 향리제 마련

  중앙: 2성 6부 + 도병마사, 식목도감
  대간(낭 + 어), 삼사(회계)
  지방: 5도(행정), 양계(군사), 속군·향·부곡·소

  이자겸의 난, 묘청의 서경 천도 운동 ←──── 여진(금)
  '조선역사 일천년래 제일 대사건'(신채호)

  1170

★ 별 채우기

01 태조 왕건은 호족을 견제하기 위해 ★★관 제도와 ★인 제도를 시행하였다.

02 태조 왕건은 ★★을 북진 정책의 전진 기지로 삼아 중시하였다.

03 ★★은 왕권 강화를 위해 노비안검법과 과거제를 실시하였다.

04 성종은 최★★의 시무 28조를 받아들여 ★★목을 설치하고 지방관을 파견하였다.

05 고려는 ★성 ★부의 중앙 정치 조직을 두었다.

06 고려는 독자적인 정치 기구로 고위 관료들이 모여 국방과 군사 문제를 논의하는 ★★마사를 두었다.

07 중서문하성의 낭사와 어사대의 관원은 ★★으로 불렸다.

08 고려의 ★★는 화폐, 곡식의 출납과 회계를 맡았다.

09 고려는 지방을 ★도와 ★계로 나누었다.

10 고려에는 특수 행정 구역으로 ★·★곡·소가 있었다.

11 인종 때 이★★은 권력을 독점하고 난을 일으켜 스스로 왕이 되고자 하였다.

12 인종 때 승려 ★★이 서경 천도를 주장하며 난을 일으켰다.

13 신★★는 "조선사연구초"에서 묘청의 서경 천도 운동을 '조선 역사 일천년래 제일 대사건'이라고 평가하였다.

★ 별 더하기

+ 태조는 빈민을 구제하기 위해 흑창을 설치하였다.

+ 광종은 '광덕', '준풍' 등의 독자적인 연호를 사용하였다.

+ 성종은 지방에 경학박사와 의학박사를 파견하였다.

+ 고려의 어사대는 관리의 부정과 비리를 감찰하였다.

+ 고려의 중앙 정치 기구 중 하나인 중추원은 군사 기밀과 왕명 출납을 담당하였다.

+ 고려는 군사 행정 구역으로 양계를 두고 병마사를 파견하였다.

+ 고려는 중앙군으로 2군과 6위를 편성하였다.

+ 이자겸은 금의 사대 요구를 받아들였다.

+ 묘청의 서경 천도 운동은 김부식이 이끄는 관군에 의해 진압되었다.

|정답| 01 사심, 기 02 서경 03 광종 04 승로, 12 05 2, 6 06 도병 07 대간
08 삼사 09 5, 양 10 향, 부 11 자겸 12 묘청 13 채호

실력을 키우는 기출문제

대표 문항 ZOOM IN 　　　기본 64회 10번

(가)에 들어갈 내용으로 옳은 것은? 　　　[2점]

○ **키워드 1** 광종은 '광덕', '준풍' 등의 연호를 사용하였어요.

청주 용두사지 철당간에는 준풍이라는 연호가 새겨져 있습니다. 이 연호를 사용한 왕의 업적을 대화창에 올려 주세요.

▶ 과거로 떠나는 역사 여행 – 청주 편

ON 대화창

👤 노비안검법을 시행했어요. ○ **키워드 2** 노비를 조사하여 불법적으로 노비가 된 사람을 양인 신분으로 되돌려 주는 제도입니다.

👤 관리의 복색을 제정했어요.

👤 　　　　(가)

글쓰기 |

① 강화도로 천도했어요.

② 쌍성총관부를 수복했어요.

③ 지방에 12목을 설치했어요.

④ 과거제를 처음으로 시행했어요.

꼼꼼 친절해설

키워드 1의 '준풍이라는 연호'와 **키워드 2**의 '노비안검법을 시행' 등으로 보아 (가)에는 고려 광종의 업적과 관련된 사실이 들어가야 합니다. 광종은 노비안검법을 시행하여 국가 재정을 확충하고 왕권을 강화하였어요. 고려 초기에 체제 정비를 위해 노력한 왕들에 대해 정리해 볼까요?

고려 초기의 체제 정비	
태조	• 민생 안정을 위해 세금을 줄여 주고 흑창을 설치함 • 여러 지역의 호족과 혼인 관계를 맺음, 호족에게 왕씨 성을 내려 줌(사성 정책), 공신에게 역분전을 지급함 • 사심관 제도와 기인 제도를 실시함 • 북진 정책을 추진하여 서경(평양)을 중시하고 북쪽으로 영토를 넓힘 • 후대의 왕에게 훈요 10조를 남김
광종	• 노비안검법을 실시하여 공신과 호족의 세력을 약화함 • 쌍기의 건의를 받아들여 과거제를 처음 실시함 • 관리의 복색을 제정함 • 황제를 칭하고 '광덕', '준풍' 등의 독자적 연호를 사용함
성종	• 최승로가 올린 시무 28조를 받아들여 유교를 통치 이념으로 삼음 • 2성 6부의 중앙 정치 조직을 마련함 • 전국 주요 지역에 12목을 설치하고 지방관을 파견함 • 국자감을 정비함, 지방에 경학박사와 의학박사를 파견함

따라서 정답은 ④번이에요. 광종은 쌍기의 건의를 받아들여 과거제를 처음으로 실시하였어요.

나머지 선택지도 확인해 볼까요? ① 고려 고종은 몽골의 침입에 대응하기 위해 당시 최고 집권자 최우의 주장에 따라 강화도로 천도하여 장기 항쟁을 준비하였어요. ② 고려 공민왕은 쌍성총관부를 공격하여 철령 이북의 영토를 수복하였어요. ③ 고려 성종은 최승로의 시무 28조를 받아들여 12목을 설치하고 지방관을 파견하였어요.

1　기본 61회 17번

학생들이 공통으로 이야기하는 기구로 옳은 것은? 　　　[2점]

고려의 독자적인 정치 기구야.

국방과 군사 문제 등을 논의했어.

중서문하성과 중추원의 고위 관료가 참여했어.

충렬왕 때 명칭이 도평의사사로 바뀌었지.

① 도방　　　　　　　② 어사대

③ 의금부　　　　　　④ 도병마사

2　기본 63회 11번

(가)~(다)를 일어난 순서대로 옳게 나열한 것은? 　　　[3점]

문신의 관을 쓴 자는 모두 죽여라!

정중부

(가)

왕이 우리를 죽이려 했다. 군사를 동원하여 궁궐로 가자!

이자겸

(나)

국호를 대위, 연호를 천개라 하겠다!

묘청

(다)

① (가) - (나) - (다)　　　② (나) - (가) - (다)

③ (나) - (다) - (가)　　　④ (다) - (나) - (가)

고려(후기 정치)

흐름을 잡는 판서

1170 ──────────────

• 무신: 교정도감(최충헌), 정방(최우), 도방·삼별초
　↑ 망이·망소이의 난(공주 명학소),
　　만적의 난(개경), 김사미와 효심의 난
• 공민왕: X – (쌍성총관부, 기철, 정동행성, 정방, 몽골풍),
　　　전민변정도감 ──→ 재정↑, 왕↑

나만의 판서 노트

★ 별 채우기

01 무신에 대한 차별과 의종의 잘못된 정치로 ★★ 정변이 일어났다.

02 최충헌은 교★★★을 설치하여 최고 권력 기구로 삼았다.

03 최우는 ★★을 설치하여 인사권을 장악하였다.

04 최씨 무신 정권은 좌·우별초와 신의군으로 구성된 ★★★를 군사적 기반으로 삼았다.

05 무신 집권기에 공주 명학소에서 ★이·★★이가 봉기하였다.

06 무신 집권기에 개경에서 노비 ★★이 신분 해방을 위한 반란을 모의하였으나 실패하였다.

07 무신 집권기에 운문과 초전에서 김★★와 효심이 난을 일으켰다.

08 공민왕은 ★★총관부를 공격하여 철령 이북의 땅을 되찾았다.

09 공민왕은 원의 내정 간섭 기구인 ★★★★ 이문소를 폐지하였다.

10 공민왕은 인사 행정을 장악하고 있던 ★★을 혁파하였다.

11 공민왕은 권문세족의 세력을 약화하기 위해 신돈을 등용하고 ★★★★도감을 설치하였다.

★ 별 더하기

+ 원 간섭기에 고려의 왕은 원의 공주와 혼인하였다.

+ 원 간섭기에 고려에 정동행성이 설치되었다.

+ 원 간섭기에 지배층을 중심으로 변발과 호복이 유행하였다.

+ 원 간섭기에 권문세족이 높은 관직을 독점하고 대규모의 토지를 소유하였다.

+ 원 간섭기에 결혼도감을 통해 고려의 여성들이 원에 공녀로 보내졌다.

+ 공민왕은 기철 등 친원파를 숙청하였다.

|정답| **01** 무신　**02** 정도감　**03** 정방　**04** 삼별초　**05** 망, 망소　**06** 만적　**07** 사미
08 쌍성　**09** 정동행성　**10** 정방　**11** 전민변정

밑줄 그은 '왕'의 재위 기간에 있었던 사실로 옳은 것은? [2점]

> ● 키워드 1 공민왕은 원의 세력을 등에 업고 권력을 잡아 세도를 부리던 기철 등 친원파를 제거하였어요.

왼편은 **기철 등 친원파**를 제거하고 **정동행성 이문소**를 폐지한 왕의 무덤이야.

오른편은 왕비 노국 대장 공주의 무덤이야. 왕과 왕비를 나란히 같은 곳에 모셨대.

① 동북 9성을 축조하였다.

② 독서삼품과가 실시되었다.

③ 쌍성총관부를 공격하였다.

④ 백두산정계비가 건립되었다.

> ● 키워드 2 공민왕은 정동행성 이문소를 폐지하여 원의 내정 간섭 기구였던 정동행성의 일부 기능을 없앴어요.

꼼꼼 친절 해설

키워드 1의 기철 등 친원파를 제거하였다는 내용과 키워드 2의 정동행성 이문소를 폐지하였다는 내용을 통해 밑줄 그은 '왕'이 고려 공민왕임을 알 수 있어요. 공민왕은 원의 세력이 약해진 틈을 이용하여 반원 자주 정책과 왕권 강화 정책을 폈어요. 공민왕이 추진한 정책에 대해 알아볼까요?

공민왕의 개혁 정치	
반원 자주 정책	• 기철 등 친원 세력을 숙청함 • 몽골풍을 금지함 • 고려의 관제를 복구함 • 정동행성 이문소를 폐지함 • 쌍성총관부를 공격하여 철령 이북의 땅을 수복함
왕권 강화 정책	• 신돈을 등용하고 전민변정도감을 설치함 → 권문세족의 세력을 약화하고 국가 재정 기반을 확대하고자 함 • 정방을 폐지하여 국왕이 인사권을 장악함 • 신진 사대부를 적극 등용함

따라서 정답은 ③번이에요. 고려 공민왕 때 고려군이 쌍성총관부를 공격하여 원에 빼앗겼던 철령 이북의 영토를 되찾았어요.

나머지 선택지도 확인해 볼까요? ① 고려 예종 때 윤관이 별무반을 이끌고 여진을 정벌한 후 동북 9성을 축조하였어요. ② 신라 원성왕 때 유교적 소양을 갖춘 인재를 등용하기 위해 국학생을 대상으로 독서삼품과를 실시하였어요. ④ 조선 숙종 때 청과의 경계를 정한 백두산정계비가 건립되었어요.

---

1 | 기본 61회 16번

다음 상황 이후에 일어난 사실로 옳은 것은? [2점]

무신 이소응이 무술 겨루기에서 이기지 못하고 달아나자, 문신 한뢰가 갑자기 이소응의 뺨을 때렸어요. 이때 왕과 문신들이 손뼉을 치며 웃었어요.

이에 차별 대우를 받으며 불만이 쌓여 왔던 무신들은 정변을 일으켜 문신들을 제거하고 권력을 장악하였어요.

① 김헌창이 난을 일으켰다.

② 장문휴가 등주를 공격하였다.

③ 최치원이 시무 10여 조를 건의하였다.

④ 망이·망소이가 공주 명학소에서 봉기하였다.

---

2 | 기본 63회 14번

밑줄 그은 '시기'에 있었던 사실로 옳은 것은? [2점]

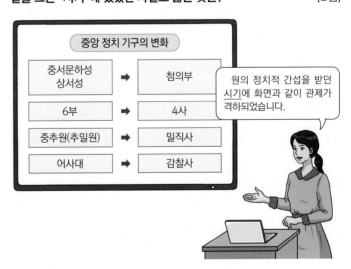

중앙 정치 기구의 변화	
중서문하성 상서성	➡ 첨의부
6부	➡ 4사
중추원(추밀원)	➡ 밀직사
어사대	➡ 감찰사

원의 정치적 간섭을 받던 시기에 화면과 같이 관제가 격하되었습니다.

① 별무반이 편성되었다.

② 정동행성이 설치되었다.

③ 6조 직계제가 실시되었다.

④ 김흠돌의 난이 진압되었다.

고려(외교)

강의 바로 보기

흐름을 잡는 판서

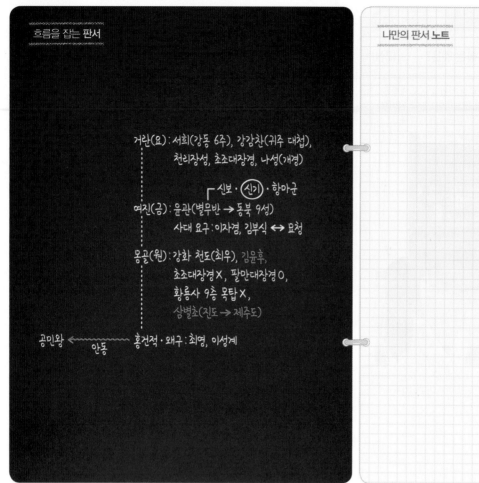

거란(요) : 서희(강동 6주), 강감찬(귀주 대첩),
천리장성, 초조대장경, 나성(개경)

┌ 신보 · 신기 · 항마군
여진(금) : 윤관(별무반 → 동북 9성)
사대 요구 : 이자겸, 김부식 ↔ 묘청

몽골(원) : 강화 천도(최우), 김윤후,
초조대장경 X, 팔만대장경 O,
황룡사 9층 목탑 X,
삼별초(진도 → 제주도)

공민왕 ←―― 홍건적 · 왜구 : 최영, 이성계
        안동

나만의 판서 노트

★ 별 채우기

01 ★★는 거란의 1차 침입 때 소손녕과의 외교 담판으로 강동 ★★를 확보하였다.

02 거란의 3차 침입 때 강★★이 귀주에서 거란군을 격퇴하였다.

03 고려는 북방 민족의 침입에 대비하여 국경 지역에 ★★장성을 축조하였다.

04 거란의 침입을 겪으면서 고려는 개경에 ★★을 쌓아 도성 수비를 강화하였다.

05 윤관은 ★★★을 편성하여 여진을 정벌하고 동북 9성을 축조하였다.

06 몽골이 침입하자 최우는 ★★도로 천도하여 장기 항전에 대비하였다.

07 김★★는 충주성에서 노비를 비롯한 하층민을 이끌고 몽골군을 격퇴하였다.

08 몽골의 침입으로 ★★대장경과 ★★사 9층 목탑이 소실되었다.

09 삼★★는 개경 환도에 반대하고 진도와 제주도로 근거지를 옮겨 가며 대몽 항쟁을 이어 갔다.

10 홍건적의 침입으로 공민왕이 ★★까지 피신하였다.

★ 별 더하기

+ 거란의 2차 침입 때 **양규**가 거란군에 항전하였다.

+ 몽골은 사신 **저고여**의 피살 사건을 빌미로 고려에 침입하였다.

+ 김윤후는 처인성에서 몽골 장수 살리타를 사살하였다.

+ 배중손은 **삼별초**를 이끌고 강화도에서 진도로 옮겨 가며 대몽 항쟁을 계속하였다.

+ 최무선은 **화통도감**의 설치를 건의하고 화포를 사용하여 **진포 대첩**에서 왜구를 격퇴하였다.

+ 최영은 홍산에서, 이성계는 황산에서 왜구를 격퇴하였다.

+ 창왕 때 **박위**가 **쓰시마섬(대마도)**을 토벌하였다.

|정답| 01 서희, 6주 02 감찬 03 천리 04 나성 05 별무반 06 강화 07 윤후
08 초조, 황룡 09 별초 10 안동

대표 문항 ZOOM IN 🔍

기본 66회 15번

(가)에 들어갈 내용으로 가장 적절한 것은? [2점]

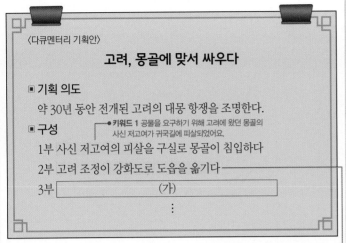

〈다큐멘터리 기획안〉

고려, 몽골에 맞서 싸우다

■ 기획 의도
약 30년 동안 전개된 고려의 대몽 항쟁을 조명한다.

■ 구성 ●━ **키워드 1** 공물을 요구하기 위해 고려에 왔던 몽골의 사신 저고여가 귀국길에 피살되었어요.

1부 사신 저고여의 피살을 구실로 몽골이 침입하다

2부 고려 조정이 강화도로 도읍을 옮기다

3부 ┌────── (가) ──────┐

：

키워드 2 당시 최고 집권자였던 최우의 주장에 따라 장기 항전을 위해 개경에서 강화도로 도읍을 옮겼어요.

① 윤관이 별무반 편성을 건의하다

② 김윤후가 처인성 전투에서 활약하다

③ 을지문덕이 살수에서 적군을 물리치다

④ 서희가 외교 담판을 통해 강동 6주 지역을 확보하다

🍯 **꼼꼼 친절 해설**

고려의 대몽 항쟁을 묻는 문항입니다. 몽골은 사신 저고여가 귀국길에 피살된 사건을 빌미로 1231년에 고려를 침략한 이후 여러 차례 고려를 공격하였어요. 고려 후기에 있었던 몽골의 침입과 고려의 대응을 정리해 볼까요?

몽골의 침입과 고려의 대응(13세기)

몽골의 침입	몽골 사신 저고여가 귀국길에 피살된 사건을 구실 삼아 몽골군이 고려에 침입함
고려의 저항	• 당시 최고 집권자 최우가 도읍을 강화도로 옮김 • 김윤후가 처인성 전투(몽골 장수 살리타를 죽임)와 충주성 전투에서 승리함 • 부처의 힘을 빌려 몽골의 침입을 이겨 내고자 팔만대장경(재조대장경)을 만듦
삼별초의 항쟁	배중손 등이 이끈 삼별초는 고려 정부가 개경으로 돌아가는 것(환도)에 반대하여 봉기함 → 강화도에서 진도(용장성), 제주도(항파두성)로 근거지를 옮겨 가며 대몽 항쟁을 계속함 → 고려와 몽골 연합군에 진압됨
결과	• 국토가 황폐해지고 많은 사람이 포로로 끌려감 • 초조대장경, 황룡사 9층 목탑 등 많은 문화재가 불타 없어짐 • 고려 정부가 몽골과 강화를 맺고 개경으로 돌아온 뒤 본격적으로 원(몽골)의 간섭을 받게 됨

따라서 정답은 ②번이에요. 몽골이 고려에 침입하였을 때 김윤후 부대가 처인성 전투에서 몽골 장수 살리타를 사살하고 몽골군을 물리쳤어요.
나머지 선택지도 확인해 볼까요? ① 고려 숙종 때 윤관은 기병이 주력인 여진을 정벌하기 위해 별무반 편성을 건의하였어요. ③ 고구려가 수의 침입을 받았을 때 을지문덕이 수의 별동대를 살수에서 크게 물리쳤어요. ④ 거란의 1차 침입 당시 고려의 서희가 거란 장수 소손녕과 외교 담판을 벌여 거란군을 물러가게 하고 강동 6주 지역을 확보하였어요.

---

1 기본 60회 15번

(가)~(다)를 일어난 순서대로 옳게 나열한 것은? [3점]

① (가) - (나) - (다)

② (가) - (다) - (나)

③ (나) - (가) - (다)

④ (다) - (가) - (나)

2 기본 64회 11번

(가) 시기에 있었던 사실로 옳은 것은? [2점]

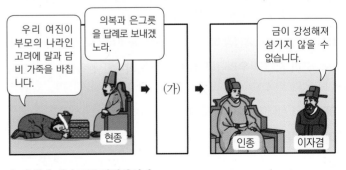

① 박위가 대마도를 정벌하였다.

② 윤관이 별무반 설치를 건의하였다.

③ 김윤후가 처인성 전투에서 승리하였다.

④ 김춘추가 당과의 군사 동맹을 성사시켰다.

2.일 8교시

고려(경제, 사회)

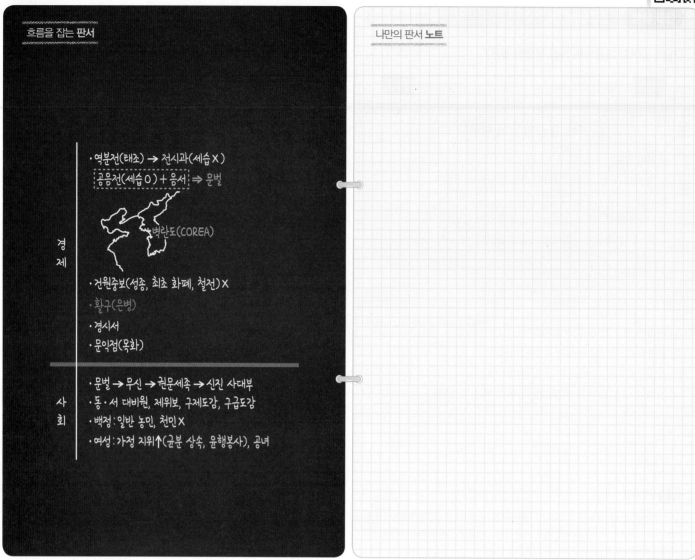

흐름을 잡는 판서

경제

- 역분전(태조) → 전시과(세습 X)
- 공음전(세습 O) + 음서 ⇒ 문벌
- 벽란도(COREA)
- 건원중보(성종, 최초 화폐, 철전) X
- 활구(은병)
- 경시서
- 문익점(목화)

사회

- 문벌 → 무신 → 권문세족 → 신진 사대부
- 동·서 대비원, 제위보, 구제도감, 구급도감
- 백정: 일반 농민, 천민 X
- 여성: 가정 지위↑(균분 상속, 윤행봉사), 공녀

나만의 판서 노트

⭐ 별 채우기

01 고려 태조는 후삼국 통일 과정에서 공을 세운 신하들에게 ⭐⭐전을 지급하였다.

02 고려는 관리에게 관직 복무에 대한 대가로 전지와 시지를 지급하는 ⭐⭐⭐ 제도를 실시하였다.

03 고려 시대에 예성강 하구의 ⭐⭐도가 국제 무역항으로 번성하였다.

04 고려 시대에 우리나라 최초의 금속 화폐인 ⭐⭐중보가 발행되었다.

05 고려 시대에 활구라고도 불린 ⭐⭐을 화폐로 사용하였다.

06 고려는 시전을 감독하는 ⭐⭐서를 두었다.

07 문⭐⭐은 원으로부터 목화씨를 들여와 재배에 성공하였다.

08 고려는 빈민을 구휼할 목적으로 ⭐⭐보를 조성하였다.

09 고려는 질병 확산에 대처하고자 ⭐⭐도감을 운영하였다.

10 고려 시대에는 아들과 딸의 구분 없이 재산을 ⭐⭐ 상속하였다.

⭐ 별 더하기

+ 고려 숙종 때 주전도감을 설치하여 해동통보를 제작하였다.

+ 고려는 송에서 비단, 서적 등을 수입하고 종이, 인삼 등을 송에 수출하였다.

+ 고려는 벽란도를 통해 아라비아 상인과 교역하였다.

+ 고려는 물가를 조절하는 기구로 상평창을 두었다.

+ 고려 성종 때 흑창을 의창으로 개편하였다.

+ 고려는 일반 백성의 질병 치료를 위해 혜민국을 설치하였다.

+ 고려 시대에는 여성이 호주가 될 수 있었다.

+ 고려 시대에는 사위나 외손자도 음서의 혜택을 받을 수 있었다.

|정답| 01 역분 02 전시과 03 벽란 04 건원 05 은병 06 경시 07 익점
08 제위 09 구제 10 균분

정답과 해설 174쪽

대표 문항 ZOOM IN

기본 66회 14번

다음 대화가 이루어진 시기의 경제 상황으로 가장 적절한 것은?

[2점]

●키워드 1 개경은 고려의 수도입니다.

자네 들었는가? 송 사신단이 곧 수도 개경에 도착한다고 하더군.

사신단의 규모가 엄청나다니 가져온 물품도 상당하겠어.

① 공인이 관청에 물품을 조달하였다.
② 모내기법이 전국적으로 확산되었다.
③ 벽란도가 국제 무역항으로 기능하였다.
④ 고추와 담배가 상품 작물로 재배되었다.

꼼꼼 **친절 해설**

키워드 1의 송 사신단이 수도 개경에 도착한다는 내용을 통해 대화가 이루어진 시기가 고려 시대임을 알 수 있어요. 고려는 중국의 송과 활발하게 교류하여 주로 종이, 나전 칠기, 인삼 등을 수출하고 비단, 서적, 차 등을 수입하였어요. 고려의 경제를 정리해 볼까요?

고려의 경제	
대외 무역	• 예성강 하구에 위치한 국제 무역항인 벽란도에서 송, 일본, 아라비아 상인 등과 활발히 교류함 • 송과 가장 활발히 교류함, 후기에는 원과 무역이 활발함 • 아라비아 상인이 수은과 향료 등을 가져와 교역함
상업	• 수도 개경에 시전의 상행위를 관리·감독하는 경시서를 설치함 • 물가 조절 기구로 상평창을 설치함
수공업	특수 행정 구역인 소에서 이루어진 소 수공업, 사원(절)에서 종이와 기와 등을 만들어 파는 사원 수공업 등이 발달함
화폐	건원중보, 해동통보, 은병(활구) 등의 화폐가 만들어짐 → 널리 사용되지는 못함
농업	문익점이 원에서 목화씨를 가져와 재배에 성공함 → 우리나라 의생활에 커다란 변화를 가져옴

따라서 정답은 ③번이에요. 고려 시대에 수도 개경 부근에 있는 예성강 하구의 벽란도가 국제 무역항으로 번성하였어요.
나머지 선택지도 확인해 볼까요? ① 조선 후기에 대동법이 시행되면서 관청에서 필요로 하는 물품을 조달하는 공인이 등장하였어요. ② 조선 후기에 모내기법이 전국적으로 보급되어 농업 생산력이 증가하였어요. ④ 조선 후기에 고추, 담배 등이 전래되고 상품 작물로 재배되었어요.

---

1 기본 67회 12번

(가) 국가에서 볼 수 있는 모습으로 적절한 것은? [2점]

이 문화유산은 태안 마도 2호선에서 발견된 청자 매병과 죽찰입니다. 죽찰에는 개경의 중방 도장교 오문부에게 좋은 꿀을 단지에 담아 보낸다는 내용이 적혀 있습니다. 이를 통해 (가) 사람들의 생활 모습을 엿볼 수 있습니다.

청자 연꽃줄기 무늬 매병과 죽찰

① 광산 개발을 감독하는 덕대
② 신해통공 실시를 알리는 관리
③ 청과의 무역으로 부를 축적하는 만상
④ 활구라고도 불린 은병을 제작하는 장인

---

2 기본 61회 49번

(가)에 들어갈 내용으로 옳은 것은? [2점]

주제 탐구 활동 계획서

○학년 ○반 ○모둠

주제 : 역사 속 백성들을 위한 구휼 제도

• 선정 이유
　우리 역사 속에서 자연재해나 경제적 위기 상황에 직면한 백성들을 위해 국가가 실시한 구휼 제도에 대해 시대별로 살펴보고, 그 역사적 의미와 교훈에 관하여 생각해 보고자 한다.

• 시대별 탐구 내용

구분	삼국 시대	고려 시대	조선 시대
내용	고구려의 진대법 실시	(가)	환곡제 운영

① 의창 설치
② 신문고 운영
③ 제중원 설립
④ 호포제 실시

고려(문화)

강의 바로 보기

흐름을 잡는 판서

1170

유학	국자감 + 향교 < 최충의 9재 학당 └ 전문 7재	· 성리학(by 안향) → 신진 사대부 · 이제현(〈역옹패설〉, 〈사략〉)
역사	〈삼국사기〉: 김부식, 기전체, 현존 우리나라 최고(最古) 역사서	〈삼국유사〉: 일연, 단군

		의천	지눌
불교	승려	· 천태종 · 교 + 선 = 교관겸수	· 조계종 · 선 + 교 = 정혜쌍수, 돈오점수 · 결사 (수선사)
	불상	· 하남 하사창동 철조 석가여래 좌상 · 논산 관촉사 석조 미륵보살 입상 · 영주 부석사 (의상) 소조 여래 좌상 → 무량수전 (주심포)	
	탑	평창 월정사 8각 9층 석탑	개성 경천사지 10층 석탑 └ 원 영향
인쇄		초초대장경(거란 X) ~~~~~~ → 팔만대장경(몽골) 〈직지심체요절〉(청주 흥덕사)	
공예		청자(순청자) → 상감 청자	
무기			화통도감(최무선 → 진포 대첩)

⭐ 별 채우기

01 고려의 국립 교육 기관인 ⭐⭐감은 유학부와 기술학부를 편성하여 교육하였다.

02 고려는 관학 진흥을 위해 국자감에 전문 강좌로 ⭐⭐를 두었다.

03 이⭐⭐은 만권당에서 원의 학자들과 교류하였으며 "역옹패설"을 저술하였다.

04 김부식이 저술한 "⭐⭐⭐⭐"는 우리나라에서 현존하는 가장 오래된 역사서이다.

05 "삼국사기"는 유교 사관에 입각하여 ⭐⭐체 형식으로 서술되었다.

06 일연이 저술한 "⭐⭐⭐⭐"에는 불교사를 중심으로 고대의 민간 설화 등이 수록되어 있다.

07 의천은 해동 ⭐⭐종을 창시하였으며, 수행 방법으로 ⭐⭐겸수를 주장하였다.

08 지눌은 수행 방법으로 ⭐⭐쌍수와 ⭐⭐점수를 강조하였다.

09 ⭐⭐은 불교계의 개혁을 위해 수선사 결사를 제창하였다.

10 논산 ⭐⭐사 석조 미륵보살 입상은 고려 초기의 대형 석불이다.

11 고려 시대에는 평창 ⭐⭐사 8각 9층 석탑과 같은 다각 다층탑이 많이 만들어졌다.

12 개성 ⭐⭐사지 10층 석탑은 원의 영향을 받았으며, 서울 원각사지 10층 석탑에 영향을 주었다.

13 고려는 부처의 힘을 빌려 몽골의 침입을 물리치고자 ⭐⭐⭐⭐경을 제작하였다.

14 현존하는 세계에서 가장 오래된 금속 활자 인쇄본인 "⭐⭐심체요절"은 청주 ⭐⭐사에서 간행되었다.

15 고려 전기에는 ⭐청자가 유행하였고, 고려 후기에는 고려의 독창적인 기법을 활용한 ⭐⭐ 청자가 많이 제작되었다.

16 고려 말에 최⭐⭐의 건의로 화통도감이 설치되었다.

⭐ 별 더하기

+ **최충**이 세운 9재 학당은 **문헌공도**라고 불리기도 하였다.

+ 고려 시대에 문헌공도 등 **사학 12도**가 번성하였다.

+ 고려는 관학 진흥을 위해 국자감에 장학 재단인 **양현고**를 설치하였다.

+ 고려는 토속 신앙과 불교가 결합된 종교 행사로 **팔관회**를 개최하였다.

+ "**삼국유사**"에는 단군의 고조선 건국 이야기가 수록되어 있다.

+ 대각국사 **의천**은 **화폐**를 만들어 사용할 것을 주장하였다.

+ **고려 후기**에 지배층의 후원으로 수월관음도와 같은 **불화**가 유행하였다.

+ 팔만대장경판은 현재 합천 **해인사**에 보관되어 있으며, 유네스코 세계 기록 유산으로 등재되었다.

+ 현존하는 세계에서 가장 오래된 **금속 활자본**으로 공인받은 "**직지심체요절**"은 유네스코 세계 기록 유산으로 등재되었다.

| 정답 | 01 국자 02 7재 03 제현 04 삼국사기 05 기전 06 삼국유사
07 천태, 교관 08 정혜, 돈오 09 지눌 10 관촉 11 월정 12 경천
13 팔만대장(재조대장) 14 직지, 흥덕 15 순, 상감 16 무선

대표 문항 ZOOM IN 🔍　기본 60회 17번

다음 가상 인터뷰의 (가)에 들어갈 내용으로 적절한 것은?　[3점]

지눌 스님, 불교를 위해 어떤 활동을 하셨나요?

(가)

●키워드 1 지눌은 수선사를 중심으로 불교 개혁 운동을 전개하였어요.

① 무애가를 지었습니다.

② 천태종을 개창하였습니다.

③ 수선사 결사를 제창하였습니다.

④ 왕오천축국전을 저술하였습니다.

꼼꼼 친절 해설

고려 후기에 활동한 지눌은 불교계의 타락과 세속화를 비판하면서 불교 개혁 운동을 전개하였어요. 수행 방법으로 참선과 교리 공부를 함께해야 한다는 정혜쌍수와 단번에 깨닫고 깨달은 후에도 수행을 계속해야 한다는 돈오점수를 주장하였어요. 지눌은 죽은 뒤에 '불일보조국사'라는 시호를 받았습니다. 고려 시대 주요 승려들의 활동을 정리해 볼까요?

고려 시대의 주요 승려

의천 (대각국사)	• 문종의 넷째 아들로 승려가 됨, 송에서 유학하고 돌아와 불교 발전을 위해 노력함 • 해동 천태종을 창시하고, 교관겸수를 바탕으로 교종 중심의 선종 통합을 주장함 • 교장도감을 설치하고 "교장"을 편찬함 • 화폐를 만들어 사용할 것을 건의함 → 주전도감이 설치됨
지눌 (보조국사)	• 조계종을 정립함, 수선사 결사(승려의 타락을 비판하며 승려 본연의 자세로 돌아가 불경, 수행, 노동에 고루 힘쓰자는 개혁 운동)를 제창하며 불교 개혁 운동을 전개함 • 정혜쌍수와 돈오점수를 바탕으로 선종 위주의 교종 통합을 주장함
혜심 (진각국사)	유·불 일치설을 주장하며 심성의 도야를 강조함 → 성리학 수용의 사상적 토대를 마련함

따라서 정답은 ③번이에요. 지눌은 불교 개혁을 위해 수선사 결사를 제창하여 참선과 노동에 힘쓸 것을 강조하였어요.

나머지 선택지도 살펴봅시다. ① 신라의 승려 원효는 백성이 불교 교리를 쉽게 받아들일 수 있도록 '무애가'라는 노래를 지어 불렀어요. ② 고려의 승려 의천은 송에서 화엄종과 천태학을 공부하고 돌아와 해동 천태종을 개창하였어요. ④ 신라의 승려 혜초는 인도와 중앙아시아를 다녀온 후 이 지역의 풍물을 기록한 "왕오천축국전"을 저술하였어요.

1　기본 60회 13번

밑줄 그은 '이 책'으로 옳은 것은?　[1점]

이 책에 대해 말해 주세요.

승려 일연이 저술한 역사서입니다.

단군의 고조선 건국 이야기가 실려 있습니다.

① 동국통감　　② 동사강목　　③ 삼국유사　　④ 제왕운기

2　기본 63회 16번

(가)에 들어갈 문화유산으로 가장 적절한 것은?　[2점]

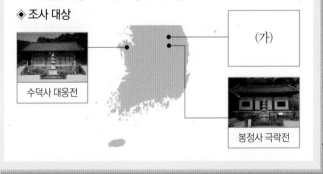

문화유산 조사 보고서

◈ **주제** : 고려 시대의 목조 건축

◈ **방법** : 문헌 조사, 현장 답사 등

◈ **조사 내용**
　- 현재 남아 있는 고려 시대 주요 목조 건축물
　- 배흘림기둥과 주심포 양식의 특징

◈ **조사 대상**

수덕사 대웅전

(가)

봉정사 극락전

① 종묘 정전

② 경복궁 근정전

③ 법주사 팔상전

④ 부석사 무량수전

3일 조선 전기

경제·사회

정유재란
- 명량
- 노량

병자호란 자료07
→ 청
  남한산성
  삼전도

과전법 → 전·현직 / 수신·휼양 →직전법(세조)— 현직 / 수신·휼양X

└ 1결 30두 → 공법(전분6등법, 연분9등법)(세종)
    전세
    │
    공납(특산물) → 방납 폐단
    │
    역(노동력) ~~~→ 대립 / 방군수포 } 폐단

양반 — 중인 — 상민 — 천민
         서얼   신량역천 백정, 노비多
                         매매, 상속, 증여

문화

15C
- 세종 ┌ 훈민정음, 칠정산 / 향약집성방, 농사직설 → 자주·민족 문화
      └ 측우기, 앙부일구, 자격루
      혼일강리역대국도지도(태종) 자료08
- 고사관수도(강희안), 몽유도원도(안견) 자료09
- 분청사기 자료10
- 궁궐, 성곽
- 원각사지 10층 석탑

16C
- 유학↑ ┌ 이황: 〈성학십도〉, 일본 성리학↑
       └ 이이: 〈성학집요〉, 현실 개혁
- 사군자, 신사임당 '초충도'
- 백자 자료11
- 서원(교육+제사): 백운동 서원(주세붕)
            → 소수 서원
          사액

1500   **1600**

중종반정 (1506)

임진왜란 (1592)

성종	연산군	중종	인종	명종	선조
홍문관 설치, "경국대전" 반포, "동문선"·"동국여지승람"· "동국통감"·"악학궤범" 간행	무오사화, 갑자사화	3포 왜란, 조광조 등용, 기묘사화, 백운동 서원 건립(주세붕)		을사사화, 을묘왜변, 임꺽정의 난	붕당 형성(동인, 서인), 정여립 모반 사건, 임진왜란, 훈련도감 설치, 정유재란

조광조의 개혁 정치

소격서 혁파, 현량과 실시, 반정 공신의 위훈 삭제 주장 등

왜란의 전개

한산도 대첩 → 진주 대첩 → 평양성 전투 → 행주 대첩 → 명량 대첩

사화

무오사화 (연산군)	→	갑자사화 (연산군)	→	기묘사화 (중종)	→	을사사화 (명종)
'조의제문'		폐비 윤씨 사사 사건		조광조의 개혁		윤원형 vs 윤임

3일 조선 전기*

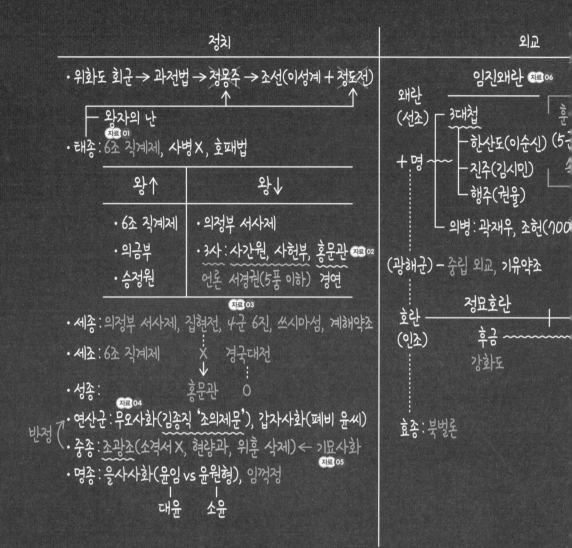

정치

- 위화도 회군 → 과전법 → 정몽주 → 조선(이성계 + 정도전)
  - ┌ 왕자의 난 〔자료 01〕
- 태종 : 6조 직계제, 사병X, 호패법

왕↑	왕↓
• 6조 직계제	• 의정부 서사제
• 의금부	• 3사 : 사간원, 사헌부, 홍문관 〔자료 02〕
• 승정원	언론 서경권(5품 이하) 경연

〔자료 03〕

- 세종 : 의정부 서사제, 집현전, 4군 6진, 쓰시마섬, 계해약조
- 세조 : 6조 직계제   X   경국대전
                      ↓
- 성종 :   홍문관   O
  〔자료 04〕
- 반정 ┌ 연산군 : 무오사화(김종직 '조의제문'), 갑자사화(폐비 윤씨)
      └ 중종 : 조광조(소격서X, 현량과, 위훈 삭제) ← 기묘사화
        〔자료 05〕
- 명종 : 을사사화(윤임 vs 윤원형), 임꺽정
                대윤   소윤

외교

- 임진왜란 〔자료 06〕
- 왜란 (선조) ┬ 3대첩
            │ ├ 한산도(이순신) (5…
  + 명 ~~~ │ ├ 진주(김시민)
            │ └ 행주(권율)
            └ 의병 : 곽재우, 조헌(700…
- (광해군) ─ 중립 외교, 기유약조
- 호란 (인조) ── 정묘호란
              후금 ~~~
              강화도
- 효종 : 북벌론

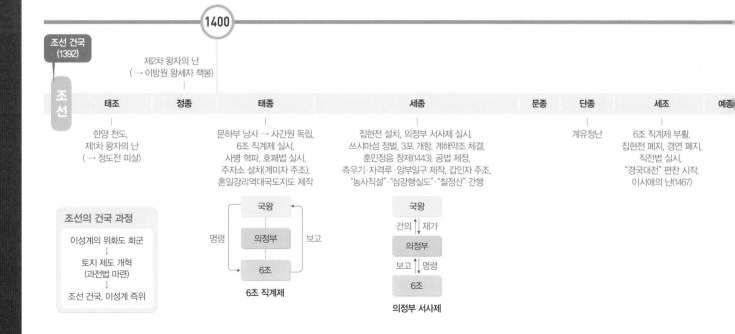

흐름잡기 ≫

1400

조선 건국 (1392)

제2차 왕자의 난 (→ 이방원 왕세자 책봉)

조선	태조	정종	태종	세종	문종	단종	세조	예종
	한양 천도, 제1차 왕자의 난 (→ 정도전 피살)		문하부 낭사 → 사간원 독립, 6조 직계제 실시, 사병 혁파, 호패법 실시, 주자소 설치(계미자 주조), 혼일강리역대국도지도 제작	집현전 설치, 의정부 서사제 실시, 쓰시마섬 정벌, 3포 개항, 계해약조 체결, 훈민정음 창제(1443), 공법 제정, 측우기·자격루·앙부일구 제작, 갑인자 주조, "농사직설"·"삼강행실도"·"칠정산" 간행	계유정난		6조 직계제 부활, 집현전 폐지, 경연 폐지, 직전법 실시, "경국대전" 편찬 시작, 이시애의 난(1467)	

조선의 건국 과정

이성계의 위화도 회군

↓

토지 제도 개혁 (과전법 마련)

↓

조선 건국, 이성계 즉위

6조 직계제

국왕

명령 ↘   ↖ 보고

의정부

6조

의정부 서사제

국왕

건의 ↑↓ 재가

의정부

보고 ↑↓ 명령

6조

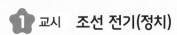
① 교시 조선 전기(정치)

건국 과정	→	태종	→	세종	→	세조
💎 위화도 회군 ↓ 💎 과전법 제정 ↓ 💎 조선 건국		💎 문하부 낭사 → 사간원 💎 6조 직계제 실시 💎 사병 혁파 💎 호패법 실시		💎 의정부 서사제 실시 💎 집현전 설치 💎 4군 6진 개척(최윤덕, 김종서)		💎 계유정난 💎 6조 직계제 실시 💎 집현전과 경연 폐지 💎 "경국대전" 편찬 시작

→	성종	→	연산군	→	중종	→	명종
	💎 홍문관 설치(집현전 계승) 💎 "경국대전" 완성·반포		💎 김종직 '조의제문' → 무오사화 💎 폐비 윤씨 사사 사건 → 갑자사화		💎 조광조의 개혁 정책(소 격서 폐지, 현량과 실 시, 반정 공신의 위훈 삭제) 💎 기묘사화		💎 외척 세력의 권력 다 툼(윤원형 ↔ 윤임) → 을사사화 💎 임꺽정의 난

② 교시 조선 전기(외교)

💎 일본과 기유약조 체결(광해군)
💎 중립 외교(광해군)

왜란		호란	
임진왜란	**정유재란**	**정묘호란(후금)** →	**병자호란(청)**
💎 한산도 대첩(이순신) 💎 진주 대첩(김시민) 💎 행주 대첩(권율) 💎 의병 활약(곽재우, 조헌 등) ／ 💎 훈련도감 설치 : 삼수병(포수, 사 수, 살수), 상비군 (직업 군인) 💎 속오군 편성	💎 명량 대첩 💎 노량 해전	💎 인조, 강화도 피란 💎 용골산성 항전(정 봉수, 이립) 💎 강화('형제의 맹 약')	💎 인조, 남한산성에서 항전 💎 광교산 항전(김준룡) 💎 삼전도에서 인조의 항복 의식(삼전도비 건립)

③ 교시 조선 전기(경제, 사회, 문화)

토지 제도	→	세금		15세기 문화	→	16세기 문화
💎 과전법 : 전·현직 관리에 게 토지의 수조권 지급, 원칙적으로 세습 불가(수 신전, 휼양전 예외), 경기 지역의 토지로 한정 💎 직전법(세조) : 현직 관리 에게만 수조권 지급, 수 신전과 휼양전 폐지 💎 관수관급제(성종) : 관청 에서 세금을 거두어 관 리에게 지급		💎 공법(세종) : 전분6등법 (비옥도로 구분), 연분9 등법(풍흉에 따라 구분) 💎 방납의 폐단 💎 대립, 방군수포의 폐단		💎 세종 : 훈민정음, "농사 직설", "향약집성방", "칠정산" → 자주적 민족 문화 발전 💎 측우기, 앙부일구, 자격루 💎 혼일강리역대국도지도 (태종) 💎 고사관수도(강희안), 몽 유도원도(안견) 💎 "국조오례의", "악학궤범" (성종) 💎 분청사기 💎 원각사지 10층 석탑 💎 인쇄 : 주자소 설치(태종) → 계미자(태종), 갑인자 (세종) 주조		💎 이황("성학십도"), 이이 ("성학집요") 💎 사군자, 초충도 💎 백자 💎 서원(교육+제사) : 주세 붕이 세운 백운동 서원 이 시초 → 소수 서원

자료 01 6조 직계제와 의정부 서사제

6조 직계제는 6조가 왕에게 직접 업무를 보고하고 왕의 결재를 받아 정책을 시행하는 제도입니다. 왕권 강화를 목적으로 태종과 세조 때 실시되었어요. 의정부 서사제는 의정부가 6조의 업무를 먼저 심의한 후 왕에게 보고를 올려 재가를 얻어 업무를 시행하는 제도입니다.

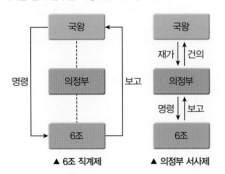

▲ 6조 직계제   ▲ 의정부 서사제

자료 02 조선의 중앙 정치 조직

조선의 중앙 정치 조직은 국정을 총괄하는 의정부와 그 아래에서 왕의 명령을 집행하는 6조를 중심으로 편성되었으며, 승정원, 의금부, 3사 등 기능과 역할이 다른 여러 기구들이 설치되었어요.

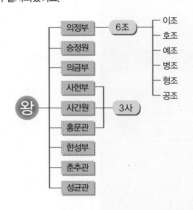

자료 03 4군 6진

세종은 최윤덕과 김종서를 북방으로 파견하여 여진을 몰아내고 4군과 6진을 개척하였어요.

자료 06 임진왜란

임진왜란 초기에 선조가 의주로 피란하는 등 조선은 열세에 몰렸으나, 이순신이 이끄는 수군과 각지에서 일어난 의병의 활약, 명의 지원군 파견으로 전세가 역전되었어요.

▲ 임진왜란 당시 관군과 의병의 활동

자료 04 무오사화

연산군 때 훈구 세력은 김종직이 쓴 '조의제문'을 문제 삼아 사림을 탄압하여 몰아냈어요.

〈조의제문〉
정축년 10월 어느 날 나는 밀성에서 경산으로 가다가 답계역에서 자는데, 꿈에 신인이 헌걸찬 모습으로 나타나 말하길 "나는 초나라 회왕의 손자 심(의제)인데, 서초 패왕(항우)에게 살해되어 빈강에 던져졌다." 하고는 갑자기 사라졌다. 꿈에서 깨어나 놀라 생각하기를 …… '역사를 상고해 보아도 강에 던져졌다는 말은 없는데, 정녕 항우가 사람을 시켜서 심을 몰래 죽이고 그 시체를 물에 던진 것인가? 이는 알 수 없는 일이다.' 하고, 마침내 글을 지어 조문하였다.

자료 05 기묘사화

중종 때 조광조의 개혁 정치에 반발한 공신 등 훈구 세력이 조광조를 비롯한 많은 사림을 제거하였어요.

〈조광조의 위훈 삭제 주장〉
대사헌 조광조 등이 아뢰기를, "…… 반정 때에 공이 있었다면 기록되어야 하겠으나, 이들은 또 그다지 공도 없습니다. 무릇 이들을 공신으로 중히 여기면 공(功)과 이(利)를 탐내게 되니 임금을 죽이고 나라를 빼앗는 일이 다 이것에서 비롯됩니다. 임금이 나라를 잘 다스리고자 한다면 먼저 이(利)의 근원을 막아야 합니다. ……"라고 하였다.

자료 07 정묘호란과 병자호란

인조반정 이후 서인 정권이 친명배금 정책을 펼치자 후금(청)이 조선을 침공하였는데, 이 전쟁이 정묘호란과 병자호란이에요.

자료 08 고사관수도

조선 전기에 강희안이 그린 그림이에요.

자료 10 분청사기

회색 계통의 태토 위에 백토로 분을 발라 다시 구워 낸 자기로, 조선 전기에 유행하였어요.

▲ 분청사기 음각어문 편병

자료 11 백자

순백색의 바탕흙 위에 유약을 발라 구워 만든 자기로, 청결과 검소함을 중시한 사대부의 사랑을 받았어요.

▲ 백자 항아리

자료 09 몽유도원도

도화서 화원 출신의 안견이 안평 대군의 꿈 이야기를 듣고 꿈속에서 본 모습을 그린 그림이에요.

조선 전기(정치)

강의 바로 보기

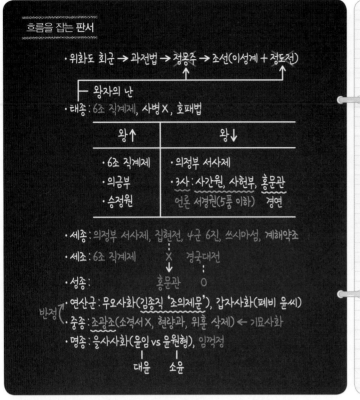

흐름을 잡는 판서

· 위화도 회군 → 과전법 → 정몽주 → 조선(이성계 + 정도전)

┌ 왕자의 난
· 태종: 6조 직계제, 사병 X, 호패법

왕↑	왕↓
· 6조 직계제	· 의정부 서사제
· 의금부	· 3사: 사간원, 사헌부, 홍문관
· 승정원	언론 서경권(5품 이하) 경연

· 세종: 의정부 서사제, 집현전, 4군 6진, 쓰시마섬, 계해약조
· 세조: 6조 직계제   X   경국대전
· 성종: 홍문관   O
· 연산군: 무오사화(김종직 '조의제문'), 갑자사화(폐비 윤씨)
반정↗
· 중종: 조광조(소격서 X, 현량과, 위훈 삭제) ← 기묘사화
· 명종: 을사사화(윤임 vs 윤원형), 임꺽정
         대윤   소윤

나만의 판서 노트

★별 채우기

01 태종은 왕권을 강화하기 위해 ★★병을 혁파하고 6조 ★★제를 실시하였다.

02 태종은 인구 파악을 위해 ★★법을 처음 시행하였다.

03 조선 시대에 ★★원은 왕의 비서 기관으로 왕명 출납을 담당하였다.

04 조선 시대에 언론 기능을 담당한 ★★는 사헌부, 사간원, 홍문관을 말한다.

05 ★★부는 관리의 비리를 규찰하고 풍속을 바로잡는 역할을 하였다.

06 성종 때 설치된 ★★관은 왕의 자문에 응하고 경연을 담당하였다.

07 세종은 의정부 ★★제를 실시하였다.

08 세종은 학문 연구 기관인 ★★전을 설치하여 인재를 육성하였다.

09 세종은 최윤덕과 김종서를 파견하여 ★군 ★진을 개척하였다.

10 세종은 이종무를 보내 ★★★섬을 정벌하였다.

11 계유정난으로 권력을 잡은 후 왕이 된 ★★는 6조 직계제를 부활시키고 집현전을 폐지하였다.

12 조선의 기본 법전인 "★★★★"은 세조 때 편찬이 시작되어 성종 때 완성되었다.

13 연산군 때 김종직의 '조의제문'이 빌미가 되어 ★★사화가 일어났다.

14 연산군 때 폐비 윤씨 사사 사건이 원인이 되어 ★★사화가 일어났다.

15 중종 때 중용된 사림 세력을 대표한 조★★는 소격서 폐지와 현량과 실시를 건의하였다.

16 중종 때 조광조 등 사림 세력의 위훈 삭제 주장에 훈구 세력이 반발하여 ★★사화가 일어났다.

17 명종 때 외척 간의 다툼으로 ★★사화가 일어났다.

18 ★★ 때 임꺽정의 난이 일어났다.

★별 더하기

+ 태조 이성계는 조선을 건국하고 한양으로 천도하였다.

+ 정도전은 "불씨잡변"과 "조선경국전"을 저술하였다.

+ 조선 시대 의정부는 국정을 총괄하는 최고 기구였다.

+ 태종은 전국을 8도로 나누었다.

+ 태종은 주자소를 설치하고 계미자를 주조하였다.

+ 세종 때 개량된 금속 활자인 갑인자가 주조되었다.

+ 8도의 부·목·군·현에 파견된 수령은 지방의 행정·사법·군사권을 행사하였다.

+ 유향소는 향촌 자치 기구로, 향회를 통해 뽑힌 좌수와 별감을 중심으로 운영되었다.

|정답| 01 사, 직계 02 호패 03 승정 04 3사 05 사헌 06 홍문 07 서사
08 집현 09 4, 6 10 쓰시마 11 세조 12 경국대전 13 무오 14 갑자
15 광조 16 기묘 17 을사 18 명종

대표 문항 **ZOOM IN** 🔍 기본 66회 22번

(가) 왕의 업적으로 옳지 <u>않은</u> 것은? [3점]

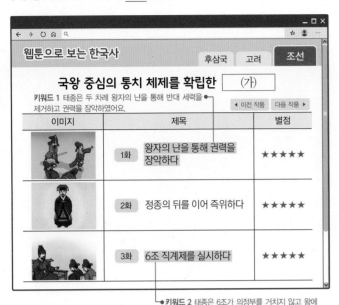

웹툰으로 보는 한국사 후삼국 고려 **조선**

국왕 중심의 통치 체제를 확립한 (가)

키워드 1 태종은 두 차례 왕자의 난을 통해 반대 세력을 제거하고 권력을 장악하였어요. ◀ 이전 작품 다음 작품 ▶

이미지		제목	별점
	1화	왕자의 난을 통해 권력을 장악하다	★★★★★
	2화	정종의 뒤를 이어 즉위하다	★★★★★
	3화	6조 직계제를 실시하다	★★★★★

키워드 2 태종은 6조가 의정부를 거치지 않고 왕에게 업무를 직접 보고하도록 하는 6조 직계제를 실시하였어요.

① 신문고를 설치하였다.
② 계미자를 주조하였다.
③ 칠정산을 편찬하였다.
④ 호패법을 마련하였다.

꼼꼼 K친절 해설

키워드 1의 왕자의 난을 통해 권력을 장악하였다는 내용과 **키워드 2**의 6조 직계제를 실시하였다는 내용을 통해 (가) 왕이 조선 태종임을 알 수 있어요. 태종은 왕위에 오른 후 왕권 강화에 힘썼어요. 조선 초기에 통치 체제의 기틀을 마련한 왕들에 대해 정리해 볼까요?

조선 초 통치 체제의 기틀 마련

태조	• 국호를 '조선'으로 정하고 한양으로 도읍을 옮김 • 경복궁을 짓고 종묘와 사직을 건설함
태종	• 두 차례 왕자의 난을 통해 정도전 등 반대 세력을 제거하고 즉위함 • 6조 직계제를 실시하고 왕족과 공신의 사병을 폐지함 → 국왕 중심의 정치 체제를 마련함 • 전국을 8도로 나누고 향·부곡·소를 점차 없애는 등 지방 행정을 정비함 • 호패법을 처음 시행함, 신문고를 처음 설치함
세종	• 의정부 서사제를 실시함 → 왕권과 신권의 조화를 추구함 • 집현전을 설치하고 경연을 활성화함 • 이종무를 보내 왜구의 근거지인 쓰시마섬을 정벌함 • 여진을 몰아내고 4군(최윤덕) 6진(김종서)을 개척함
세조	• 계유정난으로 정권을 장악한 후 즉위함 • 6조 직계제를 부활함, 집현전과 경연을 폐지함 • "경국대전"을 만들기 시작함, 직전법을 실시함
성종	• "경국대전"을 완성하여 반포함 → 통치 체제가 확립됨 • 집현전을 계승하여 홍문관을 설치함, 경연을 부활하여 확대 실시함

따라서 정답은 ③번이에요. "칠정산"은 조선 세종 때 한양을 기준으로 편찬된 역법서입니다.
나머지 선택지도 확인해 볼까요? ① 조선 태종은 백성의 억울한 일을 해결해 줄 목적으로 궁궐 밖에 신문고(북)를 설치하였어요. ② 조선 태종은 이전의 금속 활자를 개량하여 계미자를 주조하게 하였어요. ④ 조선 태종은 16세 이상의 모든 남성에게 일종의 신분증인 호패를 차고 다니게 하는 호패법을 처음으로 실시하였어요.

---

1 기본 67회 20번

밑줄 그은 '왕'에 대한 설명으로 옳은 것은? [3점]

> ○ 왕께서 명하기를, "집현전을 파하고 경연을 정지하며, 거기에 소장하였던 서책은 모두 예문관에서 관장하게 하라."라고 하였다.
> ○ 왕께서 명령을 내려, "전날 성삼문 등이 상왕도 모의에 참여하였다고 말하였으니 …… 상왕을 노산군으로 낮추고, 궁에서 내보내 영월에 거주시키도록 하라."라고 하였다.

① 시헌력을 도입하였다.
② 탕평책을 실시하였다.
③ 한양으로 도읍을 옮겼다.
④ 6조 직계제를 시행하였다.

2 기본 66회 24번

(가) 인물의 활동으로 옳은 것은? [2점]

이 책은 기묘사화의 전말을 다룬 기묘유적입니다. 현량과 실시와 위훈 삭제를 주장한 (가) 이/가 관직에서 쫓겨나는 과정이 잘 기록되어 있습니다.

기묘유적

① 발해고를 저술하였다.
② 대동여지도를 제작하였다.
③ 백운동 서원을 건립하였다.
④ 소격서 폐지를 건의하였다.

조선 전기(외교)

강의 바로 보기

흐름을 잡는 판서

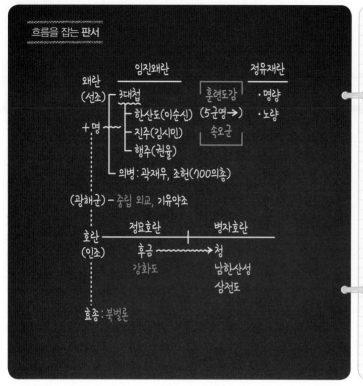

나만의 판서 **노트**

⭐ 별 채우기

01 이순신이 이끄는 조선 수군은 ⭐⭐⭐ 대첩에서 일본군에 맞서 학익진 전법으로 큰 승리를 거두었다.

02 임진왜란 당시 김시민이 ⭐⭐성에서 일본군에 맞서 싸워 승리하였다.

03 임진왜란 당시 권율이 ⭐⭐산성에서 크게 승리하였다.

04 임진왜란 당시 홍의 장군으로 불린 곽⭐⭐는 의령에서 의병을 일으켜 일본군에 맞서 싸웠다.

05 임진왜란 당시 조⭐이 금산에서 의병을 이끌었다.

06 정유재란 당시 이⭐⭐이 명량 해전에서 승리하였다.

07 임진왜란 중 포수, 사수, 살수의 삼수병으로 구성된 ⭐⭐도감이 설치되었다.

08 왜란과 호란을 거치면서 중앙군은 ⭐군영 체제로 개편되었다.

09 광해군은 명과 후금 사이에서 ⭐⭐ 외교를 추진하였다.

10 조선은 광해군 때 일본과 ⭐⭐⭐조를 맺고 교역을 재개하였다.

11 후금은 광해군의 원수를 갚는다는 명분을 내세워 ⭐⭐호란을 일으켰다.

12 정묘호란 이후 후금은 국호를 ⭐으로 바꾸고 조선에 군신 관계를 요구하며 ⭐⭐호란을 일으켰다.

13 병자호란이 일어나자 인조는 ⭐⭐산성으로 피신하여 항전하였다.

14 병자호란에서 패배한 인조는 청 태종에게 항복의 의식을 치르고 ⭐⭐⭐비를 세웠다.

⭐ 별 더하기

+ 임진왜란 때 곽재우, 고경명 등이 의병으로 활약하였다.

+ 인조와 서인 정권은 친명배금의 외교 정책을 펼쳤다.

+ 정묘호란 당시 정봉수와 이립이 용골산성에서 항전하였다.

+ 병자호란 당시 임경업이 백마산성에서 항전하였다.

|정답| 01 한산도 02 진주 03 행주 04 재우 05 헌 06 순신 07 훈련 08 5 09 중립 10 기유약 11 정묘 12 청, 병자 13 남한 14 삼전도

대표 문항 ZOOM IN 🔍   기본 64회 21번

(가) 전쟁에 대한 설명으로 옳지 않은 것은? [3점]

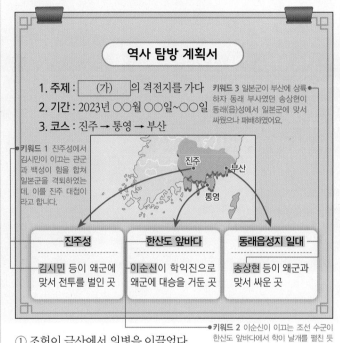

역사 탐방 계획서

1. 주제 : (가) 의 격전지를 가다
2. 기간 : 2023년 ○○월 ○○일~○○일
3. 코스 : 진주 → 통영 → 부산

●키워드 1 진주성에서 김시민이 이끄는 관군과 백성이 힘을 합쳐 일본군을 격퇴하였는데, 이를 진주 대첩이라고 합니다.

●키워드 3 일본군이 부산에 상륙하자 동래 부사였던 송상현이 동래(읍)성에서 일본군에 맞서 싸웠으나 패배하였어요.

진주성	한산도 앞바다	동래읍성지 일대
김시민 등이 왜군에 맞서 전투를 벌인 곳	이순신이 학익진으로 왜군에 대승을 거둔 곳	송상현 등이 왜군과 맞서 싸운 곳

●키워드 2 이순신이 이끄는 조선 수군이 한산도 앞바다에서 학이 날개를 펼친 듯한 형태로 적을 포위하여 공격하는 학익진 전술로 일본 수군을 크게 격파하였는데, 이를 한산도 대첩이라고 합니다.

① 조헌이 금산에서 의병을 이끌었다.
② 임경업이 백마산성에서 항전하였다.
③ 곽재우가 의병을 일으켜 정암진에서 싸웠다.
④ 신립이 탄금대에서 배수의 진을 치고 전투를 벌였다.

꼼꼼 **친절 해설**

키워드 1의 '진주성', '김시민', 키워드 2의 '한산도 앞바다', '이순신', 키워드 3의 '동래읍성지 일대', '송상현' 등을 통해 (가) 전쟁이 임진왜란임을 알 수 있어요. 왜란의 전개 과정을 정리해 볼까요?

왜란의 전개 과정	
배경	일본 도요토미 히데요시가 대륙 침략 욕구 등으로 조선을 침략함(1592)
임진왜란의 전개	• 일본군이 부산에 상륙하여 동래성이 함락됨 → 신립이 충주 탄금대 전투에서 패배 → 한성 함락, 선조가 의주로 피란, 명에 지원군 요청 • 수군의 활약 : 이순신이 이끄는 수군이 옥포, 한산도 등지에서 승리 • 의병과 관군의 활약 : 곽재우·조헌 등 의병이 일어남, 김시민이 이끄는 관군과 의병이 연합하여 진주성에서 큰 승리를 거둠(진주 대첩) • 조·명 연합군이 평양성을 탈환함, 권율이 행주산성에서 일본군을 무찌름(행주 대첩) • 일본이 명에 휴전을 제의함
체제 정비	• 비변사의 기능이 확대됨 • 훈련도감을 설치하고 지방군을 속오군 체제로 바꿈
정유재란	휴전 협상 결렬 후 일본이 다시 전쟁을 일으킴(정유재란, 1597) → 이순신이 이끄는 수군이 명량 해전에서 승리함 → 도요토미 히데요시가 죽자 일본군이 철수를 시작함 → 이순신이 노량에서 물러나는 일본군을 격파함(노량 해전), 전쟁 종결

따라서 정답은 ②번이에요. 병자호란 당시 임경업이 백마산성에서 청의 군대에 항전하였어요.
나머지 선택지도 확인해 볼까요? ① 임진왜란 당시 조헌이 이끄는 의병이 금산에서 일본군에 맞서 싸우다가 모두 전사하였어요. ③ 임진왜란 당시 곽재우가 이끄는 의병은 남강 유역의 정암진에서 일본군을 기습 공격하여 큰 피해를 입혔어요. ④ 임진왜란 당시 신립이 충주의 탄금대에서 배수의 진을 치고 일본군에 맞서 싸웠으나 패배하였어요.

---

1   기본 63회 25번

(가)에 들어갈 부대로 옳은 것은? [2점]

월간 여행과 역사

특집 **네덜란드에서 만난 조선의 무관, 박연**

네덜란드 알크마르에 세워진 이 동상의 주인공은 벨테브레이로, 조선에 정착하여 박연이라는 이름으로 살았다. 네덜란드 출신이었던 그는 조선 연안에 표류한 후 서울로 압송되었고, 이후 (가) 에 소속되어 서양의 화포 기술을 전수하였다. 임진왜란 중 설치된 (가) 은/는 포수, 사수, 살수의 삼수병으로 구성되었다.

① 9서당   ② 별기군   ③ 삼별초   ④ 훈련도감

---

2   기본 67회 23번

다음 가상 대화 이후에 전개된 사실로 옳은 것은? [2점]

남한산성에서 항전하시던 임금께서 삼전도에 나아가 청에 굴욕적인 항복을 하셨다는군.

게다가 세자와 봉림 대군께서는 청에 볼모로 잡혀가신다더군.

① 북벌론이 전개되었다.
② 4군 6진이 개척되었다.
③ 삼포왜란이 진압되었다.
④ 정동행성이 설치되었다.

조선 전기(경제, 사회, 문화)

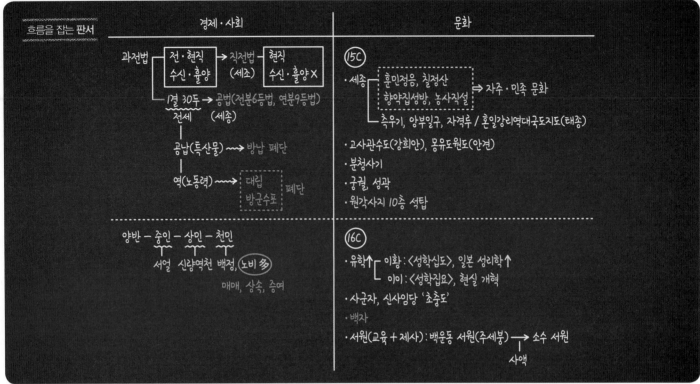

| 흐름을 잡는 판서 | 경제 · 사회 | 문화 |

경제 · 사회

과전법 → [전 · 현직 수신 · 휼양] → 직전법 (세조) → [현직 수신 · 휼양X]

1결 30두 → 공법(전분6등법, 연분9등법) (세종)
전세

공납(특산물) ⟿ 방납 폐단

역(노동력) ⟿ [대립 / 방군수포] 폐단

양반 — 중인 — 상민 — 천민
서얼 신량역천 백정, (노비 多)
매매, 상속, 증여

문화

15C
· 세종 ┌ [훈민정음, 칠정산 / 향약집성방, 농사직설] → 자주 · 민족 문화
       └ 측우기, 앙부일구, 자격루 / 혼일강리역대국도지도(태종)
· 고사관수도(강희안), 몽유도원도(안견)
· 분청사기
· 궁궐, 성곽
· 원각사지 10층 석탑

16C
· 유학↑ ┌ 이황 : 〈성학십도〉, 일본 성리학↑
        └ 이이 : 〈성학집요〉, 현실 개혁
· 사군자, 신사임당 '초충도'
· 백자
· 서원(교육 + 제사) : 백운동 서원(주세붕) → 소수 서원
                                    사액

⭐ 별 채우기

01 조선 초에는 전·현직 관리에게 수조권을 지급하는 ⭐⭐법이 시행되었다.

02 세조 때 현직 관리에게만 수조권을 지급하는 ⭐⭐법이 시행되었다.

03 세종 때 풍흉 정도에 따라 차등적으로 세금을 걷는 ⭐⭐9등법이 시행되었다.

04 태종 때 현존하는 동아시아에서 가장 오래된 세계 지도인 ⭐⭐⭐⭐역대국도지도가 제작되었다.

05 세종 때 우리 고유의 문자인 ⭐⭐⭐⭐이 창제되었다.

06 세종 때 한양을 기준으로 천체 운동을 계산한 역법서인 "⭐⭐산"이 편찬되었다.

07 세종 때 우리 풍토에 맞는 농법을 소개한 "농사⭐⭐"이 편찬되었다.

08 세종 때 강우량을 측정하는 기구인 ⭐⭐기가 발명되었다.

09 세종 때 해시계인 ⭐⭐일구가 제작되었다.

10 장영실이 세종의 명을 받아 자동으로 시각을 알려 주는 물시계인 ⭐⭐루를 발명하였다.

11 강희안의 ⭐⭐⭐⭐도는 바위에 기대어 물을 바라보며 명상에 잠긴 선비의 모습을 그린 그림이다.

12 ⭐⭐⭐⭐도는 안견이 안평 대군의 꿈 이야기를 듣고 그린 그림이다.

13 세조 때 개성 경천사지 10층 석탑의 영향을 받은 서울 ⭐⭐사지 10층 석탑이 건립되었다.

14 이황은 성리학 이론을 그림으로 설명한 "성학⭐⭐"를 저술하였다.

15 이이는 "성학⭐⭐"를 저술하여 국왕이 배워야 할 덕목과 지식을 제시하였다.

16 ⭐원은 선현에 대한 제사와 양반 자제의 교육을 담당하였다.

17 주세붕은 최초의 서원인 ⭐⭐⭐ 서원을 건립하였다.

⭐ 별 더하기

✚ 성종 때 관청에서 조세를 직접 거두어 관리에게 지급하는 관수관급제가 시행되었다.

✚ 조선 시대 역관, 의관, 화원 등 전문직에 종사하는 사람은 중인 계층에 속하였다.

✚ 세종 때 충신, 효자, 열녀의 행적을 그림과 글로 소개한 "삼강행실도"가 편찬되었다.

✚ "조선왕조실록"은 태조부터 철종까지의 역사를 편년체로 기록하였다.

✚ 성종 때 음악 이론 등을 집대성한 "악학궤범"이 간행되었다.

✚ 종묘는 조선 시대 역대 왕과 왕비의 신주를 모신 사당이다.

✚ 조선 시대 최고 교육 기관인 성균관에서 유학 교육과 함께 성현에 대한 제사가 이루어졌다.

✚ 조선은 각 지방에 향교를 세우고 교수와 훈도를 파견하여 교육을 담당하게 하였다.

| 정답 | **01** 과전 **02** 직전 **03** 연분 **04** 혼일강리 **05** 훈민정음 **06** 칠정 **07** 직설
08 측우 **09** 앙부 **10** 자격 **11** 고사관수 **12** 몽유도원 **13** 원각 **14** 십도
15 집요 **16** 서 **17** 백운동

대표 문항 ZOOM IN 🔍   기본 63회 18번

밑줄 그은 '왕'의 재위 시기에 있었던 사실로 옳은 것은?   [2점]

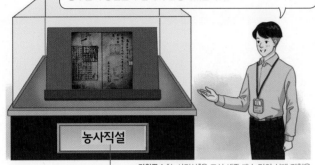

> 이 책은 정초, 변효문 등이 왕의 명을 받아 편찬한 농서입니다. 우리 풍토에 맞는 농법을 보급하기 위해 각 지역에 있는 노련한 농부들의 경험을 수집하여 간행하였습니다.

농사직설

● **키워드 1** "농사직설"은 조선 세종 때 농민의 실제 경험을 반영하여 우리 풍토에 맞는 농사법을 정리한 농서입니다.

① 자격루가 제작되었다.

② 화통도감이 설치되었다.

③ 삼국유사가 저술되었다.

④ 백두산정계비가 건립되었다.

꼼꼼 친절해설

키워드 1의 '농사직설'을 통해서 밑줄 그은 '왕'이 조선 세종임을 알 수 있어요. 조선 전기에는 국가의 지원 속에 과학 기술이 발달하였어요. 조선 전기의 과학 기술 발달을 정리해 볼까요?

조선 전기 과학 기술의 발달

천문학	천상열차분야지도(천문도, 태조), 혼천의·간의 제작(천문 관측 기구, 세종)
역법	"칠정산"(한양을 기준으로 천체 운동을 계산한 역법서, 세종)
시계	세종 때 앙부일구(해시계), 자격루(물시계) 등 제작
농업 관련	• 측우기(강우량 측정 기구, 세종) • "농사직설"(우리 풍토에 맞는 농사법을 정리한 농서, 세종)
의학	"향약집성방"(우리 고유의 약재와 치료법을 정리한 의약서, 세종)
인쇄술	주자소 설치(태종), 계미자(태종)·갑인자(세종) 등 금속 활자 주조

따라서 정답은 ①번이에요. 조선 세종 때 장영실이 중심이 되어 자격루를 제작하였어요. 자격루는 자동으로 시간을 알려 주는 장치를 갖춘 물시계입니다.

나머지 선택지도 확인해 볼까요? ② 고려 말 우왕 때 최무선의 건의로 화약 무기를 제작하는 화통도감이 설치되었어요. ③ 고려 후기에 승려 일연이 "삼국유사"를 저술하였어요. ④ 조선 숙종 때 조선과 청의 국경을 정한 백두산정계비가 건립되었어요.

---

1   기본 63회 17번

다음 건의를 받아들여 제정한 법으로 옳은 것은?   [3점]

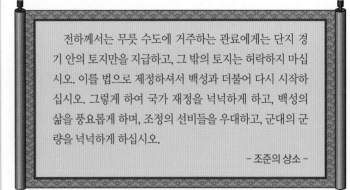

> 전하께서는 무릇 수도에 거주하는 관료에게는 단지 경기 안의 토지만을 지급하고, 그 밖의 토지는 허락하지 마십시오. 이를 법으로 제정하셔서 백성과 더불어 다시 시작하십시오. 그렇게 하여 국가 재정을 넉넉하게 하고, 백성의 삶을 풍요롭게 하며, 조정의 선비들을 우대하고, 군대의 군량을 넉넉하게 하십시오.
>
> — 조준의 상소 —

① 과전법   ② 대동법   ③ 영정법   ④ 호패법

---

2   기본 63회 23번

(가)에 들어갈 인물로 옳은 것은?   [1점]

> 여기는 도산 서당으로, 성학십도를 저술한 성리학자 (가) 이/가 제자들을 양성한 곳입니다. 그의 사후 제자들이 스승을 추모하고자 서당 뒤편으로 도산 서원을 조성하면서 한 공간에 서원과 서당이 공존하는 보기 드문 형태를 갖추게 되었습니다.

① 서희   ② 이황   ③ 박제가   ④ 정몽주

4일

조선 후기

사회	문화

재배↑ → •신분제 동요 : 양반↑, 상민·노비↓ → 서민 문화의 성장 ┬ 한글 소설, 판소리, 풍속화(김홍도, 신윤복) 자료 06
                                                            └ 민화

┌ 공명첩, 납속책, 족보 위조

(평등)의식↑ ┬ 서학(천주교)
           └ 동학(최제우) → 인내천

• 성리학 대안
  ┬ 양명학 : 실천, 지행합일 → 정제두(강화 학파)
  └ 실학 ┬ 중농(자영농↑) : 유형원(균전론), 이익(한전론),
        │   정약용(여전론, 〈경세유표〉) 자료 07
        └ 중상(생산력↑) : 박지원, 박제가(소비론), 홍대용 자료 08

• 19C 농민 봉기(세도 정치) 자료 05
  ┬ 초 : 홍경래의 난(서북 차별)
  └ 중 : 임술 농민 봉기(진주, 삼정 문란)
                        ↓
                   삼정이정청

• 서양 학문 영향 : 곤여만국전도, 시헌력
              └ 중국✕ → 진경 산수화(정선) 자료 09
                        : 인왕제색도, 금강전도

• 여성 지위↓

• 청화 백자, 추사 김정희(〈금석과안록〉 → 진흥왕 순수비)

• 보은 법주사 팔상전 자료 10

4~6두)

1결 12두)

→ 상품 화폐↑

필) ←

, 선무군관포

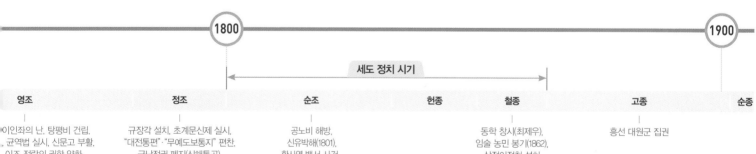

1800   1900

                    ←——————— 세도 정치 시기 ———————→

영조   정조   순조   헌종   철종   고종   순종

이인좌의 난, 탕평비 건립,   규장각 설치, 초계문신제 실시,   공노비 해방,   동학 창시(최제우),   흥선 대원군 집권
균역법 실시, 신문고 부활,   "대전통편"·"무예도보통지" 편찬,   신유박해(1801),   임술 농민 봉기(1862),
이조 전랑의 권한 약화   금난전권 폐지(신해통공),   황사영 백서 사건,   삼정이정청 설치
                     장용영 설치, 수원 화성 축조   홍경래의 난(1811)

정법(인조)	균역법(영조)
에 관계없이	1년에 1필의 군포 징
를 토지 1결당	수, 부족한 재정은 결
~6두로 고정	작, 어염세, 선무군관
	포 등으로 보충

4일 조선 후기*

정치

반정 ↗
- **광해군**: 중립 외교(강홍립), 통신사, 대동법 / 인목 대비X, 영창 대군X
- **인조(서인)**: 친명배금 → 호란 → 남한산성 → 삼전도
- **효종**: 북벌론(송시열), 나선 정벌
- **현종**: 예송(서인 vs 남인)
- **숙종**: 환국(일당 전제), 백두산정계비(간도), 안용복(독도)
  └ 간도 협약(1909)   └ 칙령 제41호
                        러·일 전쟁
- **영조**: 탕평, 서원 정리, 속대전, 균역법
  자료 01
  사도 세자
  - **정조**: 탕평, 초계문신(규장각 → 서얼), 장용영, 수원 화성, 자료 03
    X   대전통편, 신해통공(금난전권X)   자료 02
    └→ 세도 정치: 소수 가문, 비변사 장악
              → 매관매직, 삼정의 문란

경제

모내기법(이앙법)↑, 상품 작...
- 노동력↓: 광작, 임노동...
- 생산력↑: 타조법 → 도...

교환O → 상업↑(상...
- 도고(시전, 공인, 송...
- 장시: 보부상
- 포구: 선상, 객주, ...
- 선대제, 덕대

- **세법 변화**
  - 전세 → 영정법(인조, 1...
  - 공납 → 대동법(광해군, ...
            └→ 戶→土, 공...
  - 역 → 균역법(영조, 1년...
                    결...

흐름잡기 ≫

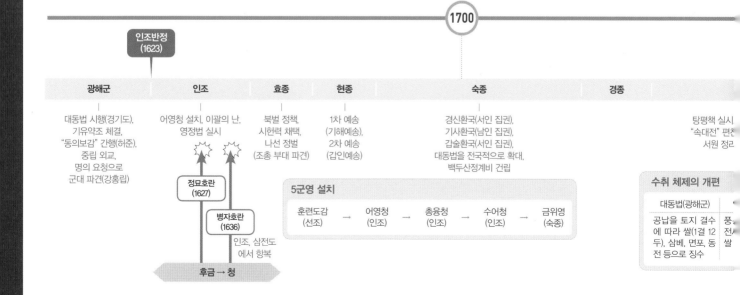

인조반정 (1623)

1700

광해군	인조	효종	현종	숙종	경종
대동법 시행(경기도), 기유약조 체결, "동의보감" 간행(허준), 중립 외교, 명의 요청으로 군대 파견(강홍립)	어영청 설치, 이괄의 난, 영정법 실시	북벌 정책, 시헌력 채택, 나선 정벌 (조총 부대 파견)	1차 예송 (기해예송), 2차 예송 (갑인예송)	경신환국(서인 집권), 기사환국(남인 집권), 갑술환국(서인 집권), 대동법을 전국적으로 확대, 백두산정계비 건립	탕평책 실시 "속대전" 편찬 서원 정리

정묘호란 (1627)

병자호란 (1636)
인조, 삼전도 에서 항복

후금 → 청

5군영 설치

훈련도감 (선조)	→	어영청 (인조)	→	총융청 (인조)	→	수어청 (인조)	→	금위영 (숙종)

수취 체제의 개편

대동법(광해군)	
공납을 토지 결수에 따라 쌀(1결 12두), 삼베, 면포, 동전 등으로 징수	풍... 전... 쌀...

❶ 교시　조선 후기(정치)

광해군	→	인조	→	효종	→	현종

- 🧊 중립 외교
- 🧊 대동법 실시(경기도)
- 🧊 영창 대군 살해, 인목 대비 폐위 → 인조반정

- 🧊 서인의 친명배금 정책 → 정묘호란, 병자호란
- 🧊 영정법 실시

- 🧊 북벌론 대두(송시열 등)
- 🧊 나선 정벌(조총 부대 파견)

- 🧊 예송 : 자의 대비의 상복 입는 기간을 두고 서인과 남인 대립

→	숙종	→	영조	→	정조	→	세도 정치 시기

- 🧊 잦은 환국 → 일당 전제화
- 🧊 백두산정계비 건립
- 🧊 안용복의 활약(독도)

- 🧊 탕평책 실시 → 탕평 비 건립
- 🧊 서원 정리
- 🧊 "속대전" 편찬
- 🧊 균역법 실시

- 🧊 탕평책 실시
- 🧊 규장각 육성, 초계문신제 실시
- 🧊 서얼 등용(규장각 검서관)
- 🧊 장용영 설치
- 🧊 수원 화성 건설

- 🧊 세도 정치 가문이 비변사 장악
- 🧊 매관매직 성행
- 🧊 삼정의 문란 극심

❷ 교시　조선 후기(경제, 사회)

경제			사회	
농업	상업	수공업, 광업	신분 질서 동요	농민 봉기

- 🧊 모내기법 확산
- 🧊 광작 성행, 임노 동자 증가
- 🧊 지대 변화 : 도 조법 등장

- 🧊 송상, 만상, 경강상인, 내상 등 사상 성장
- 🧊 장시 발달 : 보부상이 전국의 장시 연결
- 🧊 포구 상업 발달 : 객 주, 여각의 성장
- 🧊 상평통보 유통

- 🧊 선대제 수공업
- 🧊 민영 광산, 덕대 (전문적인 광산 경영인)

- 🧊 양반 수 증가 (공명첩, 납속 등 이용)
- 🧊 천주교 : 서학으 로 수용 → 신 앙화
- 🧊 동학 : 최제우 창시, 인내천 사상

- 🧊 홍경래의 난 : 평안도 지역 차별에 반발, 홍 경래 주도
- 🧊 임술 농민 봉기 : 삼 정의 문란 → 삼정이 정청 설치

❸ 교시　조선 후기(문화)

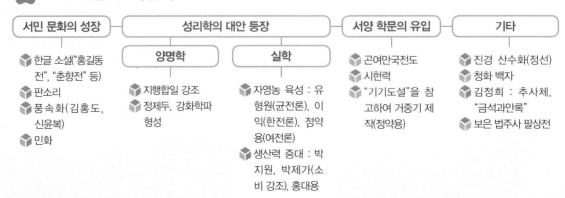

서민 문화의 성장	성리학의 대안 등장		서양 학문의 유입	기타
	양명학	실학		

- 🧊 한글 소설("홍길동 전", "춘향전" 등)
- 🧊 판소리
- 🧊 풍속화(김홍도, 신윤복)
- 🧊 민화

- 🧊 지행합일 강조
- 🧊 정제두, 강화학파 형성

- 🧊 자영농 육성 : 유 형원(균전론), 이 익(한전론), 정약 용(여전론)
- 🧊 생산력 증대 : 박 지원, 박제가(소 비 강조), 홍대용

- 🧊 곤여만국전도
- 🧊 시헌력
- 🧊 "기기도설"을 참 고하여 거중기 제 작(정약용)

- 🧊 진경 산수화(정선)
- 🧊 청화 백자
- 🧊 김정희 : 추사체, "금석과안록"
- 🧊 보은 법주사 팔상전

자료 01 탕평비

붕당 간 대립이 극심한 가운데 즉위한 영조는 성균관에 탕평비를 건립하여 탕평 의지를 널리 알렸어요.

신의가 있고 아첨하지 않는 것은 군자의 마음이요, 아첨하고 신의가 없는 것은 소인의 사사로운 마음이다.
(周而弗比 乃君子之公心 比而弗周 寔小人之私意)

자료 02 규장각

규장각은 역대 임금의 글이나 글씨 등을 보관하는 관청이었으나 정조가 그 기능을 확대하여 학술 및 정책 연구 기관으로 육성하였으며, 창덕궁 후원의 주합루에 설치하였어요. 정조는 박제가, 유득공, 이덕무 등 서얼 출신의 학자들을 규장각 검서관으로 기용하기도 하였어요.

▲ 창덕궁 주합루

자료 03 수원 화성

정조는 아버지 사도 세자(장헌 세자)의 묘를 수원으로 옮기고, 자신의 정치적 개혁 의지를 실현하고자 신도시 화성을 건설하여 정치·군사·상업 기능을 부여하였어요.

▲ 수원 화성 장안문

자료 04 조선 후기 사상의 성장

정조 때 육의전을 제외한 시전 상인의 금난전권이 폐지되어 상업 활동이 활발해지고 사상이 성장하였어요.

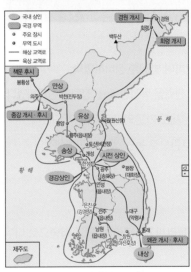

▲ 조선 후기 상업과 무역 활동

자료 05 19세기의 농민 봉기

19세기에 삼정의 문란과 지배층의 수탈로 민생이 피폐해져 전국 각지에서 농민 봉기가 일어났어요.

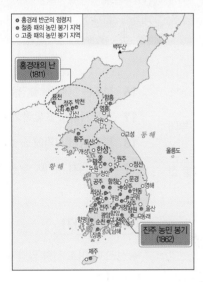

자료 06 풍속화

김홍도와 신윤복은 조선 후기의 대표적인 풍속화가입니다. 김홍도는 서민의 일상생활 모습을 소탈하고 익살스럽게 표현하였고, 신윤복은 주로 양반의 풍류, 남녀 간의 애정 등을 감각적·해학적으로 묘사하였어요.

▲ 무동(김홍도)

▲ 월하정인(신윤복)

자료 09 진경 산수화

'실제 경치를 소재로 한 산수화'라는 뜻으로, 우리나라의 자연을 소재로 그린 그림입니다. 대표적인 작품으로 겸재 정선의 인왕제색도, 금강전도가 있어요.

▲ 인왕제색도

▲ 금강전도

자료 07 정약용의 여전론

정약용은 마을 단위로 공동 소유한 토지를 공동 경작하고, 생산물은 노동량에 따라 분배하자는 여전론을 주장하였어요.

농사를 짓는 사람에게는 토지를 갖게 하고 농사를 짓지 않는 사람에게는 토지를 갖지 못하게 하려면 여전제를 실시해야 한다. …… 1여(閭)에는 여장을 두며, 무릇 1여의 토지는 여민이 공동으로 경작하도록 하고, 내 땅 네 땅의 구별을 없게 하며, 오직 여장의 명령에만 따른다. 여민들이 농경하는 경우 여장은 매일 개개인의 노동량을 장부에 기록해 두었다가 가을이 되면 오곡의 수확물을 모두 여장의 집에 가져온 다음 분배한다.
– "여유당전서" 전론 –

자료 08 홍대용의 사상

홍대용은 "의산문답"에서 지전설과 무한 우주론을 주장하였는데, 이는 중국 중심의 세계관을 비판하는 근거가 되었어요.

중국은 서양에 대해서 경도의 차이가 1백 80도에 이르는데, 중국 사람은 중국을 정계(正界)로 삼고 서양을 도계(倒界)로 삼으며, 서양 사람은 서양을 정계로 삼고 중국을 도계로 삼는다. 그러나 실제에 있어서는 하늘을 이고 땅을 밟는 사람은 지역에 따라 모두 그러하니, 횡(橫)이나 도(倒)할 것 없이 다 정계다.
– "의산문답" –

자료 10 보은 법주사 팔상전

조선 후기에 만들어졌으며, 현존하는 우리나라 유일의 목탑으로 내부에 부처님의 일생을 그린 팔상도가 모셔져 있어요.

흐름을 잡는 판서

반정
- 광해군 : 중립 외교(강홍립), 통신사, 대동법 / 인목 대비 X, 영창 대군 X
- 인조(서인) : 친명배금 → 호란 → 남한산성 → 삼전도
- 효종 : 북벌론(송시열), 나선 정벌
- 현종 : 예송(서인 vs 남인)
- 숙종 : 환국(일당 전제), 백두산정계비(간도), 안용복(독도)
                                └ 간도 협약(1909) └ 칙령 제41호, 러·일 전쟁
- 영조 : 탕평, 서원 정리, 속대전, 균역법
    사도 세자
- 정조 : 탕평, 초계문신(규장각 → 서얼), 장용영, 수원 화성,
  X   대전통편, 신해통공(금난전권 X)
      └→ 세도 정치 : 소수 가문, 비변사 장악
               → 매관매직, 삼정의 문란

★ 별 채우기

01 광해군은 명의 지원 요청에 따라 후금과의 전투에 강⭐⭐의 부대를 파견하였다.

02 19세기까지 여러 차례 일본에 파견된 ⭐⭐사는 조선의 문화를 전파하여 일본의 문화 발전에 기여하였다.

03 광해군 때 ⭐⭐법이 경기도에서 처음 시행되었다.

04 서인은 ⭐⭐반정을 일으켜 광해군과 북인을 몰아내고 정권을 장악하였다.

05 효종 때 송시열 등 서인 세력을 중심으로 ⭐⭐ 운동이 추진되었다.

06 효종은 청의 요청으로 ⭐⭐ 정벌을 위해 조총 부대를 파견하였다.

07 현종 때 자의 대비의 상복 입는 기간을 두고 서인과 남인 사이에 ⭐⭐이 일어났다.

08 숙종 때 ⭐⭐⭐정계비를 세워 청과 국경을 확정하였다.

09 숙종 때 안⭐⭐은 일본으로 건너가 울릉도와 독도가 조선의 영토임을 확인받고 돌아왔다.

10 영조는 성균관 입구에 ⭐⭐비를 건립하였다.

11 영조는 "⭐⭐전"을 편찬하여 통치 체제를 정비하였다.

12 영조는 군포 납부액을 1필로 줄인 ⭐⭐법을 실시하였다.

13 정조는 정책 연구 기관으로 ⭐⭐각을 육성하고 초계⭐⭐제를 시행하였다.

14 정조는 국왕 친위 부대인 ⭐⭐⭐을 설치하였다.

15 정조는 자신의 정치적 이상을 담아 수원 ⭐⭐을 건설하였다.

16 정조는 "대전⭐⭐"을 편찬하여 법제를 정비하였다.

17 정조 사후 몇몇 유력 가문이 권력을 독점한 ⭐⭐ 정치가 전개되었다.

18 세도 정치 시기에 ⭐⭐사는 세도 가문의 권력 기반이 되었다.

19 세도 정치 시기에 ⭐⭐의 문란으로 농민 생활이 피폐해졌다.

★ 별 더하기

+ 선조 때 이조 전랑 임명 등을 둘러싸고 사림이 **동인과 서인**으로 나뉘었다.

+ 임진왜란을 거치면서 **비변사**의 기능이 강화되었다.

+ 광해군 때 허준이 전통 한의학을 집대성한 "**동의보감**"을 완성하였다.

+ 숙종 때 **경신환국**이 일어나 **서인**이 집권하게 되었다.

+ 정조는 박제가, 유득공 등 서얼 출신을 **규장각 검서관**으로 등용하였다.

+ 정조는 신해통공을 실시하여 육의전을 제외한 시전 상인의 **금난전권**을 폐지하였다.

+ 대한 제국 정부는 **이범윤**을 간도 관리사로 임명하였다.

+ 1909년 일본이 청과 **간도 협약**을 맺어 간도를 청의 영토로 인정하였다.

+ 대한 제국은 **칙령 제41호**를 반포하여 **독도**의 영유권을 재확인하였다.

|정답| **01** 홍립 **02** 통신 **03** 대동 **04** 인조 **05** 북벌 **06** 나선 **07** 예송
08 백두산 **09** 용복 **10** 탕평 **11** 속대 **12** 균역 **13** 규장, 문신
14 장용영 **15** 화성 **16** 통편 **17** 세도 **18** 비변 **19** 삼정

대표 문항 ZOOM IN

기본 64회 26번

밑줄 그은 '이 왕'의 업적으로 옳은 것은? [2점]

키워드 1 정조는 젊은 문신을 선발하여 규장각에 소속시켜 재교육하는 초계문신제를 시행하였어요.

> 화면에 펼쳐진 자료에 대해 설명해 주시겠습니까?

> 네, 이것은 초계문신제를 시행한 이 왕이 규장각의 관원 등을 초대하여 함께 지은 시를 모은 것입니다.

키워드 2 정조는 창덕궁 후원에 왕실 도서를 보관하는 규장각을 두어 학문과 정책을 연구하는 기관으로 삼았어요.

① 경복궁을 중건하였다.

② 영선사를 파견하였다.

③ 장용영을 창설하였다.

④ 훈민정음을 창제하였다.

꼼꼼 친절 해설

키워드 1의 '초계문신제'와 키워드 2의 '규장각'을 통해 밑줄 그은 '이 왕'이 조선 정조임을 알 수 있어요. 정조는 자신의 정책을 뒷받침할 인재를 육성하기 위해 규장각을 설치하고 초계문신제를 실시하였어요. 정조가 추진한 개혁 정책에 대해 정리해 볼까요?

정조의 개혁 정치

정치	• 탕평책 실시 : 노론, 소론, 남인 등 붕당에 관계없이 인재를 고루 등용함 • 규장각 육성 : 학문·정책 연구 기관으로 규장각의 기능을 강화하고, 젊은 문신을 선발하여 재교육하는 초계문신제를 시행함 • 장용영 설치 : 국왕의 친위 부대로 설치하여 왕권을 뒷받침하게 함 • 수원 화성 건설 : 자신의 정치적 이상을 담아 군사적 방어 기능과 상업적 기능을 갖춘 화성을 건설함
경제	신해통공(육의전을 제외한 시전 상인의 금난전권을 폐지) → 자유로운 상업 활동이 어느 정도 보장됨
사회	서얼과 노비에 대한 차별 완화 : 이덕무, 유득공, 박제가 등 서얼 출신 학자를 규장각 검서관으로 등용함
문물제도 정비	"대전통편"(법전), "동문휘고"(외교 문서집), "탁지지"(호조의 사례 정리집), "무예도보통지"(종합 무예서) 등을 편찬함

따라서 정답은 ③번이에요. 정조는 왕권 강화를 위해 국왕의 친위 부대인 장용영을 설치하였어요.

나머지 선택지도 확인해 볼까요? ① 조선 고종 때 흥선 대원군의 주도로 임진왜란 당시 불에 탄 경복궁을 중건하였어요. ② 조선 고종 때 개화 정책을 추진하면서 청에 영선사를 파견하여 근대 무기 제조 기술과 군사 훈련법을 배워 오게 하였어요. ④ 조선 세종은 백성을 교화하고 백성이 자신의 생각을 글로 표현할 수 있도록 훈민정음을 창제하였어요.

---

1 기본 50회 24번

다음 비석을 세운 왕의 업적으로 옳은 것은? [3점]

> 이 건물 안에 있는 비석은 탕평비입니다. '두루 원만하고 치우치지 않음이 군자의 공정한 마음이요, 치우치고 두루 원만하지 못함이 소인의 사사로운 마음이다.'라는 글이 새겨져 있습니다.

① 비변사를 혁파하였다.

② 속대전을 편찬하였다.

③ 나선 정벌을 단행하였다.

④ 백두산정계비를 건립하였다.

2 기본 61회 26번

다음 자료에 대한 탐구 활동으로 적절한 것은? [2점]

문학으로 만나는 한국사

> 시아버지 죽어 이미 상복 입었고,
> 갓난아기 배냇물은 아직 마르지도 않았는데,
> 삼대(三代) 이름은 군적에 모두 올랐네.
> 달려가서 억울함을 호소해도,
> 호랑이 같은 문지기가 가로막고,
> 이정(里正)은 호통치며 외양간 소마저 끌고 가네.

이것은 정약용의 여유당전서에 실린 시의 일부입니다. 정약용은 유배 당시에 전해 들은 농민들의 비참함과 원통함을 시로 표현하였습니다.

① 과전법 실시의 배경에 대해 살펴본다.

② 조선 형평사의 활동 내용을 조사한다.

③ 전민변정도감이 설치되는 과정을 알아본다.

④ 세도 정치 시기 삼정의 문란에 대해 찾아본다.

조선 후기(경제, 사회)

강의 바로 보기

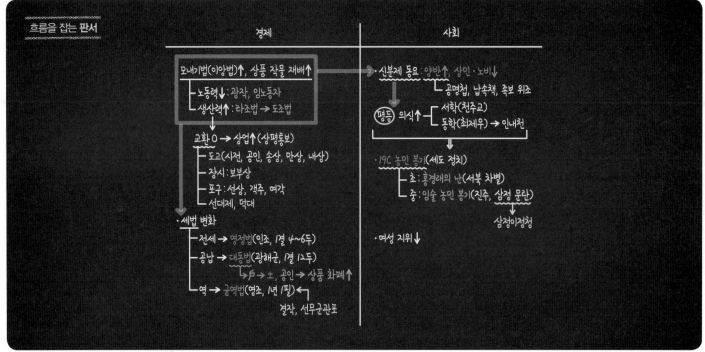

흐름을 잡는 판서

⭐ 별 채우기

01 조선 후기에 ⭐⭐⭐법이 전국적으로 보급되어 농업 생산력이 증대되었다.

02 조선 후기에 인삼, 담배, 면화 등이 시장에 내다 팔기 위한 ⭐⭐ 작물로 재배되었다.

03 조선 후기에 상업의 발달로 ⭐⭐통보가 널리 유통되었다.

04 조선 후기에 독점적 도매상인인 ⭐⭐가 활동하였다.

05 개성의 ⭐상은 전국에 송방이라는 지점을 설치하였다.

06 ⭐상은 의주를 근거지로 활동하며 주로 청과의 무역에 종사하였다.

07 동래의 ⭐상은 왜관을 중심으로 일본과의 무역에 종사하였다.

08 ⭐⭐상의 활동으로 전국의 장시가 하나의 유통망으로 연결되었다.

09 ⭐주와 여각은 주로 포구에서 중개·금융·숙박 등의 영업을 하였다.

10 조선 후기에는 ⭐대가 전문적으로 광산을 경영하였다.

11 인조 때 ⭐⭐법을 시행하여 토지 1결당 쌀 4~6두의 전세를 거두었다.

12 광해군 때 공납을 소유한 토지 결수를 기준으로 부과하여 특산물 대신 쌀, 옷감, 동전 등으로 징수하는 ⭐⭐법이 경기도에서 처음 시행되었다.

13 대동법이 시행되면서 관청에 물품을 조달하는 ⭐⭐이 등장하였다.

14 균역법의 시행으로 부족해진 재정을 보충하기 위해 토지 1결당 쌀 2두의 ⭐⭐을 거두었다.

15 조선 후기에 부를 축적한 일부 상민은 납속과 ⭐⭐첩을 이용하여 양반 신분이 되기도 하였다.

16 17세기 청에 다녀온 사신들에 의해 천주교가 ⭐⭐으로 소개되었다.

17 최제우는 서학에 대응하기 위해 ⭐⭐을 창시하였다.

18 동학은 인⭐⭐ 사상을 내세워 인간 평등을 주장하였다.

19 순조 때 서북 지역에 대한 차별과 지배층의 수탈에 항거하여 ⭐⭐⭐의 난이 일어났다.

20 임술 농민 봉기 수습에 나선 조선 정부는 ⭐⭐⭐⭐청을 설치하여 삼정의 문란을 바로잡고자 하였다.

⭐ 별 더하기

+ 조선 후기에 감자, 고구마 등이 구황 작물로 재배되었다.

+ 조선 후기에 중인도 시사를 조직하여 문학 활동을 하였다.

+ 순조 때 국가 재정을 확충하기 위해 공노비를 해방하였다.

+ 백낙신의 학정에 저항하여 진주에서 유계춘을 중심으로 농민 봉기가 일어났다.

+ 진주 농민 봉기가 일어나자 조선 정부는 박규수를 안핵사로 파견하였다.

+ 이이의 어머니 신사임당은 시, 그림 등 다양한 예술 활동을 하였다.

+ 김만덕은 제주도에 큰 흉년이 들었을 때 굶주린 사람들에게 쌀을 나누어 주어 구휼하였다.

+ 빙허각 이씨는 부녀자의 생활 지침서인 "규합총서"를 편찬하였다.

+ 동학은 "동경대전"과 "용담유사"를 경전으로 삼았다.

|정답| 01 모내기 02 상품 03 상평 04 도고 05 송 06 만 07 내 08 보부
09 객 10 덕 11 영정 12 대동 13 공인 14 결작 15 공명 16 서학
17 동학 18 내천 19 홍경래 20 삼정이정

대표 문항 ZOOM IN 🔍 기본 67회 22번

(가) 제도에 대한 설명으로 옳은 것은? [3점]

> (가) 은/는 실로 백성을 구제하는 데 절실합니다. 경기도와 강원도에서 이미 시행하고 있으니, 우리 충청도에서도 시행하면 좋겠습니다.

키워드 1, 2 대동법은 광해군 때 경기도에서 처음 실시되어 인조 때 강원도에서도 시행되었어요. 효종 때 김육의 노력으로 충청도에서도 시행되는 등 점차 실시 지역이 확대되었어요.

① 군포를 2필에서 1필로 줄였다.

② 양반에게도 군포를 부과하였다.

③ 전세를 1결당 4~6두로 고정하였다.

④ 특산물 대신 쌀, 베 등으로 납부하게 하였다.

꼼꼼 친절 해설

키워드 1의 경기도와 강원도에서 이미 시행하고 있으니 충청도에서도 시행하자는 내용과 **키워드 2**의 '김육'을 통해 (가) 제도가 대동법임을 알 수 있어요. 경기도와 강원도에서 먼저 시행되고 있던 대동법은 김육의 노력으로 충청도에서도 시행되었고, 이후 점차 확대되어 숙종 때에 이르면 일부 지역을 제외하고 전국에서 실시되었어요. 조선 후기 세금 제도의 변화에 대해 정리해 볼까요?

조선 후기 세금 제도의 변화	
영정법	• 배경 : 양 난을 거치면서 농경지가 황폐해짐, 16세기 이후 풍흉을 조사하지 않고 최저 세율에 따라 토지 1결당 쌀 4~6두의 전세를 거두는 관행이 자리를 잡음 • 내용 : 인조 때 풍흉에 관계없이 전세로 토지 1결당 쌀 4~6두를 거둠
대동법	• 배경 : 방납의 폐단 등으로 농민의 부담이 큼 • 내용 : 광해군 때 경기도에서 처음 실시함, 집집마다 부과하여 거두던 특산물 대신 소유한 토지 결수에 따라 쌀(1결당 12두)·옷감·동전 등으로 징수함 • 결과 : 토지가 적거나 없는 농민의 부담이 줄어듦, 공인의 등장으로 상품 화폐 경제가 활성화됨
균역법	• 배경 : 이중 삼중으로 군포를 부과하고 신분제 동요 등으로 군포를 내지 않는 사람이 늘어남 → 농민의 군포 부담이 증가함 • 내용 : 영조 때 1년에 납부할 군포를 1필로 줄여 줌 → 부족해진 재정은 결작, 어염세, 선무군관포 등으로 보충함 • 결과 : 농민의 부담이 일시적으로 줄었으나 군역의 폐단은 계속됨

따라서 정답은 ④번이에요. 대동법은 공납을 특산물 대신 쌀이나 옷감, 동전 등으로 납부하게 한 제도입니다.

나머지 선택지도 확인해 볼까요? ① 조선 영조는 농민의 군포 부담을 덜어 주기 위해 1년에 납부할 군포를 2필에서 1필로 줄여 주는 균역법을 시행하였어요. ② 조선 고종 때 흥선 대원군은 집집마다 군포를 부과하는 호포제를 실시하여 양반에게도 군포를 부과하였어요. ③ 조선 인조는 영정법을 시행하여 풍흉에 관계없이 전세 납부액을 토지 1결당 4~6두로 고정하였어요.

---

1 기본 64회 25번

선생님의 질문에 대한 학생의 대답으로 옳지 않은 것은? [2점]

> 이 화폐가 전국에 유통된 시기의 경제 상황에 대해서 말해 볼까요?

상평통보

① 정기 시장인 장시가 전국 각지에서 열렸어요.

② 관청에 물품을 조달하는 공인이 활동했어요.

③ 송상이 각지에 송방이라는 지점을 설치했어요.

④ 벽란도에서 활발한 국제 무역이 이루어졌어요.

---

2 기본 66회 28번

밑줄 그은 '봉기'에 대한 설명으로 옳은 것은? [2점]

> 이것은 1862년에 진주에서 일어난 농민 봉기의 주요 지점을 조선 시대 지도에 표시한 것입니다. 유계춘을 중심으로 모인 농민들은 축곡에서 모의하고 수곡에서 읍회를 연 뒤, 덕산 장시를 출발하여 진주성으로 진격했습니다.

① 김부식이 이끄는 관군에 진압되었다.

② 삼정이정청이 설치되는 계기가 되었다.

③ 서북인에 대한 차별에 반발하여 일어났다.

④ 흥선 대원군이 재집권하는 결과를 가져왔다.

조선 후기(문화)

강의 바로 보기

흐름을 잡는 판서

서민 문화의 성장 ┬ 한글 소설, 판소리, 풍속화(김홍도, 신윤복)
　　　　　　　　└ 민화

• 성리학 대안
　　├ 양명학: 실천, 지행합일 → 정제두(강화 학파)
　　└ 실학 ┬ 중농(자영농↑): 유형원(균전론), 이익(한전론),
　　　　　　　　　　　　　　　정약용(여전론, 〈경세유표〉)
　　　　　└ 중상(생산력↑): 박지원, 박제가(소비론), 홍대용

• 서양 학문 영향: 곤여만국전도, 시헌력
　　　　　　　　└ 중국 X → 진경 산수화(정선)
　　　　　　　　　　: 인왕제색도, 금강전도
• 청화 백자, 추사 김정희(〈금석과안록〉 → 진흥왕 순수비)
• 보은 법주사 팔상전

⭐ 별 채우기

01 조선 후기에 "홍길동전", "춘향전", "심청전"과 같은 ⭐⭐ 소설이 널리 읽혔다.

02 조선 후기에 심청가, 흥부가 등 ⭐⭐⭐와 양반 사회를 풍자하는 탈놀이가 유행하였다.

03 조선 후기에 서민의 일상생활을 그린 ⭐⭐화가 유행하였다.

04 조선 후기의 대표적인 풍속화가로 김⭐⭐와 신⭐⭐이 있다.

05 조선 후기에 서민의 정서와 해학이 담긴 ⭐화가 많이 그려졌다.

06 정제두는 양명학을 연구하여 ⭐⭐ 학파를 형성하였다.

07 유형원은 저서 "반계수록"에서 신분에 따라 토지를 차등 분배하자는 ⭐⭐론을 주장하였다.

08 이익은 매매가 금지된 영업전을 설정하는 ⭐⭐론을 주장하였다.

09 정약용은 마을 단위로 토지를 공동 소유·공동 경작하는 ⭐⭐론을 주장하였다.

10 정⭐⭐은 "경세유표"와 "목민심서"를 저술하였다.

11 박⭐⭐은 "열하일기"에서 수레와 선박의 이용을 강조하였다.

12 박⭐⭐는 "북학의"에서 소비의 중요성을 주장하였다.

13 홍⭐⭐은 "의산문답"에서 지전설과 무한 우주론을 주장하였다.

14 조선 후기에 마테오 리치가 제작한 ⭐⭐⭐⭐전도가 전래되어 조선인의 세계관 확대에 영향을 주었다.

15 조선 후기에 우리 자연을 사실적으로 표현하는 ⭐⭐ 산수화가 유행하였다.

16 진경 산수화의 대표적인 화가 ⭐⭐은 인왕제색도, 금강전도 등을 남겼다.

17 조선 후기에는 백자에 푸른색 안료를 이용하여 그림을 그린 ⭐⭐ 백자가 유행하였다.

18 김⭐⭐는 "금석과안록"에서 북한산비가 진흥왕 순수비임을 밝혔다.

⭐ 별 더하기

➕ 박지원은 "양반전"에서 양반의 위선과 무능을 풍자하였다.

➕ 유득공은 "발해고"에서 신라와 발해를 '남북국'이라 칭하였다.

➕ 김정호는 22첩의 목판으로 된 대동여지도를 제작하였다.

➕ 이중환은 각 지방의 자연환경, 인물, 풍속 등을 기록한 "택리지"를 저술하였다.

➕ 정약전은 흑산도 인근의 바다 생물을 조사하여 "자산어보"를 편찬하였다.

➕ 이제마는 사람의 체질을 연구하여 체질에 따라 치료를 달리해야 한다는 사상 의학을 정립하였다.

➕ 김정희는 추사체를 창안하였으며, 세한도를 그렸다.

➕ 정약용은 "기기도설"을 참고하여 거중기를 제작하였다.

➕ 수원 화성의 축조 과정을 정리한 "화성성역의궤"가 편찬되었다.

|정답| **01** 한글 **02** 판소리 **03** 풍속 **04** 홍도, 윤복 **05** 민 **06** 강화 **07** 균전
08 한전 **09** 여전 **10** 약용 **11** 지원 **12** 제가 **13** 대용 **14** 곤여만국
15 진경 **16** 정선 **17** 청화 **18** 정희

실력을 키우는 기출문제

대표 문항 ZOOM IN

기본 66회 29번

(가) 인물의 활동으로 옳은 것은? [2점]

> 남양주 (가) 유적지 내에 있는 이 가옥의 이름은 여유당입니다. (가) 은/는 목민심서 등 많은 책을 저술한 실학자로 유명합니다.

키워드 1 "목민심서"는 정약용이 수령이 지켜야 할 덕목에 대해 쓴 책이에요.

① 거중기를 설계하였다.
② 몽유도원도를 그렸다.
③ 동의보감을 완성하였다.
④ 열하일기를 저술하였다.

꼼꼼 친절해설

키워드 1의 '목민심서 등 많은 책을 저술한 실학자'를 통해 (가) 인물이 정약용임을 알 수 있어요. 정약용은 조선 후기에 농업 중심의 개혁론을 주장한 실학자이며, "목민심서", "경세유표" 등 많은 책을 저술하였어요. 조선 후기에 농업 중심의 개혁론을 주장한 실학자들에 대해 정리해 볼까요?

농업 중심의 개혁론자	
특징	중농학파 → 토지 제도를 개혁하여 자영농의 수를 확대하고 농촌 사회를 안정시키고자 함
유형원	• "반계수록" 저술 • 균전론(관리, 선비, 농민 등 신분에 따라 토지를 차등 분배)을 주장함
이익	• "성호사설"·"곽우록" 저술 • 한전론(먹고사는 데 필요한 최소한의 토지를 영업전으로 정해 매매를 금지)을 주장함
정약용	• "경세유표"·"목민심서"·"흠흠신서" 등 저술 • 여전론(마을 단위로 토지를 공동 소유·공동 경작하고 노동량에 따라 생산물을 분배)과 정전제를 주장함 • 배다리와 거중기를 만듦

따라서 정답은 ①번이에요. 정약용은 중국에서 들여온 "기기도설"을 참고하여 작은 힘으로 무거운 물건을 들 수 있도록 고안된 거중기를 제작하였어요. 거중기는 수원 화성을 축조할 때 이용되었어요.

나머지 선택지도 확인해 볼까요? ② 조선 전기의 화원 안견은 안평 대군의 꿈 이야기를 듣고 몽유도원도를 그렸어요. ③ 조선 광해군 때 허준은 전통 의학을 집대성한 "동의보감"을 완성하였어요. ④ 조선 후기의 실학자 박지원은 사절단을 따라 청에 다녀온 후 그곳에서 보고 들은 것을 기록하여 "열하일기"를 저술하였어요.

---

1 기본 63회 27번

밑줄 그은 '이 인물'에 대한 설명으로 옳은 것은? [2점]

> 이 인물은 유학, 서양 과학 등 여러 학문을 융합하여 독창적 사상을 정립하였습니다. 그가 저술한 의산문답에는 무한 우주론에 대한 설명과 함께 중국 중심 세계관에 대한 비판적 인식이 잘 드러나 있습니다.

> 조선 후기 북학파 실학자인 이 인물에 대해 알려 주세요.

① 추사체를 창안하였다.
② 지전설을 주장하였다.
③ 사상 의학을 정립하였다.
④ 대동여지도를 제작하였다.

---

2 기본 60회 26번

다음 상황이 나타난 시기에 볼 수 있는 모습으로 적절하지 않은 것은? [2점]

> 오늘은 춘향전을 빌려야겠어.

① 민화를 그리는 화가
② 탈춤을 공연하는 광대
③ 판소리를 구경하는 상인
④ 팔관회에 참가하는 외국 사신

개항기

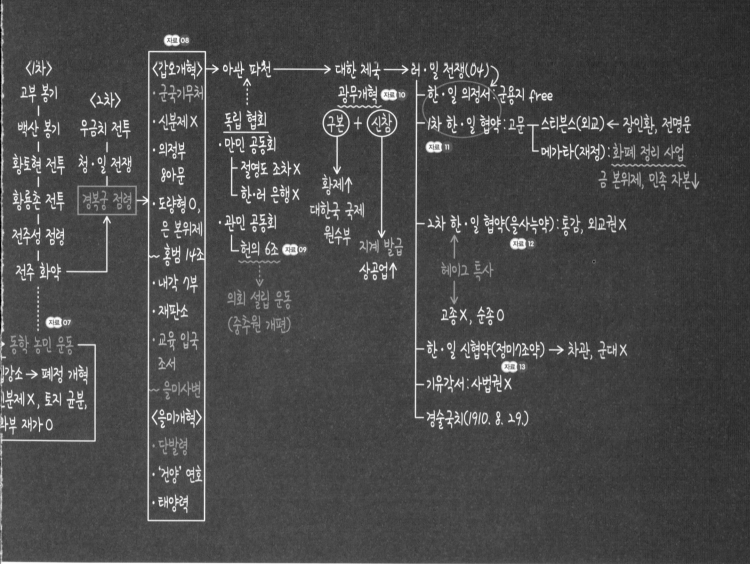

〈1차〉

고부 봉기

백산 봉기

황토현 전투

황룡촌 전투

전주성 점령

전주 화약

〈2차〉

우금치 전투

청·일 전쟁

경복궁 점령

자료 07

동학 농민 운동

□강소 → 폐정 개혁

ㄴ분제X, 토지 균분,

□부 재가 O

자료 08

〈갑오개혁〉

· 군국기무처

· 신분제X

· 의정부

8아문

→ 도량형 O,

은 본위제

~ 홍범 14조

· 내각 7부

· 재판소

· 교육 입국

조서

~ 을미사변

〈을미개혁〉

· 단발령

· '건양' 연호

· 태양력

→ 아관 파천

독립 협회

· 만민 공동회

┌ 절영도 조차X

└ 한·러 은행X

· 관민 공동회

└ 헌의 6조   자료 09

의회 설립 운동

(중추원 개편)

→ 대한 제국 → 러·일 전쟁(04)

광무개혁 자료 10

구본 + 신참

황제↑

대한국 국제

원수부

지계 발급

상공업↑

한·일 의정서 : 군용지 free

1차 한·일 협약 : 고문 ─ 스티븐스(외교) ← 장인환, 전명운

자료 11   메가타(재정) : 화폐 정리 사업

금 본위제, 민족 자본↓

2차 한·일 협약(을사늑약) : 통감, 외교권X

자료 12

헤이그 특사

고종X, 순종O

한·일 신협약(정미7조약) → 차관, 군대X

자료 13

기유각서 : 사법권X

경술국치(1910. 8. 29.)

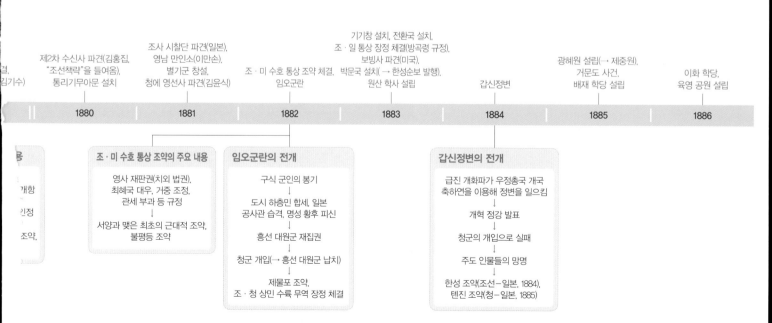

결,

김기수)

제2차 수신사 파견(김홍집,

"조선책략"을 들여옴),

통리기무아문 설치

조사 시찰단 파견(일본),

영남 만인소(이만손),

별기군 창설,

청에 영선사 파견(김윤식)

조·미 수호 통상 조약 체결,

임오군란

기기창 설치, 전환국 설치,

조·일 통상 장정 체결(방곡령 규정),

보빙사 파견(미국),

박문국 설치(→ 한성순보 발행),

원산 학사 설립

갑신정변

광혜원 설립(→ 제중원),

거문도 사건,

배재 학당 설립

이화 학당,

육영 공원 설립

| 1880 | 1881 | 1882 | 1883 | 1884 | 1885 | 1886 |

| --- |

조·미 수호 통상 조약의 주요 내용

영사 재판권(치외 법권),

최혜국 대우, 거중 조정,

관세 부과 등 규정

↓

서양과 맺은 최초의 근대적 조약,

불평등 조약

임오군란의 전개

구식 군인의 봉기

↓

도시 하층민 합세, 일본

공사관 습격, 명성 황후 피신

↓

흥선 대원군 재집권

↓

청군 개입(→ 흥선 대원군 납치)

↓

제물포 조약,

조·청 상민 수륙 무역 장정 체결

갑신정변의 전개

급진 개화파가 우정총국 개국

축하연을 이용해 정변을 일으킴

↓

개혁 정강 발표

↓

청군의 개입으로 실패

↓

주도 인물들의 망명

↓

한성 조약(조선－일본, 1884),

톈진 조약(청－일본, 1885)

□

개항

인정

조약,

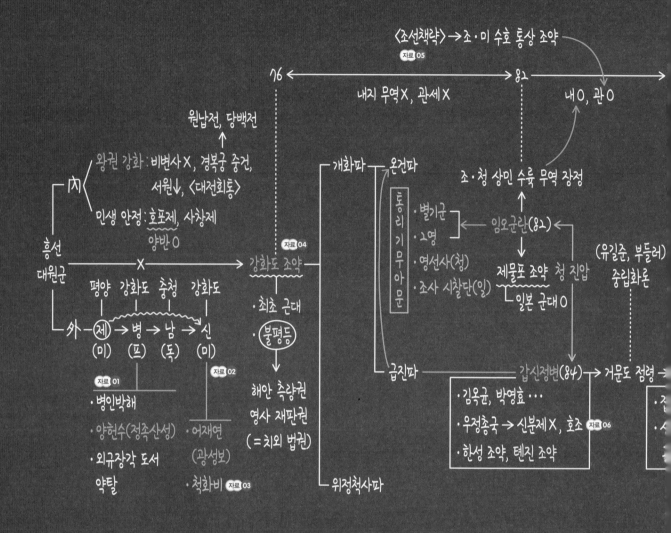

〈조선책략〉→조·미 수호 통상 조약
자료 05

76 ←────────────────────→ 82 ←────→
내지 무역X, 관세X   내 O, 관 O

원납전, 당백전
↑
왕권 강화: 비변사X, 경복궁 중건,
          서원↓, 〈대전회통〉
민생 안정: 호포제, 사창제
          양반O

조·청 상민 수륙 무역 장정
↑
임오군란(82) ←

흥선
대원군 X ──────────→ 강화도 조약
                    자료 04

개화파 ── 온건파
        통리기무아문
        · 별기군
        · 2영
        · 영선사(청)
        · 조사 시찰단(일)

제물포 조약 청 진압
일본 군대O

(유길준, 부들러)
중립화론

평양 강화도 충청 강화도
外 ─ 제 → 병 → 남 → 신
   (미) (프) (독) (미)

자료 01
· 병인박해
· 양헌수(정족산성)
· 외규장각 도서
  약탈

자료 02
· 어재연
  (광성보)
· 척화비 자료 03

· 최초 근대
· 불평등
↓
해안 측량권
영사 재판권
(=치외 법권)

위정척사파

급진파

갑신정변(84) → 거문도 점령 →

· 김옥균, 박영효…
· 우정총국 → 신분제X, 호조 자료 06
· 한성 조약, 톈진 조약

흐름잡기 »

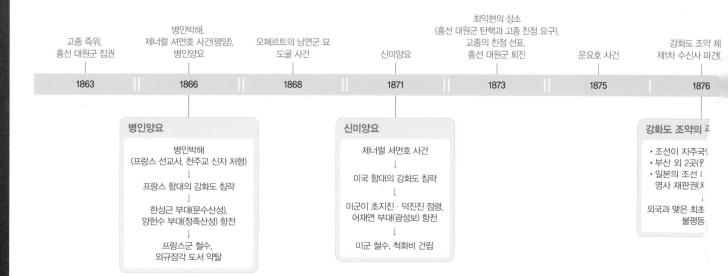

1863	1866	1868	1871	1873	1875	1876
고종 즉위, 흥선 대원군 집권	병인박해, 제너럴 셔먼호 사건(평양), 병인양요	오페르트의 남연군 묘 도굴 사건	신미양요	최익현의 상소 (흥선 대원군 탄핵과 고종 친정 요구), 고종의 친정 선포, 흥선 대원군 퇴진	운요호 사건	강화도 조약 체 제1차 수신사 파견(

병인양요

병인박해
(프랑스 선교사, 천주교 신자 처형)
↓
프랑스 함대의 강화도 침략
↓
한성근 부대(문수산성),
양헌수 부대(정족산성) 항전
↓
프랑스군 철수,
외규장각 도서 약탈

신미양요

제너럴 셔먼호 사건
↓
미국 함대의 강화도 침략
↓
미군이 초지진·덕진진 점령,
어재연 부대(광성보) 항전
↓
미군 철수, 척화비 건립

강화도 조약의 ㄹ

· 조선이 자주국(
· 부산 외 2곳(우
· 일본의 조선 ㅎ
  영사 재판권(ㅊ
↓
외국과 맺은 최초
  불평등

✦ 핵심 개념 한눈에 보기

1 교시 흥선 대원군

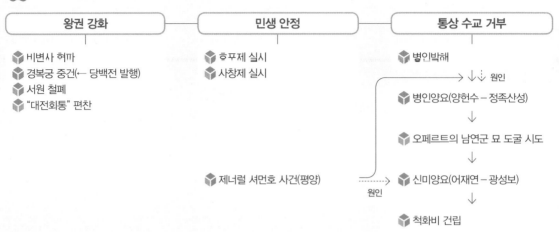

왕권 강화	민생 안정	통상 수교 거부

왕권 강화
- 💎 비변사 혁파
- 💎 경복궁 중건(← 당백전 발행)
- 💎 서원 철폐
- 💎 "대전회통" 편찬

민생 안정
- 💎 호포제 실시
- 💎 사창제 실시
- 💎 제너럴 셔먼호 사건(평양)

통상 수교 거부
- 💎 병인박해 → ↓↓ 원인
- 💎 병인양요(양헌수 – 정족산성) ↓
- 💎 오페르트의 남연군 묘 도굴 시도 ↓
- 💎 신미양요(어재연 – 광성보) ↓
- 💎 척화비 건립

(원인: 제너럴 셔먼호 사건 → 신미양요)

2 교시 개항 ~ 갑신정변

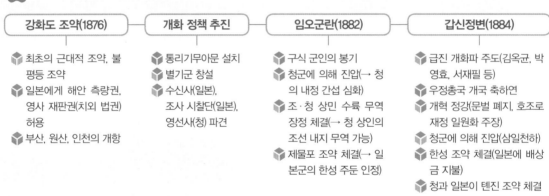

강화도 조약(1876)	개화 정책 추진	임오군란(1882)	갑신정변(1884)

강화도 조약(1876)
- 💎 최초의 근대적 조약, 불평등 조약
- 💎 일본에게 해안 측량권, 영사 재판권(치외 법권) 허용
- 💎 부산, 원산, 인천의 개항

개화 정책 추진
- 💎 통리기무아문 설치
- 💎 별기군 창설
- 💎 수신사(일본), 조사 시찰단(일본), 영선사(청) 파견

임오군란(1882)
- 💎 구식 군인의 봉기
- 💎 청군에 의해 진압(→ 청의 내정 간섭 심화)
- 💎 조·청 상민 수륙 무역 장정 체결(→ 청 상인의 조선 내지 무역 가능)
- 💎 제물포 조약 체결(→ 일본군의 한성 주둔 인정)

갑신정변(1884)
- 💎 급진 개화파 주도(김옥균, 박영효, 서재필 등)
- 💎 우정총국 개국 축하연
- 💎 개혁 정강(문벌 폐지, 호조로 재정 일원화 주장)
- 💎 청군에 의해 진압(삼일천하)
- 💎 한성 조약 체결(일본에 배상금 지불)
- 💎 청과 일본이 톈진 조약 체결

3 교시 동학 농민 운동 ~ 갑오개혁

갑신정변 이후 국제 정세	동학 농민 운동	제1차 갑오개혁	제2차 갑오개혁	을미개혁

갑신정변 이후 국제 정세
- 💎 청의 내정 간섭 심화
- 💎 거문도 사건(영국)
- 💎 조선 중립화론 대두(부들러, 유길준)

동학 농민 운동
- 💎 고부 농민 봉기
- 💎 백산 봉기, 황토현 전투, 황룡촌 전투
- 💎 전주성 점령, 전주 화약 체결 → 집강소 설치(폐정 개혁안 실천)
- 💎 일본의 경복궁 점령, 청·일 전쟁 → 재봉기, 우금치 전투

제1차 갑오개혁
- 💎 군국기무처 설치
- 💎 신분제와 노비제 혁파
- 💎 청 연호 폐지, 개국 기년 사용
- 💎 6조를 8아문으로 개편, 탁지아문으로 재정 일원화, 은 본위제 실시

제2차 갑오개혁
- 💎 홍범 14조 반포
- 💎 교육 입국 조서 반포
- 💎 내각 7부로 정치 제도 개편
- 💎 재판소 설치
- 💎 을미사변

을미개혁
- 💎 '건양' 연호 사용
- 💎 태양력 사용
- 💎 단발령 시행 ↓
- 💎 아관 파천 – 개혁 중단
- 💎 을미의병

4 교시 독립 협회 ~ 대한 제국

독립 협회	대한 제국

독립 협회
- 🌸 만민 공동회 개최 → 러시아의 절영도 조차 요구 저지, 한·러 은행 폐쇄
- 🌸 관민 공동회 개최 → 헌의 6조 결의 ——→ 🌸 의회 설립 추진 (중추원 개편)

대한 제국

광무개혁 추진
- 💎 원수부 설치
- 💎 양전 사업 실시 → 지계 발급
- 💎 관립 교육 기관 설립(상공 학교)

5 교시 일제의 국권 침탈

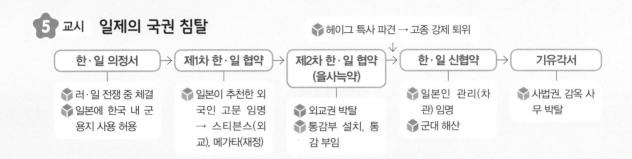

🔶 헤이그 특사 파견 → 고종 강제 퇴위

| 한·일 의정서 | → | 제1차 한·일 협약 | | 제2차 한·일 협약 (을사늑약) | → | 한·일 신협약 | → | 기유각서 |

🔶 러·일 전쟁 중 체결
🔶 일본에 한국 내 군용지 사용 허용

🔶 일본이 추천한 외국인 고문 임명 → 스티븐스(외교), 메가타(재정)

🔶 외교권 박탈
🔶 통감부 설치, 통감 부임

🔶 일본인 관리(차관) 임명
🔶 군대 해산

🔶 사법권, 감옥 사무 박탈

6 교시 경제적 구국 운동과 애국 계몽 운동

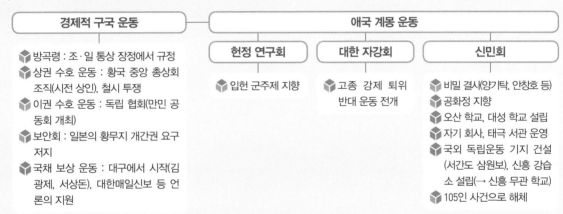

경제적 구국 운동

🔶 방곡령 : 조·일 통상 장정에서 규정
🔶 상권 수호 운동 : 황국 중앙 총상회 조직(시전 상인), 철시 투쟁
🔶 이권 수호 운동 : 독립 협회(만민 공동회 개최)
🔶 보안회 : 일본의 황무지 개간권 요구 저지
🔶 국채 보상 운동 : 대구에서 시작(김광제, 서상돈), 대한매일신보 등 언론의 지원

애국 계몽 운동

헌정 연구회

🔶 입헌 군주제 지향

대한 자강회

🔶 고종 강제 퇴위 반대 운동 전개

신민회

🔶 비밀 결사(양기탁, 안창호 등)
🔶 공화정 지향
🔶 오산 학교, 대성 학교 설립
🔶 자기 회사, 태극 서관 운영
🔶 국외 독립운동 기지 건설(서간도 삼원보), 신흥 강습소 설립(→ 신흥 무관 학교)
🔶 105인 사건으로 해체

7 교시 항일 의병 운동

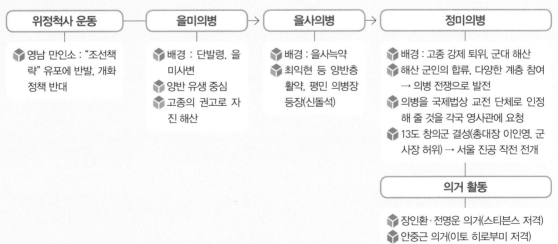

위정척사 운동 → **을미의병** → **을사의병** → **정미의병**

🔶 영남 만인소 : "조선책략" 유포에 반발, 개화 정책 반대

🔶 배경 : 단발령, 을미사변
🔶 양반 유생 중심
🔶 고종의 권고로 자진 해산

🔶 배경 : 을사늑약
🔶 최익현 등 양반층 활약, 평민 의병장 등장(신돌석)

🔶 배경 : 고종 강제 퇴위, 군대 해산
🔶 해산 군인의 합류, 다양한 계층 참여 → 의병 전쟁으로 발전
🔶 의병을 국제법상 교전 단체로 인정해 줄 것을 각국 영사관에 요청
🔶 13도 창의군 결성(총대장 이인영, 군사장 허위) → 서울 진공 작전 전개

의거 활동

🔶 장인환·전명운 의거(스티븐스 저격)
🔶 안중근 의거(이토 히로부미 저격)

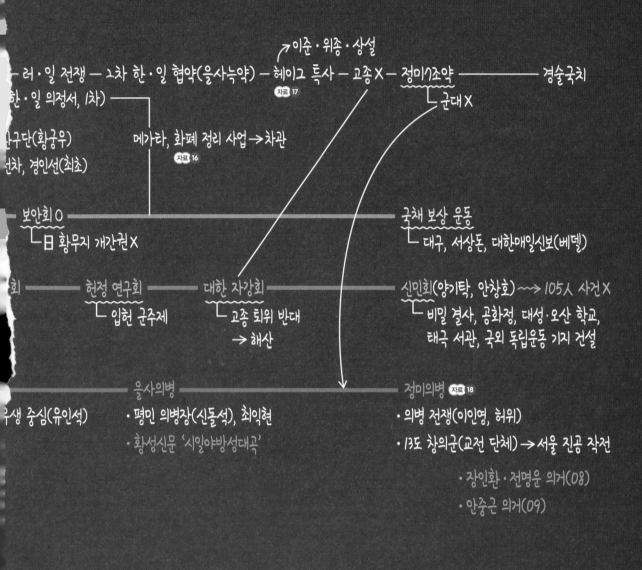

러·일 전쟁 — 2차 한·일 협약(을사늑약) — 헤이그 특사 — 고종X — 정미7조약 ──── 경술국치

↗이준·위종·상설

한·일 의정서, 1차)

자료 17

메가타, 화폐 정리 사업→차관

자료 16

단구단(황궁우)

전차, 경인선(최초)

군대X

보안회O ────────────────────────── 국채 보상 운동

└日 황무지 개간권X └ 대구, 서상돈, 대한매일신보(베델)

회 ───── 헌정 연구회 ───── 대한 자강회 ───── 신민회(양기탁, 안창호) ～〉 105人 사건X

└ 입헌 군주제 └ 고종 퇴위 반대 └ 비밀 결사, 공화정, 대성·오산 학교,

→ 해산 태극 서관, 국외 독립운동 기지 건설

─────── 을사의병 ─────── 정미의병 자료 18

유생 중심(유인석) · 평민 의병장(신돌석), 최익현 · 의병 전쟁(이인영, 허위)

· 황성신문 '시일야방성대곡' · 13도 창의군(교전 단체)→서울 진공 작전

· 장인환·전명운 의거(08)

· 안중근 의거(09)

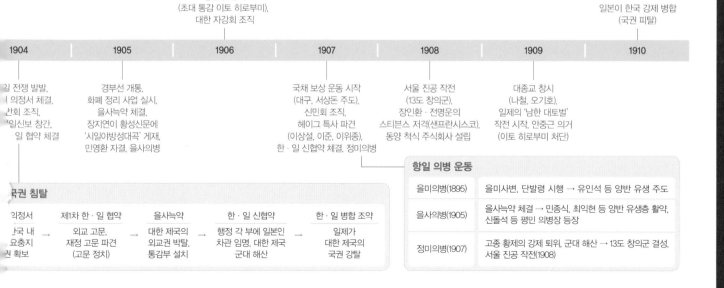

통감부 설치
(초대 통감 이토 히로부미),
대한 자강회 조직

일본이 한국 강제 병합
(국권 피탈)

1904	1905	1906	1907	1908	1909	1910

일 전쟁 발발,
의정서 체결,
안회 조직,
일신보 창간,
일 협약 체결

경부선 개통,
화폐 정리 사업 실시,
을사늑약 체결,
장지연이 황성신문에
'시일야방성대곡' 게재,
민영환 자결, 을사의병

국채 보상 운동 시작
(대구, 서상돈 주도),
신민회 조직,
헤이그 특사 파견
(이상설, 이준, 이위종),
한·일 신협약 체결, 정미의병

서울 진공 작전
(13도 창의군),
장인환·전명운의
스티븐스 저격(샌프란시스코),
동양 척식 주식회사 설립

대종교 창시
(나철, 오기호),
일제의 '남한 대토벌'
작전 시작, 안중근 의거
(이토 히로부미 처단)

항일 의병 운동

을미의병(1895)	을미사변, 단발령 시행 → 유인석 등 양반 유생 주도
을사의병(1905)	을사늑약 체결 → 민종식, 최익현 등 양반 유생층 활약, 신돌석 등 평민 의병장 등장
정미의병(1907)	고종 황제의 강제 퇴위, 군대 해산 → 13도 창의군 결성, 서울 진공 작전(1908)

국권 침탈

의정서	제1차 한·일 협약	을사늑약	한·일 신협약	한·일 병합 조약
국 내 요충지 권 확보	→ 외교 고문, 재정 고문 파견 (고문 정치)	→ 대한 제국의 외교권 박탈, 통감부 설치	→ 행정 각 부에 일본인 차관 임명, 대한 제국 군대 해산	→ 일제가 대한 제국의 국권 강탈

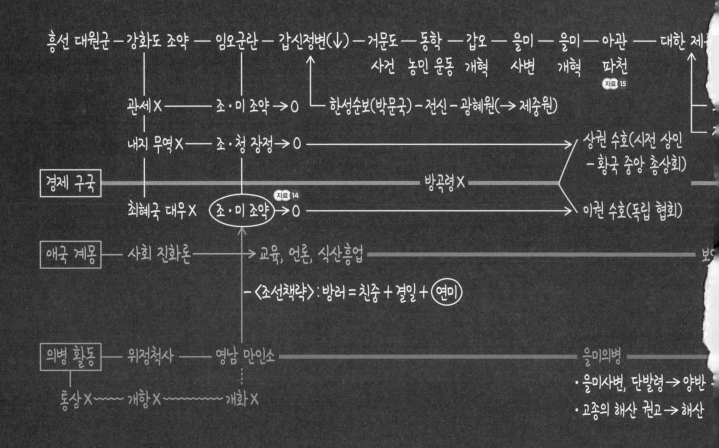

흥선 대원군 ― 강화도 조약 ― 임오군란 ― 갑신정변(↓)― 거문도 ― 동학 ― 갑오 ― 을미 ― 을미 ― 아관 ― 대한 제
　　　　　　　　　　　　　　　　　　　　　　　사건　농민 운동 개혁　사변 개혁 파천
　　자료 15

관세X ―――― 조·미 조약 → 0 ――― 한성순보(박문국) ― 전신 ― 광혜원(→ 제중원)

내지 무역X ― 조·청 장정 → 0 ――――――――――――――――――――― 상권 수호(시전 상인
　　　　　　　　　　　　　　　　　　　　　　　　　　　　　　　　　　　　 － 황국 중앙 총상회)

경제 구국 ―――――――――――――――――――――― 방곡령X ―――――

최혜국 대우X 조·미 조약 → 0 ――――――――――――――――――――― 이권 수호(독립 협회)
　　　　　　　　자료 14

애국 계몽 ― 사회 진화론 ――→ 교육, 언론, 식산흥업 ―――――――――――――――――　보

　　　　　― 〈조선책략〉: 방러 ＝ 친중 ＋ 결일 ＋ 연미

의병 활동 ― 위정척사 ―― 영남 만인소 ――――――――――――――――― 을미의병

통상X 〰〰 개항X 〰〰 개화X

- 을미사변, 단발령 → 양반
- 고종의 해산 권고 → 해산

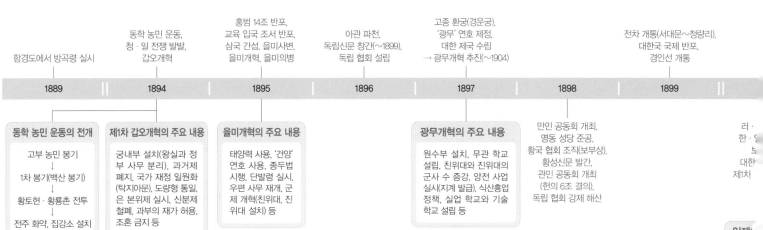

함경도에서 방곡령 실시

1889

동학 농민 운동,
청·일 전쟁 발발,
갑오개혁

1894

홍범 14조 반포,
교육 입국 조서 반포,
삼국 간섭, 을미사변,
을미개혁, 을미의병

1895

아관 파천,
독립신문 창간(~1899),
독립 협회 설립

1896

고종 환궁(경운궁),
'광무' 연호 제정,
대한 제국 수립
→ 광무개혁 추진(~1904)

1897

전차 개통(서대문~청량리),
대한국 국제 반포,
경인선 개통

1899

동학 농민 운동의 전개

고부 농민 봉기
↓
1차 봉기(백산 봉기)
↓
황토현·황룡촌 전투
↓
전주 화약, 집강소 설치
↓
일본군의 경복궁 점령
↓
2차 봉기
↓
공주 우금치 전투 패배

제1차 갑오개혁의 주요 내용

궁내부 설치(왕실과 정부 사무 분리), 과거제 폐지, 국가 재정 일원화(탁지아문), 도량형 통일, 은 본위제 실시, 신분제 철폐, 과부의 재가 허용, 조혼 금지 등

제2차 갑오개혁의 주요 내용

의정부를 내각으로 개편, 지방 행정 구역 개편(23부), 재판소 설치 등

을미개혁의 주요 내용

태양력 사용, '건양' 연호 사용, 종두법 시행, 단발령 실시, 우편 사무 재개, 군제 개혁(친위대, 진위대 설치) 등

광무개혁의 주요 내용

원수부 설치, 무관 학교 설립, 친위대와 진위대의 군사 수 증강, 양전 사업 실시(지계 발급), 식산흥업 정책, 실업 학교와 기술 학교 설립 등

만민 공동회 개최,
명동 성당 준공,
황국 협회 조직(보부상),
황성신문 발간,
관민 공동회 개최
(헌의 6조 결의),
독립 협회 강제 해산

1898

러·
한·
ㅂ
대한
제1차

일제
한·
일본
군사
사용

자료 01 병인양요

프랑스군은 병인박해를 구실로 강화도를 침략하여 병인양요를 일으켰어요. 이때 한성근 부대가 문수산성에서, 양헌수 부대가 정족산성에서 프랑스군을 물리쳤어요.

▲ 병인양요의 전개

자료 02 신미양요

미국은 제너럴 셔먼호 사건을 구실로 강화도를 침략하여 신미양요를 일으켰어요. 어재연이 이끄는 수비대가 광성보에서 항전하였으나 패하였지요. 조선군의 항전은 계속되었고 미군은 결국 철수하였어요.

▲ 신미양요의 전개

자료 04 강화도 조약

운요호 사건을 계기로 조선은 일본과 강화도 조약을 체결하였어요. 강화도 조약은 일본에 조선의 연해 측량권과 영사 재판권(치외 법권)을 허용한 불평등 조약이었어요.

〈강화도 조약(조·일 수호 조규)〉
제5관 경기, 충청, 전라, 경상, 함경 5도의 연해 중에서 통상하기 편리한 항구 두 곳을 골라 개항한다.
제7관 일본국 항해자들이 수시로 조선국 해안을 측량하여 도면을 만들어서 양국의 배와 사람들이 위험한 곳을 피하고 안전히 항해할 수 있도록 한다.
제10관 일본인이 조선국이 지정한 각 항구에서 머무르는 동안 죄를 범한 것이 조선국 인민과 관계되는 사건일 때에는 모두 일본 관원이 심판한다.

〈조·일 수호 조규 부록〉
제7관 일본인은 본국에서 통용되는 화폐로 조선국 인민이 보유하고 있는 물자와 교환할 수 있다.

〈조·일 무역 규칙〉
제6칙 조선국 항구에 머무르는 일본인은 쌀과 잡곡을 수출, 수입할 수 있다.
제7칙 일본국 정부에 소속된 모든 선박은 항세를 납부하지 않는다.

자료 07 동학 농민 운동

동학 농민 운동은 정부의 무능과 수탈, 일본의 침탈 등에 대항하여 일어난 반봉건·반침략적 성격의 민족 운동이었으나 일본의 무력 개입으로 실패하였어요.

▲ 제1차 봉기   ▲ 제2차 봉기

자료 03 척화비

흥선 대원군은 신미양요 후 전국 각지에 척화비를 세워 서양과의 통상 수교 거부의 의지를 널리 알렸어요.

洋夷侵犯 非戰則和 主和賣國
서양 오랑캐가 침범하는데 싸우지 않으면 화친하는 것이요, 화친을 주장함은 나라를 팔아먹는 짓이다.

자료 05 조선책략

청의 외교관 황준헌이 자국의 입장에서 러시아의 침략 가능성을 부각하여 조선이 외교적으로 나아가야 할 방향을 제시한 책이에요. 조선이 러시아의 남하를 막기 위해서는 청, 일본, 미국과 연대해야 한다는 내용이 담겨 있었어요.

오늘날 조선이 세워야 할 책략은 러시아를 막는 일보다 더 급한 것이 없을 것이다. 러시아를 막을 수 있는 책략은 무엇인가? 중국과 친하고(親中國), 일본과 맺고(結日本), 미국과 이어짐(聯美國)으로써 자강을 도모하는 길뿐이다.

자료 06 갑신정변 당시 개혁 정강

갑신정변 당시 개화당 정부는 청과의 사대 관계 청산, 인민 평등권 제정, 지조법 개혁, 호조로 재정 일원화 등의 내용을 담은 개혁 정강을 발표하였어요.

제1조 청에 잡혀간 흥선 대원군을 조속히 귀국하게 하고 청에 대한 조공의 허례를 폐지한다.
제2조 문벌을 폐지하여 백성의 평등권을 제정하고 재능에 따라 인재를 등용한다.
제12조 모든 국가 재정은 호조에서 관할하고 그 밖의 재정 관청은 금지한다.

자료 08 제1차 갑오개혁

제1차 갑오개혁은 군국기무처의 주도로 이루어졌으며, 갑신정변에서 제기된 개혁 정강이나 동학 농민군의 요구가 일부 반영되었어요.

- 문벌과 양반, 상민 등의 계급을 타파하고 인재는 귀천에 구애 없이 등용한다.
- 연좌법을 폐지하여 죄인 자신 이외에는 처벌하지 않는다.
- 남자 20세, 여자 16세 이하의 조혼을 금지한다.
- 과부의 재혼은 귀천을 따지지 않고 자유에 맡긴다.
- 공사 노비법을 혁파하고 인신매매를 금지한다.

자료 09 헌의 6조

관민 공동회에서 독립 협회와 정부 대신들이 결의한 시국 개혁안이에요. 고종은 이 개혁안을 받아들이고 중추원을 의회식으로 개편하는 새로운 중추원 관제를 반포하였어요.

1. 외국인에게 의지하지 않고 관민이 합심하여 전제 황권을 견고하게 할 것
3. 국가 재정은 모두 탁지부에서 관리하고, 예산·결산을 인민에게 공포할 것
4. 중대한 범죄는 공개 재판하되, 피고에게 철저히 설명하여 죄를 스스로 인정한 이후에 시행할 것
5. 칙임관(최고위 관료층)을 임명할 때에는 황제가 정부에 그 뜻을 물어서 과반수의 의견에 따를 것

자료 10 광무개혁

대한 제국은 구본신참의 원칙 아래 점진적 개혁을 추진하면서 대한국 국제를 반포하여 황제가 군 통수권, 입법권, 행정권, 사법권 등 모든 권한을 갖는다고 규정하였어요.

〈대한국 국제〉
제1조 대한국은 세계 만국이 공인한 자주독립 제국이다.
제2조 대한국의 정치는 만세 불변의 전제 정치이다.
제3조 대한국 대황제는 무한한 군권을 누린다.
제5조 대한국 대황제는 육해군을 통솔하고 군대의 편제를 정하며 계엄을 명한다.
제6조 대한국 대황제는 법률을 제정하여 그 반포와 집행을 명하고, 대사·특사·감형·복권 등을 명한다.

자료 11 제1차 한·일 협약 (고문 용빙에 대한 협정서)

러·일 전쟁에서 승기를 잡은 일본의 강요로 체결되었어요. 이에 따라 재정 고문으로 일본인 메가타, 외교 고문으로 미국인 스티븐스가 파견되었어요.

제1조 한국 정부는 일본 정부가 추천하는 일본인 1명을 재정 고문으로 하여 한국 정부에 초빙하고, 재무에 관한 사항은 일체 그 의견을 물어 시행할 것
제2조 한국 정부는 일본 정부가 추천하는 외국인 1명을 외교 고문으로 하여 외부(外部)에 초빙하고 외교에 관한 중요한 업무는 일체 그 의견을 물어 시행할 것

자료 12 제2차 한·일 협약(을사늑약)

일본은 을사늑약을 강요하여 대한 제국의 외교권을 빼앗었어요. 이듬해 통감부를 설치하고, 초대 통감으로 이토 히로부미를 파견하였어요.

제2조 일본국 정부는 한국과 타국 간에 현존하는 조약의 실행을 완수하며, 한국 정부는 금후에 일본국 정부의 중개 없이는 타국과 국제적 성질을 가진 어떠한 조약이나 약속을 맺어서는 안 된다.
제3조 일본국 정부는 한국 황제 아래에 통감을 두고, 통감은 외교에 관한 사항을 관리하기 위해 경성에 주재하여 한국 황제를 친히 알현할 수 있도록 한다.

자료 13 한·일 신협약(정미7조약)

고종 황제의 강제 퇴위 후에 체결된 조약으로, 일본은 이를 통해 통감의 내정 간섭 권한을 강화하고 부속 각서에 따라 대한 제국의 군대를 해산하였어요.

제1조 한국 정부는 시정 개선에 관하여 통감의 지도를 받을 것
제5조 한국 정부는 통감이 추천한 일본인을 한국 관리로 임명할 것

〈부속 각서〉
제3조 다음 방법에 의하여 군비를 정리함
　1. 육군 1대대를 두어 황궁 수비를 맡기고 기타 부대를 해산할 것
제5조 중앙 정부 및 지방청에 일본인을 임명함

자료 14 조·미 수호 통상 조약

조선은 수신사 김홍집이 가져온 "조선책략"의 영향을 받아 서양 국가 중 최초로 미국과 통상 조약을 체결하였어요. 이 조약에는 거중 조정, 관세 설정, 최혜국 대우 조항이 처음으로 포함되었어요.

제1조 두 나라 중 어느 한 나라가 다른 강대국의 불공평하거나 압제적인 대우를 받을 경우 다른 한 나라는 그런 사실을 통지받는 즉시 사건이 원만히 해결될 수 있도록 양국의 우호 관계를 보여 주어야 한다.
제5조 무역을 목적으로 조선국에 오는 미국 상인 및 상선은 모든 수출입 상품에 대해 관세를 지불해야 한다.
제14조 이후에 조선국이 어느 때든지 어느 국가나 어느 나라 상인 또는 국민에 대해 본 조약에 의하여 부여되지 않은 어떤 권리 또는 특혜를 허가할 때에는 이와 같은 권리, 특권 및 특혜는 미국에도 무조건 똑같이 주어진다.

자료 15 열강의 이권 침탈

아관 파천을 계기로 열강의 이권 침탈이 심해졌어요. 각국은 최혜국 대우 조항을 내세워 우리나라에서 광산, 삼림, 철도 등에 관한 수많은 이권을 빼앗아 갔습니다.

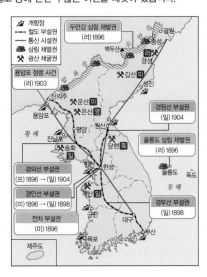

자료 16 화폐 정리 사업

제1차 한·일 협약에 따라 일본이 파견한 재정 고문 메가타에 의해 대한 제국의 화폐를 일본 제일 은행권으로 교체하는 화폐 정리 사업이 추진되었어요.

▲ 백동화　　　　▲ 제일 은행권

자료 17 헤이그 특사

고종은 을사늑약의 부당성을 국제 사회에 알리기 위해 헤이그 만국 평화 회의에 이상설, 이준, 이위종을 특사로 파견하였어요.

▲ 왼쪽부터 이준, 이상설, 이위종

자료 18 정미의병

정미의병 때 해산 군인의 일부가 합류하여 의병 부대의 전투력이 강화되었어요. 이 시기에 의병 운동은 참여 계층이 다양해지고 전국적으로 확산되는 가운데 항일 의병 전쟁으로 발전하였어요.

▲ 의병 부대의 활동

흥선 대원군

강의 바로 보기

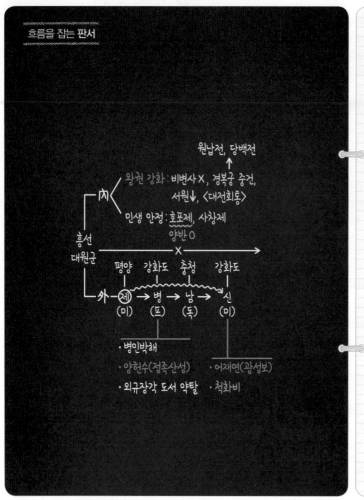

흐름을 잡는 판서

나만의 판서 노트

흥선 대원군

內
- 왕권 강화: 비변사 X, 경복궁 중건, 서원↓, 〈대전회통〉
  - ↑ 원납전, 당백전
- 민생 안정: 호포제, 사창제 (양반 O)

外 — 제(미) → 병(프) → 남(독) → 신(미)
- 평양 / 강화도 / 충청 / 강화도
- 병인박해
- 양헌수(정족산성)
- 외규장각 도서 약탈
- 어재연(광성보)
- 척화비

⭐ 별 채우기

01 흥선 대원군은 의정부의 기능을 회복시키고 ⭐⭐사의 기능을 축소하여 사실상 혁파하였다.

02 흥선 대원군은 왕실의 권위를 회복하기 위해 ⭐⭐궁을 중건하였다.

03 흥선 대원군은 경복궁 중건 비용을 마련하기 위해 ⭐⭐전을 강제로 징수하고 고액 화폐인 ⭐⭐전을 발행하였다.

04 흥선 대원군은 전국의 ⭐⭐을 47개소만 남기고 철폐하였다.

05 흥선 대원군은 양반에게도 군포를 징수하는 ⭐⭐제를 실시하였다.

06 흥선 대원군은 환곡의 폐단을 바로잡고자 ⭐⭐제를 실시하였다.

07 1866년에 프랑스 선교사와 수많은 천주교도가 처형된 ⭐⭐박해가 일어났다.

08 박⭐⭐는 평양 관민을 지휘하여 제너럴 셔먼호를 격침하였다.

09 병인박해를 구실로 프랑스군이 강화도를 침략하여 ⭐⭐양요가 일어났다.

10 병인양요 때 양⭐⭐ 부대가 정족산성에서 프랑스군을 물리쳤다.

11 병인양요 때 프랑스군이 철수하면서 강화도의 외⭐⭐⭐ 도서를 약탈하였다.

12 1868년에 독일 상인 오⭐⭐⭐가 남연군 묘 도굴을 시도하였다.

13 제너럴 셔먼호 사건을 구실로 미군이 강화도를 침략하여 ⭐⭐양요가 일어났다.

14 신미양요 때 어⭐⭐ 부대가 광성보에서 미군에 맞서 싸웠다.

15 흥선 대원군은 신미양요 직후 전국 각지에 ⭐⭐비를 건립하였다.

⭐ 별 더하기

➕ 흥선 대원군은 명 황제의 제사를 지내는 사당인 만동묘를 철폐하였다.

➕ 신미양요를 일으킨 미군이 퇴각하면서 어재연 장군의 **수자기**를 빼앗아 갔다.

|정답| 01 비변 02 경복 03 원납, 당백 04 서원 05 호포 06 사창 07 병인 08 규수 09 병인 10 헌수 11 규장각 12 페르트 13 신미 14 재연 15 척화

대표 문항 ZOOM IN 🔍 　기본 67회 32번

(가) 사건에 대한 설명으로 옳은 것은? [2점]

외규장각 의궤, 장엄한 기록의 귀환

1866년 (가) 때 프랑스군이 약탈해 간 외규장각 의궤가 145년 만에 우리 품에 돌아왔습니다. 다시 여는 전시회를 통해 그 장엄한 기록의 의미를 되새겨 볼 수 있습니다.

● 키워드 1 1866년 병 인박해를 일으킨 프 랑스군이 물러나면 서 강화도의 외규장 각 의궤 등을 약탈 해 갔어요.

■ 기간 : ○○○○. ○○. ○○. ~ ○○. ○○.
■ 장소 : □□ 박물관 전시실

① 제너럴 셔먼호 사건의 배경이 되었다.
② 강화도 조약이 체결되는 계기가 되었다.
③ 오페르트가 남연군 묘 도굴을 시도하였다.
④ 양헌수 부대가 정족산성에서 활약하였다.

꼼꼼 ₭친절 해설

키워드 1의 1866년 프랑스군이 외규장각 의궤를 약탈해 갔다는 내용을 통해 (가) 사건이 병인양요임을 알 수 있어요. 조선 후기에 있었던 서양 열강의 침입과 조선의 대응을 정리해 볼까요?

서양 열강의 침입과 조선의 대응	
병인양요 (1866)	• 원인 : 프랑스가 병인박해(1866)를 구실로 군함을 보내 조선을 침공함 • 전개 : 문수산성(한성근 부대), 정족산성(양헌수 부대)에서 조선군이 프랑스군과 맞서 싸움 → 프랑스군 철수, 프랑스군이 퇴각하면서 의궤를 비롯한 외규장각의 문화재를 약탈해 감
신미양요 (1871)	• 원인 : 미국이 제너럴 셔먼호 사건(1866)을 구실로 조선 정부에 배상금 지불과 통상을 요구함 → 조선 정부가 거부함 • 전개 : 미군이 강화도를 침략하여 초지진과 덕진진을 점령함 → 어재연이 이끄는 조선군 수비대가 광성보에서 맞섰으나 패배함(미군이 어재연의 수자기를 탈취) → 조선군의 끈질긴 항전에 미군이 철수함
척화비 건립	• 건립 : 신미양요 직후 흥선 대원군이 한성의 종로 거리와 전국 각지에 척화비를 세움 • 목적 : 서양과 교류하지 않겠다는 의지를 널리 알리고 통상 수교 거부 정책을 확고히 다짐

따라서 정답은 ④번이에요. 병인양요 당시 양헌수 부대가 정족산성에서, 한성근 부대가 문수산성에서 활약하였어요.

나머지 선택지도 확인해 볼까요? ① 1866년 미국 상선 제너럴 셔먼호가 평양에서 통상을 요구하며 횡포를 부리다 조선 관민에 의해 불태워진 제너럴 셔먼호 사건이 일어났어요. ② 1875년 일본의 군함 운요호가 초지진을 공격하고 일본군이 영종도 에 상륙하여 피해를 입힌 운요호 사건이 일어났어요. 이 사건을 계기로 강화도 조약 이 체결되었어요. ③ 1868년 독일 상인 오페르트가 흥선 대원군의 아버지인 남연군 의 묘를 도굴하여 그 유해를 통상 협상에 이용하려 하였으나 도굴에 실패하였어요.

1 　기본 48회 33번

다음 대화가 이루어진 시기에 볼 수 있는 모습으로 적절한 것은? [2점]

이것이 당백전일세. 우리가 원래 사용하던 엽전 한 닢의 백배에 해 당한다는데, 실제 가치는 훨씬 못 미치네.

맞네. 이 당백전의 남발로 물가가 크게 올라 백성들의 형편이 매우 어 려워지고 있다네.

① 원에 공녀로 끌려가는 여인
② 원산 총파업에 참여하는 노동자
③ 독립운동가를 감시하는 헌병 경찰
④ 경복궁 중건 공사에 동원되는 농민

2 　기본 66회 30번

다음 대화 이후에 있었던 사실로 옳은 것은? [2점]

며칠 전 미군이 포를 마구 쏘며 손돌목을 지 나갔다고 하니 곧 큰일 이 벌어지겠어.

어재연 장군이 이끄는 군사들이 광성보에서 대비 하고 있으니 기대해 보세.

① 병인박해가 일어났다.
② 장용영이 창설되었다.
③ 척화비가 건립되었다.
④ 화통도감이 설치되었다.

5 일 2교시

개항 ~ 갑신정변

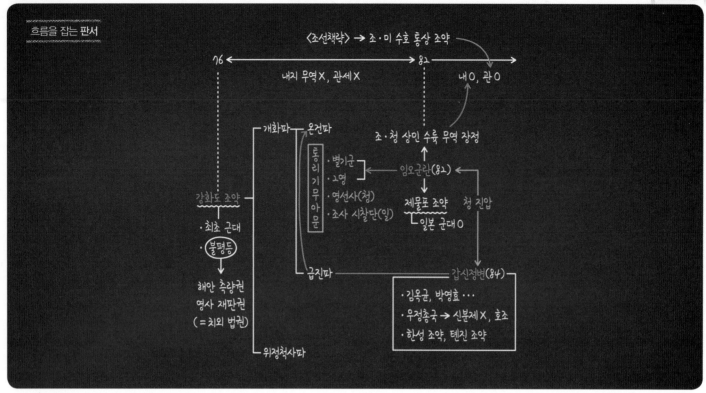

흐름을 잡는 판서

⭐ 별 채우기

01 ⭐⭐호 사건을 계기로 우리나라 최초의 근대적 조약인 강화도 조약이 체결되었다.

02 조선은 ⭐⭐⭐ 조약에 따라 부산, 원산, 인천을 개항하였다.

03 강화도 조약은 조선이 일본에 ⭐⭐ 측량권과 ⭐⭐ 재판권을 허용한 불평등 조약이었다.

04 조선 정부는 개화 정책을 총괄하는 기구로 ⭐⭐⭐⭐아문을 설치하였다.

05 조선 정부는 개화 정책의 하나로 신식 군대인 ⭐⭐군을 창설하였다.

06 조선 정부는 청에 ⭐⭐사를 파견하여 근대식 무기 제조 기술을 배워 오도록 하였다.

07 조선 정부는 일본의 근대 문물을 시찰하고 개화 정책에 대한 정보를 수집하기 위해 비밀리에 ⭐⭐ ⭐⭐단을 일본에 파견하였다.

08 "⭐⭐책략"은 러시아의 남하를 막기 위해 조선이 청, 일본, 미국과 손을 잡아야 한다는 주장을 담고 있다.

09 구식 군인에 대한 차별 대우와 개화 정책에 반발하여 ⭐⭐군란이 일어났다.

10 임오군란은 ⭐군의 개입으로 진압되었다.

11 임오군란 후 조선은 청과 ⭐·⭐⭐⭐ 수륙 무역 장정을 체결하였다.

12 임오군란 후 조선은 일본 공사관에 경비병 주둔을 허용하는 ⭐⭐⭐ 조약을 체결하였다.

13 임오군란 후 조선에서 ⭐의 내정 간섭이 본격화되었다.

14 김옥균, 박영효 등 급진 개화파는 우정총국 개국 축하연을 기회로 삼아 ⭐⭐⭐⭐을 일으켰다.

15 갑신정변은 ⭐군의 개입으로 3일 만에 실패하였다.

16 갑신정변 후 조선은 일본과 ⭐⭐ 조약을 체결하였다.

17 갑신정변 후 청과 일본은 ⭐⭐ 조약을 체결하였다.

⭐ 별 더하기

✦ 조선은 강화도 조약 체결 이후 **일본**에 **수신사**를 파견하였다.

✦ **영선사** 일행은 귀국 후 근대식 무기 제조 공장인 **기기창** 설립을 주도하였다.

✦ **제2차 수신사**로 일본에 갔던 김홍집은 황준헌이 지은 **"조선책략"**을 국내에 들여와 소개하였다.

✦ **"조선책략"**의 유포로 미국과의 수교가 필요하다는 주장이 힘을 얻는 가운데 **청**이 알선하여 **조·미 수호 통상 조약**이 체결되었다.

✦ 조·미 수호 통상 조약 체결 이후 **미국**에 **보빙사**가 파견되었다.

|정답| 01 운요 02 강화도 03 해안, 영사 04 통리기무 05 별기 06 영선 07 조사 시찰 08 조선 09 임오 10 청 11 조, 청 상민 12 제물포 13 청 14 갑신정변 15 청 16 한성 17 톈진

대표 문항 ZOOM IN 🔍 기본 58회 31번

밑줄 그은 '이 사건'의 결과로 옳은 것은? [2점]

이것은 민응식의 옛 집터 표지석입니다. 구식 군인들이 별기군과의 차별 등에 반발하여 일으킨 이 사건 당시, 궁궐을 빠져나온 왕비가 피란하였던 곳임을 알려 주고 있습니다.

◆ 키워드 1 조선 정부는 개화 정책을 추진하면서 신식 군대인 별기군을 창설하였어요. 별기군은 일본인 교관의 훈련을 받았으며 처우도 구식 군인보다 좋았어요. 이러한 차별 대우에 구식 군인들의 불만이 커졌어요.

① 집강소가 설치되었다.

② 조사 시찰단이 파견되었다.

③ 외규장각 도서가 약탈되었다.

④ 청의 내정 간섭이 심화되었다.

🔍꼼꼼 **친절해설**

키워드 1의 구식 군인들이 별기군과의 차별 등에 반발하여 일으켰다는 내용을 통해 밑줄 그은 '이 사건'이 임오군란임을 알 수 있어요. 임오군란은 별기군에 비해 차별 대우를 받던 구식 군인들이 밀린 봉급으로 받은 쌀에 겨와 모래가 섞여 있자 쌓여 가던 분노가 폭발하면서 일어난 사건이에요. 임오군란에 대해 정리해 볼까요?

임오군란(1882)

배경	별기군에 비해 구식 군인이 차별 대우를 받음, 일본의 경제 침탈로 서민 생활이 더 어려워짐
전개	구식 군인이 봉기하자 도시 하층민이 합세함 → 일본 공사관과 궁궐을 습격함, 민씨 정권의 실세인 명성 황후가 피신함 → 흥선 대원군이 재집권함, 민씨 일파가 청에 파병을 요청함 → 청군이 개입하여 군란의 책임을 물어 흥선 대원군을 청으로 납치하고 봉기를 진압함 → 민씨 세력이 재집권함
결과	• 청의 내정 간섭이 본격화됨 → 조선에 군대를 주둔시키고 고문을 파견함 • 조·청 상민 수륙 무역 장정 체결 : 허가받은 청 상인의 내지 무역을 인정함 • 일본과 제물포 조약 체결 : 일본에 배상금을 지불하고 공사관 경비를 위한 일본군의 주둔을 인정함

따라서 정답은 ④번이에요. 임오군란을 수습하기 위해 민씨 정권은 청에 군사 지원을 요청하였고, 청군이 들어와 군란을 진압하였습니다. 이후 청은 조선에 군대를 주둔시키고 고문을 파견하는 등 조선에 대한 내정 간섭을 강화하였어요.

나머지 선택지도 살펴볼까요? ① 동학 농민 운동 당시 조선 정부와 전주 화약을 체결하고 해산한 동학 농민군은 전라도 일대에 집강소를 설치하여 폐정 개혁을 실천해 나갔어요. ② 조선 정부는 개항 이후인 1881년에 일본의 근대 문물을 시찰하고 개화 정책에 대한 정보를 수집하기 위해 비밀리에 조사 시찰단을 파견하였어요. ③ 병인양요 당시 프랑스군이 퇴각하면서 외규장각에 보관 중이던 의궤를 비롯한 도서들을 약탈해 갔어요.

1 기본 58회 29번

밑줄 그은 '조약'으로 옳은 것은? [2점]

이곳은 운요호 사건을 빌미로 일본이 개항을 강요하여 조선과 조약을 체결한 장소입니다.

연무당 옛터

① 한성 조약

② 정미7조약

③ 강화도 조약

④ 제물포 조약

2 기본 66회 33번

밑줄 그은 '비상 수단'에 해당하는 사건으로 옳은 것은? [2점]

나라를 어지럽히는 신하를 살해하고, 국왕을 보호하여 정령(政令)*의 남발을 막을 수밖에 없었다. 그러므로 희생을 무릅쓰고 비상 수단을 쓰기로 결심한 것이다.

홍영식 : 모의를 총괄한 제1인자

박영효 : 실행 총지휘

서광범 : 거사 계획 수립

김옥균 : 일본 공사관과의 교섭 및 통역

서재필 : 병사 통솔

– 박영효의 회고 –

*정령(政令) : 정치상의 명령

① 갑신정변

② 을미사변

③ 삼국 간섭

④ 아관 파천

동학 농민 운동 ~갑오개혁

강의 바로 보기

흐름을 잡는 판서

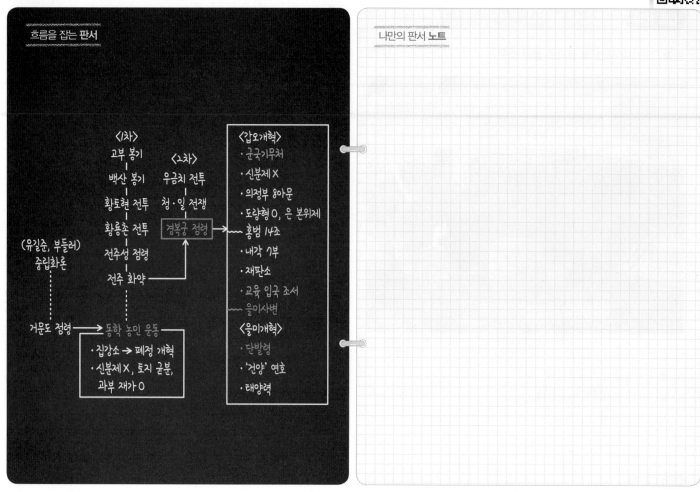

나만의 판서 노트

⭐ 별 채우기

01 영국은 러시아의 남하를 견제하기 위해 ⭐⭐도를 불법으로 점령하였다.

02 유길준과 부들러는 조선의 ⭐⭐⭐론을 제기하였다.

03 동학 농민군은 ⭐⭐현 전투와 황룡촌 전투에서 관군을 물리쳤다.

04 동학 농민군은 전주성 점령 이후 조선 정부와 ⭐⭐ ⭐⭐을 체결하였다.

05 전주 화약 체결 이후 동학 농민군은 ⭐⭐소를 설치하고 폐정 개혁안을 실천하였다.

06 동학 농민군은 일본군이 무력으로 ⭐⭐궁을 점령하자 2차 봉기를 일으켰다.

07 동학 농민군은 공주의 ⭐⭐치 전투에서 일본군과 관군에 패배하였다.

08 김홍집 내각은 군국⭐⭐⭐를 설치하고 제1차 갑오개혁을 추진하였다.

09 제1차 ⭐⭐개혁 때 신분제와 과거제를 폐지하고 과부의 재가를 허용하였다.

10 제1차 갑오개혁 때 ⭐ 본위 화폐 제도가 처음으로 실시되었다.

11 제2차 갑오개혁 때 고종은 국정 개혁의 기본 방향을 제시한 ⭐⭐ 14조를 반포하였다.

12 제2차 갑오개혁 때 ⭐⭐ ⭐⭐ 조서가 반포된 후 근대적 교육 제도가 마련되었다.

13 일본은 명성 황후를 시해한 ⭐⭐사변을 일으켰다.

14 을미개혁으로 ⭐⭐령이 시행되고 ⭐⭐력이 채택되었다.

15 을미개혁 때 '⭐⭐'이라는 연호가 제정되었다.

⭐ 별 더하기

+ 전봉준 등 고부 농민들이 군수 조병갑의 학정에 반발하여 봉기하였다.

+ 동학 농민군은 보국안민, 제폭구민을 기치로 내걸고 봉기하였다.

+ 교육 입국 조서 반포 후 교원 양성을 위한 한성 사범 학교가 설립되었다.

대표 문항 ZOOM IN 🔍

기본 66회 37번

다음 시나리오의 상황 이후에 전개된 사실로 옳은 것은? [2점]

S#17. 전주성 안 선화당

농민군 대장 **전봉준**과 전라감사 김학진이 대화를 나누고 있다.
• 키워드 1 전봉준은 동학 농민 운동의 지도자로, '녹두 장군'이라고 불리기도 했어요.

김학진 : 일본군이 궁궐을 점령하여 국가에 큰 위기가 닥쳤소.

전봉준 : 청군과 일본군이 들어와 있는 상황에서 이런 일이 생기다니 참으로 큰일입니다.

• 키워드 2 조선 정부와 전주 화약을 체결하고 자진 해산하였던 동학 농민군은 일본군이 경복궁을 강제로 점령하고 청·일 전쟁을 일으키자 다시 봉기하였어요.

① 동학을 창시한 최제우가 처형되었다.

② 동학 농민군이 우금치 전투에서 패하였다.

③ 교조 신원을 요구하는 삼례 집회가 열렸다.

④ 조병갑의 탐학에 맞서 고부 농민 봉기가 일어났다.

꼼꼼 친절 해설

키워드 1의 '전봉준', 키워드 2의 일본군이 궁궐을 점령하였다는 내용을 통해 동학 농민 운동 가운데 전주 화약을 맺은 조선 정부가 청군과 일본군에 철수를 요청하였으나 이를 거부한 일본군이 경복궁을 점령한 상황임을 알 수 있어요. 동학 농민 운동에 대해 알아볼까요?

동학 농민 운동

고부 농민 봉기	고부 군수 조병갑이 횡포를 부림(만석보를 강제로 사용하게 한 후 세금 징수) → 전봉준이 사발통문을 돌려 봉기를 호소함, 고부의 농민들이 관아를 점령함 → 정부의 중재로 농민들이 자진 해산함
제1차 봉기	안핵사 이용태가 봉기 가담자를 탄압함 → 무장에서 전봉준 등 동학 농민군이 봉기함 → 보국안민과 제폭구민을 내걸고 백산에 집결함(4대 강령 발표) → 황토현 전투와 황룡촌 전투에서 관군을 물리침 → 전라도 일대를 장악하고 전주성을 점령함
전주 화약 체결	정부가 청에 군사를 요청함 → 청이 톈진 조약에 따라 일본에 통보 후 조선에 군대를 보내자 일본도 거류민 보호를 구실로 군대를 보냄 → 외세의 개입을 막고자 동학 농민군이 정부와 전주 화약을 맺고 해산함 → 농민군이 전라도 일대에 집강소를 설치하고 폐정 개혁을 실천해 감
제2차 봉기	전주 화약 이후 정부가 청군과 일본군의 철수를 요청함 → 일본군이 경복궁을 점령하고 청·일 전쟁을 일으킴 → 동학 농민군이 일본군 타도를 내걸고 다시 봉기함 → 동학의 남·북접이 연합 부대를 형성하여 한성을 향해 북상함 → 공주의 우금치 전투에서 동학 농민군이 패배함

따라서 정답은 ②번이에요. 전주 화약 이후 자진 해산한 동학 농민군은 일본군의 경복궁 점령 이후 일본군 타도를 내걸고 다시 봉기하였으나, 공주 우금치 전투에서 일본군과 관군에 패하였어요.

나머지 선택지도 확인해 볼까요? ① 조선 정부는 동학을 창시한 최제우를 백성을 속이고 세상을 어지럽혔다는 죄목으로 처형하였어요. 동학 농민 운동 이전의 일이에요. ③ 동학 농민 운동의 도화선이 된 고부 농민 봉기 이전에 교조 최제우의 누명을 풀어 줄 것과 포교의 자유를 요구하는 삼례 집회가 열렸어요. 동학 농민 운동 이전의 일이에요. ④ 고부 군수 조병갑의 탐학에 맞서 농민 봉기가 일어났어요. 동학 농민 운동의 도화선이 된 사건이에요.

---

1 기본 55회 31번

밑줄 그은 '개혁'의 내용으로 옳지 않은 것은? [3점]

역사 용어 카드

군국기무처

1894년 6월 의정부 산하에 설치되어 개혁을 추진하였던 정책 의결 기구이다. 총재는 영의정 김홍집이 겸임하였다. 약 3개월 동안 신분제 폐지, 조혼 금지 등 약 210건의 안건을 심의하고 통과시켰다.

① 지계를 발급하였다.

② 과거제를 폐지하였다.

③ 도량형을 통일하였다.

④ 연좌제를 금지하였다.

2 기본 49회 30번

(가) 시기에 있었던 사실로 옳은 것은? [2점]

① 당백전이 발행되었다.

② 동시전이 설치되었다.

③ 속대전이 편찬되었다.

④ 태양력이 채택되었다.

독립 협회 ~ 대한 제국

강의 바로 보기

흐름을 잡는 판서

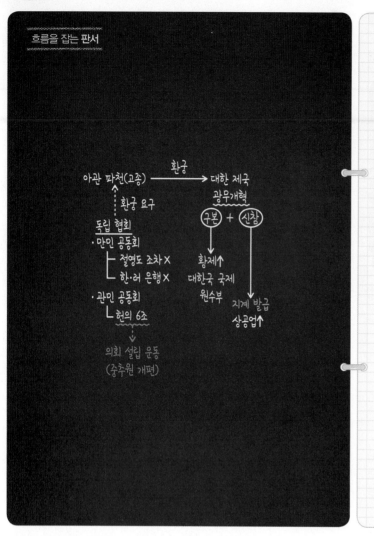

나만의 판서 노트

★ 별 채우기

01 을미사변 후 고종이 러시아 공사관으로 거처를 옮긴 ★★ 파천이 일어났다.

02 독립 협회는 대중 집회인 ★★ 공동회를 개최하였다.

03 독립 협회는 이권 수호 운동을 전개하여 러시아의 ★★도 조차 요구를 저지하였다.

04 독립 협회는 관민 공동회를 개최하고 정부에 ★★ 6조를 건의하였다.

05 독립 협회는 ★★★ 개편을 통한 의회 설립을 추진하였다.

06 고종은 환구단에서 황제 즉위식을 거행하고 ★★ ★★의 수립을 선포하였다.

07 대한 제국은 구본신참을 표방한 ★★개혁을 추진하였다.

08 고종은 대한국 ★★를 반포하여 전제 황권을 공고히 하였다.

09 대한 제국은 황제의 군사권을 강화하기 위해 ★★부를 설치하였다.

10 대한 제국 정부는 양전 사업을 실시하고 근대적 토지 소유 증명서인 ★★를 발급하였다.

★ 별 더하기

+ 독립 협회는 독립문 건립을 주도하였다.

+ 고종 황제는 보부상으로 구성된 황국 협회와 군대를 동원하여 독립 협회를 탄압하였다.

|정답| 01 아관 02 만민 03 절영 04 헌의 05 중추원 06 대한 제국 07 광무
      08 국제 09 원수 10 지계

대표 문항 ZOOM IN 🔍 기본 64회 38번

(가) 시기에 있었던 사실로 옳은 것은? [2점]

> 고종이 러시아 공사관에서 경운궁으로 돌아와 황제로 즉위하고 국호를 [(가)](으)로 선포한 이후에 사용한 어새입니다.

[(가)] 고종 황제 어새와 내함

① 지계가 발급되었다.

② 척화비가 건립되었다.

③ 육영 공원이 설립되었다.

④ 군국기무처가 설치되었다.

> **키워드 1** 아관 파천 이후 경운궁으로 돌아온 고종은 환구단에서 황제 즉위식을 거행하고 대한 제국의 수립을 선포하였어요.

꼼꼼 친절 해설

키워드 1의 고종이 러시아 공사관에서 경운궁으로 돌아와 황제로 즉위하였다는 내용을 통해 (가) 시기가 대한 제국 시기임을 알 수 있어요. 대한 제국은 옛것을 근본으로 하여 새것을 참조한다는 구본신참을 원칙으로 광무개혁을 추진하였어요. 대한 제국이 추진한 광무개혁의 내용을 알아볼까요?

광무개혁	
방향	전통적인 제도를 바탕으로 서양의 근대 문물을 받아들임(구본신참)
내용	• 원수부 설치 : 황제가 군 통수권을 장악함 • 양전 사업 실시 : 토지를 측량하고, 토지 소유자에게 근대적 토지 소유 증명서인 지계를 발급함 • 상공업 진흥 : 근대적 공장과 회사를 설립함 • 교육 진흥 : 각종 관립 학교를 설립하고, 외국에 유학생을 파견함 • 근대 시설 확충 : 전화를 가설함, 전차와 경인선 철도를 개통함

따라서 정답은 ①번이에요. 대한 제국 정부는 광무개혁을 추진하면서 양전 사업을 실시하고 근대적 토지 소유 증명서인 지계를 발급하였어요.

나머지 선택지도 확인해 볼까요? ② 대한 제국 수립 이전, 병인양요와 신미양요를 겪은 후 흥선 대원군은 서양 세력과의 통상 수교 거부 의지를 널리 알리기 위해 종로와 전국 각지에 척화비를 건립하였어요. ③ 대한 제국 수립 이전인 1886년에 조선 정부는 근대적 관립 학교인 육영 공원을 설립하였어요. ④ 대한 제국 수립 이전인 1894년에 군국기무처가 설치되어 제1차 갑오개혁을 주도하였어요.

1 기본 67회 33번

(가) 단체의 활동으로 옳은 것은? [2점]

> 이곳 종로에서는 [(가)]이/가 개최한 관민 공동회가 열리고 있습니다. 정부 관료와 학생, 시민들이 참여한 가운데 헌의 6조를 올리기로 하였습니다.

① 광혜원을 설립하였다.

② 태극 서관을 운영하였다.

③ 독립문 건설을 주도하였다.

④ 파리 강화 회의에 대표를 파견하였다.

2 기본 60회 30번

(가) 시기에 있었던 사실로 옳은 것은? [2점]

> 여기는 환구단의 일부인 황궁우야.

> 고종은 환구단에서 황제 즉위식을 거행하고, 경운궁에서 새로운 국호인 [(가)]을/를 선포하였지.

① 당백전을 발행하였다.

② 영선사를 파견하였다.

③ 육영 공원을 설립하였다.

④ 대한국 국제를 제정하였다.

일제의 국권 침탈

강의 바로 보기

흐름을 잡는 판서

러·일 전쟁(04)
- 한·일 의정서: 군용지 free
- 1차 한·일 협약: 고문 ─ 스티븐스(외교) ← 장인환, 전명운
                        ─ 메가타(재정): 화폐 정리 사업
                              금 본위제, 민족 자본↓

- 2차 한·일 협약(을사늑약): 통감, 외교권 X
       ↑
   헤이그 특사

   고종 X, 순종 O
- 한·일 신협약(정미7조약) → 차관, 군대 X
- 기유각서: 사법권 X
- 경술국치(1910. 8. 29.)

나만의 판서 노트

★ 별 채우기

01 러·일 전쟁 중에 일본의 강요로 일본에게 한국 내 군사적 요충지 사용을 허용한 한·일 ★★서가 체결되었다.

02 일본은 대한 제국과 제1차 한·일 ★★을 체결하고 메가타와 스티븐스를 고문으로 파견하였다.

03 재정 고문 메가타의 주도로 ★★ 정리 사업이 추진되었다.

04 일본은 ★★★★(제2차 한·일 협약)을 강제로 체결하여 대한 제국의 외교권을 빼앗고 통감부를 설치하였다.

05 고종은 을사늑약 체결의 부당함을 알리기 위해 네덜란드 ★★★에 특사를 파견하였다.

06 일본은 헤이그 특사 파견을 구실 삼아 ★★을 강제 퇴위시켰다.

07 일본은 한·일 ★★★(정미7조약)의 부속 각서에 따라 대한 제국의 군대를 강제 해산하였다.

★ 별 더하기

+ 국권 피탈 후 식민 통치 기관으로 조선 총독부가 설치되었다.

|정답| **01** 의정 **02** 협약 **03** 화폐 **04** 을사늑약 **05** 헤이그 **06** 고종 **07** 신협약

대표 문항 **ZOOM IN** 🔍 기본 61회 34번

밑줄 그은 '이 조약'에 대한 설명으로 옳은 것은? [2점]

이곳은 네덜란드 헤이그에 있는 이준 열사 기념관입니다. 그는 대한 제국의 외교권을 박탈한 이 조약의 부당함을 세계에 알리기 위해 이상설, 이위종과 함께 만국 평화 회의에 특사로 파견되었습니다.

키워드 1 일본은 을사늑약을 강제로 체결하여 대한 제국의 외교권을 박탈하였어요.

① 청·일 전쟁의 배경이 되었다.
② 최혜국 대우의 조항이 들어 있다.
③ 운요호 사건을 계기로 체결되었다.
④ 통감부가 설치되는 결과를 가져왔다.

꼼꼼 친절 해설

키워드 1의 대한 제국의 외교권을 박탈하였다는 내용을 통해 밑줄 그은 '이 조약'이 을사늑약임을 알 수 있어요. 을사늑약의 체결로 대한 제국의 국권은 크게 훼손되었어요. 일제의 국권 침탈 과정을 정리해 볼까요?

일제의 국권 침탈 과정	
한·일 의정서 (1904. 2.)	대한 제국 내 군사적 요충지를 마음대로 사용할 수 있게 됨
제1차 한·일 협약 (1904. 8.)	대한 제국의 외교·재정 분야에 일본이 추천하는 외국인 고문 임명을 강요함(고문 정치) → 외교 고문 스티븐스, 재정 고문 메가타를 파견함
을사늑약 (제2차 한·일 협약, 1905. 11.)	• 대한 제국의 외교권을 강탈하고 통감부를 설치함(→ 이토 히로부미가 초대 통감으로 부임) • 민족의 저항 : 장지연이 황성신문에 논설 '시일야방성대곡'을 게재하여 을사늑약의 부당함을 비판함, 민영환이 자결하여 을사늑약의 부당함과 항일 의지를 알림, 고종 황제가 헤이그에서 열리는 만국 평화 회의에 특사를 파견함(이상설, 이준, 이위종, 1907)
한·일 신협약 (정미7조약, 1907. 7.)	일본이 헤이그 특사 파견을 구실로 고종 황제를 강제 퇴위시키고 체결함 → 통감의 내정 간섭 권한 강화, 행정 각 부에 일본인 차관 임명(차관 정치), 부속 각서에 따라 대한 제국의 군대를 해산함
경술국치 (1910. 8. 29.)	한국을 강제 병합하는 조약을 체결함(대한 제국의 국권 강탈) → 조선 총독부를 설치함

따라서 정답은 ④번이에요. 을사늑약의 체결로 통감부가 설치되고 이토 히로부미가 초대 통감으로 임명되었어요.

나머지 선택지도 확인해 볼까요? ① 갑신정변 이후 청과 일본은 톈진 조약을 체결하여 조선에서 군대를 동시에 철수하고, 앞으로 조선에 파병할 때 상대국에 미리 알릴 것을 약속하였어요. 동학 농민 운동 중에 조선 정부가 청에 지원을 요청하자 청은 톈진 조약에 따라 이를 일본에 알리고 조선에 군대를 보냈어요. 일본도 조선 내 일본인 보호를 구실 삼아 파병하였어요. 전주 화약을 맺은 조선 정부가 양국에 철군을 요구하였지만 청·일의 군대는 조선 땅에서 전쟁을 벌였는데, 이를 청·일 전쟁이라고 합니다. ② 1882년에 체결된 조·미 수호 통상 조약에서 최혜국 대우를 처음으로 규정하였어요. ③ 운요호 사건을 계기로 1876년에 강화도 조약이 체결되었어요.

1 기본 55회 36번

밑줄 그은 '특사'에 대한 설명으로 옳은 것은? [2점]

그는 1907년 만국 평화 회의에 특사로 파견되었어.

이상설, 이위종도 함께 활동했었지.

여기가 이준 열사가 묻힌 곳이구나.

① 서양에 파견된 최초의 사절단이었다.
② 조선책략을 국내에 처음 소개하였다.
③ 기기국에서 무기 제조 기술을 배우고 돌아왔다.
④ 을사늑약의 부당함을 전 세계에 알리고자 하였다.

2 기본 66회 36번

(가), (나) 사이의 시기에 체결된 조약으로 옳은 것은? [2점]

(가)

역사 신문
국외 중립 선언 무효화되다

한·일 의정서

(나)

역사 신문
일제가 국권을 강탈하다

한·일 병합 조약

① 톈진 조약
② 정미7조약
③ 제물포 조약
④ 시모노세키 조약

경제적 구국 운동과 애국 계몽 운동

강의 바로 보기

흐름을 잡는 판서

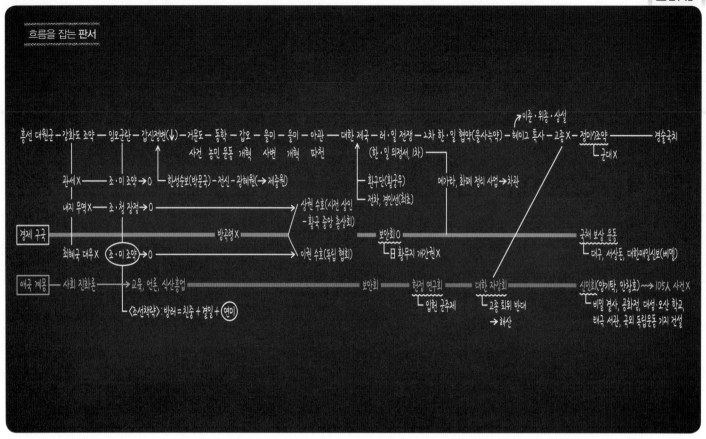

★ 별 채우기

01 조·미 수호 통상 조약에서 ★★국 대우를 처음으로 규정하였다.

02 서울의 시전 상인은 ★★ 중앙 총상회를 결성하여 상권 수호 운동을 전개하였다.

03 ★★ 협회는 열강의 경제 침탈에 맞서 이권 수호 운동을 전개하였다.

04 ★★ ★★ 운동은 성금을 모아서 나랏빚을 갚아 국권을 회복하자는 경제적 구국 운동이었다.

05 국채 보상 운동은 서상돈, 김광제 등의 주도로 ★★에서 시작되었다.

06 국채 보상 운동은 대한★★신보, 황성신문 등 언론의 적극적인 지원을 받아 전국으로 확산되었다.

07 ★★회는 일본의 황무지 개간권 요구에 반대 운동을 전개하여 일본의 요구를 저지하는 데 성공하였다.

08 헌정 연구회는 ★★ 군주제 수립을 주장하였다.

09 대한 ★★회는 고종 퇴위 반대 운동을 주도하다가 통감부에 의해 해산되었다.

10 ★★회는 양기탁, 안창호 등이 조직한 항일 비밀 결사로, 국권 회복과 공화 정체의 국민 국가 건설을 목표로 하였다.

11 신민회는 ★산 학교와 ★성 학교를 세워 민족 교육을 실시하였다.

12 신민회는 일제가 조작한 ★★★인 사건으로 국내 조직이 드러나 해체되었다.

★ 별 더하기

✚ 조·미 수호 통상 조약은 조선이 서양과 맺은 최초의 근대적 조약이었다.

✚ 아관 파천 이후 최혜국 대우 조항을 이용한 열강의 이권 침탈이 심해졌다.

✚ 조·일 통상 장정으로 일본으로 곡물 유출을 막을 수 있는 방곡령의 선포가 가능해졌다.

✚ 1908년에 일제는 한국의 토지와 자원을 수탈할 목적으로 동양 척식 주식회사를 설립하였다.

✚ 신민회는 민족 산업의 육성을 위해 태극 서관과 자기 회사를 운영하였다.

✚ 국채 보상 운동은 대한매일신보 등 언론의 지원을 받았다.

|정답| **01** 최혜 **02** 황국 **03** 독립 **04** 국채 보상 **05** 대구 **06** 매일 **07** 보안
08 입헌 **09** 자강 **10** 신민 **11** 오, 대 **12** 105

대표 문항 ZOOM IN

기본 63회 36번

(가)에 들어갈 단체로 옳은 것은? [1점]

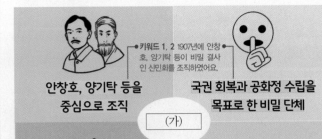

- 키워드 1, 2 1907년에 안창호, 양기탁 등이 비밀 결사인 신민회를 조직하였어요.

안창호, 양기탁 등을 중심으로 조직

국권 회복과 공화정 수립을 목표로 한 비밀 단체

(가)

민족 교육을 위해 오산 학교, 대성 학교 설립

일제가 조작한 105인 사건으로 와해

① 근우회　　　　　　② 보안회
③ 신민회　　　　　　④ 조선어 학회

- 키워드 3 이승훈이 정주에서 오산 학교를, 안창호가 평양에서 대성 학교를 설립하였어요.
- 키워드 4 일제가 데라우치 총독 암살 미수 사건을 조작하여 독립운동가를 잡아들인 105인 사건으로 신민회의 조직이 드러나 해산되었어요.

꼼꼼 친절해설

키워드 1의 '안창호, 양기탁 등을 중심으로 조직', 키워드 2의 '국권 회복과 공화정 수립을 목표로 한 비밀 단체', 키워드 3의 '오산 학교, 대성 학교 설립', 키워드 4의 '105인 사건으로 와해'를 통해 (가)에 들어갈 단체가 신민회임을 알 수 있어요. 신민회는 국권 회복과 공화 정체의 국민 국가 건설을 목표로 활동한 애국 계몽 운동 단체입니다. 일제의 국권 침탈에 맞서 활동한 애국 계몽 운동 단체에 대해 알아볼까요?

애국 계몽 운동 단체	
보안회	러·일 전쟁 중 일본이 황무지 개간권을 요구함 → 반대 운동을 전개하여 일본의 요구를 저지하는 데 성공함
헌정 연구회	입헌 정치 체제 수립을 주장함, 친일 단체인 일진회의 반민족 행위를 규탄함 → 통감부 설치 직후에 해체됨
대한 자강회	• 헌정 연구회를 계승함, 입헌 군주제를 지향함 • 전국에 25개 지회 설치, 월보 발행, 대중 연설회 개최 등의 활동을 함 • 고종의 강제 퇴위에 반대 운동을 전개함 → 일제의 탄압으로 해산됨
신민회	• 결성 : 안창호, 양기탁 등이 중심이 되어 조직함, 비밀 결사(1907) • 목표 : 국권 회복 및 공화 정체의 국민 국가 건설 • 활동 　- 대중 계몽 활동 : 강연회 개최, 학회 활동 등 　- 민족 교육 실시 : 오산 학교, 대성 학교 설립 　- 민족 산업 육성 : 자기 회사, 태극 서관 운영 　- 국외 독립운동 기지 건설 : 서간도 지역의 삼원보에 한인촌 건설, 신흥 강습소(→ 신흥 무관 학교) 설립 • 해체 : 일제가 조작한 105인 사건으로 조직이 드러나 와해됨(1911)

따라서 정답은 ③번이에요. 신민회는 국외에 독립운동 기지 건설을 위해 노력하여 서간도 지역의 삼원보에 한인촌을 건설하였어요.

나머지 선택지도 확인해 볼까요? ① 근우회는 민족주의 계열과 사회주의 계열의 여성 단체들이 신간회 창립을 계기로 설립한 단체로, 여성의 권리 신장과 의식 계몽에 앞장섰어요. ② 보안회는 일제가 황무지 개간권을 요구하자 반대 운동을 전개하여 이를 저지하였어요. ④ 조선어 학회는 조선어 연구회를 계승하였으며, 한글 맞춤법 통일안과 표준어를 제정하였어요. 또한, "우리말(조선말) 큰사전"의 편찬을 추진하였으나 조선어 학회 사건으로 활동이 중단되었어요.

---

1 기본 51회 32번

다음 검색창에 들어갈 용어로 옳은 것은? [2점]

검색

통합 검색　백과사전　웹문서　동영상　이미지　···

연관 검색어
- 조·일 통상 장정
- 배상금
- 함경도
- 조병식

백과사전

조선의 지방관이 직권으로 그 지방에서 생산된 곡식을 타지방이나 타국으로 유출하는 것을 금하는 조치를 말한다. 개항 후 함경도와 황해도에서 시행되기도 하였다. ······

□□백과

① 단발령　　　　　　② 방곡령
③ 삼림령　　　　　　④ 회사령

---

2 기본 66회 38번

다음 장면에 나타난 운동으로 옳은 것은? [1점]

일본에 진 빚 1,300만 원을 갚기 위해 이곳저곳에서 의연금을 모으고 있습니다. 우리도 의연금을 기성회에 보내 국권 수호에 힘을 보탭시다.

옳소! 나는 20전을 내겠소!

좋은 뜻이오. 나는 은가락지를 내겠소!

① 국채 보상 운동
② 문자 보급 운동
③ 물산 장려 운동
④ 민립 대학 설립 운동

항일 의병 운동

강의 바로 보기

흐름을 잡는 판서

흥선 대원군 — 강화도 조약 — 임오군란 — 갑신정변(↓) — 거문도 — 동학 — 갑오 — 을미 — 을미 — 아관 — 대한 제국 — 러·일 전쟁 — 1차 한·일 협약(을사늑약) — 헤이그 특사 — 고종X — 정미7조약 ──────── 경술국치
　　　　　　　　　　　　　　　　　　　사건　농민 운동　개혁　사변　개혁　파천　　　　　　　　　　　　(한·일 의정서, 1차)　　　　　　　　↗이준·위종·상설　　└군대X

의병 활동 ── 위정척사 ── 영남 만인소 ━━━━━━━━━━━━━━━ 을미의병 ━━━━━━━━━━━━━━ 을사의병 ━━━━━━━━━━━━━ 정미의병
통상X ✕ 개항X ✕ 개화X　　　　　　　　　• 을미사변, 단발령 → 양반 유생 중심(유인석)　• 평민 의병장(신돌석), 최익현　　• 의병 전쟁(이인영, 허위)
　　　　　　　　　　　　　　　　　　　　• 고종의 해산 권고 → 해산　　　　　　　• 황성신문 '시일야방성대곡'　　• 13도 창의군(교전 단체) → 서울 진공 작전
　　• 장인환·전명운 의거(08)
　　• 안중근 의거(09)

나만의 판서 노트

★ 별 채우기

01 조선 정부의 개화 정책에 반대하여 이만손 등이 ⭐⭐ 만인소를 올렸다.

02 유인석 등은 을미⭐⭐과 ⭐⭐령 시행에 반발하여 을미의병을 일으켰다.

03 ⭐⭐의병은 고종의 해산 권고에 따라 스스로 해산하였다.

04 을사늑약 체결에 반대하여 최익현 등 양반 유생들의 주도로 전국 각지에서 ⭐⭐의병이 일어났다.

05 을사의병 때 신⭐⭐ 등 평민 출신 의병장이 등장하였다.

06 장지연은 을사늑약의 불법성을 비판한 논설인 '시일야방성대곡'을 ⭐⭐신문에 게재하였다.

07 고종의 강제 퇴위와 대한 제국의 군대 해산에 반발하여 ⭐⭐의병이 일어났다.

08 13도 ⭐⭐군은 의병을 국제법상 교전 단체로 승인해 줄 것을 각국 영사관에 요구하였다.

09 ⭐⭐의병 때 결성된 13도 창의군은 ⭐⭐ 진공 작전을 전개하였다.

10 장⭐⭐과 전⭐⭐은 미국 샌프란시스코에서 대한 제국의 외교 고문이었던 스티븐스를 저격하였다.

11 1909년에 안⭐⭐은 하얼빈역에서 이토 히로부미를 사살하였다.

★ 별 더하기

+ **최익현**은 왜양일체론을 내세워 강화도 조약에 반대하였다.

+ "**조선책략**" 유포에 반발하여 **이만손**을 중심으로 한 **영남** 지역 유생들이 만인소를 올렸다.

+ **민영환, 조병세**는 **을사늑약** 체결에 반대하여 조약 무효화를 요구하며 자결하였다.

+ **정미의병** 때 **해산 군인**의 일부가 합류하면서 의병의 전투력이 강화되었다.

+ **안중근**은 뤼순 감옥에서 "**동양 평화론**"을 집필하였다.

| **정답**　01 영남　02 사변, 단발　03 을미　04 을사　05 돌석　06 황성　07 정미
08 창의　09 정미, 서울　10 인환, 명운　11 중근 |

대표 문항 ZOOM IN 🔍 기본 61회 36번

밑줄 그은 '이 부대'에 대한 설명으로 옳은 것은? [2점]

> ○○에게
>
> 이보게, 나는 마침내 의병에 합류하였네.
> 황제 폐하께서 강제로 그 자리에서 내려오셔야 했던 사건은
> 여전히 울분을 참을 수 없게 만드네. 일제가 끝내 우리 군대를
> 강제로 해산시키는 과정에서 동료들의 죽음을 보며 가만히 있
> 을 수 없었네. 나는 13도의 의병이 모여 조직되고 이인영 총대장
> 이 지휘하는 이 부대에 가담하여 끝까지 나라를 지키려고 하네.
> 자네도 우리와 뜻을 같이하면 좋겠네.
>
> 옛 동료가

● **키워드 1** 고종 황제의 강제 퇴위와 대한 제국의 군대 해산에 반발하여 정미의병이 일어났어요.

● **키워드 2** 정미의병 시기에 유생 의병장을 중심으로 전국의 의병 부대가 연합하여 이인영을 총대장으로 하는 13도 창의군을 결성하였어요.

① 서울 진공 작전을 전개하였다.
② 일제의 탄압을 피해 자유시로 이동하였다.
③ 어재연의 지휘 아래 광성보에서 활약하였다.
④ 황푸 군관 학교에서 군사 훈련을 실시하였다.

꼼꼼 친절 해설

키워드 1의 황제 폐하께서 강제로 그 자리에서 내려오셔야 했고 일제가 우리 군대를 강제로 해산시켰다는 내용, **키워드 2**의 13도의 의병이 모여 조직되고 이인영 총대장이 지휘하였다는 내용을 통해 밑줄 그은 '이 부대'가 정미의병 시기에 결성된 13도 창의군임을 알 수 있어요. 일제의 국권 침탈에 맞서 일어난 의병의 활동을 정리해 볼까요?

항일 의병 운동	
을미의병 (1895)	• 계기 : 을미사변(명성 황후 시해 사건), 단발령 시행 • 주도 : 유인석, 이소응 등 양반 유생층 • 활동 : 친일 관리를 처단함, 지방 관청과 일본군을 공격함 • 해산 : 단발령 철회 조치, 고종의 해산 권고에 따라 스스로 해산함
을사의병 (1905)	• 계기 : 을사늑약 체결 • 주도 : 민종식, 최익현 등 양반 유생층 • 특징 : 신돌석 등 평민 의병장이 등장함, 농민들이 적극 참여함
정미의병 (1907)	• 계기 : 고종 황제의 강제 퇴위(헤이그 특사 파견이 구실이 됨), 대한 제국의 군대 해산 • 특징 : 일부 해산 군인들의 합류로 의병의 조직력과 전력이 강화됨, 다양한 계층이 참여한 거족적인 항일 의병 전쟁으로 발전함 • 활동 : 13도 창의군 결성(총대장 이인영, 군사장 허위) → 서울의 각국 영사관에 의병을 국제법상 교전 단체로 인정할 것을 요구함, 서울 진공 작전을 전개하였으나 실패함(1908)

따라서 정답은 ①번이에요. 13도 창의군은 서울 진공 작전을 전개하였으나 군사력이 우세한 일본군에 가로막혀 실패하였어요.
나머지 선택지도 알아볼게요. ② 간도 참변 이후 만주 지역의 독립군 부대들은 러시아의 지원 약속을 믿고 자유시로 이동하였으나 자유시 참변으로 큰 피해를 입었어요. ③ 신미양요 당시 어재연이 이끄는 조선군이 광성보에서 미군에 항전하였으나 패배하였어요. ④ 의열단의 일부 단원이 황푸 군관 학교에 입학하여 군사 훈련을 받았어요.

---

1 기본 52회 32번

(가)~(다) 학생이 발표한 내용을 일어난 순서대로 옳게 나열한 것은? [3점]

배움 주제 : 위정척사 운동의 전개

(가) 최익현이 일본과 서양은 같다는 왜양일체론을 주장하며 일본과의 수교에 반대하였습니다.

(나) 이항로 등은 서양과의 통상을 반대하는 흥선 대원군의 통상 수교 거부 정책을 지지하였습니다.

(다) 이만손을 중심으로 한 영남 지역 유생들은 조선책략 유포에 반발하여 만인소를 올렸습니다.

① (가) - (나) - (다)
② (가) - (다) - (나)
③ (나) - (가) - (다)
④ (다) - (가) - (나)

---

2 기본 64회 30번

밑줄 그은 '나'에 대한 설명으로 옳은 것은? [2점]

> 나는 대한 제국의 주권을 침탈한 이토 히로부미를 대한의군 참모중장 자격으로 하얼빈역에서 처단하였습니다.

디지털 복원으로 만나는 독립운동가

獨立

① 중광단을 결성하였다.
② 독립 의군부를 조직하였다.
③ 동양 평화론을 집필하였다.
④ 시일야방성대곡을 발표하였다.

6일

일제 강점기

유지법(15) | **(공황)** 〈정치〉 민족 말살 통치 ⇒ 황국 신민 서사, 궁성 요배, 창씨개명, 신문 폐간
), 관세 X | 〈경제〉 남면북양 정책, 병참 기지화 정책, 국가 총동원법(38) ⇒ '위안부', 징용, 공출, 배급

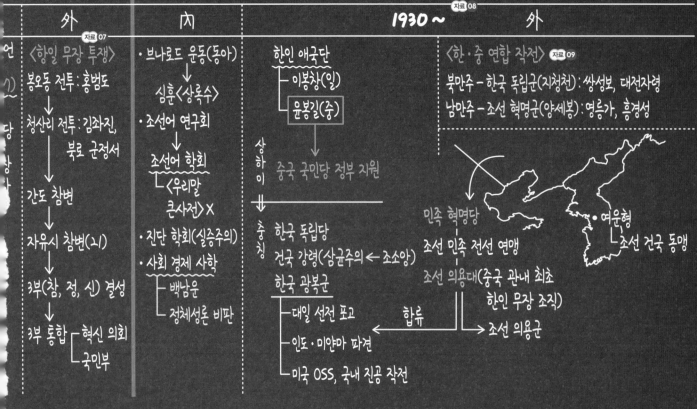

外 [자료 07]	内	1930 ~ [자료 08]	外

언 | 〈항일 무장 투쟁〉 | • 브나로드 운동(동아) | 한인 애국단 | 〈한·중 연합 작전〉 [자료 09]

봉오동 전투: 홍범도
→ 청산리 전투: 김좌진, 북로 군정서
→ 간도 참변
→ 자유시 참변(21)
→ 3부(참, 정, 신) 결성
→ 3부 통합 ┌ 혁신 의회
         └ 국민부

• 브나로드 운동(동아)
→ 심훈〈상록수〉
• 조선어 연구회
→ 조선어 학회
  〈우리말 큰사전〉X
• 진단 학회(실증주의)
• 사회 경제 사학
  ┌ 백남운
  └ 정체성론 비판

한인 애국단
┌ 이봉창(일)
└ 윤봉길(중)
→ 중국 국민당 정부 지원

상하이 ⇊ 충칭
한국 독립당
건국 강령(삼균주의 ← 조소앙)
한국 광복군
 ┌ 대일 선전 포고
 ├ 인도·미얀마 파견
 └ 미국 OSS, 국내 진공 작전

〈한·중 연합 작전〉 [자료 09]
북만주 – 한국 독립군(지청천): 쌍성보, 대전자령
남만주 – 조선 혁명군(양세봉): 영릉가, 흥경성

민족 혁명당
조선 민족 전선 연맹
조선 의용대(중국 관내 최초 한인 무장 조직)
합류 → 조선 의용군
• 여운형
조선 건국 동맹

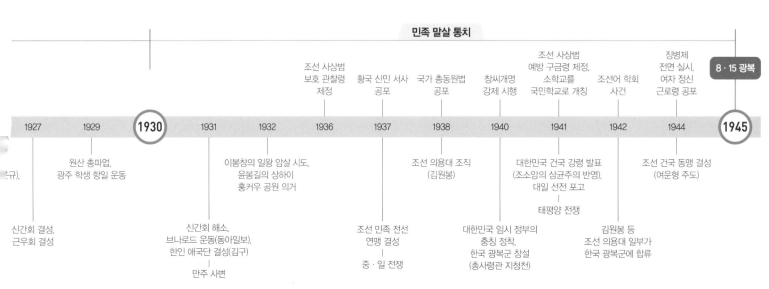

					민족 말살 통치							
			조선 사상범 보호 관찰령 제정					조선 사상범 예방 구금령 제정. 소학교를 국민학교로 개칭		징병제 전면 실시, 여자 정신 근로령 공포	**8·15 광복**
				황국 신민 서사 공포	국가 총동원법 공포	창씨개명 강제 시행	조선어 학회 사건				
1927	1929	**1930**	1931	1932	1936	1937	1938	1940	1941	1942	1944	**1945**
규),	원산 총파업, 광주 학생 항일 운동		이봉창의 일왕 암살 시도, 윤봉길의 상하이 훙커우 공원 의거			조선 의용대 조직 (김원봉)		대한민국 건국 강령 발표 (조소앙의 삼균주의 반영). 대일 선전 포고		조선 건국 동맹 결성 (여운형 주도)		
신간회 결성, 근우회 결성		신간회 해소, 브나로드 운동(동아일보), 한인 애국단 결성(김구)		조선 민족 전선 연맹 결성		대한민국 임시 정부의 충칭 정착, 한국 광복군 창설 (총사령관 지청천)		김원봉 등 조선 의용대 일부가 한국 광복군에 합류				
		만주 사변			중·일 전쟁		태평양 전쟁				

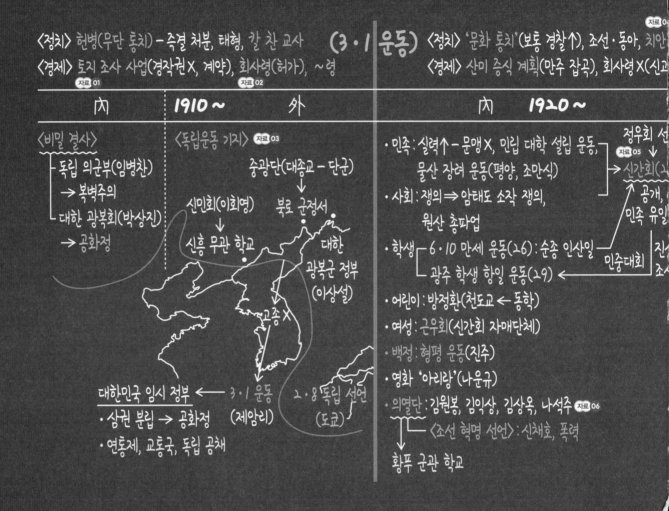

〈정치〉 헌병(무단 통치) - 즉결 처분, 태형, 칼 찬 교사 　　(3·1운동)　〈정치〉 '문화 통치'(보통 경찰↑), 조선·동아, 치안
〈경제〉 토지 조사 사업(경작권X, 계약), 회사령(허가), ~령 　　　　　　　〈경제〉 산미 증식 계획(만주 잡곡), 회사령X(신고

자료 01 　　　　　　　　자료 02 　　　　　　　　　　자료 0

| 內 | 1910 ~ | 外 | 內 | 1920 ~ |

〈비밀 결사〉
- 독립 의군부(임병찬)
  → 복벽주의
- 대한 광복회(박상진)
  → 공화정

〈독립운동 기지〉 자료 03
- 중광단(대종교 - 단군)
- 신민회(이회영)
  ↓
  신흥 무관 학교
- 북로 군정서
- 대한 광복군 정부(이상설)

고종X

대한민국 임시 정부 ← 3·1운동 (제암리)
- 삼권 분립 → 공화정
- 연통제, 교통국, 독립 공채

2·8 독립 선언 (도쿄)

- 민족 : 실력↑ - 문맹X, 민립 대학 설립 운동, 물산 장려 운동(평양, 조만식)
- 사회 : 쟁의 ⇒ 암태도 소작 쟁의, 원산 총파업
- 학생 ─ 6·10 만세 운동(26) : 순종 인산일
　　　└ 광주 학생 항일 운동(29)
- 어린이 : 방정환(천도교 ← 동학)
- 여성 : 근우회(신간회 자매단체)
- 백정 : 형평 운동(진주)
- 영화 '아리랑'(나운규)
- 의열단 : 김원봉, 김익상, 김상옥, 나석주 자료 06
  ↓
  〈조선 혁명 선언〉 : 신채호, 폭력
  ↓
  황푸 군관 학교

정우회 선 자료 05 ↓
신간회(
공개,
민족 유일
민중대회
진
조

흐름잡기 >>>

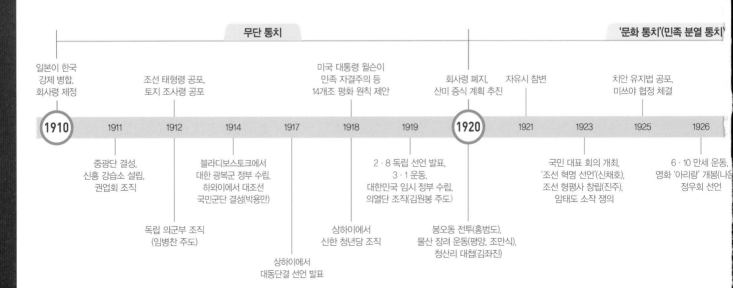

| | 무단 통치 | | | | | | | '문화 통치'(민족 분열 통치) |

일본이 한국 강제 병합, 회사령 제정

조선 태형령 공포, 토지 조사령 공포

미국 대통령 윌슨이 민족 자결주의 등 14개조 평화 원칙 제안

회사령 폐지, 산미 증식 계획 추진

자유시 참변

치안 유지법 공포, 미쓰야 협정 체결

| 1910 | 1911 | 1912 | 1914 | 1917 | 1918 | 1919 | 1920 | 1921 | 1923 | 1925 | 1926 |

중광단 결성, 신흥 강습소 설립, 권업회 조직

블라디보스토크에서 대한 광복군 정부 수립, 하와이에서 대조선 국민군단 결성(박용만)

2·8 독립 선언 발표, 3·1 운동, 대한민국 임시 정부 수립, 의열단 조직(김원봉 주도)

국민 대표 회의 개최, '조선 혁명 선언'(신채호), 조선 형평사 창립(진주), 암태도 소작 쟁의

6·10 만세 운동, 영화 '아리랑' 개봉(나 정우회 선언

독립 의군부 조직 (임병찬 주도)

상하이에서 신한 청년당 조직

봉오동 전투(홍범도), 물산 장려 운동(평양, 조만식), 청산리 대첩(김좌진)

상하이에서 대동단결 선언 발표

핵심 개념 **한눈에 보기**

중요도 ▶ 🔲 매우 중요 🔷 중요 🔷 보통

1 교시   1910년대 식민 통치와 저항

일제 식민 통치 ← 저항

일제 식민 통치
- 🔷 무단 통치
- 🔷 헌병 경찰 제도(즉결 처분권)
- 🔷 조선 태형령
- 🔷 관리, 교사에게 칼을 차게 하고 제복을 입게 함
- 🔷 토지 조사 사업
- 🔷 회사령(허가제)

저항

국내
- 🔷 독립 의군부(임병찬), 대한 광복회(박상진, 공화정 추구)
- 🔷 3·1 운동 : 고종 인산일 무렵 발생, 대한 민국 임시 정부 수립의 계기가 됨
- 🔷 대한민국 임시 정부 수립 : 공화정, 삼권 분립, 연통제와 교통국 조직, 독립 공채 발행

국외
- 🔷 서간도 : 신민회 주도, 신흥 무관 학교 설립
- 🔷 북간도 : 중광단 결성 → 북로 군정서로 발전
- 🔷 연해주 : 대한 광복군 정부 수립(이상설)

2 교시   1920년대 식민 통치와 저항

일제 식민 통치
- 🔷 이른바 문화 통치
- 🔷 헌병 경찰 제도 폐지 → 경찰 수 증가, 경찰력 강화
- 🔷 조선일보, 동아일보 창간 허용 → 검열, 기사 삭제, 정간 등으로 탄압
- 🔷 치안 유지법 제정 : 독립운동 탄압, 감시 강화
- 🔷 산미 증식 계획 실시

저항

국내
- 🔷 민립 대학 설립 운동, 물산 장려 운동(평양)
- 🔷 암태도 소작 쟁의, 원산 총파업
- 🔷 6·10 만세 운동(민족 유일당 운동의 계기), 광주 학생 항일 운동(신간회의 지원)
- 🔷 신간회 창립(사회주의+비타협적 민족주의)
- 🔷 소년 운동(천도교 소년회, 방정환, 어린이날)
- 🔷 여성 운동(근우회)
- 🔷 형평 운동 : 백정, 조선 형평사(진주)
- 🔷 영화 '아리랑' 제작·상영(나운규)

국외
- 🔷 의열단 활동 : 김원봉 조직(1919), 김익상, 김상옥, 나석주, '조선 혁명 선언'(신채호)
- 🔷 봉오동 전투(홍범도), 청산리 대첩(김좌진)
- 🔷 3부 결성(참의부, 정의부, 신민부) → 3부 통합(혁신 의회, 국민부)

3 교시   1930년대 이후 식민 통치와 저항

일제 식민 통치
- 🔷 민족 말살 통치
- 🔷 남면북양 정책
- 🔷 농촌 진흥 운동
- 🔷 국가 총동원법 제정 → 징용, 징병, 여성 노동력 동원, 일본군 '위안부', 공출, 식량 배급
- 🔷 창씨개명, 궁성 요배, 신사 참배, 황국 신민 서사 암송 강요
- 🔷 조선 사상범 보호 관찰령(1936), 조선 사상범 예방 구금령(1941)
- 🔷 언론 탄압 : 조선일보, 동아일보 폐간

저항

국내
- 🔷 브나로드 운동(동아일보)
- 🔷 조선어 학회 : "우리말 큰 사전" 편찬 시도
- 🔷 진단 학회(실증주의 사학)
- 🔷 사회 경제 사학 : 백남운, 정체성론 비판
- 🔷 조선 건국 동맹 결성(여운형)

국외
- 🔷 한인 애국단(이봉창, 윤봉길)
- 🔷 한·중 연합 작전 : 한국 독립군(지청천, 쌍성보 전투, 대전자령 전투), 조선 혁명군(양세봉, 영릉가 전투, 흥경성 전투)
- 🔷 조선 의용대(중국 관내 최초 한인 무장 조직)
- 🔷 한국 광복군 : 대한민국 임시 정부(충칭), 인도·미얀마 전선에 파견, 국내 진공 작전 계획
- 🔷 임시 정부의 대한민국 건국 강령 발표(삼균주의 반영)

자료 01 토지 조사 사업

일제는 한국의 국권을 강탈한 후 식민 지배의 경제적 기반을 마련하기 위해 토지 조사 사업을 실시하였어요.

〈토지 조사령〉

제4조 토지 소유자는 조선 총독이 정하는 기간 내에 주소, 씨명 또는 명칭 및 소유지의 소재, 지목, 자번호(字番號), 사표(四標), 등급, 지적, 결수를 임시 토지 조사 국장에게 신고해야 한다. 단, 국유지는 보관 관청이 임시 토지 조사 국장에게 통지해야 한다.

제6조 토지의 조사 및 측량을 할 때, 조사 측량 지역 내 2인 이상의 지주로 총대(전체를 대표하는 사람)를 선정하고 조사 및 측량에 관한 사무에 종사하게 할 수 있다.

– "조선 총독부 관보"(1912) –

자료 02 회사령

일제는 한국에서 민족 자본의 성장을 억압하려는 목적으로 회사를 설립할 때 조선 총독의 허가를 받도록 하는 회사령을 공포하였어요.

제1조 회사의 설립은 조선 총독의 허가를 받아야 한다.

제5조 회사가 본령 혹은 본령에 의거하여 발표되는 명령이나 허가의 조건에 위반하거나 또는 공공의 질서, 선량한 풍속에 반하는 행위를 하였을 때 조선 총독은 사업의 정지·금지, 지점의 폐쇄 또는 회사의 해산을 명할 수 있다.

자료 03 1910년대 국외 독립운동 기지

국내에서 의병 전쟁과 애국 계몽 운동을 벌였던 애국지사들은 국권 피탈 후 일제의 가혹한 무단 통치 아래 독립운동이 어려워지자 만주나 연해주 등지로 이주하여 독립운동 기지를 건설하였어요.

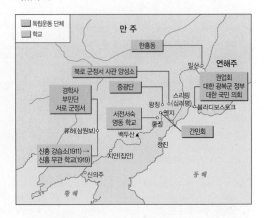

자료 04 치안 유지법

일제는 반정부, 반체제 운동을 단속하기 위해 치안 유지법을 제정하고, 이를 한국에도 그대로 적용하여 사회주의 운동과 독립운동가를 탄압하는 데 적극 이용하였어요.

제1조 국체를 변혁할 목적으로 결사를 조직하는 자 또는 결사의 임원, 그 외 지도자로서 임무에 종사하는 자는 사형, 무기 또는 5년 이상의 징역 또는 금고에 처한다. …… 사유 재산 제도를 부인하는 것을 목적으로 결사를 조직하거나 또는 사정을 알고 이에 가입한 자는 10년 이하의 징역 또는 금고에 처한다.

제7조 이 법은 누구를 막론하고 이 법의 시행 구역 외에서 죄를 범한 자에게도 적용한다.

자료 05 신간회 강령

조선 민흥회 발기와 정우회 선언을 계기로 자치론에 반대하는 비타협적 민족주의 세력과 사회주의 세력이 연대하여 신간회를 창립하였어요.

〈신간회 강령〉

1. 우리는 정치적·경제적 각성을 촉진한다.
2. 우리는 단결을 공고히 한다.
3. 우리는 기회주의를 일체 부인한다.

자료 06 의열단

김원봉을 중심으로 조직된 의열단은 신채호가 작성한 '조선 혁명 선언'을 활동 지침으로 삼았으며, 일제 요인 암살, 식민 통치 기관 파괴 등의 개인 무력 투쟁을 전개하였어요.

〈조선 혁명 선언〉

민중은 우리 혁명의 대본영(大本營)이다. 폭력은 우리 혁명의 유일한 무기이다. 우리는 민중 속으로 가서 민중과 손을 맞잡아 끊임없는 폭력– 암살·파괴·폭동 –으로써 강도 일본의 통치를 타도하고, 우리 생활에 불합리한 일체의 제도를 개조하여, 인류로써 인류를 압박하지 못하며, 사회로써 사회를 박탈하지 못하는 이상적 조선을 건설할지니라.

자료 07 1920년대 국외 항일 무장 투쟁

3·1 운동 이후 만주에서 많은 독립군 단체가 결성되어 활동하였어요. 홍범도의 대한 독립군을 비롯한 연합 부대는 봉오동 전투에서, 김좌진의 북로 군정서와 대한 독립군 등 독립군 부대는 청산리 일대의 전투에서 일본군을 크게 물리쳤어요.

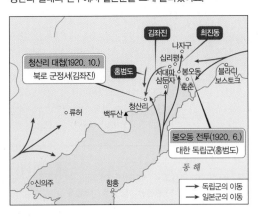

자료 08 국가 총동원법

중·일 전쟁을 일으킨 일제는 1938년에 국가 총동원법을 제정·공포하고 이를 근거로 한국에서 전쟁에 필요한 노동력, 병력, 물자 등을 본격적으로 수탈하였어요.

제1조 국가 총동원이란 전시에 국방 목적을 달성하기 위해 국가의 전력을 가장 유효하게 발휘하도록 인적 및 물적 자원을 운용하는 것이다.

제4조 정부는 전시에 국가 총동원상 필요할 때에는 칙령이 정하는 바에 따라 제국 신민을 징용하여 총동원 업무에 종사하게 할 수 있다.

제8조 정부는 전시에 국가 총동원상 필요할 때에는 칙령이 정하는 바에 따라 물자의 생산·수리·배급·양도 및 기타의 처분, 사용·소비·소지 및 이동에 관하여 필요한 명령을 내릴 수 있다.

자료 09 한·중 연합 작전

일제의 만주 침략으로 중국 내에서 항일 감정이 높아지자 만주의 독립군 부대와 항일 중국군은 연합 작전을 전개하였어요.

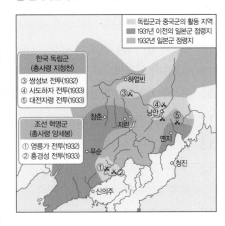

1910년대 식민 통치와 저항

강의 바로 보기

흐름을 잡는 판서

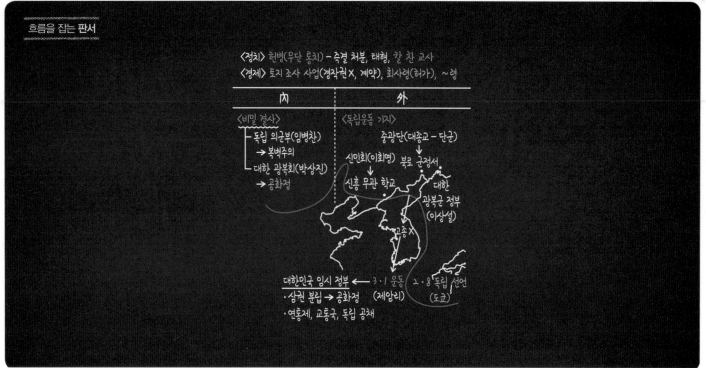

⟨정치⟩ 헌병(무단 통치) - 즉결 처분, 태형, 칼 찬 교사
⟨경제⟩ 토지 조사 사업(경작권X, 계약), 회사령(허가), ~령

内	外
⟨비밀 결사⟩	⟨독립운동 기지⟩

⟨비밀 결사⟩
┌ 독립 의군부(임병찬)
│ → 복벽주의
└ 대한 광복회(박상진)
   → 공화정

⟨독립운동 기지⟩
중광단(대종교 - 단군)
신민회(이회영) 북로 군정서
신흥 무관 학교   대한 광복군 정부 (이상설)
고종X
2·8 독립 선언 (도쿄)

대한민국 임시 정부 ← 3·1 운동 (제암리)
· 삼권 분립 → 공화정
· 연통제, 교통국, 독립 공채

★ 별 채우기

01 1910년대 일제는 ★★ 경찰 제도를 실시하였다.

02 1910년대 일제는 한국인에게만 적용하는 조선 ★★령을 제정·시행하였다.

03 1910년대 무단 통치 시기에 일제는 교사와 일반 관리에게도 제복을 입고 ★을 차게 하였다.

04 1910년대 일제는 식민 통치에 필요한 재정을 확보하고 토지를 수탈하기 위해 ★★ ★★ 사업을 실시하였다.

05 1910년대 일제는 회사 설립을 허가제로 하는 ★★령을 제정하였다.

06 임병찬은 고종의 밀지를 받아 독립 ★★부를 조직하였다.

07 박상진이 조직한 대한 ★★회는 공화정 수립을 목표로 하였다.

08 대종교도는 항일 무장 단체인 ★★단 결성을 주도하였다.

09 중광단은 3·1 운동 이후 ★★ ★★서로 재편되었다.

10 이회영 등이 중심이 되어 서간도 지역에 독립군 양성을 위한 ★★ 강습소를 설립하였다.

11 연해주 지역에서 이상설 등이 대한 ★★★ 정부를 수립하였다.

12 일본 도쿄의 한국인 유학생들이 ★·★ 독립 선언을 발표하였다.

13 3·1 운동은 대한민국 ★★ ★★가 수립되는 계기가 되었다.

14 대한민국 임시 정부는 비밀 행정 조직인 ★★제와 통신 기관인 ★★국을 운영하였다.

15 대한민국 임시 정부는 독립운동 자금을 마련하기 위해 독립 ★★를 발행하였다.

★ 별 더하기

+ 이회영, 이상룡 등은 서간도 삼원보 지역에 독립운동을 위한 자치 단체인 **경학사**를 조직하였다.

+ 일제의 **토지 조사 사업**으로 조선 총독부와 동양 척식 주식회사, 일본인 소유의 토지가 증가하였다.

+ 신흥 강습소는 신흥 무관 학교로 개편되었다.

+ 러시아의 연해주 지역으로 이주한 한인들이 **신한촌**을 건설하였다.

+ 3·1 운동은 윌슨의 민족 자결주의와 2·8 독립 선언의 영향을 받았다.

+ 대한민국 임시 정부는 임시 사료 편찬 위원회를 설치하여 "한·일 관계 사료집"을 발간하였다.

+ 대한민국 임시 정부가 침체에 빠지자 독립운동의 새로운 방향과 활로를 모색하기 위해 1923년에 **국민 대표 회의**가 개최되었다.

| **정답** | 01 헌병 02 태형 03 칼 04 토지 조사 05 회사 06 의군 07 광복 08 중광 09 북로 군정 10 신흥 11 광군 12 2, 8 13 임시 정부 14 연통, 교통 15 공채 |

정답과 해설 182쪽

대표 문항 ZOOM IN 🔍 　　　　기본 67회 34번

밑줄 그은 '이 시기'에 볼 수 있는 모습으로 적절한 것은? 　　[2점]

> 이 사진을 보면 경무부와 헌병대 간판이 나란히 걸려 있네요.

> 그렇습니다. 이 시기 일제는 군사 경찰인 헌병이 일반 경찰 업무까지 맡는 헌병 경찰 제도를 실시하였습니다.

① 제복을 입고 칼을 찬 교사

② 한성순보를 발간하는 관리

③ 단발령 시행에 반발하는 유생

④ 경인선 철도 개통식을 구경하는 청년

키워드 1 3·1 운동 이후 일제가 '문화 통치'를 내세우면서 헌병 경찰 제도는 보통 경찰 제도로 바뀌었어요.

꼼꼼 친절 해설

키워드 1의 헌병 경찰 제도를 실시하였다는 내용을 통해 밑줄 그은 '이 시기'가 1910년대임을 알 수 있어요. 일제는 대한 제국의 국권을 강탈하고 1910년대에 헌병 경찰 제도를 바탕으로 강압적인 무단 통치를 실시하였어요. 1910년대 일제의 식민지 지배 정책을 살펴볼까요?

1910년대 일제의 식민지 지배 정책	
무단 통치	• 헌병 경찰 제도 시행 : 헌병이 일반 경찰 업무 및 행정 업무까지 관여하고 담당함, 재판 없이 즉결 처분권을 행사함 • 조선 태형령 시행 : 한국인에게만 태형을 적용함 • 공포 분위기 조성 : 일반 관리와 교사도 제복을 입고 칼을 차게 함 • 기본권 제한 : 언론·출판·집회·결사의 자유를 억압함, 황성신문과 대한매일신보 등 한국인이 발행하는 신문을 폐간함
경제 수탈	• 회사령 제정(1910) : 회사를 설립할 때 조선 총독의 허가를 받도록 규정함 → 민족 자본의 성장이 억제됨, 한국 기업의 설립이 제한됨 • 토지 조사 사업(1910~1918) : 정해진 기간 안에 토지 소유자가 직접 신고한 토지만 소유권을 인정함(신고주의 원칙) → 국·공유지와 미신고 토지 등 소유자가 불분명한 토지는 조선 총독부가 차지함 → 동양 척식 주식회사, 일본의 토지 회사, 일본인 지주에게 싼값에 넘김

따라서 정답은 ①번이에요. 일제는 1910년대에 일반 관리와 교사도 제복을 입고 칼을 차게 하여 위압적인 분위기를 조성하였어요.

나머지 선택지도 확인해 볼까요? ② 한성순보는 1883년 박문국에서 순 한문으로 10일에 한 번씩 발행된 우리나라 최초의 근대 신문입니다. 한성순보는 1년 만에 발행이 중단되었어요. ③ 1895년 을미개혁 당시 강제로 남성의 상투를 자르도록 한 단발령이 시행되어 이에 대한 반발로 을미의병이 일어났어요. 을미의병은 고종이 단발령을 철회하고 해산을 권고하자 자진 해산하였어요. ④ 1899년에 노량진에서 제물포를 잇는 경인선이 개통되었어요.

1 　기본 60회 37번

(가)에 해당하는 단체로 옳은 것은? 　　[2점]

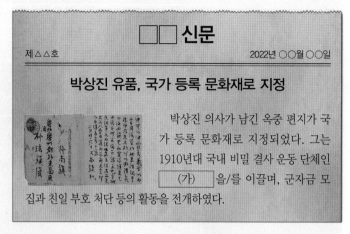

□□**신문**

제△△호　　　　　　　　　　　2022년 ○○월 ○○일

박상진 유품, 국가 등록 문화재로 지정

박상진 의사가 남긴 옥중 편지가 국가 등록 문화재로 지정되었다. 그는 1910년대 국내 비밀 결사 운동 단체인 　(가)　을/를 이끌며, 군자금 모집과 친일 부호 처단 등의 활동을 전개하였다.

① 권업회 　　　　　　　② 보안회

③ 참의부 　　　　　　　④ 대한 광복회

2 　기본 66회 42번

(가)의 활동으로 옳은 것은? 　　[2점]

> 이것은 네 엄마를 키우면서 쓴 일기야. 네 할아버지랑 나는 3·1 운동을 계기로 상하이에 수립된 　(가)　이/가 창사로 옮겼을 때 합류해서 독립운동을 했어. 김구, 이시영 선생님이 네 엄마를 참 예뻐하셨지.

> 와, 그 힘든 독립운동을 하시면서도 육아 일기를 쓰셨네요!

① 독립 공채를 발행하였다.

② 만민 공동회를 개최하였다.

③ 신흥 강습소를 설립하였다.

④ 잡지 어린이를 발간하였다.

1920년대 식민 통치와 저항

강의 바로 보기

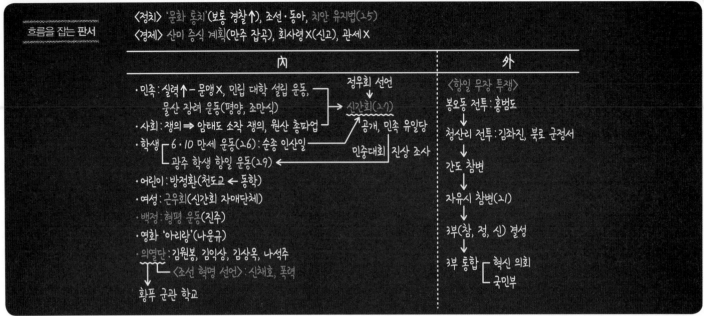

흐름을 잡는 판서

〈정치〉 '문화 통치'(보통 경찰↑), 조선·동아, 치안 유지법(25)
〈경제〉 산미 증식 계획(만주 잡곡), 회사령X(신고), 관세X

內

- 민족 : 실력↑ - 문맹X, 민립 대학 설립 운동, 물산 장려 운동(평양, 조만식)
- 사회 : 쟁의 ➡ 암태도 소작 쟁의, 원산 총파업
- 학생 ┌ 6·10 만세 운동(26) : 순종 인산일
        └ 광주 학생 항일 운동(29)
- 어린이 : 방정환(천도교 ← 동학)
- 여성 : 근우회(신간회 자매단체)
- 백정 : 형평 운동(진주)
- 영화 '아리랑'(나운규)
- 의열단 : 김원봉, 김익상, 김상옥, 나석주
        ┌ 〈조선 혁명 선언〉 : 신채호, 폭력
        └ 황푸 군관 학교

정우회 선언 → 신간회(27)
┌ 공개, 민족 유일당
└ 민중대회 진상 조사

外

〈항일 무장 투쟁〉
봉오동 전투 : 홍범도
↓
청산리 전투 : 김좌진, 북로 군정서
↓
간도 참변
↓
자유시 참변(21)
↓
3부(참, 정, 신) 결성
↓
3부 통합 ┌ 혁신 의회
         └ 국민부

★ 별 채우기

01 일제는 3·1 운동을 계기로 통치 방식을 '★★ 통치'로 바꾸었다.

02 일제는 '문화 통치'를 표방하면서 ★★ 경찰 제도를 실시하였다.

03 1925년에 일제는 ★★ 유지법을 제정하여 사회주의 세력과 독립 운동가를 탄압하는 데 이용하였다.

04 1920년대 일제는 일본 내 쌀 부족 문제를 해결하기 위해 한국에서 ★★ ★★ 계획을 추진하였다.

05 ★★ ★★ 설립 운동은 우리 민족의 힘으로 고등 교육 기관을 세우자는 실력 양성 운동이었다.

06 조만식 등의 주도로 평양에서 토산품 애용 운동인 ★★ ★★ 운동이 시작되어 전국으로 확산되었다.

07 순종의 인산일에 학생들을 중심으로 ★·★ 만세 운동이 일어났다.

08 정우회 선언을 계기로 비타협적 민족주의 세력과 사회주의 세력이 연대하여 ★★회를 결성하였다.

09 한국인 학생과 일본인 학생 간의 충돌이 발단이 되어 ★★ ★★ ★★ 운동이 전개되었다.

10 방★★은 어린이날을 제정하고 잡지 "어린이"를 발간하였다.

11 신간회 결성을 계기로 조직된 ★★회는 여성 계몽에 노력하여 강연회를 개최하고 기관지를 발간하였다.

12 백정들은 진주에서 조선 ★★사를 조직하여 백정에 대한 차별 철폐를 주장하는 ★★ 운동을 전개하였다.

13 김원봉은 만주에서 ★★단을 조직하여 무력 투쟁을 전개하였다.

14 의열단은 신채호의 '조선 ★★ 선언'을 활동 지침으로 삼았다.

15 홍★★가 이끄는 대한 독립군을 비롯한 독립군 연합 부대가 봉오동 전투에서 일본군에 크게 승리하였다.

16 김좌진의 북로 군정서와 홍범도의 대한 독립군 등 독립군 연합 부대가 ★★리 일대에서 일본군에 큰 승리를 거두었다.

17 ★★ 참변을 겪은 후 만주 지역의 독립군은 조직을 재정비하고 러시아령 자유시로 이동하였다.

18 러시아 적군에 의한 ★★★ 참변(1921)으로 큰 타격을 입은 독립군은 옛 독립운동의 근거지인 만주로 돌아왔다.

★ 별 더하기

+ 물산 장려 운동은 '조선 사람 조선 것' 등의 구호를 내세웠다.

+ 이상재, 이승훈 등은 민립 대학 설립을 위한 모금 운동을 벌였다.

+ 1929년에 라이징 선 석유 회사에서 일본인 감독이 한국인 노동자를 구타한 사건이 원인이 되어 원산 총파업이 일어났다.

+ 6·10 만세 운동은 민족 유일당 운동의 계기가 되었다.

+ 신간회는 광주 학생 항일 운동이 일어나자 진상 조사단을 파견하였다.

+ 의열단원 김익상은 조선 총독부에 폭탄을 던졌다.

+ 의열단원 나석주는 조선 식산 은행과 동양 척식 주식회사에 폭탄을 던졌다.

+ 신채호는 "조선사연구초"를 저술하였다.

+ 박은식은 "한국독립운동지혈사"를 저술하였다.

| 정답 | **01** 문화 **02** 보통 **03** 치안 **04** 산미 증식 **05** 민립 대학 **06** 물산 장려 **07** 6, 10 **08** 신간 **09** 광주 학생 항일 **10** 정환 **11** 근우 **12** 형평, 형평 **13** 의열 **14** 혁명 **15** 범도 **16** 청산 **17** 간도 **18** 자유시

대표 문항 ZOOM IN 🔍   기본 60회 40번

밑줄 그은 '이 운동'에 대한 설명으로 옳은 것은?   [2점]

1929년, 나주와 광주를 열차로 통학하는 한·일 학생 간에 충돌이 발생하였습니다.
1/3

일제 경찰의 민족 차별에 대항하여 광주의 학생들은 시위를 벌였고, 점차 전국으로 확산되었습니다.
2/3

이 운동을 기억하기 위해 시위가 시작된 11월 3일을 학생 독립운동 기념일로 지정하였습니다.
11.3.
3/3

① 순종의 인산일에 일어났다.

② 통감부의 탄압으로 실패하였다.

③ 국민 대표 회의 개최의 배경이 되었다.

④ 신간회에서 진상 조사단을 파견하였다.

◆ **키워드 1** 1929년에 광주에서 나주로 가는 통학 열차에서 일본인 학생이 한국인 여학생을 희롱한 사건을 계기로 한·일 학생 간에 충돌이 일어났어요.

◆ **키워드 2** 광주 학생 항일 운동은 전국으로 확산되었고, 3·1 운동 이후 최대 규모의 항일 민족 운동으로 발전하였어요.

꼼꼼 친절 해설

키워드 1의 나주와 광주를 열차로 통학하는 한·일 학생 간에 충돌이 발생하였다는 내용과 **키워드 2**의 광주의 학생들이 시위를 벌였고, 점차 전국으로 확산되었다는 내용을 통해 밑줄 그은 '이 운동'이 광주 학생 항일 운동임을 알 수 있어요. 광주에서 나주로 가는 통학 열차에서 한·일 학생 간에 충돌한 사건을 수습하는 과정에서 일제 경찰이 편파적인 태도로 한국 학생을 차별하자 광주의 학생들이 시위를 벌였어요 (1929). 1920년대 국내에서 전개된 사회 운동을 살펴볼까요?

신간회 활동과 1920년대 사회 운동

신간회 활동	• 창립(1927) : 비타협적 민족주의 세력과 사회주의 세력이 연합해 결성 • 강령 : 정치·경제적 각성 촉구, 민족의 공고한 단결 촉구, 기회주의 배격 • 활동 : 강연회와 연설회를 개최하여 민족의식을 고취함, 광주 학생 항일 운동을 지원함(진상 조사단을 파견함, 민중 대회 개최를 계획함) • 해소 : 일제의 탄압과 내부에서의 노선 갈등으로 해산함(1931) • 의의 : 민족주의 계열과 사회주의 계열의 민족 협동 전선, 일제 강점기 최대 규모의 민족 운동 단체로 성장함
학생 운동	• 6·10 만세 운동(1926) : 순종의 인산일에 전개됨, 민족주의 계열과 사회주의 계열 간 연대의 공감대가 형성되는 계기가 됨 • 광주 학생 항일 운동(1929) : 한·일 학생 간 충돌을 계기로 광주 지역 학생들이 민족 차별 철폐와 식민 교육 반대를 외치며 시위를 전개함 → 신간회의 지원으로 전국적 규모의 항일 운동으로 확산됨
소년 운동	천도교 소년회를 조직한 방정환이 주도함 → '어린이' 용어 사용, 어린이날 제정, 잡지 "어린이" 발간
여성 운동	민족주의 계열과 사회주의 계열의 여성 단체들이 신간회 창립을 계기로 근우회를 결성함(1927) → 여성의 권리 신장과 의식 계몽에 앞장섬, 기관지 "근우" 발간
형평 운동	백정들이 진주에서 조선 형평사를 결성함(1923) → 백정에 대한 차별 철폐를 주장함

따라서 정답은 ④번이에요. 광주 학생 항일 운동이 일어나자 신간회는 진상 조사단을 파견하여 지원하였어요.

나머지 선택지도 확인해 볼까요? ① 6·10 만세 운동은 순종의 인산일에 일어났어요. ② 통감부의 탄압으로 실패한 민족 운동으로 국채 보상 운동을 들 수 있어요. ③ 국민 대표 회의는 1923년에 독립운동의 새로운 방향을 논의하기 위해 중국 상하이에서 열렸어요.

1   기본 61회 39번

밑줄 그은 '이 정책'으로 옳은 것은?   [2점]

그렇다네. 일제가 1920년부터 실시한 이 정책으로 쌀 생산량이 늘었지만 이보다 더 많은 양의 쌀을 일본으로 가져가 우리의 식량 사정이 더욱 나빠졌다네.

이 많은 쌀을 전부 일본으로 가져간다는 말인가?

① 방곡령   ② 신해통공

③ 산미 증식 계획   ④ 토지 조사 사업

2   기본 64회 35번

(가)에 들어갈 전투로 옳은 것은?   [1점]

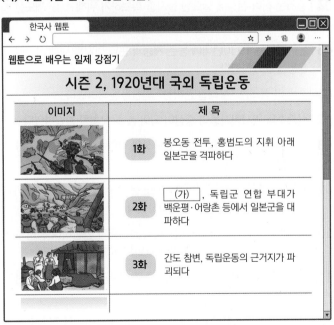

한국사 웹툰

웹툰으로 배우는 일제 강점기

시즌 2, 1920년대 국외 독립운동

이미지	제목
1화	봉오동 전투, 홍범도의 지휘 아래 일본군을 격파하다
2화	(가) , 독립군 연합 부대가 백운평·어랑촌 등에서 일본군을 대파하다
3화	간도 참변, 독립운동의 근거지가 파괴되다

① 영릉가 전투   ② 청산리 전투

③ 흥경성 전투   ④ 대전자령 전투

1930년대 이후 식민 통치와 저항

강의 바로 보기

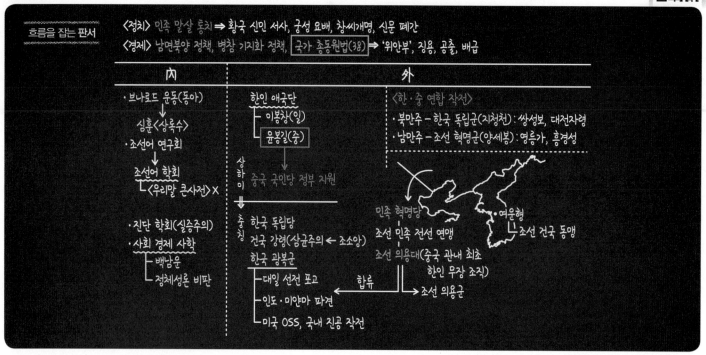

흐름을 잡는 판서

〈정치〉 민족 말살 통치 ⇒ 황국 신민 서사, 궁성 요배, 창씨개명, 신문 폐간
〈경제〉 남면북양 정책, 병참 기지화 정책, 국가 총동원법(38) ➡ '위안부', 징용, 공출, 배급

內		外

• 브나로드 운동(동아)

심훈〈상록수〉

• 조선어 연구회

조선어 학회
└〈우리말 큰사전〉×

• 진단 학회(실증주의)
• 사회 경제 사학
 ├ 백남운
 └ 정체성론 비판

한인 애국단
 ├ 이봉창(일)
 └ 윤봉길(중)

상하이 중국 국민당 정부 지원

충칭 한국 독립당
건국 강령(삼균주의 ← 조소앙)
한국 광복군
 ├ 대일 선전 포고
 ├ 인도·미얀마 파견
 └ 미국 OSS, 국내 진공 작전

합류 ← 조선 의용군

〈한·중 연합 작전〉
• 북만주 – 한국 독립군(지청천) : 쌍성보, 대전자령
• 남만주 – 조선 혁명군(양세봉) : 영릉가, 흥경성

민족 혁명당
조선 민족 전선 연맹
조선 의용대(중국 관내 최초 한인 무장 조직)

• 여운형 └ 조선 건국 동맹

⭐ 별 채우기

01 일제는 1930년대 후반 침략 전쟁을 확대하면서 한국인을 전쟁에 쉽게 동원하기 위해 민족 ⭐⭐ 통치를 강화하였다.

02 일제는 1930년대 후반부터 ⭐⭐ ⭐⭐ 서사 암송, ⭐⭐개명, 신사 참배 등을 강요하였다.

03 일제는 1938년에 국가 ⭐⭐⭐법을 제정하여 인적·물적 자원을 본격적으로 수탈하였다.

04 일제는 침략 전쟁에 필요한 물자를 확보하기 위해 ⭐⭐ 제도를 실시하여 금속과 쌀 등을 강제로 가져갔다.

05 동아일보는 1930년대에 농촌 계몽과 문맹 퇴치를 위해 브⭐⭐⭐ 운동을 전개하였다.

06 ⭐⭐어 학회는 "우리말 큰사전" 편찬을 준비하였다.

07 실증주의 역사학자들이 중심이 되어 ⭐⭐ 학회를 창립하였다.

08 백⭐⭐은 사회 경제 사학을 연구하여 식민 사학의 정체성론을 비판하였다.

09 1930년대 들어 만주 지역의 독립군은 ⭐·⭐ 연합 작전을 전개하여 여러 전투에서 일본군을 격퇴하였다.

10 지청천이 이끈 한국 ⭐⭐군은 중국 호로군과 연합하여 쌍성보 전투, 대전자령 전투에서 일본군을 격퇴하였다.

11 양세봉이 지휘한 조선 ⭐⭐군은 중국 의용군과 함께 영릉가 전투, 흥경성 전투에서 일본군에 맞서 싸웠다.

12 김구는 침체된 대한민국 임시 정부의 활동에 활기를 불어넣기 위해 한인 ⭐⭐단을 조직하였다.

13 한인 애국단원 이⭐⭐은 도쿄에서 일왕의 마차에 폭탄을 던졌다.

14 한인 애국단원 윤⭐⭐은 상하이 훙커우 공원에서 폭탄 투척 의거를 벌여 일본군 장성과 고관들을 처단하였다.

15 조선 ⭐⭐대는 중국 관내에서 조직된 최초의 한인 무장 부대였다.

16 대한민국 임시 정부는 조소앙의 ⭐⭐주의를 바탕으로 한 건국 강령을 발표하였다.

17 충칭에 정착한 대한민국 임시 정부는 정규군인 한국 ⭐⭐군을 창설하였다.

⭐ 별 더하기

➕ 1930년대에 일제는 농촌 사회 안정을 명분으로 **농촌 진흥 운동**을 전개하였다.

➕ 일제는 **국민 징용령, 여자 정신 근로령**을 실시하여 한국인 노동력을 강제로 동원하였다.

➕ 일제는 **학도 지원병제, 징병제** 등을 시행하여 한국 청년을 전쟁터로 끌고 갔다.

➕ **조선어 학회**는 한글 맞춤법 통일안을 마련하였다.

➕ 백남운은 "**조선사회경제사**"를 저술하였다.

➕ **김원봉, 지청천** 등 중국 관내에서 활동한 독립운동가들이 연합하여 **민족 혁명당**을 결성하였다.

➕ **한국 광복군**은 미국 전략 정보국(OSS)과 함께 **국내 진공 작전**을 계획하였다.

> **|정답|** **01** 말살 **02** 황국 신민, 창씨 **03** 총동원 **04** 공출 **05** 나로드 **06** 조선 **07** 진단 **08** 남운 **09** 한, 중 **10** 독립 **11** 혁명 **12** 애국 **13** 봉창 **14** 봉길 **15** 의용 **16** 삼균 **17** 광복

실력을 키우는 기출문제

대표 문항 ZOOM IN

기본 64회 39번

밑줄 그은 '이 시기'에 볼 수 있는 모습으로 적절하지 않은 것은? [3점]

이것은 일제 강점기 학적부의 일부입니다. 중·일 전쟁 이후 침략 전쟁을 확대하던 이 시기에 일제는 학생들에게도 일본식으로 성명을 바꾸게 하는 창씨개명을 강요하였습니다.

① 공출을 독려하는 애국반 반장
② 황국 신민 서사를 암송하는 학생
③ 국민 징용령에 의해 끌려가는 청년
④ 회사령을 공포하는 조선 총독부 관리

키워드 2 일제는 1930년대 이후 민족 말살 정책을 강화하고 창씨개명을 강요하였는데, 이를 거부할 경우 자녀를 학교에 보낼 수 없었고 식량 배급도 받지 못하였어요.

키워드 1 일제는 1937년 중·일 전쟁을 일으키고 침략 전쟁을 확대하면서 한국인을 전쟁에 쉽게 동원하기 위해 민족 말살 정책을 본격적으로 추진하였어요.

꼼꼼 친절해설

키워드 1의 중·일 전쟁 이후 침략 전쟁을 확대하던 시기라는 내용과 **키워드 2**의 일본식으로 성명을 바꾸게 하는 창씨개명을 강요하였다는 내용을 통해 밑줄 그은 '이 시기'가 1930년대 후반 이후임을 알 수 있어요. 1930년대 이후 일제의 식민지 지배 정책을 정리해 볼까요?

1930년대 이후 일제의 식민지 지배 정책

민족 말살 통치	· 목적 : 민족의식을 말살시켜 한국인을 침략 전쟁에 쉽게 동원하기 위함 · 내선일체를 강조하고 일선동조론을 주장함 · 황국 신민화 정책 : 궁성 요배, 신사 참배, 황국 신민 서사 암송, 창씨개명 등을 강요함 · 교육 통제 : 소학교의 명칭을 '황국 신민의 학교'라는 의미의 국민학교로 변경함, 우리말과 글의 사용을 금지함
경제 수탈	· 남면북양 정책 : 남부 지방에 면화, 북부 지방에 양 사육을 강요함 · 병참 기지화 정책을 추진함(북부 지방에 중화학 공업 집중) · 물자 수탈 : 금속 공출, 미곡 공출, 식량 배급제 등을 실시하여 전쟁에 필요한 각종 자원과 식량을 빼앗아 감 · 인력 수탈 : 지원병제(1938), 학도 지원병제(1943), 징병제(1944), 국민 징용령(1939), 여자 정신 근로령(1944) 등을 시행함

따라서 정답은 ④번이에요. 일제는 1910년에 회사를 설립할 때 조선 총독의 허가를 받도록 하는 회사령을 공포하였어요. 회사령은 1920년에 회사 설립이 신고제로 바뀌면서 폐지되었어요.

나머지 선택지도 확인해 볼까요? ① 1930년대 후반 이후 일제는 침략 전쟁을 확대하면서 공출제를 실시하여 전쟁 수행에 필요한 식량과 물자를 강제로 빼앗아 갔어요. 또 애국반을 조직하여 한국인의 생활을 통제하였어요. ② 1930년대 후반 이후 일제는 일왕에게 충성을 맹세하는 황국 신민 서사의 암송을 강요하였어요. ③ 1939년에 일제는 국민 징용령을 제정하고 전쟁 수행에 필요한 노동력을 강제로 동원하였어요.

1

기본 57회 45번

(가)에 들어갈 단체로 옳은 것은? [1점]

특별 기획전

한글, 민족을 지키다

이윤재, 최현배 등을 중심으로 우리말과 글을 지키기 위하여 노력한 ____(가)____ 의 자료를 특별 전시합니다. 일제의 탄압 속에서도 지켜 낸 한글의 소중함을 느끼고 한글 수호에 앞장선 사람들을 기억하는 자리가 되기를 바랍니다.

◆ 기간 : 2022년 ○○월 ○○일~○○월 ○○일
◆ 장소 : △△ 박물관 특별 전시실
◆ 주요 전시 자료

조선말 큰사전 원고　　　　한글 맞춤법 통일안

① 토월회
② 독립 협회
③ 대한 자강회
④ 조선어 학회

2

기본 66회 43번

(가)에 들어갈 군사 조직으로 옳은 것은? [2점]

나는 김원봉입니다. 의열단의 단장으로 활동하고, 중국 관내 최초의 한인 무장 부대인 ____(가)____ 을/를 만들었습니다.

나는 박차정입니다. 근우회의 중앙 집행 위원으로 활동하고, ____(가)____ 의 부녀 복무 단장으로 무장 투쟁에도 참여하였습니다.

홀로그램으로 만나는 독립운동가 부부

① 대한 독립군
② 북로 군정서
③ 조선 의용대
④ 조선 혁명군

7일

현대

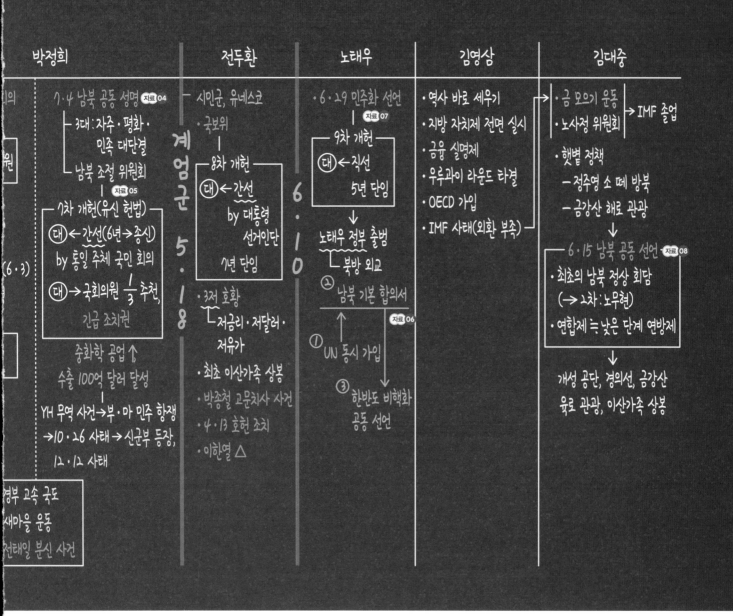

박정희		전두환	노태우	김영삼	김대중

박정희

7·4 남북 공동 성명 자료04
- 3대: 자주·평화·민족 대단결
- 남북 조절 위원회 자료05
- 7차 개헌(유신 헌법)
  - 대←간선(6년→종신) by 통일 주체 국민 회의
  - 대→국회의원 1/3 추천, 긴급 조치권

중화학 공업↑
수출 100억 달러 달성
YH 무역 사건→부·마 민주 항쟁
→10·26 사태→신군부 등장,
12·12 사태

원
(6·3)

경부 고속 국도
새마을 운동
전태일 분신 사건

계엄군 5·18

시민군, 유네스코
국보위
8차 개헌
- 대→간선 by 대통령 선거인단
- 7년 단임

3저 호황
- 저금리·저달러·저유가
- 최초 이산가족 상봉
- 박종철 고문치사 사건
- 4·13 호헌 조치
- 이한열 △

6·10

노태우

·6·29 민주화 선언 자료07
9차 개헌
- 대←직선
- 5년 단임
↓
노태우 정부 출범
- 북방 외교
② 남북 기본 합의서 자료06
① UN 동시 가입
③ 한반도 비핵화 공동 선언

김영삼

·역사 바로 세우기
·지방 자치제 전면 실시
·금융 실명제
·우루과이 라운드 타결
·OECD 가입
·IMF 사태(외환 부족)

김대중

·금 모으기 운동
·노사정 위원회 } →IMF 졸업
·햇볕 정책
  - 정주영 소 떼 방북
  - 금강산 해로 관광
↓
6·15 남북 공동 선언 자료08
·최초의 남북 정상 회담
  (→ 2차: 노무현)
·연합제 ≒ 낮은 단계 연방제
↓
개성 공단, 경의선, 금강산
육로 관광, 이산가족 상봉

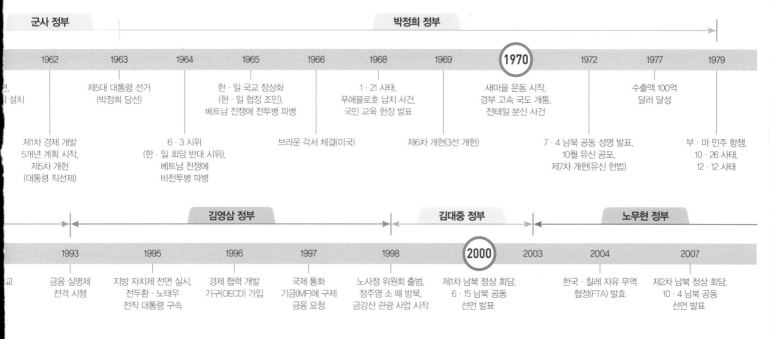

군사 정부								박정희 정부		
1962	1963	1964	1965	1966	1968	1969	**1970**	1972	1977	1979

설치

제5대 대통령 선거
(박정희 당선)

한·일 국교 정상화
(한·일 협정 조인),
베트남 전쟁에 전투병 파병

1·21 사태,
푸에블로호 납치 사건,
국민 교육 헌장 발표

새마을 운동 시작,
경부 고속 국도 개통,
전태일 분신 사건

수출액 100억
달러 달성

제1차 경제 개발
5개년 계획 시작,
제5차 개헌
(대통령 직선제)

6·3 시위
(한·일 회담 반대 시위),
베트남 전쟁에
비전투병 파병

브라운 각서 체결(미국)

제6차 개헌(3선 개헌)

7·4 남북 공동 성명 발표,
10월 유신 공포,
제7차 개헌(유신 헌법)

부·마 민주 항쟁,
10·26 사태,
12·12 사태

	김영삼 정부				김대중 정부		노무현 정부	

1993	1995	1996	1997	1998	**2000**	2003	2004	2007

교

금융 실명제
전격 시행

지방 자치제 전면 실시,
전두환·노태우
전직 대통령 구속

경제 협력 개발
기구(OECD) 가입

국제 통화
기금(IMF)에 구제
금융 요청

노사정 위원회 출범,
정주영 소 떼 방북,
금강산 관광 사업 시작

제1차 남북 정상 회담,
6·15 남북 공동
선언 발표

한국·칠레 자유 무역
협정(FTA) 발효

제2차 남북 정상 회담,
10·4 남북 공동
선언 발표

현대*

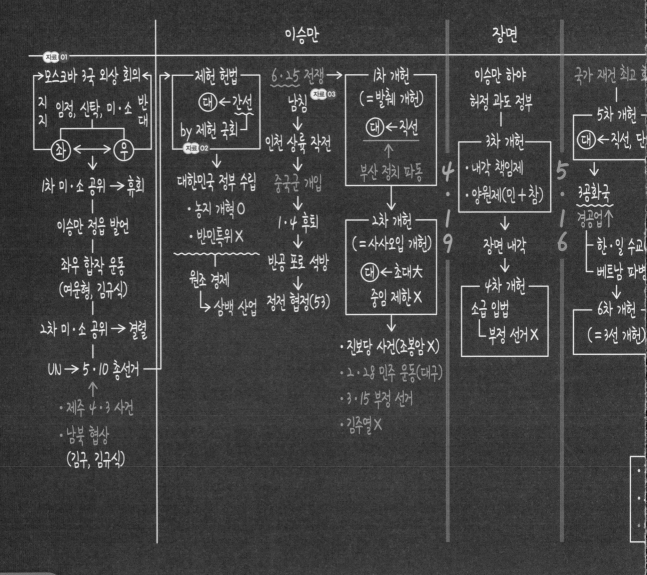

이승만

장면

자료 01

→ 모스크바 3국 외상 회의 ←

지 지 임정, 신탁, 미·소 반대

좌 ↔ 우

↓

1차 미·소 공위 → 휴회

이승만 정읍 발언

좌우 합작 운동
(여운형, 김규식)

2차 미·소 공위 → 결렬

UN → 5·10 총선거
↑
· 제주 4·3 사건
· 남북 협상
(김구, 김규식)

제헌 헌법

대 ← 간선
by 제헌 국회
자료 02

↓

대한민국 정부 수립

· 농지 개혁 O

· 반민특위 X

원조 경제
↳ 삼백 산업

6·25 전쟁 →

남침
자료 03
↓
인천 상륙 작전
↓
중국군 개입
↓
1·4 후퇴
↓
반공 포로 석방

정전 협정(53)

1차 개헌
(= 발췌 개헌)

대 ← 직선
↑
부산 정치 파동

2차 개헌
(= 사사오입 개헌)

대 ← 초대大
중임 제한 X

· 진보당 사건(조봉암 X)

· 2·28 민주 운동(대구)

· 3·15 부정 선거

· 김주열 X

이승만 하야

허정 과도 정부
|
3차 개헌

· 내각 책임제

· 양원제(민 + 참)

↓

장면 내각

↓

4차 개헌

소급 입법
↳ 부정 선거 X

국가 재건 최고 회

5차 개헌

대 ← 직선, 단

↓

3공화국
경공업 ↑
├ 한·일 수교
└ 베트남 파병
↓
6차 개헌
(= 3선 개헌)

4
·
1
9

5
·
1
6

흐름잡기 >>>

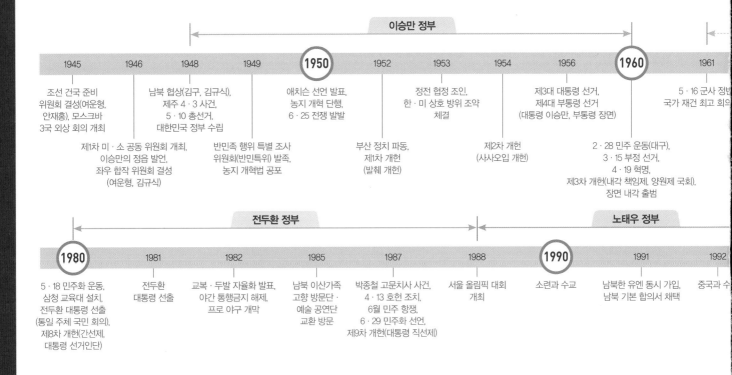

이승만 정부

1945	1946	1948	1949	**1950**	1952	1953	1954	1956	**1960**	1961

조선 건국 준비 위원회 결성(여운형, 안재홍), 모스크바 3국 외상 회의 개최 (1945)

남북 협상(김구, 김규식), 제주 4·3 사건, 5·10 총선거, 대한민국 정부 수립 (1948)

애치슨 선언 발표, 농지 개혁 단행, 6·25 전쟁 발발 (1950)

정전 협정 조인, 한·미 상호 방위 조약 체결 (1953)

제3대 대통령 선거, 제4대 부통령 선거 (대통령 이승만, 부통령 장면) (1956)

5·16 군사 정변 국가 재건 최고 회의 (1961)

제1차 미·소 공동 위원회 개최, 이승만의 정읍 발언, 좌우 합작 위원회 결성 (여운형, 김규식) (1946)

반민족 행위 특별 조사 위원회(반민특위) 발족, 농지 개혁법 공포 (1949)

부산 정치 파동, 제1차 개헌 (발췌 개헌) (1952)

제2차 개헌 (사사오입 개헌) (1954)

2·28 민주 운동(대구), 3·15 부정 선거, 4·19 혁명, 제3차 개헌(내각 책임제, 양원제 국회), 장면 내각 출범 (1960)

전두환 정부

노태우 정부

1980	1981	1982	1985	1987	1988	**1990**	1991	1992

5·18 민주화 운동, 삼청 교육대 설치, 전두환 대통령 선출 (통일 주체 국민 회의), 제8차 개헌(간선제, 대통령 선거인단) (1980)

전두환 대통령 선출 (1981)

교복·두발 자율화 발표, 야간 통행금지 해제, 프로 야구 개막 (1982)

남북 이산가족 고향 방문단·예술 공연단 교환 방문 (1985)

박종철 고문치사 사건, 4·13 호헌 조치, 6월 민주 항쟁, 6·29 민주화 선언, 제9차 개헌(대통령 직선제) (1987)

서울 올림픽 대회 개최 (1988)

소련과 수교 (1990)

남북한 유엔 동시 가입, 남북 기본 합의서 채택 (1991)

중국과 수 (1992)

❶ 교시 이승만 정부

| 광복 직후 상황 | → | 대한민국 정부 수립 | → | 6·25 전쟁 | → | 이승만 정부의 장기 집권 |

광복 직후 상황
- 🔷 모스크바 3국 외상 회의 (신탁 통치)
- 🔷 이승만의 정읍 발언
- 🔷 좌우 합작 운동(여운형, 김규식 주도) → 좌우 합작 7원칙 발표
- 🔷 남북 협상(김구, 김규식 주도)
- 🔷 제주 4·3 사건

대한민국 정부 수립
- 🔷 5·10 총선거 → 제헌 국회 구성 → 제헌 헌법 제정
- 🔷 대한민국 정부 수립(대통령 이승만, 부통령 이시영)
- 🔷 반민족 행위 처벌법 제정 → 반민특위 구성
- 🔷 농지 개혁(유상 매수, 유상 분배 방식)

6·25 전쟁
- 🔷 인천 상륙 작전
- 🔷 중국군 개입(→ 1·4 후퇴)
- 🔷 정전 협정 체결(1953)

이승만 정부의 장기 집권
- 🔷 제1차 개헌(발췌 개헌, 1952)
- 🔷 제2차 개헌(사사오입 개헌, 1954)
- 🔷 진보당 사건(1958) → 조봉암 처형
- 🔷 4·19 혁명 : 3·15 부정 선거 반대 시위 → 김주열 시신 발견으로 시위 확산 → 이승만 하야, 허정 과도 정부 수립 → 제3차 개헌(내각 책임제, 1960) / 관련 기록물의 유네스코 세계 기록 유산 등재

❷ 교시 박정희 정부

| 박정희 정부 | — | 유신 체제 | — | 경제 발전 | — | 통일 정책 |

박정희 정부
- 🔷 5·16 군사 정변(1961) → 국가 재건 최고 회의 설치
- 🔷 제5차 개헌(대통령 직선제)
- 🔷 한·일 국교 정상화 추진 → 6·3 시위(1964), 한·일 협정 체결(1965)
- 🔷 베트남 파병
- 🔷 제6차 개헌(3선 개헌)

유신 체제
- 🔷 제7차 개헌(유신 헌법, 1972) → 통일 주체 국민 회의에서 간선제로 대통령 선출, 대통령의 긴급 조치권 및 국회 의원 1/3 추천권
- 🔷 YH 무역 사건
- 🔷 부·마 민주 항쟁(1979)

경제 발전
- 🔷 제1, 2차 경제 개발 5개년 계획 추진(경공업 중심)
- 🔷 제3, 4차 경제 개발 5개년 계획 추진(중화학 공업 중심)
- 🔷 수출액 100억 달러 달성

- 🔷 새마을 운동 전개
- 🔷 경부 고속 국도 개통
- 🔷 전태일 분신 사건

통일 정책
- 🔷 7·4 남북 공동 성명(자주, 평화, 민족 대단결)
- 🔷 남북 조절 위원회 설치

❸ 교시 전두환 정부 ~ 김대중 정부

| 전두환 정부 | → | 노태우 정부 | → | 김영삼 정부 | → | 김대중 정부 |

전두환 정부
- 🔷 5·18 민주화 운동 : 신군부의 무력 진압에 맞서 광주 시민이 시민군 조직, 관련 기록물의 유네스코 세계 기록 유산 등재
- 🔷 제8차 개헌(7년 단임, 간선제, 대통령 선거인단)
- 🔷 6월 민주 항쟁 : 박종철 고문치사, 4·13 호헌 조치, 6·29 민주화 선언 → 제9차 개헌(5년 단임, 대통령 직선제)
- 🔷 최초의 이산가족 상봉

노태우 정부
- 🔷 북방 외교(사회주의 국가와 적극 교류)
- 🔷 남북한 유엔 동시 가입
- 🔷 남북 기본 합의서 채택
- 🔷 한반도 비핵화 공동 선언 발표

김영삼 정부
- 🔷 역사 바로 세우기
- 🔷 금융 실명제 전격 실시
- 🔷 지방 자치제 전면 실시
- 🔷 우루과이 라운드 타결
- 🔷 OECD 가입
- 🔷 외환 위기 → IMF 긴급 구제 금융 요청

김대중 정부
- 🔷 IMF 위기 극복
- 🔷 '햇볕 정책'(정주영 소떼 방북, 금강산 해로 관광)
- 🔷 최초의 남북 정상 회담 개최 → 6·15 남북 공동 선언 발표(2000)
- 🔷 개성 공단 조성과 경의선 연결 합의
- 🔷 이산가족 방문
- 🔷 금강산 육로 관광 추진

자료 01 모스크바 3국 외상 회의

1945년 12월, 미국, 영국, 소련의 외무장관이 모스크바에 모여 한반도에 민주적인 임시 정부 수립, 미·소 공동 위원회 설치, 미·영·소·중에 의한 최대 5년간의 신탁 통치 실시 등을 결정하였어요.

〈모스크바 3국 외상 회의의 주요 내용〉
1. 조선의 독립을 인정하며 민주주의 원칙에 따라 임시 조선 민주주의 정부를 수립한다.
2. 조선의 임시 정부 구성을 원조하기 위한 적절한 방안으로 미·소 공동 위원회를 설치한다.
3. 조선 인민의 정치적·경제적·사회적 진보와 민주주의적 자치 발전과 독립 국가의 수립을 위해 미·영·소·중 4국의 신탁 통치를 지원한다.

자료 02 제헌 국회의 활동

5·10 총선거의 결과로 구성된 초대 국회는 국호를 '대한민국'으로 정하고 헌법을 제정·공포하였는데, 이 헌법을 제헌 헌법이라고 해요.

〈제헌 헌법의 주요 내용〉
• 대한민국은 민주 공화국이다.
• 대한민국의 주권은 국민에게 있고 모든 권력은 국민으로부터 나온다.
• 대한민국의 영토는 한반도와 그 부속 도서로 한다.
• 대통령과 부통령은 국회에서 선거하여 재적 의원 3분의 2 이상의 출석과 출석 의원 3분의 2 이상의 찬성 투표로 결정한다.
• 반민족 행위를 처벌하는 특별법을 제정한다.
• 제헌 헌법을 제정한 국회는 국회로서의 권한을 행사하고 국회 의원의 임기는 국회 개최일로부터 2년으로 한다.

자료 03 6·25 전쟁

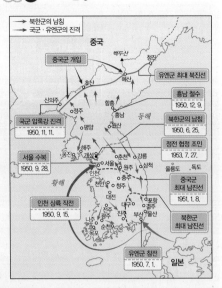

자료 04 7·4 남북 공동 성명

1972년 '자주·평화·민족 대단결'이라는 평화 통일의 3대 원칙에 합의한 7·4 남북 공동 성명이 서울과 평양에서 동시에 발표되었어요.

쌍방은 다음과 같은 조국 통일의 원칙들에 합의를 보았다.
첫째, 통일은 외세에 의존하거나 외세의 간섭을 받지 않고 자주적으로 해결하여야 한다.
둘째, 통일은 서로 상대방을 반대하는 무력 행사에 의거하지 않고, 평화적 방법으로 실현하여야 한다.
셋째, 사상과 이념, 제도의 차이를 초월하여 우선 하나의 민족으로서 민족 대단결을 도모하여야 한다.

자료 05 유신 헌법(7차 개헌)

박정희 정부는 평화적 통일을 위해 정치 체제를 개혁한다고 선언하며 대통령에게 국회 해산권, 법관 인사권, 국회 의원 3분의 1 추천권, 긴급 조치권 등 막강한 권한을 부여하는 개헌을 단행하였어요.

제39조 대통령은 통일 주체 국민 회의에서 토론 없이 무기명 투표로 선거한다.
제40조 통일 주체 국민 회의는 국회 의원 정수의 3분의 1에 해당하는 수의 국회 의원을 선거한다.
제53조 대통령은 …… 신속한 조치를 할 필요가 있다고 판단할 때에는 내정·외교·국방·경제·재정·사법 등 국정 전반에 걸쳐 필요한 긴급 조치를 할 수 있다.
제59조 대통령은 국회를 해산할 수 있다.

자료 06 남북 기본 합의서

노태우 정부 시기에 남북한이 유엔에 동시 가입하였으며, 화해와 불가침 및 교류 협력에 관해 공동 합의한 '남북 기본 합의서'를 채택하였어요.

남과 북은 …… 쌍방 사이의 관계가 나라와 나라 사이의 관계가 아닌 통일을 지향하는 과정에서 잠정적으로 형성되는 특수 관계라는 것을 인정하고 …… 다음과 같이 합의하였다.
제1조 남과 북은 서로 상대방의 체제를 인정하고 존중한다.
제9조 남과 북은 상대방에 대하여 무력을 사용하지 않으며 상대방을 무력으로 침략하지 아니한다.
제15조 남과 북은 …… 자원의 공동 개발, 민족 내부 교류로서의 물자 교류, 합작 투자 등 경제 교류와 협력을 실시한다.

자료 07 6·29 민주화 선언

전두환 정부가 6월 민주 항쟁에 굴복하여 당시 여당의 대통령 후보로 내정된 노태우를 내세워 발표한 특별 선언이에요. 여야 합의에 따라 조속히 대통령 직선제 개헌을 하고 새 헌법에 따라 대통령 선거를 치르겠다는 약속이었어요. 이후 5년 단임의 대통령 직선제 개헌이 이루어졌습니다.

첫째, 여야 합의하에 조속히 대통령 직선제 개헌을 하고 새 헌법에 의한 대통령 선거를 통해 88년 2월 평화적 정부 이양을 실현토록 해야 하겠습니다. …… 오늘의 이 시점에서 저는, 사회적 혼란을 극복하고 국민적 화해를 이룩하기 위하여 대통령 직선제를 택하지 않을 수 없다는 결론에 이르게 되었습니다. 국민은 나라의 주인이며, 국민의 뜻은 모든 것에 우선하는 것입니다.
둘째, 새로운 법에 따라, 선거 운동, 투개표 과정 등에 있어서 최대한의 공명정대한 선거 관리가 이루어져야 합니다.
셋째, 극소수를 제외한 모든 시국 관련 사범들도 석방되어야 합니다.

자료 08 6·15 남북 공동 선언

2000년 6월, 남한의 김대중 대통령과 북한의 김정일 국방위원장이 평양에서 최초로 남북 정상 회담을 개최하고 6·15 남북 공동 선언을 채택하였어요.

1. 남과 북은 나라의 통일 문제를 그 주인인 우리 민족끼리 서로 힘을 합쳐 자주적으로 해결해 나가기로 하였다.
2. 남과 북은 남측의 연합제 안과 북측의 낮은 단계의 연방제 안이 서로 공통성이 있다고 인정하고, 앞으로 이 방향에서 통일을 지향하기로 하였다.
3. 남과 북은 2000년 8월 15일에 즈음하여 흩어진 가족, 친척 방문단을 교환하며 비전향 장기수 문제를 해결하는 등 인도적 문제를 조속히 풀어 나가기로 하였다.
4. 남과 북은 경제 협력을 통하여 민족 경제를 균형적으로 발전시키고, 사회, 문화, 체육, 보건, 환경 등 제반 분야의 협력과 교류를 활성화하여 서로 신뢰를 다져 나가기로 하였다.
5. 남과 북은 위의 네 개 항의 합의 사항을 조속히 실천에 옮기기 위하여 빠른 시일 안에 당국 사이의 대화를 개최하기로 하였다.

이승만 정부

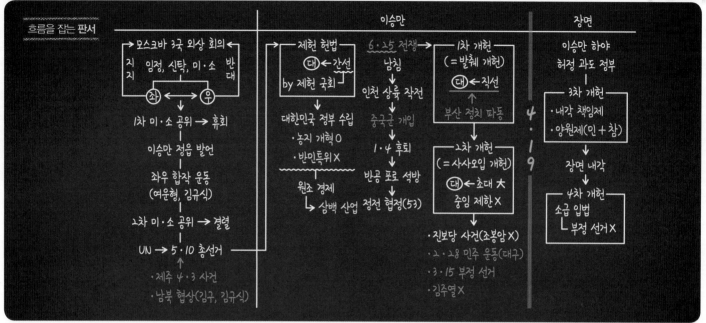

흐름을 잡는 판서

이승만 / 장면

모스크바 3국 외상 회의
지지 임정, 신탁, 미·소 반대 지지
좌 ↔ 우
1차 미·소 공위 → 휴회
이승만 정읍 발언
좌우 합작 운동
(여운형, 김규식)
2차 미·소 공위 → 결렬
UN → 5·10 총선거
· 제주 4·3 사건
· 남북 협상(김구, 김규식)

제헌 헌법
대 ← 간선
by 제헌 국회
대한민국 정부 수립
· 농지 개혁 O
· 반민특위 X
원조 경제
↳ 삼백 산업

6·25 전쟁
남침
인천 상륙 작전
중국군 개입
1·4 후퇴
반공 포로 석방
정전 협정(53)

1차 개헌
(= 발췌 개헌)
대 ← 직선
부산 정치 파동
2차 개헌
(= 사사오입 개헌)
대 ← 초대 ★
중임 제한 X
· 진보당 사건(조봉암 X)
· 2·28 민주 운동(대구)
· 3·15 부정 선거
· 김주열 X

이승만 하야
허정 과도 정부
3차 개헌
· 내각 책임제
· 양원제(민 + 참)
장면 내각
4차 개헌
소급 입법
↳ 부정 선거 X

4·19

⭐ 별 채우기

01 ⭐⭐⭐⭐ 3국 외상 회의에서 한국에 임시 민주 정부 수립, 최대 5년 간의 신탁 통치 등이 결정되었다.

02 이⭐⭐은 '정읍 발언'을 통해 남한만의 단독 정부 수립을 주장하였다.

03 여운형과 김규식은 제1차 미·소 공동 위원회가 휴회되자 ⭐⭐ ⭐⭐ 운동을 전개하였다.

04 남한만의 단독 정부 수립에 반대하여 제주 ⭐·⭐ 사건이 일어났다.

05 김구와 김규식은 통일 정부 수립을 위해 ⭐⭐ 협상을 추진하였다.

06 유엔 한국 임시 위원단의 감시 아래 우리나라 최초의 보통 선거인 ⭐·⭐⭐ 총선거가 실시되었다.

07 5·10 총선거로 ⭐⭐ 국회가 구성되었다.

08 제헌 국회는 유상 매수·유상 분배의 방식을 규정한 ⭐⭐ ⭐⭐법 을 제정하였다.

09 친일파 청산을 위해 ⭐⭐⭐ 행위 특별 조사 위원회가 설치되었으 나 법률이 개정되어 활동 기간이 단축되었다.

10 이승만 정부 시기에 미국의 원조 물자를 기반으로 ⭐⭐ 산업이 성장 하였다.

11 6·25 전쟁 당시 국군과 유엔군은 ⭐⭐ 상륙 작전에 성공하고 서 울을 수복하였다.

12 6·25 전쟁 당시 국군과 유엔군은 압록강 유역까지 북진하였으나 ⭐⭐군의 개입으로 후퇴하였다.

13 이승만 정부는 6·25 전쟁 중 부산 정치 파동을 일으키고 대통령 직선제 채택을 위해 ⭐⭐ 개헌안을 통과시켰다.

14 이승만 정부는 ⭐⭐⭐⭐ 개헌을 통해 개헌 당시 대통령에 한해 중 임 제한 규정을 철폐하였다.

15 1960년 3·15 부정 선거가 원인이 되어 ⭐·⭐⭐ 혁명이 일어났다.

16 제3차 개헌에서는 정부 형태를 ⭐⭐ 책임제로 규정하였다.

17 4·19 혁명 이후 구성된 허정 과도 정부는 국회를 ⭐⭐제로 규정 한 개헌안을 통과시켰다.

⭐ 별 더하기

✦ 모스크바 3국 외상 회의의 결정에 따라 덕수궁 석조전에서 미·소 공 동 위원회가 개최되었다.

✦ 좌우 합작 위원회는 좌우 합작 7원칙을 발표하였다.

✦ 김구는 남한만의 단독 정부 수립에 반대하여 '3천만 동포에게 읍고 함'을 발표하였다.

✦ 제헌 국회는 일제 강점기 친일 행위자를 처벌하기 위해 반민족 행위 처벌법을 제정하였다.

✦ 1950년 1월에 미국의 태평양 방위선에서 한반도와 타이완을 제외 한 애치슨 선언이 발표되었다.

✦ 6·25 전쟁 당시 16개국으로 구성된 유엔군이 참전하였다.

✦ 6·25 전쟁 중에 이승만 정부는 부산을 임시 수도로 삼았다.

✦ 6·25 전쟁 당시 중국군의 공세에 밀려 흥남 철수 작전이 전개되었다.

✦ 1953년 정전 협정 체결 이후 한·미 상호 방위 조약이 체결되었다.

✦ 제3차 개헌에 따른 총선거의 결과로 장면을 국무총리로 하는 내각이 수립되었다.

실력을 키우는 기출문제

대표 문항 ZOOM IN 기본 67회 44번

다음 가상 일기에 나타난 민주화 운동에 대한 설명으로 옳은 것은?
[2점]

> ○○월 ○○일 흐림
>
> 대학교수단이 시국 선언을 한 뒤 가두시위에 나섰다. '학생의 피에 보답하라'라고 적힌 현수막을 들고 행진하였다.

> ○○월 ○○일 맑음
>
> 오늘 이승만 대통령이 하야했다. 학생과 시민의 힘으로 역사가 바뀌는 순간이었다.

① 신군부의 무력 진압에 저항하였다.
② 대통령 직선제 개헌을 이끌어 냈다.
③ 유신 체제가 붕괴하는 계기가 되었다.
④ 3·15 부정 선거에 항의하여 일어났다.

● **키워드 2** 4·19 혁명으로 이승만이 대통령직에서 물러났어요.

● **키워드 1** 3·15 부정 선거에 반발하여 전국에서 시위가 전개되었는데, 대학교수들도 대통령의 하야를 요구하는 시국 선언을 발표하고 가두시위를 벌였어요.

꼼꼼친절해설

키워드 1의 대학교수단이 시국 선언을 한 뒤 가두시위를 벌였다는 내용과 **키워드 2**의 이승만 대통령이 하야했다는 내용을 통해 가상 일기에 나타난 민주화 운동이 4·19 혁명임을 알 수 있어요. 4·19 혁명에 대해 정리해 볼까요?

4·19 혁명(1960)

배경	이승만 정부의 독재와 부정부패, 3·15 부정 선거(자유당의 후보, 특히 부통령 후보 이기붕을 당선시키기 위해 각종 부정한 방법을 동원)
전개	3·15 부정 선거를 규탄하는 시위 발발 → 마산 앞바다에서 최루탄에 맞아 사망한 김주열 학생의 시신이 발견됨 → 전국으로 시위가 확산됨 → 경무대로 향하는 시위대에 경찰이 발포하여 사상자가 발생함, 비상계엄이 선포됨 → 대학교수단이 시국 선언문을 발표함(정권 퇴진과 재선거 실시 주장)
결과	이승만이 대통령직에서 물러날 것을 발표함(→ 이승만과 자유당 정권 붕괴), 허정 과도 정부가 수립됨 → 내각 책임제, 양원제(민의원, 참의원) 국회를 주요 내용으로 하는 개헌이 이루어짐 → 총선거에서 민주당이 압승함 → 장면 내각이 출범함(대통령 – 윤보선, 국무총리 – 장면)

따라서 정답은 ④번이에요. 1960년에 이승만 정부의 독재와 3·15 부정 선거에 항거하여 4·19 혁명이 일어났어요.

나머지 선택지도 확인해 볼까요? ① 5·18 민주화 운동은 1980년에 전두환 등 신군부의 불법적인 정권 탈취와 비상계엄 확대에 항거하여 광주에서 일어난 민주화 운동이에요. 신군부의 무력 진압에 맞서 광주 시민들은 시민군을 조직하여 저항하였어요. ② 6월 민주 항쟁의 결과 대통령 직선제 개헌 요구를 수용한다는 등의 내용을 담은 6·29 민주화 선언이 발표되었어요. 이에 따라 5년 단임의 대통령 직선제 개헌이 이루어졌어요. ③ YH 무역 사건, 부·마 민주 항쟁 등으로 흔들리던 유신 체제는 박정희 대통령이 피살된 10·26 사태로 사실상 붕괴되었어요.

---

1 기본 67회 41번

(가)에 들어갈 단체로 옳은 것은?
[2점]

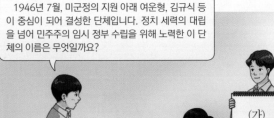

> 1946년 7월, 미군정의 지원 아래 여운형, 김규식 등이 중심이 되어 결성한 단체입니다. 정치 세력의 대립을 넘어 민주주의 임시 정부 수립을 위해 노력한 이 단체의 이름은 무엇일까요?

(가)

① 권업회
② 대한인 국민회
③ 좌우 합작 위원회
④ 남북 조절 위원회

---

2 기본 64회 43번

(가) 전쟁 중에 있었던 사실로 옳지 않은 것은?
[2점]

> 1·4 후퇴에 대해 검색해 줘.

> 검색 결과입니다.
>
> [(가)] 전쟁 당시 압록강과 두만강 유역까지 북진했던 국군과 유엔군이 중국군의 공세에 밀려 서울 이남 지역까지 철수한 사건입니다. 이로 인해 수많은 피란민이 발생하였습니다.

① 흥남 철수 전개
② 발췌 개헌안 통과
③ 인천 상륙 작전 개시
④ 반민족 행위 처벌법 제정

7일 2교시

박정희 정부

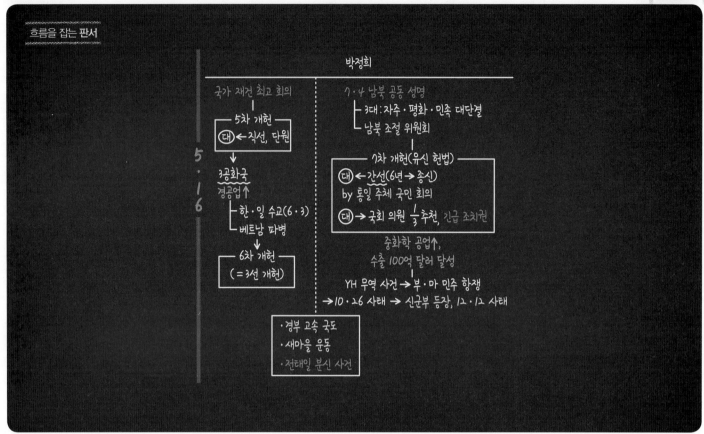

흐름을 잡는 판서

박정희

국가 재건 최고 회의
┌ 5차 개헌
│ 대 ← 직선, 단원
↓
3공화국
경공업↑
┌ 한·일 수교(6·3)
└ 베트남 파병
↓
┌ 6차 개헌
│ (= 3선 개헌)

7·4 남북 공동 성명
┌ 3대: 자주·평화·민족 대단결
└ 남북 조절 위원회

7차 개헌(유신 헌법)
대 ← 간선(6년 → 종신)
by 통일 주체 국민 회의
대 → 국회 의원 ⅓ 추천, 긴급 조치권

중화학 공업↑,
수출 100억 달러 달성
YH 무역 사건 → 부·마 민주 항쟁
→ 10·26 사태 → 신군부 등장, 12·12 사태

5·16

· 경부 고속 국도
· 새마을 운동
· 전태일 분신 사건

★ 별 채우기

01 박정희 등 일부 군인이 ★·★★ 군사 정변을 일으켜 정권을 장악하였다.

02 박정희 정부의 굴욕적인 한·일 국교 정상화에 반대하여 ★·★ 시위가 일어났다.

03 박정희 정부는 ★★ 파병을 통해 경제 특수를 누렸다.

04 박정희 정부는 제6차 개헌을 통해 대통령의 ★선이 가능하도록 하였다.

05 1970년에 ★★ ★★ 국도가 개통되었다.

06 박정희 정부의 주도로 도시와 농촌 간의 격차를 줄이고 농촌 환경을 개선하기 위한 ★★★ 운동이 전개되었다.

07 1970년에 전★★이 근로 기준법 준수를 요구하며 분신하였다.

08 1977년에 연간 수출액 ★★★억 달러가 달성되었다.

09 박정희 정부 시기에 남북한은 통일의 3대 원칙을 담은 ★·★ 남북 공동 성명을 발표하였다.

10 7·4 남북 공동 성명의 합의 사항을 추진하기 위해 남북 ★★ 위원회가 설치되었다.

11 박정희 정부 시기에 영구 집권을 위한 ★★ 헌법이 공포되었다.

12 유신 헌법에 따라 ★★ ★★ 국민 회의에서 간선제로 대통령을 선출하였다.

13 유신 헌법은 대통령에게 국민의 기본권까지 제한할 수 있는 ★★ 조치권을 부여하였다.

14 1979년에 유신 체제에 반대하여 부산과 마산 지역을 중심으로 ★·★ 민주 항쟁이 일어났다.

15 전두환 등 신★★ 세력은 12·12 사태(12·12 군사 반란)를 일으켜 정권을 탈취하였다.

★ 별 더하기

+ 박정희 정부의 장기 집권을 위한 3선 개헌에 맞서 3선 개헌 반대 운동이 일어났다.

+ 박정희 정부 시기에 서독에 광부와 간호사를 파견하여 외화를 벌어들였다.

+ 박정희 정부는 1960년대에 경공업 중심의 제1, 2차 경제 개발 5개년 계획을 추진하였다.

+ 박정희 정부는 1970년대에 중화학 공업 중심의 제3, 4차 경제 개발 5개년 계획을 추진하였다.

|정답| **01** 5, 16 **02** 6, 3 **03** 베트남 **04** 3 **05** 경부 고속 **06** 새마을 **07** 태일
08 100 **09** 7, 4 **10** 조절 **11** 유신 **12** 통일 주체 **13** 긴급 **14** 부, 마
15 군부

밑줄 그은 '정부' 시기에 볼 수 있는 사회 모습으로 가장 적절한 것은? [2점]

키워드 1 유신 헌법에 따라 대통령은 국민의 기본권을 포괄적으로 제한할 수 있는 긴급 조치권을 행사할 수 있었어요.

긴급 조치 9호로 피해를 당한 국민과 그 가족에 대해 국가의 배상 책임이 있다는 대법원 판결이 나왔습니다. 긴급 조치 9호에는 정부가 선포한 유신 헌법을 부정하거나 반대 또는 비방하는 행위 등을 금지하고, 위반할 경우 영장 없이 체포·구속해 1년 이상의 징역에 처한다는 내용이 담겨 있습니다.

당시 대한뉴스 화면
헌법 부정행위 금지
대법원 "긴급 조치 9호로 인한 피해, 국가가 배상해야"

① 부·마 민주 항쟁에 참여하는 학생
② 서울 올림픽 대회 개막식을 관람하는 시민
③ 금융 실명제 시행 속보를 시청하는 회사원
④ 반민족 행위 특별 조사 위원회에 체포되는 친일 행위자

키워드 2 박정희 정부는 1972년 10월 유신 헌법을 공포하고 박정희 대통령이 장기 집권할 수 있는 토대를 만들었어요.

꼼꼼 친절 해설

키워드 1의 '긴급 조치'와 키워드 2의 유신 헌법을 선포하였다는 내용을 통해 밑줄 그은 '정부'가 박정희 정부임을 알 수 있어요. 박정희 정부는 1972년 10월 유신을 단행하고 유신 헌법을 공포하였어요. 박정희 정부에 대해 정리해 볼까요?

박정희 정부

성립	박정희 등 일부 군인들이 5·16 군사 정변을 일으키고 군정을 실시함(국가 재건 최고 회의를 구성) → 5차 개헌을 단행함(대통령 직선제, 단원제 국회) → 박정희가 대통령으로 당선됨
한·일 국교 정상화 추진	굴욕적인 대일 외교에 학생과 시민들이 반대함(6·3 시위, 1964) → 계엄령을 선포하고 시위를 탄압함 → 한·일 협정 체결(1965)
베트남 파병	미국의 파병 요청, 브라운 각서 체결(미국의 기술 지원과 차관 제공 약속) → 베트남 파병으로 경제 성장의 토대를 마련함
3선 개헌 (1969)	북한이 간첩을 보내 청와대를 습격하는 등 도발함 → 안보 강화와 강력한 지도력이 필요하다는 명분을 내세워 대통령 3회 연임을 허용하는 개헌을 추진함(국회에서 편법으로 통과시킴)
유신 체제	• 성립(1972) : 10월 유신 단행, 유신 헌법 제정(대통령의 중임 제한 규정 폐지, 통일 주체 국민 회의에서 임기 6년의 대통령 선출, 대통령에게 긴급 조치권·국회 해산권·국회 의원 3분의 1 추천권을 부여) → 박정희의 영구 집권과 독재 체제가 구축됨 • 동요 : 유신 반대 운동이 전개됨 → YH 무역 사건, 부·마 민주 항쟁(1979) → 10·26 사태로 박정희가 피살되면서 사실상 붕괴됨

따라서 정답은 ①번이에요. 박정희 정부 시기인 1979년에 유신 철폐와 독재 반대를 외치며 부·마 민주 항쟁이 일어났어요.
나머지 선택지도 확인해 볼까요? ② 노태우 정부 시기인 1988년에 서울 올림픽 대회가 개최되었어요. ③ 김영삼 정부 시기인 1993년에 대통령 긴급 명령으로 금융 실명제가 실시되었어요. ④ 이승만 정부 시기인 1948년에 친일 반민족 행위자 처벌을 위한 반민족 행위 처벌법이 제정되고 반민족 행위 특별 조사 위원회(반민특위)가 구성되었어요. 반민특위는 1949년까지 활동하였어요.

1 기본 64회 44번

(가) 정부 시기에 있었던 사실로 옳은 것은? [2점]

사진으로 보는 (가) 정부
새마을 운동 / 광주 대단지 사건 / 100억 달러 수출 달성

① 농지 개혁법이 제정되었다.
② 경부 고속 도로를 준공하였다.
③ 금융 실명제를 전면 실시하였다.
④ 경제 협력 개발 기구(OECD)에 가입하였다.

2 기본 66회 48번

다음 뉴스가 보도된 정부 시기의 통일 노력으로 옳은 것은? [3점]

분단 26년 만에 처음으로 남측 자유의 집과 북측 판문각을 연결하는 직통 전화가 개설되었습니다. 이로써 남북 적십자 회담을 열기 위한 대화의 통로가 마련되었습니다.

남북 직통 전화 개설

① 금강산 관광 사업을 시작하였다.
② 남북한이 유엔에 동시 가입하였다.
③ 7·4 남북 공동 성명을 발표하였다.
④ 최초로 남북 정상 회담을 개최하였다.

전두환 정부 ~ 김대중 정부

강의 바로 보기

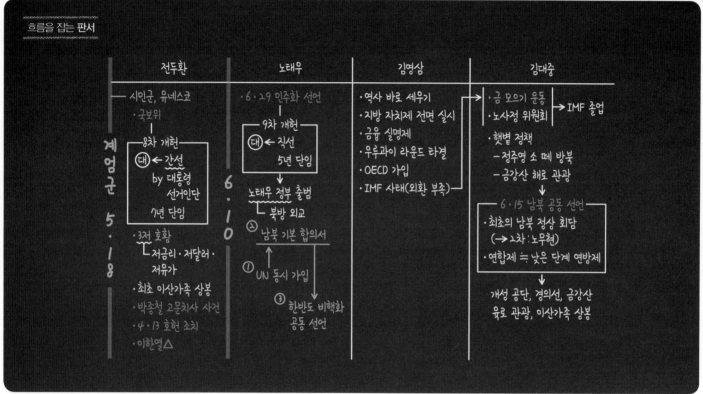

⭐ 별 채우기

01 신군부의 비상계엄 확대에 반대하여 광주에서 ⭐·⭐⭐ 민주화 운동이 일어났다.

02 5·18 민주화 운동 당시 계엄군에 맞서 ⭐⭐군이 조직되었다.

03 ⭐·⭐⭐ 민주화 운동 관련 기록물은 유네스코 세계 기록 유산으로 등재되었다.

04 전두환 정부 시기에 저금리, 저달러, 저유가의 ⭐⭐ 호황으로 물가가 안정되고 수출이 증가하였다.

05 최초의 남북 이산가족 상봉은 ⭐⭐⭐ 정부 시기에 이루어졌다.

06 박종철 고문치사 사건과 4·13 호헌 조치를 계기로 ⭐⭐ ⭐⭐ 항쟁이 일어났다.

07 6월 민주 항쟁은 ⭐·⭐⭐ 민주화 선언을 이끌어 냈다.

08 6월 민주 항쟁의 결과로 5년 단임의 대통령 ⭐⭐제 개헌이 이루어졌다.

09 노태우 정부는 ⭐⭐ 외교를 추진하여 소련, 중국 등과 수교하였다.

10 노태우 정부 시기에 남북한이 ⭐⭐에 동시 가입하였다.

11 노태우 정부 시기에 남북한은 남북 ⭐⭐ 합의서를 채택하였다.

12 노태우 정부 시기에 한반도 ⭐⭐⭐ 공동 선언이 발표되었다.

13 ⭐⭐⭐ 정부는 지방 자치제를 전면 실시하였다.

14 김영삼 정부는 투명한 금융 거래를 위해 금융 ⭐⭐제를 실시하였다.

15 김영삼 정부는 ⭐⭐ ⭐⭐ 개발 기구(OECD)에 가입하였다.

16 ⭐⭐⭐ 정부는 국제 통화 기금(IMF)에 구제 금융을 요청하였다.

17 김대중 정부 시기에 외환 위기 극복을 위한 ⭐ 모으기 운동이 전개되었다.

18 김대중 정부는 '⭐⭐ 정책'이라고 불린 대북 화해 협력 정책을 추진하였다.

19 김대중 정부는 최초로 남북 ⭐⭐ 회담을 개최하고 ⭐·⭐⭐ 남북 공동 선언을 발표하였다.

20 김대중 정부는 ⭐⭐ 공단 조성에 합의하였다.

21 김대중 정부 시기에 ⭐⭐선 철도 연결 공사가 시작되었다.

⭐ 별 더하기

➕ 6월 민주 항쟁 당시 시민들은 호헌 철폐, 독재 타도 등의 구호를 외쳤다.

➕ 노태우 정부는 1988년 서울 올림픽 대회를 개최하였다.

➕ 김대중 정부 시기에 한·일 월드컵 대회를 개최하였다.

➕ 노무현 정부는 미국과 자유 무역 협정(FTA)을 체결하였다.

➕ 노무현 정부는 제2차 남북 정상 회담을 개최하고 10·4 남북 공동 선언을 발표하였다.

|정답| **01** 5, 18 **02** 시민 **03** 5, 18 **04** 3저 **05** 전두환 **06** 6월 민주 **07** 6, 29 **08** 직선 **09** 북방 **10** 유엔 **11** 기본 **12** 비핵화 **13** 김영삼 **14** 실명 **15** 경제 협력 **16** 김영삼 **17** 금 **18** 햇볕 **19** 정상, 6, 15 **20** 개성 **21** 경의

대표 문항 **ZOOM IN** 기본 66회 47번

(가)에 들어갈 내용으로 옳은 것은? [1점]

♥ 좋아요 66회 3일 전

수업 시간에 (가) 당시 시민군의 항쟁 중심지였던 옛 전남도청 모형을 만들었다. 실제 옛 도청 앞 시계탑에서는 매일 같은 시간에 '임을 위한 행진곡'이 나온다고 한다. 많은 분의 희생으로 우리나라의 민주주의가 발전하게 되었음을 깨닫게 되었다.

① 4·19 혁명
② 부·마 민주 항쟁
③ 6월 민주 항쟁
④ 5·18 민주화 운동

> **키워드 1** 5·18 민주화 운동 당시 광주 시민은 더 이상의 피해를 막기 위해 평화적으로 협상하기를 원했어요. 하지만 계엄군은 탱크와 헬기를 동원하여 전남도청에 모인 시민들을 무자비하게 진압했어요.

꼼꼼 친절 해설

키워드 1의 '시민군의 항쟁 중심지였던 옛 전남도청' 등을 통해 (가)에 들어갈 내용이 5·18 민주화 운동임을 알 수 있어요. 5·18 민주화 운동은 전두환 등 신군부의 불법적인 정권 탈취에 저항한 민주화 운동으로, 광주 시민들은 시민군을 조직하여 대항하였으나 계엄군은 이를 무력으로 진압하였고, 이 과정에서 많은 희생자가 발생하였어요. 5·18 민주화 운동에 대해 정리해 볼까요?

5·18 민주화 운동(1980)	
배경	12·12 사태(12·12 군사 반란, 1979)로 전두환 중심의 신군부가 권력을 장악함 → 1980년 봄, 대학을 중심으로 신군부 퇴진과 유신 헌법 철폐 등을 요구하는 대규모 시위가 일어남('서울의 봄')
과정	신군부가 비상계엄을 전국으로 확대함 → 계엄군이 광주에서 일어난 시위를 폭력적으로 진압함 → 광주 시민이 시민군을 조직함 → 탱크·헬기 등을 동원한 계엄군의 무력 진압으로 수많은 희생자가 발생함
의의	1980년대 이후 민주화 운동의 토대가 됨, 관련 기록물이 유네스코 세계 기록 유산으로 등재됨, 진상 규명을 위한 특별법이 제정됨

따라서 정답은 ④번이에요. 5·18 민주화 운동은 1980년대 민주화 운동의 토대가 되었으며, 다른 나라의 민주화 운동에도 영향을 주었어요.

나머지 선택지도 확인해 볼까요? ① 4·19 혁명은 이승만 정부의 독재와 3·15 부정선거가 원인이 되어 일어났으며, 그 결과 이승만이 대통령직에서 물러났어요. ② 부·마 민주 항쟁은 YH 무역 사건에 항의하던 야당 총재 김영삼이 국회 의원직에서 제명된 사건을 계기로 부산과 마산 일대에서 일어난 대규모 유신 반대 시위입니다. ③ 6월 민주 항쟁은 전두환 정부의 강압적인 통치와 국민의 대통령 직선제 개헌 요구를 묵살한 4·13 호헌 조치에 항거하여 일어났어요.

---

1 기본 64회 41번

밑줄 그은 '이 민주화 운동'에 대한 설명으로 옳은 것은? [3점]

'고바우'가 바라본 우리 현대사

이 만화는 김성환이 그린 '고바우 영감'으로 1987년 7월 1일자 신문에 게재되었다.

호헌 철폐, 독재 타도를 외친 이 민주화 운동으로 대통령 직선제 개헌을 약속하는 발표가 나자, 기뻐하는 국민들의 모습을 작가가 네 컷 만화로 표현하였다.

① 유신 체제가 붕괴되는 계기가 되었다.
② 양원제 국회가 출현하는 결과를 가져왔다.
③ 박종철과 이한열 등의 희생으로 확산되었다.
④ 전개 과정에서 시민군이 자발적으로 조직되었다.

---

2 기본 64회 45번

밑줄 그은 '정부'의 통일 노력으로 옳은 것은? [2점]

역사 토크
- IMF 구제 금융을 조기 상환한 이 정부 시기에 또 어떤 일들이 있었나요?
- 정주영이 소 떼를 몰고 북한을 방문하였어요.
- 한·일 월드컵 축구 대회가 개최되었지요.

① 남북 기본 합의서를 채택하였다.
② 남북한이 유엔에 동시 가입하였다.
③ 6·15 남북 공동 선언을 발표하였다.
④ 최초로 남북 간 이산가족 상봉을 성사시켰다.

시험에 잘 나오는
주제 특강

실전 감각을 키우는
최종 점검
기출 모의고사

주제 특강

최종 점검 기출 모의고사

◎ 설날

음력 1월 1일로, 세배, 설빔, 차례, 연날리기, 복조리 걸기, 널뛰기, 윷놀이, 제기차기 등의 풍속이 있었고, 새해 인사와 덕담을 하였습니다. 그리고 떡국, 만두, 식혜, 수정과 등을 먹었어요.

◎ (정월) 대보름

음력 1월(정월) 15일로, 부럼 깨기, 달맞이, 고싸움, 줄다리기, 놋다리밟기, 지신밟기, 쥐불놀이, 달집태우기 등을 주로 하였고, 오곡밥, 귀밝이술, 묵은 나물, 부럼 등을 먹었어요.

◎ 한식

동지에서 105일째 되는 날로, 성묘, 그네뛰기, 갈고리 던지기, 개사초(산소 손질) 등을 하였어요. 또 이날에는 불을 사용하지 않고 찬 음식을 먹는 풍습이 있었습니다.

◎ 삼짇날

음력 3월 3일로, '강남 갔던 제비가 오는 날'로 알려져 있으며 답청절이라고도 해요. 활쏘기 대회, 화전놀이, 머리 감기, 각시놀음 등을 하였고, 진달래화채, 진달래화전, 쑥떡 등을 먹었어요.

◎ 초파일

음력 4월 8일로, 석가 탄신일이에요. 연등 행사, 탑돌이, 욕불 행사(부처를 목욕시키는 의례), 만석중놀이 등을 주로 하였고, 미나리와 느티떡, 검은콩 등의 음식을 먹었습니다.

◎ 단오

음력 5월 5일로, 수릿날 또는 천중절이라고도 해요. 창포물에 머리 감기, 그네뛰기, 씨름, 봉산 탈춤, 석전 등의 풍속이 있었고, 쑥떡, 수리취떡, 약초떡, 앵두화채 등을 먹었습니다.

◎ 유두

음력 6월 15일로, 동쪽으로 흐르는 물에 머리를 감고 목욕을 하였으며, 탁족놀이를 즐겼어요. 또한, 유두면, 수단, 상화병 등의 음식을 만들어 햇과일과 먹었습니다.

◎ 칠석

견우와 직녀로 보이는 인물(덕흥리 고분)

음력 7월 7일로, 견우와 직녀가 오작교를 통해 만나는 날이라고 전해져요. 칠석 놀이를 하고 시를 지었으며, 햇볕에 옷과 서적을 말리는 풍속이 있었어요. 밀국수, 호박전 등을 먹었어요.

◎ 백중

음력 7월 15일로, 여름철 휴한기에 휴식을 취하는 날이었고 머슴날이라고도 하였어요. 여러 백중놀이가 행해졌는데, 씨름, 들돌들기, 호미씻이(호미 걸이, 풋굿, 술멕이, 질먹기) 등의 풍속이 있었어요.

◎ 추석

음력 8월 15일로, 중추절 또는 한가위라고도 해요. 풍성한 수확에 감사하는 날로, 성묘, 차례, 강강술래, 줄다리기, 씨름, 소싸움, 거북놀이, 가마싸움 등을 하였고, 송편, 토란국 등을 먹었습니다.

◎ 중양절

음력 9월 9일로, 중구(重九)라고도 합니다. 홀수 곧 양수(陽數)가 겹친 날이라는 의미가 있어요. 이날 강남에서 온 제비가 다시 돌아간다는 이야기가 있답니다. 국화전, 국화주, 밤떡 등을 먹었어요.

◎ 성주제

음력 10월의 오일(午日)이나 길일에 집안의 길흉화복을 관장하는 신령인 성주에게 집안의 평안과 풍요를 기원하며 지내는 제사입니다. 햇곡식으로 만든 술과 시루떡, 과일 등을 장만하여 제사를 지냈어요.

◎ 입동

양력 11월 7~8일경, 음력 10월경에 해당하는 입동은 '이날부터 겨울이 시작된다.'는 의미를 담고 있습니다. 이 즈음부터 겨울을 보낼 준비를 시작하여 김장을 담그고 치계미를 마련하여 마을 어른들을 대접하였어요.

◎ 동지

양력 12월 22일경으로, 일 년 중 밤이 가장 긴 날이에요. '작은설'이라고도 해요. 팥죽과 동치미를 주로 먹었는데, 팥의 붉은색이 잡귀를 물리친다고 여겨 집 안 곳곳에 팥죽을 놓아두기도 하였어요.

◎ 섣달그믐

음력으로 한 해의 마지막 날이며, 세밑, 제야, 제일 등으로도 불립니다. 윷놀이, 묵은세배, 밤에 잠을 자지 않는 밤새우기(해지킴) 등의 풍속이 있었고, 주로 만둣국과 동치미를 먹었어요.

1 기본 63회 48번

(가)에 들어갈 명절로 옳은 것은? [1점]

① 단오
② 동지
③ 한식
④ 정월 대보름

2 기본 60회 8번

(가)에 들어갈 세시 풍속으로 옳은 것은? [1점]

① 단오
② 칠석
③ 한식
④ 삼짇날

3 기본 66회 4번

밑줄 그은 '그날'에 해당하는 세시 풍속으로 옳은 것은? [1점]

① 단오
② 동지
③ 추석
④ 칠석

4 기본 67회 50번

(가)에 들어갈 내용으로 옳은 것은? [1점]

① 단오
② 동지
③ 칠석
④ 한식

세계 유산

해인사 장경판전(1995)

고려 때 만들어진 팔만대장경판을 보관하기 위해 조선 초에 건립되었어요. 환기와 온도·습도 조절이 가능하도록 지어진 과학적인 건축물로, 창건 당시의 원형이 보존되고 있어 가치가 높아요.

종묘(1995)

유교를 지배 이념으로 삼았던 조선 시대에 역대 왕과 왕비 및 추존된 왕과 왕비의 신주를 모시고 국가적인 제사를 지내던 사당이에요. 한양을 수도로 정하고 가장 먼저 짓기 시작하였어요.

석굴암과 불국사(1995)

통일 신라 시대에 만들어진 불교 유적이에요. 인공 석굴 사원인 석굴암은 정확하고 체계적인 수학적 수치로 설계되었고, 불국사 경내에는 불교 교리가 형상화되어 있어요.

창덕궁(1997)

조선 왕조의 독특한 궁궐 건축과 정원 문화를 대표하는 궁궐로, 태종 때 지어졌어요. 광해군 때부터 고종 때까지 왕이 정사를 보던 정궁의 역할을 하였어요.

화성(1997)

조선 정조 때 조성된 성곽으로, 정약용이 만든 거중기 등의 과학 기구가 축조 작업에 활용되었어요. 수원 화성의 축성 계획, 제도, 법식 등이 "화성성역의궤"에 기록되어 전해지고 있어요.

고창·화순·강화의 고인돌 유적(2000)

고인돌은 청동기 시대의 대표적인 무덤 양식이며, 이곳에서는 다양한 유물이 출토되었어요. 이를 통해 고인돌의 형성과 발전 과정, 그 당시 사회 모습까지 알 수 있어요.

경주 역사 유적 지구(2000)

남산 지구에는 다양한 불교 유적이 있고, 월성 지구는 옛 왕궁 터이며, 대릉원 지구에는 고분들이 모여 있어요. 황룡사 지구는 불교 사찰 유적이고, 산성 지구에는 방어용 산성이 있습니다.

제주 화산섬과 용암 동굴(2007)

한라산 천연 보호 구역, 거문오름 용암 동굴계, 성산 일출봉 응회구로 구성되어 있어요. 화산 생성 과정 연구에 있어 학술적 가치가 높아 유네스코 세계 자연 유산으로 등재되었어요.

조선 왕릉(2009)

조선 시대의 왕과 왕비의 무덤으로, 18개 지역에 흩어져 있으며 총 40기입니다. 조선 왕릉은 유교 사상과 풍수지리설 등이 반영되어 다른 유교 문화권의 왕릉과 다른 형태를 띠고 있어요.

한국의 역사 마을 : 하회와 양동(2010)

안동 하회 마을은 풍산 류씨 집성촌이고, 경주 양동 마을은 경주 손씨, 여강 이씨 집성촌이에요. 두 마을 모두 양반 주거 문화의 원형을 보존하고 있어요.

남한산성(2014)

조선 시대에 유사시 임시 수도의 역할을 할 수 있도록 모든 시설을 갖춘, 계획적으로 축조된 산성 도시이자 군사적 요충지입니다.

백제 역사 유적 지구(2015)

- 공주(2곳): 공산성, 송산리 고분군
- 부여(4곳): 관북리 유적·부소산성, 능산리 고분군, 정림사지, 나성
- 익산(2곳): 왕궁리 유적, 미륵사지

옛 백제 영역이었던 3개 도시(공주, 부여, 익산)에 남아 있는 백제 유적들로, 백제의 고유한 문화, 종교, 예술미를 잘 보여 주고 있어요.

산사, 한국의 산지 승원(한국의 산사, 2018)

충북 보은 법주사 / 경북 영주 부석사 / 충남 공주 마곡사 / 경북 안동 봉정사 / 전남 순천 선암사 / 경남 양산 통도사 / 전남 해남 대흥사

한국 불교문화의 전통을 보존하고 계승하였다는 역사성과 주변 경관과의 조화를 이루는 예술성 등을 인정받은 7곳의 사찰이에요.

한국의 서원(2019)

영주 소수 서원 / 안동 도산 서원 / 안동 병산 서원 / 경주 옥산 서원 / 달성 도동 서원 / 함양 남계 서원 / 장성 필암 서원 / 정읍 무성 서원 / 논산 돈암 서원

서원은 조선 시대 성리학 교육 시설의 하나입니다. 16세기 중반부터 17세기 중반까지 주로 사림에 의해 각 지방에 건립되었어요.

한국의 갯벌(2021)

충남 서천, 전북 고창, 전남 신안과 보성·순천 등 4곳에 있는 갯벌을 묶은 유산으로, 생물 다양성의 보존을 위해 세계적으로 중요한 서식지입니다. 그 가치를 인정받아 유네스코 세계 자연 유산으로 등재되었어요.

가야 고분군(2023)

한반도에 존재하였던 고대 문명 '가야'를 대표하는 7개 고분군입니다. 고분의 입지, 묘제의 변화, 부장 유물을 통해 가야의 변천 과정을 알 수 있어요. 동아시아 고대 문명의 다양성을 보여 주는 증거가 된다는 점에서 가치를 인정받았어요.

세계 기록 유산

훈민정음(해례본)(1997)

조선 세종이 훈민정음을 만든 후 정인지, 박팽년, 신숙주, 성삼문 등 집현전 학사들에게 명하여 편찬하였어요. 훈민정음의 자음과 모음을 만든 원리와 용례를 상세하게 설명한 책이에요.

조선왕조실록(1997)

조선 태조부터 철종까지의 역사를 편년체로 기록한 역사서로, 조선 시대의 역사와 문화를 연구하는 데 가장 기본적인 자료가 되는 책이에요. 역대 왕들의 역사를 후대에 남기기 위해 왕이 죽으면 실록청을 설치하고, 사초와 시정기 등을 근거로 편찬 작업이 이루어졌어요. 완성된 실록은 사고에 보관되었어요.

불조직지심체요절 하권(2001)

현존하는 세계에서 가장 오래된 금속 활자본으로, "직지"라고도 해요. 1377년 청주 흥덕사에서 인쇄되었으며, 19세기에 프랑스로 반출된 후 현재 프랑스 국립 도서관에 보관되어 있어요.

승정원일기(2001)

조선 시대 국왕의 비서 기관이었던 승정원에서 매일매일 작성한 업무 일지로, 세계 최대의 분량을 자랑하는 단일 역사 기록물이에요.

고려대장경판 및 제경판(2007)

현존하는 세계 유일의 대장경판으로 팔만대장경을 말합니다. 몽골이 고려를 침입하였을 때 만들어졌어요. 조선 태조 때 옮겨져 현재까지 합천 해인사 장경판전에 보관되어 있어요.

조선 왕조 의궤(2007)

 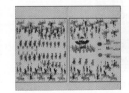 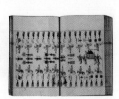

조선 왕실에서 거행한 주요 행사를 그림과 글로 기록한 책이에요. 임금과 왕비의 결혼, 세자 책봉, 임금의 행차 등의 행사가 상세히 기록되어 있어요. 의궤는 건국 초부터 편찬되었으나 조선 전기의 의궤는 임진왜란을 거치면서 소실되었고, 현존하는 가장 오래된 의궤는 선조 때 제작한 "의인왕후빈전혼전도감의궤"입니다.

동의보감(2009)

광해군 때인 1610년 허준이 완성한 의학 서적이에요. 동아시아에서 오랜 시간 축적해 온 의학 이론을 집대성한 책으로, 의학 서적으로는 최초로 세계 기록 유산으로 등재되었어요.

일성록(2011)

1760년부터 1910년까지 국왕의 동정과 국정을 기록한 일기입니다. 정조가 세손 시절부터 쓰기 시작한 일기(존현각일기)에서 유래하였어요.

1980년 인권 기록 유산 5·18 민주화 운동 기록물(2011)

5·18 민주화 운동의 발생과 탄압에서부터 진상 조사 활동과 보상에 이르기까지의 기록물로, 민주주의와 인권 발전에 기여한 점을 인정받아 등재되었어요.

난중일기 : 이순신 장군의 진중일기(2013)

임진왜란 때 이순신이 작성한 일기로, 전투 상황과 결과뿐만 아니라 당시의 기후, 지형 등에 관한 기록도 있어 역사적 가치가 높아요.

새마을 운동 기록물(2013)

1970년부터 1979년까지 전개된 새마을 운동과 관련된 기록물이에요. 새마을 운동은 농촌 개발과 빈곤 퇴치의 모범 사례로 인정받았어요.

한국의 유교책판(2015)

조선 시대 유학자들의 서책 718종을 간행하기 위해 제작된 책판으로, 유교의 학문적 계승을 장기간 집단 지성으로 이루어 냈다는 점에서 가치를 인정받았어요.

KBS 특별생방송 '이산가족을 찾습니다' 기록물(2015)

한국방송공사(KBS)가 1983년 6월 30일부터 11월 14일까지 138일 동안 생방송으로 방영한 이산가족 찾기 운동과 관련된 영상물, 사진 등의 기록물이에요.

조선 통신사에 관한 기록 – 17~19세기 한·일 간 평화 구축과 문화 교류의 역사(2017)

일본 에도 막부의 요청으로 1607~1811년까지 12회에 걸쳐, 조선에서 일본으로 파견된 외교 사절단에 관한 자료들입니다. 조선 통신사의 왕래로 두 나라는 외교뿐만 아니라 학술, 예술, 문화 등 다양한 분야에서 활발히 교류하였어요.

조선 왕실 어보와 어책(2017)

 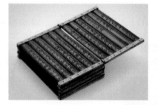 

조선 왕실은 왕의 즉위식이나 왕비나 세자·세자빈의 책봉 등 중요한 행사 때마다 의례용 인장인 어보와 의례에 대한 역사적 배경과 내용 등을 기록한 어책을 만들었어요. 신분과 재질에 따라 어보는 금보·옥보·은인, 어책은 옥책·죽책·금책 등으로 구별하였어요. 어보와 어책은 조선 건국 초부터 570여 년 동안 지속적으로 제작·봉헌되었으며, 왕실의 정통성과 권위를 상징하는 문화유산이에요.

국채 보상 운동 기록물(2017)

국가가 진 빚을 국민이 갚기 위해 1907년에 시작된 국채 보상 운동의 전 과정을 보여 주는 기록물이에요. 국가적 위기에 자발적으로 대응하는 시민적 '책임'을 보여 주는 기록물로 평가받고 있어요.

4·19 혁명 기록물(2023)

1960년 2·28 민주 운동부터 4·19 혁명까지 혁명 전후 과정과 관련된 1,019점의 기록물이에요. 1960년대 세계 학생 운동에 영향을 미친 기록 유산으로서 세계사적 중요성을 인정받았어요.

동학 농민 혁명 기록물(2023)

전봉준 공초   순교약력

1894년에 조선에서 발발한 동학 농민 운동과 관련된 185점의 기록물이에요. 조선 백성들이 주체가 되어 자유, 평등, 인권의 보편적 가치를 지향하기 위해 노력하였던 세계사적 중요성을 인정받았어요.

무형 문화유산

종묘 제례 및 종묘 제례악(2001)

종묘 제례는 조선 왕실에서 거행한 국가 제사이고, 종묘 제례악은 종묘에서 제사를 드릴 때 연주하는 기악과 노래, 춤이에요.

판소리(2003)

고수(북 치는 사람)의 장단에 맞추어 소리꾼이 창, 아니리(말), 너름새(몸짓)로 구연하는 공연으로, 우리 민족의 희로애락이 담겨 있어요.

강릉 단오제(2005)

단옷날을 전후하여 강릉 지방에서 마을의 풍년을 빌고 재앙을 쫓기 위해 치르는 굿을 시작으로 펼쳐지는 향촌 제례 의식이에요.

강강술래(2009)

정월 대보름이나 추석 때 남서부 지방에서 여러 사람이 손을 잡고 원을 그리며 돌면서 춤을 추고 노래 부르던 민속놀이입니다.

남사당놀이(2009)

조선 후기에 남사당패가 마을을 돌면서 서민을 위해 공연한 놀이로, 당시 부조리한 사회를 풍자하거나 비판하였어요.

영산재(2009)

사람이 죽은 지 49일 되는 날에 지내는 불교식 제사 의례인 49재의 한 형태로, 영혼을 천도하는 의식이에요. 범패와 춤 등의 불교 의식이 거행되었어요

처용무(2009)

동해 용왕의 아들로 사람 형상을 한 처용이 춤을 추어 천연두를 옮기는 역신으로부터 인간 아내를 구해 냈다는 설화가 전해지는데, 이를 바탕으로 만든 춤이에요.

제주 칠머리당 영등굿(2009)

마을의 평안과 풍요를 기원하며 제주 마을 무당이 용왕, 산신, 바람의 여신 등에게 제사를 지내는, 우리나라에서 유일한 해녀 굿이에요.

가곡, 국악 관현반주로 부르는 서정적 노래 (2010)

우리나라 고유의 정형시에 곡을 붙여 국악 관현악 반주에 맞추어 부르던 전통 음악으로, 남창 26곡과 여창 15곡으로 구성되어 있어요.

대목장, 한국의 전통 목조 건축(2010)

한국의 전통 목공 기술로 목조 건축물을 짓는 전 과정을 책임지는 장인을 대목장이라고 해요. 한국의 전통적인 건축 공정을 계승하고 있어요.

매사냥, 살아 있는 인류 유산(2010)

훈련된 매를 이용하여 사냥하는 것으로, 4000년 이상 지속되어 왔어요. 18개 국가가 공동으로 참여하여 공동 등재되었습니다.

줄타기(2011)

공중에 맨 줄 위를 곡예사가 걸으며 노래, 춤, 곡예 등 재주를 보이는 전통 공연 예술로, 곡예사와 구경꾼이 함께 어우러지는 놀이판이에요.

◦ 택견, 한국의 전통 무술(2011)

유연하고 율동적인 춤과 같은 동작이 특징이며, 격렬한 투기이지만 상대방에게 상해를 입히지 않는 경기 방법으로 배려를 중시하고 정신 수양을 강조해요.

◦ 한산 모시짜기(2011)

모시짜기는 모시풀이라는 자연 재료를 이용하여 베틀에서 모시 옷감을 짜는 기술로, 한산 지역의 모시 품질이 우수한 것으로 유명해요.

◦ 아리랑, 한국의 서정 민요(2012)

지역마다 독특한 형태로 재창조되고 있는 민요로, 강원도의 '정선 아리랑', 호남 지역의 '진도 아리랑', 경상남도의 '밀양 아리랑'이 유명해요.

◦ 김장, 김치를 담그고 나누는 문화(2013)

김치는 다양한 양념을 발효시킨 한국식 채소 저장 식품으로, 겨울을 나기 위해 많은 양의 김치를 담갔어요. 김장 문화는 한국의 자연·주거 환경에 맞는 음식 문화입니다.

◦ 농악(2014)

공동체 의식과 농촌 사회의 여흥 활동에서 유래한 대중적인 공연 예술의 하나입니다. 타악기 합주와 함께 전통 관악기 연주, 행진, 춤, 연극, 기예 등이 어우러진 공연으로, 한국을 대표하는 공연 예술로 발전해 왔어요.

◦ 줄다리기(2015)

두 팀으로 나누어 마주 잡은 줄을 반대 방향으로 당기는 놀이로, 동아시아와 동남아시아 벼농사 문화권에서 널리 행해졌어요. 풍작을 기원하고 공동체 구성원 간의 화합과 단결을 바라는 마음이 반영되어 있어요.

◦ 제주 해녀 문화(2016)

제주 해녀는 산소 공급 장치 없이 바닷속으로 잠수하여 약 1분간 숨을 참으며 해산물을 채취한다고 해요. 제주 해녀가 반복된 경험을 통해 습득한 지식은 제주 해녀 공동체 안에서 전승되고 있습니다.

◦ 씨름, 한국의 전통 레슬링(2018)

두 명의 선수가 허리둘레에 천으로 된 띠를 찬 상태에서 서로의 허리띠를 잡고 상대를 바닥에 넘어뜨리기 위해 다양한 기술을 사용하는 레슬링의 일종입니다. 남북한이 신청하여 공동 등재되었어요.

◦ 연등회, 한국의 등 축제(2020)

초파일(음력 4월 8일), 부처님 오신 날이 다가오면 전국적으로 등불이 밝혀지고 형형색색의 등불을 든 사람들의 행렬이 이어집니다. 연등회는 종교 의식으로 시작되었는데, 오늘날 누구나 참여하는 축제로 자리매김하였어요.

◦ 한국의 탈춤(2022)

하회 별신굿 탈놀이

양주 별산대놀이, 하회 별신굿 탈놀이 등 18개 종목이 지정되었어요. 한국의 탈춤이 강조하는 보편적 평등의 가치와 신분제에 대한 비판이 오늘날에도 의미 있으며, 각 지역의 문화적 정체성에 상징적인 역할을 하는 점 등이 높은 평가를 받았어요.

실력을 키우는 기출문제

1 기본 58회 21번

(가)에 들어갈 교육 기관으로 옳은 것은? [1점]

> 이 지도에는 유네스코 세계 유산에 등재된 '한국의 (가) ' 소재지가 표시되어 있습니다. 교육과 제사를 함께 담당하는 동아시아 성리학 교육 기관의 한 유형으로, 현재까지도 그 기능이 유지되고 있는 점이 높게 평가되어 등재되었습니다.

영주
논산
안동
정읍
경주
대구
장성
함양

① 서원
② 향교
③ 성균관
④ 4부 학당

2 기본 57회 9번

다음 답사가 이루어진 지역으로 옳지 <u>않은</u> 것은? [2점]

2022년 정기 답사

유네스코 세계 유산,
백제 역사 유적 지구를 가다

- ◆ 기간 : 2022년 ○○월 ○○일~○○월 ○○일
- ◆ 경로 : 공산성, 송산리 고분군 → 관북리 유적, 부소산성, 나성, 능산리 고분군, 정림사지 → 왕궁리 유적, 미륵사지
- ◆ 신청 : 방문 접수, 이메일 접수
- ◆ 문의 : □□ 문화원

공산성　　능산리 고분군　　미륵사지

① 공주
② 부여
③ 익산
④ 전주

3 기본 64회 47번

(가) 문화유산으로 옳은 것은? [2점]

> 이 실감 콘텐츠는 정조와 혜경궁이 함께 수원 화성에 행차하는 장면을 구현한 것으로, 조선 시대 왕실이나 국가의 중대한 행사를 글과 그림으로 기록한 책인 (가) 을/를 바탕으로 제작되었어요.

혜경궁　　정조

① 의궤
② 경국대전
③ 삼강행실도
④ 조선왕조실록

4 기본 52회 16번

다음에 해당하는 문화유산으로 옳은 것은? [1점]

> 오전 10:00
> 세계 유산　세계 기록 유산　무형 문화유산
>
> 기본 정보　　상세 설명
>
> 두 사람이 상대방의 샅바나 바지의 허리춤을 잡고 상대를 바닥에 넘어뜨리는 민속놀이이다. 이 놀이는 남북한이 공동으로 등재를 신청하여 2018년에 유네스코 무형 문화유산이 되었다.

① 씨름
② 택견
③ 강강술래
④ 남사당놀이

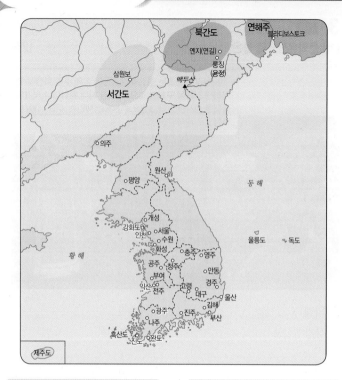

서간도

일제 강점기 : 신민회 회원들이 이주 → 삼원보 개척, 경학사 조직, 신흥 강습소 설립, 서로 군정서 조직

북간도

- **대한 제국** : 서전서숙·명동 학교 설립
- **일제 강점기** : 대종교도가 중심이 된 중광단 활동(→ 북로 군정서로 발전)

연해주

일제 강점기 : 권업회 조직, 신한촌 건설, 대한 광복군 정부 수립, 대한 국민 의회 수립

의주

- **고려** : 서희가 외교로 획득한 강동 6주 가운데 하나(흥화진)
- **조선** : 임진왜란 때 조선 왕실 피란, 만상의 근거지

평양

- **고구려** : 장수왕 때 국내성에서 천도(안학궁 건설)
- **고려** : 묘청의 서경 천도 운동
- **조선** : 유상의 근거지, 제너럴 셔먼호 사건
- **대한 제국** : 대성 학교 설립(안창호)
- **일제 강점기** : 조만식 등이 중심이 되어 물산 장려 운동 시작, 강주룡의 노동 쟁의(을밀대 지붕에서 고공 농성)
- **대한민국** : 분단 이후 최초로 남북 정상 회담 개최 → 6·15 남북 공동 선언 발표

원산

- **조선** : 강화도 조약으로 개항(조계 설정), 원산 학사 설립(우리나라 최초의 근대 교육 기관)
- **일제 강점기** : 원산 총파업

개성

- **고려** : 고려의 수도, 나성 축조, 만적의 봉기 도모, 정몽주가 피살된 곳이라고 알려진 선죽교, 왕건릉
- **조선** : 송상의 근거지
- **대한민국** : 6·25 전쟁 중 첫 번째 정전 회담 개최, 남북한 경제 협력으로 공단 조성 → 현재 가동 중단

강화도

- **고려** : 대몽 항쟁 시기 임시 수도
- **조선** : 정묘호란 때 조선 왕실 피란, 병자호란 때 김상용 순절, 사고 설치(정족산 사고), 정조 때 외규장각 설치, 병인양요·신미양요 발발, 강화도 조약 체결

서울

- **백제** : 백제의 수도, 석촌동 고분군
- **신라** : 진흥왕이 북한산 순수비 건립
- **광복 이후** : 미·소 공동 위원회 개최(덕수궁 석조전)

수원

조선 : 정조 때 수원 화성 건설, 장용영의 외영 설치

인천

- **조선** : 강화도 조약으로 개항(조계 설정)
- **대한민국** : 6·25 전쟁 당시 인천 상륙 작전 전개, 2014 아시아 경기 대회 개최

화성

- **통일 신라** : 당항성을 통해 중국과 교류
- **일제 강점기** : 제암리 학살 사건

부여

백제 : 성왕 때 사비(부여) 천도, 정림사지 5층 석탑 건립

공주

- **백제** : 웅진(공주) 천도, 무령왕릉
- **고려** : 망이·망소이의 봉기
- **조선** : 동학 농민군의 우금치 전투

청주

- **통일 신라** : 5소경 중 하나, 서원경[신라 촌락 문서(민정 문서)]
- **고려** : 용두사지 철당간(광종 때 설립), 우왕 때 흥덕사에서 금속 활자로 "직지심체요절" 인쇄

충주

- **고구려** : 충주 고구려비 건립
- **통일 신라** : 5소경 중 하나, 중원경
- **고려** : 몽골의 침입 때 노비들이 중심이 되어 항전(1차 침입), 김윤후가 관민과 함께 몽골군 격퇴(5차 침입)
- **조선** : 임진왜란 때 신립의 탄금대 전투

전주

- **후삼국** : 견훤이 완산주(전주)를 도읍으로 후백제 건국
- **고려** : 무신 집권기 전주 관노의 봉기
- **조선** : 경기전에 태조 이성계 어진 봉안, 사고 설치(전주 사고), 동학 농민군과 조선 정부가 화약 체결

익산

- **백제** : 무왕이 미륵사 건립(익산 미륵사지 석탑)
- **신라** : 고구려 왕족 안승의 무리를 금마저(익산)에 머물게 하고 안승을 보덕국왕으로 봉함

광주

- **일제 강점기** : 광주 학생 항일 운동
- **대한민국** : 5·18 민주화 운동

나주

- **후삼국** : 후고구려의 장군 왕건이 후백제를 견제하기 위해 배후 지역인 나주 차지
- **고려** : 거란의 2차 침입 때 현종 피란
- **일제 강점기** : 나주역에서 한·일 학생 간에 충돌 발발 → 광주 학생 항일 운동 촉발

영주

- **신라** : 의상이 부석사 창건
- **조선** : 주세붕이 최초의 서원(백운동 서원) 설립 → 소수 서원(최초의 사액 서원)

안동

- **후삼국** : 후백제와 고려의 고창 전투
- **고려** : 홍건적의 침입으로 공민왕 피란, 이천동 마애 여래 입상, 봉정사 극락전
- **조선** : 도산 서원(이황 배향) 건립, 하회 마을, 임청각(이상룡의 생가)

경주

신라 : 신라의 수도, 불국사·황룡사·석굴암·첨성대 등 건립

고령

가야 : 후기 가야 연맹의 맹주였던 대가야의 중심지

대구

- **통일 신라** : 신문왕이 달구벌 천도 시도
- **후삼국** : 후백제와 고려의 공산 전투
- **조선** : 최제우 수감(경상 감영)·처형
- **대한 제국** : 김광제, 서상돈 등이 중심이 되어 국채 보상 운동 시작
- **일제 강점기** : 대한 광복회 결성(박상진)
- **대한민국** : 2·28 민주 운동

울산

- **선사** : 울주 대곡리 반구대 바위그림
- **통일 신라** : 국제 무역항으로 아라비아 상인까지 왕래

김해

가야 : 전기 가야 연맹의 맹주였던 금관가야의 중심지

진주

- **조선** : 임진왜란 때 김시민의 진주 대첩, 진주 농민 봉기(유계춘 중심)
- **일제 강점기** : 조선 형평사 조직

부산

- **조선** : 왜관 설치(17세기 이후 초량 왜관), 임진왜란 때 정발·송상현 순절, 내상의 근거지, 최초의 개항장(강화도 조약)
- **일제 강점기** : 의열단원 박재혁의 부산 경찰서 투탄 의거
- **대한민국** : 6·25 전쟁 중 임시 수도, 부마 민주 항쟁, 2002 부산 아시아 경기 대회 개최

울릉도와 독도

- **신라** : 지증왕 때 우산국(울릉도 일대) 복속
- **조선** : 안용복이 에도 막부로부터 울릉도와 독도가 우리 영토임을 확인받음
- **대한 제국** : '칙령 제41호', 일본이 러·일 전쟁 중 독도를 일본 영토로 불법 편입

완도

통일 신라 : 장보고가 청해진 설치

진도

고려 : 삼별초가 용장성을 쌓고 대몽 항쟁 전개(배중손 지휘)

흑산도

조선 : 정약전이 "자산어보" 저술

제주도

- **신석기 시대** : 고산리 유적
- **고려** : 삼별초 최후의 항전지(항파두리, 김통정 지휘), 원이 탐라총관부 설치
- **조선** : 김만덕의 빈민 구제 활동
- **일제 강점기** : 알뜨르 비행장 건설
- **광복 이후** : 제주 4·3 사건

실력을 키우는 기출문제

1 기본 61회 10번

(가) 지역에서 있었던 사실로 옳은 것은? [2점]

고려의 수도였던 ___(가)___ 의 문화유산에 대해 찾은 것을 발표해 볼까요?

만월대, 성균관, 첨성대, 공민왕릉, 선죽교

만월대는 고려의 궁궐터예요.

① 묘청이 난을 일으켰다.
② 원이 쌍성총관부를 설치하였다.
③ 만적이 신분 해방을 도모하였다.
④ 삼별초가 최후의 항쟁을 전개하였다.

2 기본 67회 49번

(가) 지역에서 있었던 사실로 옳은 것은? [3점]

뚜벅뚜벅 역사 여행

• 주제 : ___(가)___ 에서 만나는 시간과 공간, 그리고 사람들
• 일자 : 2023년 ○○월 ○○일
• 답사 경로 : 동삼동 패총 전시관 - 초량 왜관 - 임시 수도 기념관 - 민주 공원

민주 공원, 초량 왜관, 임시 수도 기념관, 동삼동 패총 전시관

① 이봉창이 의거를 일으켰다.
② 망이·망소이가 봉기하였다.
③ 장보고가 청해진을 설치하였다.
④ 송상현이 동래성에서 순절하였다.

3 기본 66회 44번

(가) 지역에 대한 탐구 활동으로 가장 적절한 것은? [2점]

저는 ___(가)___ 의 역사와 관련된 단어를 이 섬의 모양으로 표현해 보았습니다.

삼성혈, 이중섭, 관덕정, 탐라총관부, 김만덕, 해녀항쟁, 4·3사건, 이재수의난, 고산리, 알뜨르비행장, 추사유배지, 탐라국, 송악산동굴진지, 하멜

① 운요호 사건의 과정을 검색한다.
② 삼별초의 최후 항쟁지를 조사한다.
③ 고려 왕릉이 조성된 지역을 찾아본다.
④ 대한 제국 칙령 제41호의 내용을 파악한다.

4 기본 61회 50번

(가)에 들어갈 지역으로 옳은 것은? [2점]

학생 모둠 활동
주제 : ___(가)___ 의 역사 알아보기

신문왕이 이곳으로 천도를 하려고 했어.

고려와 후백제 사이에 치열했던 공산 전투가 벌어진 곳이야.

김광제 등을 중심으로 국채 보상 운동이 시작되었지.

학생들을 중심으로 이승만 독재 정권에 저항한 2·28 민주 운동이 일어났어.

① 대구　　② 안동　　③ 울산　　④ 청주

주제 특강 ④ 문화재

삼국과 가야

1. 삼국 시대

◎ **금동 미륵보살 반가 사유상**

일본 고류사 목조 미륵보살 반가 사유상과 유사
→ 삼국 시대의 한·일 교류를 보여 줌

2. 고구려

◎ **연가 7년명 금동 여래 입상**

광배의 뒷면에 '연가 7년'이라는 글자가 새겨져 있어 불상의 제작 연도를 알 수 있음

◎ **장군총**

고구려 초기에 주로 제작된 계단식 돌무지무덤

◎ **호우총 청동 그릇(경주 호우총)**

그릇 바닥에 '광개토지호태왕 호우십'이라는 글자가 새겨져 있어 당시 고구려와 신라의 관계를 보여 줌

◎ **사신도 중 현무도(강서대묘)**

도교의 방위신을 그린 사신도 중 현무(북)를 그린 고분 벽화로 도교 사상이 반영되어 있음

3. 백제

◎ **서산 용현리 마애 여래 삼존상**

바위에 새겨진 불상으로, '백제의 미소'라고도 불림

◎ **익산 미륵사지 석탑(복원)**

목조 건물을 본떠 만든 석탑 → 목탑에서 석탑으로 넘어가는 과도기적 모습을 볼 수 있음

◎ **부여 정림사지 5층 석탑**

목탑 양식의 흔적이 남아 있음, 한때 '평제탑'이라고 불리기도 하였음

◎ **부여 능산리사지 석조 사리감**

부여 능산리 절터에서 발견됨, 창왕(위덕왕)이 아버지 성왕의 명복을 빌기 위해 능산리 절터를 조성하였음을 알려 줌

◎ **백제 금동 대향로**

부여 능산리 절터에서 발견, 불교·도교 사상 반영, 백제인이 가진 뛰어난 금속 공예 기술을 보여 줌

◎ **산수무늬 벽돌**

도교 사상 반영 → 자연과 더불어 살고자 하는 바람이 담겨 있음

◎ **칠지도**

백제에서 만들어 왜에 보낸 철제 칼로, 백제와 왜의 교류를 보여 줌

◎ **서울 석촌동 고분**

고구려의 돌무지무덤과 양식이 유사한 계단식 돌무지무덤 → 고구려와 백제의 문화적 유사성을 보여 줌

○ 공주 무령왕릉

무령왕릉 출토 석수

무령왕릉 출토 금제 관식

중국 남조의 영향을 받은 벽돌무덤으로, 백제의 고분 중 피장자와 축조 연대가 확인되는 유일한 무덤, 도굴되지 않은 채 발견되어 무덤 주인을 알 수 있는 묘지석, 무덤을 지키라는 의미에서 만들어 둔 석수, 금으로 만든 왕과 왕비의 장식품 등 다양한 유물이 출토됨

4. 신라

○ 경주 배동 석조 여래 삼존 입상

신라의 대표적인 불상으로, 작은 체구에 아기 같은 얼굴을 하고 있음

○ 경주 분황사 모전 석탑

전탑을 모방하여 돌을 벽돌 모양으로 다듬어 쌓아 올린 석탑

○ 경주 첨성대

선덕 여왕 때 축조된 천문 관측대로 알려져 있음

○ 금관

신라의 금 세공 기술이 높은 수준이었음을 알 수 있음

○ 천마도

돌무지덧널무덤인 천마총에서 발견되었으며, 말다래에 그려진 그림

○ 돌무지덧널무덤의 구조

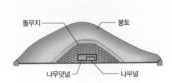

무덤 구조상 벽화를 그릴 수 없음, 도굴이 어려워 껴묻거리가 많이 남아 있음

○ 기마 인물형 토기

경주의 신라 고분에서 출토, 주인상과 하인상의 의복과 말갖춤에서 차이를 보임

5. 가야

○ 금관가야의 김해 대성동 고분군

판갑옷

전기 가야 연맹을 주도한 금관가야의 고분군, 금관가야는 풍부한 철 생산, 낙랑과 왜를 연결하는 중계 무역으로 번성함

○ 대가야의 고령 지산동 고분군

철제 갑옷과 투구

금동관

후기 가야 연맹을 주도한 대가야의 고분군, 대가야는 농업에 유리한 입지와 풍부한 철 산지를 보유하여 번성함

1. 통일 신라

◉ 경주 석굴암 본존불

화강암을 쌓아 동굴처럼 만든 석굴암 중앙에 위치한 불상으로, 통일 신라의 수준 높은 조각 기술을 보여 줌

◉ 경주 감은사지 3층 석탑

동서 2기의 쌍탑으로 같은 구조와 규모로 되어 있음, 목탑 구조를 단순화하여 석탑 양식의 표본을 마련함

◉ 경주 불국사 3층 석탑(석가탑)

탑신부에서 무구정광대다라니경이 발견됨, 통일 신라 3층 석탑의 전형

◉ 경주 불국사 다보탑

복잡하고 화려하면서도 균형 잡힌 통일 신라 석조 미술의 백미

◉ 양양 진전사지 3층 석탑

신라 말에 건립되었다고 추정됨, 기단과 몸돌에 앉아 있는 천인상이 조각되어 있음

◉ 화순 쌍봉사 철감선사탑

신라 말 선종의 유행으로 승려의 사리나 유골을 모신 승탑이 유행함

◉ 경주 김유신 묘

굴식 돌방무덤, 무덤에 12지 신상이 조각된 둘레돌(호석)이 둘러져 있음

◉ 경주 원성왕릉 무인석

서역인의 모습을 하고 있어 당시 신라와 서역의 교류를 보여 줌

◉ 성덕 대왕 신종

우리나라에서 가장 큰 종으로, 경덕왕이 아버지 성덕왕을 기리기 위해 만들기 시작하여 혜공왕 때 완성됨

◉ 무구정광대다라니경

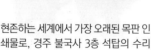

현존하는 세계에서 가장 오래된 목판 인쇄물로, 경주 불국사 3층 석탑의 수리 과정에서 발견됨

2. 발해

◉ 이불병좌상

고구려 양식의 영향을 받은 불상, 석가모니불과 다보불이 나란히 앉아 있는 모습을 표현함

◉ 돌사자상

정혜 공주 무덤에서 발견됨, 고구려 양식의 영향을 받은 조각상

◉ 석등

상경성 터에서 발견됨, 고구려 양식의 영향을 받은 석등

◉ 치미

상경성 터에서 출토됨, 고구려 양식의 영향을 받은 장식 기와

◉ 영광탑

벽돌로 만든 전탑으로, 높이가 13m에 이름, 완전한 형태로 보존된 유일한 발해 탑

1. 불상

◎ 하남 하사창동 철조 석가여래 좌상

고려 초에 제작된 대형 철불로, 광주 춘궁리 철불이라고도 불렸음

◎ 논산 관촉사 석조 미륵보살 입상

고려 광종 때 만들어진 거대 불상으로, 개성 있는 지방 문화를 보여 주며, '은진 미륵'이라고도 불림

◎ 파주 용미리 마애 이불 입상

고려 초의 거대 불상, 천연 암벽을 이용하여 몸체를 만들고 머리를 따로 만들어 올림

◎ 안동 이천동 마애 여래 입상

고려 전기의 거대 불상, '제비원 석불'이라고도 함

◎ 영주 부석사 소조 여래 좌상

신라의 전통 양식을 계승하였으며, 세련미가 돋보임

◎ 고창 선운사 동불암지 마애 여래 좌상

우뚝 솟은 코와 과장되게 큰 손이 돋보이는 거대한 마애불로, 선운사 도솔암 옆 절벽에 새겨져 있음

2. 석탑

◎ 평창 월정사 8각 9층 석탑

고려 전기에 만들어진 대표적인 다각 다층의 석탑

◎ 개성 경천사지 10층 석탑

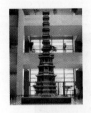

원의 영향을 받아 대리석으로 제작됨, 조선 시대 서울 원각사지 10층 석탑에 영향을 줌

3. 건축

◎ 논산 개태사

왕건이 후백제를 제압하고 세운 사찰, 논산 개태사지 석조 여래 삼존 입상, 개태사 5층 석탑, 개태사 철확(철제 솥) 등이 전해짐

◎ 안동 봉정사 극락전

기둥 위에만 공포가 있는 주심포 양식, 배흘림기둥, 현존하는 우리나라에서 가장 오래된 목조 건축물

◎ 영주 부석사 무량수전

고려 후기에 만들어진 주심포 양식의 건축물, 배흘림기둥, 팔작지붕

◎ 예산 수덕사 대웅전

고려 후기에 만들어진 주심포 양식의 건축물, 배흘림기둥, 맞배지붕

◎ 황해도 성불사 응진전

기둥과 기둥 사이에도 공포가 있는 다포 양식의 고려 후기 건축물

4. 청자

◎ 청자 참외 모양 병

무늬나 장식이 없는 순청자, 11세기까지는 비색의 순청자가 주로 만들어짐

◎ 청자 상감 운학무늬 매병

고려만의 독창적 기술인 상감 기법이 사용된 청자, 12세기 중반 이후 상감 청자가 유행함

1. 지도

◦ 혼일강리역대국도지도

조선 전기 태종 때 제작된 현존하는 동양에서 가장 오래된 세계 지도, 중국 중심의 세계관이 반영되어 있음

◦ 곤여만국전도

중국에서 선교사 마테오 리치가 제작한 서양식 세계 지도로, 조선 후기에 전래되어 조선인의 세계관 확대에 영향을 줌

◦ 동국지도

조선 후기 영조 때 정상기가 제작, 최초로 100리 척 사용

◦ 대동여지도

조선 후기 김정호가 제작, 산맥·하천·도로망 등을 표시, 10리마다 눈금으로 거리 표시, 목판으로 제작, 휴대 간편

2. 과학 기술

◦ 천상열차분야지도

조선 태조 때 고구려의 천문도를 바탕으로 제작

◦ 측우기

조선 세종 때 처음 제작된 강우량 측정 기구

◦ 앙부일구

조선 세종 때 처음 제작된 해시계로, 해의 움직임에 따라 시간을 측정함

◦ 자격루

조선 세종 때 처음 제작된 물시계로, 자동으로 시간을 알려 주는 장치를 갖춤

◦ 거중기

조선 정조 때 정약용이 "기기도설"을 참고하여 제작해 수원 화성 축조에 이용함

3. 석탑, 건축

◦ 서울 원각사지 10층 석탑

조선 세조 때 건립됨, 개성 경천사지 10층 석탑의 영향을 받음

◦ 합천 해인사 장경판전

팔만대장경판을 보관하기 위해 조선 초에 건립

◦ 보은 법주사 팔상전

조선 후기에 건축된 현존하는 우리나라 유일의 목조 5층탑, 내부에 팔상도가 있음

◦ 김제 금산사 미륵전

조선 후기에 건축된 규모가 큰 다층 다포계 건축물, 내부는 3층 전체가 하나로 트인 통층임

◦ 구례 화엄사 각황전

조선 후기에 건축된 규모가 큰 다층 다포계 건축물, 현존하는 중층 불전 중에서 가장 큰 규모

◦ 수원 화성

정조가 당시의 모든 기술을 동원하여 상업적·군사적 중심지로 새롭게 만든 성곽 건축물

◦ 경복궁

조선 건국 후 가장 처음 건립된 궁궐, 임진왜란 때 불탄 것을 흥선 대원군 집권 시기에 중건함

4. 전기 회화

◦ 고사관수도

15세기 강희안의 작품, 물을 바라보는 선비의 모습을 과감한 필치로 표현함

◦ 몽유도원도

15세기 도화서 화원 안견이 안평 대군이 꿈속에서 본 무릉도원 이야기를 듣고 그린 그림, 현실 세계와 도원 세계가 대비를 이루면서 전체적으로 조화를 이룸

◦ 초충도

16세기 신사임당이 풀과 벌레를 소재로 그렸다고 전하는 그림

5. 후기 회화

◦ 민화

문자도   까치 호랑이

조선 후기에 유행함, 대부분 작자를 알 수 없으며, 일반 서민의 소망과 기원을 담음

◦ 진경 산수화

인왕제색도   금강전도

18세기 정선이 개척한 새로운 화풍으로, 우리나라의 실제 경치를 사실적으로 표현한 산수화

◦ 풍속화

무동(김홍도)   월하정인(신윤복)

조선 후기에 사람들의 일상생활 모습을 담은 풍속화가 유행함

◦ 영통동구도

강세황이 서양의 음영법과 원근법을 사용하여 영통동으로 향하는 길목의 풍경을 표현한 그림

◦ 세한도

19세기 제주도에 유배 중이던 김정희가 제자 이상적에게 그려 준 그림

6. 공예

◦ 분청사기

15세기에 유행, 회색 계통의 태토 위에 백토로 분을 발라 구워 낸 자기, 소박한 무늬로 장식

→

◦ 백자

16세기 이후 유행, 깨끗하고 검소한 아름다움이 사대부의 취향에 잘 어울림

→

◦ 청화 백자

조선 후기에 유행, 회회청 안료를 사용하여 푸른색 그림을 그려 넣은 백자

◦ 철화 백자

산화철 안료로 흙갈색 그림을 그려 넣은 백자

1. 신문

○ 한성순보

우리나라 최초의 근대 신문, 박문국에서 열흘에 한 번씩 발행함, 관보적 성격을 가짐

○ 독립신문

우리나라 최초의 민간 신문, 서재필 주도로 창간, 한글판과 영문판 발행

○ 황성신문

국한문 혼용체로 발행(유림층 대상), 장지연의 항일 논설인 '시일야방성대곡'을 처음 게재

○ 제국신문

순 한글로 발행하여 서민층과 부녀자에게 많이 읽힘

○ 대한매일신보

양기탁과 영국인 베델이 창간, 항일 논조, 의병 운동에 호의적인 기사 게재, 국채 보상 운동 확산에 기여함

2. 건축

○ 독립문

프랑스의 개선문을 모방하여 독립 협회의 주도로 건립됨

○ 명동 성당

고딕 양식의 건축물로 1898년에 준공됨, 6월 민주 항쟁 당시 시위대의 농성 장소로 이용됨

○ 덕수궁 석조전

유럽풍의 석조 건축물로 영국인 하딩이 설계함, 광복 이후 미·소 공동 위원회가 개최됨

○ 덕수궁 중명전

러시아 건축가 사바틴이 설계하였으며, 고종의 집무실로 사용되기도 함, 1905년에 을사늑약이 체결된 장소

○ 구 러시아 공사관

르네상스 양식의 건축물, 을미사변 이후 고종이 피신하여 머물던 곳(아관 파천)

○ 환구단

하늘에 제사를 지내던 제단으로, 1897년에 고종이 환구단에서 황제 즉위식을 거행하고 대한 제국의 수립을 선포함, 1913년에 일제에 의해 철거되고 현재는 부속 건물인 황궁우만 남아 있음

○ 원각사

1908년에 설립된 우리나라 최초의 서양식 극장, 신소설 "은세계"가 연극으로 상연됨

3. 근대 문물

○ 전차

1899년 서대문에서 청량리 구간이 처음으로 개통됨

○ 철도

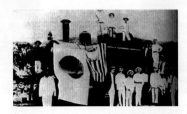

1899년 최초의 철도인 경인선(노량진에서 제물포 구간)이 개통됨

1 기본 61회 4번

(가)에 들어갈 문화유산으로 옳지 않은 것은? [2점]

과제 조사 보고서	
주제	삼국 시대의 문화유산 알아보기
방법	문헌 조사, 인터넷 검색, 박물관 탐방
알게 된 점	문화유산을 통해 삼국 시대 문화의 특징을 파악할 수 있었다.
조사한 문화유산	금관총 금관 (가) 서산 용현리 마애 여래 삼존상

①
금동 연가 7년명
여래 입상

②
논산 관촉사
석조 미륵보살 입상

③
천마총 장니 천마도

④
장군총

2 기본 63회 5번

(가)에 들어갈 문화유산으로 옳은 것은? [1점]

특별 사진전

문화유산으로 보는 백제의 대외 교류

백제 금동 대향로 / (가) / 무령왕릉

①
칠지도

②
청자 상감 운학문 매병

③
천마총 장니 천마도

④
호우총 청동 그릇

(가)에 들어갈 가상 우표로 가장 적절한 것은? [1점]

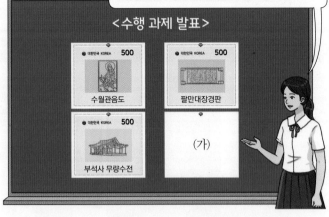

저희 모둠은 태조 왕건이 세운 국가의 대표적인 문화 유산을 소재로 우표 도안을 만들었습니다.

< 수행 과제 발표 >

대한민국 KOREA 500 수월관음도
대한민국 KOREA 500 팔만대장경판
대한민국 KOREA 500 부석사 무량수전
(가)

①
대한민국 KOREA 500
산수무늬 벽돌

②
대한민국 KOREA 500
도기 바퀴장식 뿔잔

③
대한민국 KOREA 500
황남 대총 금관

④
대한민국 KOREA 500
청자 상감 운학문 매병

다음 특별전에서 볼 수 있는 작품으로 옳은 것은? [2점]

○○ 미술관 특별전

겸재 정선, 우리 자연의 아름다움을 화폭에 담다

화면을 넘기면 다른 작품을 볼 수 있습니다.

① 영통동구도

② 인왕제색도

③ 세한도

④ 몽유도원도

(가)에 들어갈 문화유산으로 옳은 것은? [2점]

답사 계획서

- 주제 : 근대 역사의 현장을 찾아서
- 일자 : 2021년 ○○월 ○○일
- 답사 장소

사진	설명
우정총국	근대 우편 제도를 시행하기 위해 세워진 것으로, 개국 축하연 때 갑신정변이 발생하였다.
구 러시아 공사관	을미사변 이후 고종이 피신한 곳으로 약 1년 동안 머물렀다. 지금은 건물의 일부만 남아 있다.
(가)	고종의 접견실 등으로 사용하기 위해 지어진 것으로, 당시 건축된 서양식 건물 중 규모가 가장 크다.

①
황궁우

②
명동 성당

③
운현궁 양관

④
덕수궁 석조전

밑줄 그은 '이 신문'에 대한 설명으로 옳은 것은? [2점]

史 **오늘의 역사**
10분 전

#신문의_날 #1896년_4월_7일

1896년 4월 7일은 서재필이 우리나라 최초의 민간 신문인 이 신문을 창간한 날 입니다. 언론계에서는 이를 기념해 4월 7일을 '신문의 날'로 지정하였습니다.

👍 좋아요 58　　💬 댓글 3　　➡ 공유하기

① 천도교의 기관지였다.
② 박문국에서 발간하였다.
③ 한글판과 영문판으로 발행되었다.
④ 시일야방성대곡이라는 논설을 실었다.

환재 박규수(1807~1877)

- 박지원의 손자
- 진주 농민 봉기의 수습을 위해 안핵사로 파견됨
- 평안 감사로 제너럴 셔먼호의 격침을 지휘함
- 서양 세력과의 통상 주장 → 김옥균, 박영효 등 개화사상가들에게 큰 영향을 끼침

수운 최제우(1824~1864)

- 경주의 몰락한 양반 출신으로 서학에 대응하여 동학을 창시함
- 경전인 "동경대전"과 포교 가사집인 "용담유사"를 지음
- 혹세무민의 죄목으로 대구에 있는 경상 감영에서 처형됨

면암 최익현(1833~1906)

- 흥선 대원군을 비판하는 상소를 올림 → 이를 계기로 고종의 친정 시작
- 위정척사파 : 왜양일체론을 내세워 강화도 조약 체결에 반대함('지부복궐척화의소')
- 을사늑약 체결에 반발하여 태인에서 의병을 일으킴
- 쓰시마섬(대마도)에서 순국

죽천 박정양(1841~1905)

- 조사 시찰단으로 일본에 파견됨
- 초대 주미 공사
- 호조 판서, 한성부 판윤 겸임
- 군국기무처 부총재
- 독립 협회의 제안을 받아들여 중추원 관제 개편을 추진함

도원 김홍집(1842~1896)

- 제2차 수신사로 일본에 파견됨 → 황준헌이 쓴 "조선책략"을 조선에 들여옴
- 한성 조약 체결 당시 전권 대신을 맡음
- 군국기무처 총재관으로 갑오개혁 주도
- 1896년 아관 파천 직후 광화문에서 살해됨

월남 이상재(1850~1927)

- 독립 협회에 참여하고 만민 공동회를 주도함
- 조선 교육 협회를 창립함
- 민립 대학 설립 운동을 주도함
- 신간회 초대 회장

고균 김옥균(1851~1894)

- 급진 개화파
- 갑신정변을 주도함 → 실패 후 일본에 망명함
- 중국 상하이에서 홍종우에게 암살됨

왕산 허위(1855~1908)

- 을미의병에 참여
- 평리원 재판장 역임
- 정미의병 시기 13도 창의군의 군사장으로 서울 진공 작전 전개
- 영평에서 체포되어 서대문 형무소에서 순국

전봉준(1855~1895)

- 고부 지방의 동학 접주로 동학 농민 운동을 주도함
- '녹두 장군'이라고도 불림
- 공주 우금치 전투에서 일본군과 관군에 맞서 싸웠으나 패배함
- 순창에서 체포되어 처형됨

구당 유길준(1856~1914)

- 일본과 미국에서 유학함
- 조사 시찰단과 보빙사에 참여함
- 조선 중립화론을 주장함
- "서유견문"을 저술함
- 을미개혁 때 단발령을 주도함

석주 이상룡(1858~1932)

- 서간도로 망명하여 경학사 조직, 신흥 강습소 설립을 주도함
- 대한민국 임시 정부 초대 국무령
- 일제가 독립운동의 맥을 끊기 위해 안동 임청각(이상룡의 생가)을 훼손함

백암, 태백광노 박은식(1859~1925)

- 황성신문·대한매일신보의 주필, 신민회 회원
- "한국통사"(국혼 강조)와 "한국독립운동지혈사"(독립 투쟁사 서술)를 저술함
- '유교 구신론'을 발표함
- 대한민국 임시 정부 제2대 대통령

일성 이준(1859~1907)

- 한성 재판소 검사보로 임명됨
- 을사늑약 폐기를 주장하는 상소 운동을 전개함
- 신민회에 참여함
- 헤이그 특사로 파견되었다가 그곳에서 순국함

윤희순(1860~1935)

- 의병 활동을 지원하고, '안사람 의병가' 등 의병가 8편을 만들어 의병들의 사기를 높임
- 중국으로 망명하여 노학당을 설립함
- 중국 무순(푸순)에서 조선독립단을 조직함

최재형(최페치카, 1860~1920)

- 연해주에서 의병 활동 전개
- 안중근의 하얼빈 의거 지원
- 대동공보 사장, 권업회 조직, 권업신문 발간
- 제2회 전로 한족 대표 회의에서 이동휘와 함께 명예 회장으로 추대됨
- 1920년 일본군에 잡혀 우수리스크에서 순국함

의암 손병희(1861~1922)

- 교조 신원 운동에 참여
- 동학 농민 운동 당시 북접 지휘
- 동학의 제3대 교주로 취임
- 동학을 천도교로 개칭함
- 보성 학교, 동덕 여학교 등을 인수하여 교육 사업 전개
- 민족 대표 33인 중 천도교 대표로 3·1 운동을 주도함

홍암 나철(본명 나인영, 1863~1916)

- 일본에서 이토 히로부미와 총리대신 등에게 항의 서신을 보내며 외교 항쟁을 함
- 을사오적 처단을 위해 자신회를 조직함
- 단군 신앙을 바탕으로 대종교를 창시함

호머 베잘렐 헐버트(1863~1949)

- 미국인으로, 육영 공원의 교사로 초빙됨
- 세계 지리 교과서 "사민필지"를 한글로 편찬함
- 을사늑약 직후 고종의 친서를 미국 정부에 전달하였으나 도움을 얻는 데 실패함

송재 서재필(1864~1951)

- 급진 개화파
- 갑신정변에 참여함 → 실패 후 미국에 망명함(미국명 필립 제이슨)
- 귀국하여 독립신문을 창간하고 독립 협회를 설립함(독립문 건립 등)

남강 이승훈(1864~1930)

- 신민회 회원, 오산 학교 설립, 자기 회사와 태극 서관 운영에 참여함
- 105인 사건으로 수감됨
- 3·1 운동 당시 민족 대표 33인 중 기독교 대표
- 물산 장려 운동, 민립 대학 설립 운동에 가담함

우당 이회영(1867~1932)

- 신민회 회원
- 일가족의 전 재산을 처분하여 독립운동 자금을 마련한 후 함께 서간도로 이주함
- 서간도 삼원보에서 경학사를 조직하고, 신흥 강습소를 설립함

홍범도(1868~1943)

- 산포대를 조직하여 의병 활동을 전개함
- 대한 독립군을 지휘하여 봉오동 전투와 청산리 대첩에서 활약함
- 소련 스탈린의 정책에 의해 중앙아시아로 강제 이주됨

석오 이동녕(1869~1940)

- 이상설 등과 서전서숙 설립
- 안창호, 양기탁 등과 신민회 조직
- 경학사와 신흥 강습소 설립 주도
- 권업회 조직, 해조신문 발행
- 대한민국 임시 정부 임시 의정원 초대 의장, 국무총리, 국무령, 주석 역임

성재 이시영(1869~1953)

- 신민회 회원
- 국권 피탈 후 형인 이회영 등 가족과 함께 서간도로 이주함
- 경학사와 신흥 강습소 설립을 주도함
- 대한민국 임시 정부 국무위원
- 대한민국 초대 부통령

보재 이상설(1870~1917)

- 을사늑약 반대 상소를 올림
- 북간도에 서전서숙을 설립함
- 헤이그 특사로 파견됨
- 연해주에서 권업회 조직, 대한 광복군 정부 수립 주도

우강 양기탁(1871~1938)

- 베델과 함께 대한매일신보를 창간함
- 국채 보상 운동을 주도함
- 정의부를 조직함
- 대한민국 임시 정부 국무위원

남자현(1872~1933)

- 독립군의 어머니로 불림
- 서로 군정서에서 활동
- 간도에서 여자 권학회 조직, 여성 운동 전개
- 국제 연맹 조사단에 혈서('조선 독립원') 전달 시도
- 사이토 조선 총독과 만주국 주재 일본 대사 암살 시도

어네(니)스트 토마스 베델(한국명 배설, 1872~1909)

- 영국인으로 양기탁과 함께 대한매일신보를 창간함
- 을사늑약의 부당함을 알리는 논설과 고종의 밀서를 게재함
- 장인환·전명운의 의거, 항일 의병 활동 등을 호의적으로 보도함

성재 이동휘(1873~1935)

- 대한 제국의 무관(강화 진위대 참령) 출신
- 신민회에서 활동함
- 서북 학회를 조직함
- 대한 광복군 정부 수립 주도 → 부통령 역임
- 한인 사회당 창당 주도
- 대한민국 임시 정부 국무총리

노백린(1875~1926)

- 한국 무관 학교 교관과 육군 무관 학교 교장 역임
- 신민회에 참여
- 대한민국 임시 정부 군무총장 → 미국 캘리포니아에 한인 비행 학교 설립(독립군 비행사 양성)

장인환(1876~1930)

- 대동 보국회에 가입함
- 일제의 한국 침략에 협력한 친일 미국인 스티븐스를 미국 샌프란시스코에서 처단함

백범 김구(1876~1949)

- 한인 애국단을 조직함
- 대한민국 임시 정부 주석
- 신탁 통치 반대 운동을 주도함
- 남북 협상에 참여함
- 서울 경교장에서 안두희에게 피살됨

한힌샘, 백천 주시경(1876~1914)

- 별명 '주보따리'
- 독립신문 교보원으로 활동함
- 국문 동식회를 조직함
- 국문 연구소 위원으로 국문법을 정리하고 한글을 체계적으로 연구함
- "국어문법", "말의 소리" 등을 저술함

신돌석(1878~1908)

- 평민 출신으로, 을사늑약 체결 이후 경상도 영해·평해 일대에서 의병 활동을 함 → 평민 의병장으로 활약
- '태백산 호랑이'라고도 불림

도산 안창호(1878~1938)

- 독립 협회에 가입함
- 신민회를 조직하고, 대성학교를 설립함
- 서북 학회를 조직함
- 미국 샌프란시스코에서 흥사단을 조직함
- 대한민국 임시 정부에 참여
- 수양 동우회 사건으로 수감됨

도마 안중근(1879~1910)

- 국내에서 삼흥 학교 설립
- 연해주에서 의병장으로 활약함
- 동의 단지회를 조직함
- 만주 하얼빈역에서 이토 히로부미를 저격함 → 뤼순 감옥에서 순국함
- "동양 평화론"을 저술함

만해 한용운(본명 한정옥, 1879~1944)

- 승려이자 시인, 독립운동가
- 3·1 운동 당시 민족 대표 33인 중 불교계 대표, 기미 독립 선언서 초안 검토, 공약 3장 집필
- 불교 개혁을 주장한 "조선 불교유신론" 집필, "유심"이라는 불교 잡지 발간
- 시집 "님의 침묵" 등 저술

심산 김창숙(1879~1962)

- 을사늑약 체결 반대 상소
- 파리 장서 운동 주도
- 대한민국 임시 정부 임시 의정원 초대 대의원
- 서로 군정서 조직, 나석주 의거 지원
- 광복 이후 성균관 대학교 초대 총장

예관 신규식(1880~1922)

- 국권 피탈 이후 중국에 건너가 동맹회에 가입함, 쑨원의 무창 의거 참가
- 상하이에서 동제사 조직
- 박은식과 대동 보국단 조직
- '대동단결 선언'에 참여
- 신한 청년당 조직
- 대한민국 임시 정부 법무총장과 외무총장 등 역임

단재 신채호(1880~1936)

- 민족주의 사학의 연구 방향을 제시함('독사신론')
- "조선사연구초", "조선상고사" 등을 저술함
- "이순신전", "을지문덕전" 등 위인전을 편찬함
- 의열단의 활동 지침인 '조선 혁명 선언'을 작성함

조지 루이스 쇼(1880~1943)

- 아일랜드계 영국인
- 중국 안동(단둥)에서 무역 회사인 이륭양행을 설립하고 그 안에 대한민국 임시 정부 교통국 사무소를 설치함
- 대한민국 임시 정부의 활동을 지원함

후세 다쓰지(1880~1953)

- 일본인 변호사
- 2·8 독립 선언에 참여한 한국인 유학생들의 변호를 맡음
- 의열단원 김지섭의 변호를 맡음
- 일왕 및 왕족을 폭살하고자 계획하였던 박열과 가네코 후미코의 변호를 맡음

우사 김규식(1881~1950)

- 파리 강화 회의에 민족 대표로 파견됨
- 민족 혁명당 설립에 참여
- 대한민국 임시 정부 부주석
- 여운형과 함께 좌우 합작 운동을 주도함
- 민족 자주 연맹을 이끌고 남북 협상에 참여함

백포 서일(본명 서기학, 1881~1921)

- 대종교 교리를 연구하고 포교 활동을 전개함
- 중광단을 조직하고 단장에 취임
- 북로 군정서 총재
- 대한 독립군단 총재

전명운(1884~1947)

- 공립 협회에 가입함
- 미국 샌프란시스코에서 일제의 한국 침략에 협력한 친일 미국인 스티븐스를 향해 저격을 시도함

고헌 박상진(1884~1921)

- 독립운동 지원을 위해 상덕태상회를 설립함
- 대한 광복회를 조직하고 총사령을 맡음 → 독립운동 자금 조달, 친일 부호 처단 등의 활동을 함

백산 안희제(1885~1943)

- 대동 청년당 조직
- 백산 상회 설립 : 독립운동 단체의 연락 기관, 대한민국 임시 정부에 독립운동 자금 지원
- 중외일보 사장, 중앙일보 고문 역임

몽양 여운형(1886~1947)

- 신한 청년당 결성
- 대한민국 임시 정부 수립에 참여
- 조선 건국 동맹과 조선 건국 준비 위원회를 조직함
- 조선 인민당 당수
- 좌우 합작 위원회 주도
- 서울 혜화동에서 피살됨

조소앙(본명 조용은, 1887~1958)

- '대동단결 선언'에 참여
- 한국 독립당을 결성함
- 대한민국 임시 정부 외무부장
- 삼균주의를 제창함(대한민국 임시 정부가 발표한 건국 강령의 기초가 됨)

가인 김병로(1887~1964)

- 변호사로 많은 애국지사를 변호함(김상옥 의거, 6·10 만세 운동·광주 학생 항일 운동 관련자 등)
- 신간회 중앙 집행 위원장
- 남조선 과도 정부 사법부장
- 대한민국 초대 대법원장

이위종(1887~미상)

- 을사늑약 체결 이후 아버지(이범진)와 러시아에서 비공식 외교 활동 전개
- 이상설, 이준과 함께 헤이그 특사로 파견됨
- 헤이그에서 프랑스어로 한국 독립에 대한 협조를 요청하는 연설을 함

이재명(1887~1910)

- 공립 협회에 가입
- 이토 히로부미의 암살을 계획하였으나 안창호의 만류로 실행하지 못함
- 명동 성당 앞에서 이완용의 암살 시도 → 칼로 찔러 상처를 입혔으나 처단에는 실패하고 일본 경찰에 체포됨

백산 지청천(이청천, 1888~1957)

- 일본 육군 사관 학교 졸업 후 만주로 망명 → 신흥 무관 학교에서 독립군 양성
- 정의부 총사령관 역임
- 한국 독립당 창당에 참여
- 한국 독립군을 지휘하여 한·중 연합 작전 전개(쌍성보·대전자령 전투 등)
- 한국 광복군 총사령관

한뫼 이윤재(1888~1943)

- 조선어 연구회, 조선어 학회에서 활동
- 한글 맞춤법 통일안 제정, 조선어 사전 편찬 등에 참여함
- 진단 학회의 창립에 참여
- "성웅 이순신", "문예독본" 등 저술

기농 정세권(1888~1966)

- 부동산 사업가이자 민족 사업가 : 서울 전역에 한옥 마을 조성, 개량 한옥 대량 공급(전통 주거 문화 수호 및 한국인 주거 공간 확보)
- 물산 장려 운동과 신간회 활동에 참여
- 조선어 학회 활동 지원 : 조선어 학회 회관 기증 등

백야 김좌진(1889~1930)

- 북로 군정서의 지휘관
- 청산리 대첩에서 활약함

프랭크 윌리엄 스코필드(한국명 석호필, 1889~1970)

- 영국 태생의 캐나다인
- 세브란스 의학 전문학교 교수로 내한
- 3·1 운동 당시 일제가 저지른 제암리·수촌리 학살 사건의 현장을 찾아가 기록을 남기고 참상을 외국 언론에 알림
- 국립 서울 현충원에 안장

민세 안재홍(1891~1965)

- 일제 강점기 조선일보 사장
- 고대사 연구를 통해 일제 식민 사관을 극복하고자 함
- "여유당전서"를 간행하고 조선학 운동을 전개함
- 조선 건국 준비 위원회 부위원장
- "조선상고사감", '신민족주의와 신민주주의' 저술

김마리아(1892~1944)

- 2·8 독립 선언에 참여
- 대한민국 애국 부인회 회장
- 대한민국 임시 정부 황해도 대의원 역임
- 미국에서 여성 독립운동 단체 근화회를 조직함

나석주(마중달·마충대, 1892~1926)

- 국내에서 항일 비밀 결사 조직 → 군자금 모금 등
- 중국 군사 학교 수료 후 중국군 장교로 복무 → 대한민국 임시 정부에서 활동
- 의열단 가입 → 조선 식산 은행과 동양 척식 주식회사에 폭탄 투척

◦ 담원 정인보(1893~1950)

- 국권 피탈 후 중국 상하이로 망명 → 동제사 조직
- "여유당전서"를 간행하고 조선학 운동을 전개함
- '5천 년간 조선의 얼', "조선사연구", "양명학연론" 등 저술

◦ 백남운(1894~1979)

- 사회 경제 사학자
- 유물 사관을 바탕으로 일제의 식민 사관(정체성론)을 반박함
- "조선사회경제사", "조선봉건사회경제사" 등 저술

◦ 외솔 최현배(1894~1970)

- 조선어 강습원에서 주시경의 가르침을 받음
- 조선어 연구회, 조선어 학회에서 활동
- 조선어 학회 사건으로 수감됨
- "우리말본"과 "한글갈" 등 저술

◦ 김익상(1895~1941)

- 의열단 가입 → 조선 총독부에 폭탄을 투척하고 중국으로 탈출함
- 중국 상하이에서 일본 육군 대장 다나카 암살을 시도함

◦ 벽해 양세봉(양서봉, 1896~1934)

- 조선 혁명군의 총사령
- 한·중 연합 작전을 전개하여 영릉가·흥경성 전투 등에서 일본군에 맞서 싸움

◦ 약산 김원봉(1898~1958)

- 의열단을 조직함
- 조선 혁명 간부 학교를 설립함
- 민족 혁명당을 결성함
- 조선 의용대를 창설함
- 조선 의용대의 일부 대원들과 함께 한국 광복군에 합류함 → 부사령관 역임

◦ 소파 방정환(1899~1931)

- 천도교 소년회를 조직하여 소년 운동을 전개함
- 색동회를 조직함
- '어린이'라는 용어를 처음 사용함
- '어린이날'을 만들고, 잡지 "어린이"를 발행함

◦ 이봉창(1901~1932)

- 한인 애국단에 가입함
- 일본 도쿄에서 일왕이 탄 마차를 향해 수류탄을 던졌으나 실패함

◦ 심훈(1901~1936)

- 3·1 운동에 가담
- 영화 '먼동이 틀 때' 감독
- 저항시 '그날이 오면'을 발표함
- 신문에 소설 "직녀성", "상록수" 등을 연재함

◦ 유관순(1902~1920)

- 이화 학당 재학 시절 3·1 운동이 일어나자 만세 시위에 참여함
- 고향인 천안으로 내려가 아우내 장터에서 만세 시위를 주도함
- 일본 경찰에 체포되어 서대문 형무소에서 순국함

◦ 춘사 나운규(1902~1937)

- 명동 학교 재학 중 3·1 운동에 참여함
- 영화 '아리랑'의 감독이자 주연

◦ 권기옥(1903~1988)

- 학창 시절 송죽회에 가입하여 활동함
- 대한민국 임시 정부의 추천으로 중국의 육군 항공 학교 수료 → 우리나라 최초의 여성 비행사
- 중국군에서 비행사로 복무하며 항일 무장 투쟁 전개

◦ 가네코 후미코(1903~1926)

- 일본인으로 독립운동가 박열과 결혼함
- 아나키즘 단체 불령사 조직
- 박열과 함께 일왕 및 왕족 폭살을 계획함 → 체포되어 수감 중 사망

◦ 이육사(본명 이원록, 1904~1944)

- 의열단에 가입함
- 조선 은행 대구 지점 폭탄 투척 사건으로 수감되었을 때의 수인 번호를 따 '이육사'라는 이름을 사용함
- 조선 혁명 간부 학교 1기생
- '황혼', '청포도', '절정', '광야' 등의 시를 남김 → 사후 "육사시집"이 발간됨

◦ 간송 전형필(1906~1962)

- 교육가이자 문화재 수집가
- 일제 강점기에 "훈민정음 해례본" 등 수많은 우리 문화재를 수집하여 보존에 힘씀
- 문화재를 보관하기 위해 우리나라 최초의 사립 박물관인 보화각(지금의 간송 미술관)을 세움

◉ 매헌 윤봉길(1908~1932)

- 한인 애국단에 가입함
- 중국 상하이 훙커우 공원에서 폭탄 의거를 일으켜 일본군 장성과 고관을 처단함

◉ 박차정(1910~1944)

- 근우회에 가입하여 활동함
- 중국으로 망명하여 의열단에 가입함
- 조선 혁명 간부 학교의 교관
- 조선 의용대 부녀 복무 단장 → 항일 무장 투쟁 전개

◉ 오광심(1910~1976)

- 조선 혁명당에서 활동
- 민족혁명당부녀부에서 활약
- 대한민국 임시 정부를 주체로 독립운동 단체들이 연합한 한국 광복 운동 단체 연합회(한국광복진선) 청년 공작대로 활동
- 한국 광복군 사무 및 선전 활동 담당 : 기관지 "광복" 등 간행

◉ 장준하(1915~1975)

- 일본군에 징집된 후 탈출하여 한국 광복군에 합류
- 광복 이후 잡지 "사상계"를 간행하고 민주화 운동 전개
- 제7대 국회 의원에 당선
- 유신 체제 반대 운동 주도 → 개헌 청원 100만 인 서명 운동 전개

◉ 윤동주(1917~1945)

- 명동 학교 출신
- '서시', '자화상', '별 헤는 밤' 등의 시를 남김
- 일본 유학 중 독립운동 혐의로 후쿠오카 형무소에 수감되어 옥사함
- 사후 시집 "하늘과 바람과 별과 시"가 발간됨

실력을 키우는 기출문제

1 기본 66회 32번

(가)에 해당하는 인물로 옳은 것은? [1점]

□□신문

제△△호 　　　　　 ○○○○년 ○○월 ○○일

(가) , 쓰시마섬에서 순국하다

을사늑약 체결에 저항하여 태인에서 의병을 일으켰던 (가) 이/가 오늘 절명하였다. 그는 관군이 진압하러 오자 같은 동포끼리는 서로 죽일 수 없다며 전투를 중단하고 체포되었다. 서울로 압송된 뒤 쓰시마섬에 끌려가 최후를 맞이하였다.

① 신돌석
② 최익현
③ 안중근
④ 홍범도

2 기본 63회 40번

(가)에 해당하는 인물로 옳은 것은? [2점]

신문으로 보는 일제 강점기 노동 운동

🔍 내용 살펴보기

평양 을밀대 지붕 위에 올라갔다가 평양 경찰서에 검속되어 있는 평원 고무 공장 파업 여공 (가) 이 31일 밤까지 단식을 계속하고 있다. ……그는 평원 고무 공장이 임금 삭감을 취소하지 않으면 먹지 않겠다고 버티는 중이다.

①  강주룡
② 남자현
③ 유관순
④ 윤희순

3 기본 64회 42번

(가)에 들어갈 내용으로 옳은 것은? [3점]

역사 인물 카드

- 호 : 우사
- 생몰 : 1881년~1950년
- 주요 활동
  - 파리 강화 회의에 신한 청년당 대표로 파견
  - 대한민국 임시 정부 부주석 등 역임
  - (가)
  - 남북 협상 참여

① 대성 학교 설립
② 조선 혁명 선언 작성
③ 좌우 합작 위원회 결성
④ 한국독립운동지혈사 저술

4 기본 67회 47번

(가)에 들어갈 인물로 옳은 것은? [1점]

내가 그린 (가) 은/는 서울 평화 시장에서 재단사로 일하셨어. 바보회를 조직하고 1970년 노동자들의 인권을 위해 자신을 희생하셨어.

근로 기준법을 준수하라! 우리는 기계가 아니다!

① 윤동주　　② 이한열　　③ 장준하　　④ 전태일

1 기본 61회 32번

(가)~(라) 제도에 대한 설명으로 옳은 것은? [3점]

기록으로 보는 관리 등용 제도

(가) 처음으로 독서삼품을 정하여 관리를 선발하였다.

(나) 쌍기의 말을 받아들여 과거로 관리를 뽑았으며, 이로 부터 학문을 숭상하는 풍조가 비로소 일어났다.

(다) 천거한 사람들을 한곳에 모아 시험을 치르면 많은 인 재를 얻을 수 있을 것입니다. 이는 한(漢)에서 시행한 현량과의 뜻을 이은 것입니다.

(라) 군국기무처에서 올린 의안에, …… 과거제의 변통에 대 한 재가를 받아 별도로 선거조례(選擧條例)를 정한다.

---

① (가) - 문과, 무과, 잡과로 구분하여 선발하였다.

② (나) - 신라 원성왕 재위 시기에 시행되었다.

③ (다) - 조광조 등 사림 세력이 실시를 주장하였다.

④ (라) - 광무개혁의 일환으로 단행되었다.

2 기본 67회 31번

(가)~(라)에 들어갈 인물로 옳지 <u>않은</u> 것은? [2점]

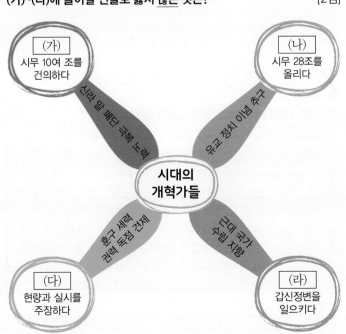

① (가) - 최치원

② (나) - 최승로

③ (다) - 정도전

④ (라) - 김옥균

3 기본 66회 45번

(가)~(다)에 대한 설명으로 옳은 것은? [3점]

한국사 탐구 보고서

- **주제** : 사회적 차별에 맞선 사람들
- **목적** : 우리 역사 속 사회적 차별에 맞선 사람들의 주장을 조사 하여 그 의미를 되새겨 본다.
- **방법** : 문헌 조사, 인터넷 검색 등
- **시대별 탐구 내용**

시대	탐구 내용
고려 시대	"장군과 재상에 어찌 씨가 있겠는가?", 만적을 비롯 한 많은 (가) 이/가 신분 해방을 도모하다.
조선 시대	"적자가 아니라는 이유로 관직을 제한하는 법을 풀 어 주십시오.", 상소를 올려 (나) 에 대한 차별 폐 지를 요청하다.
일제 강점기	"공평은 사회의 근본이요, 애정은 인류의 본성이 라.", 조선 형평사를 조직하여 (다) 에 대한 차별 철폐를 주장하다.

---

① (가) - 고려 시대에 공음전을 지급받았다.

② (나) - 일부가 규장각 검서관에 기용되었다.

③ (다) - 골품에 따라 관직 승진의 제한을 받았다.

④ (가), (나), (다) - 매매, 상속, 증여의 대상이 되었다.

4 기본 64회 50번

(가)~(다)를 설립한 순서대로 옳게 나열한 것은? [3점]

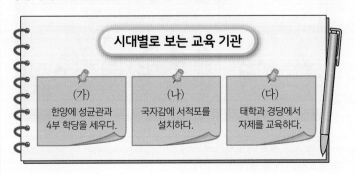

① (가) - (나) - (다)

② (가) - (다) - (나)

③ (나) - (가) - (다)

④ (다) - (나) - (가)

1 기본 63회 1번

(가)에 들어갈 내용으로 가장 적절한 것은? [1점]

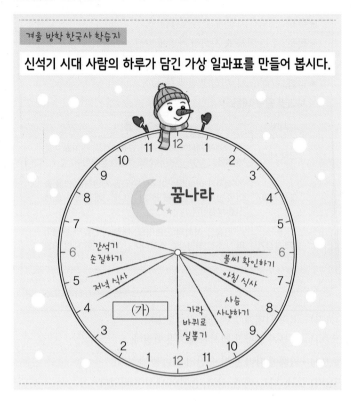

겨울 방학 한국사 학습지

신석기 시대 사람의 하루가 담긴 가상 일과표를 만들어 봅시다.

꿈나라

간석기 손질하기
저녁 식사
(가)
가락바퀴로 실뽑기
사슴 사냥하기
아침 식사
불씨 확인하기

① 거친무늬 거울 닦기
② 비파형 동검 제작하기
③ 빗살무늬 토기 만들기
④ 철제 농기구로 밭 갈기

2 기본 55회 2번

(가) 나라에 대한 설명으로 옳은 것은? [2점]

만화로 보는 (가) 의 사회 모습

범금 8조

사람을 죽인 자는 사형에 처한다.

남에게 상해를 입힌 자는 곡식으로 갚아야 한다.

도둑질한 자는 노비로 삼되, 용서받고자 할 때에는 50만 전을 내야 한다.

① 낙랑과 왜에 철을 수출하였다.
② 영고라는 제천 행사를 열었다.
③ 서옥제라는 혼인 풍습이 있었다.
④ 건국 이야기가 삼국유사에 실려 있다.

3 기본 52회 3번

다음 가상 인터뷰에 등장하는 왕의 재위 기간에 있었던 사실로 옳은 것은? [3점]

즉위한 이후에 어떤 일을 하셨나요?

국호를 신라로 확정하고 임금의 칭호를 마립간에서 왕으로 고쳤습니다.

① 불교가 공인되었다.
② 노비안검법이 시행되었다.
③ 이사부가 우산국을 정벌하였다.
④ 황룡사 구층 목탑이 건립되었다.

4 기본 55회 4번

(가), (나) 사이의 시기에 있었던 사실로 옳은 것은? [2점]

(가) 장수왕 63년, 왕이 군사 3만 명을 거느리고 백제에 침입하여 도읍인 한성을 함락시키고 백제 왕을 죽였다.

(나) 보장왕 4년, 당의 여러 장수가 안시성을 공격하였다. …… [당군이 밤낮으로 쉬지 않고 60일간 50만 명을 동원하여 토산을 쌓았다. …… 고구려군 수백 명이 성이 무너진 곳으로 나가 싸워서 마침내 토산을 빼앗았다.

① 원종과 애노가 봉기하였다.
② 김흠돌이 반란을 도모하였다.
③ 을지문덕이 수의 군대를 물리쳤다.
④ 장문휴가 당의 산둥반도를 공격하였다.

5 기본 52회 5번
밑줄 그은 '이 왕'으로 옳은 것은? [1점]

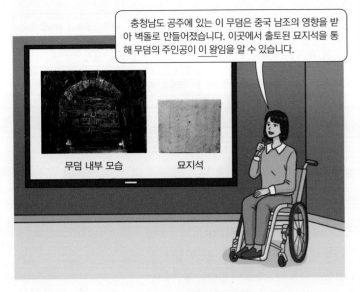

충청남도 공주에 있는 이 무덤은 중국 남조의 영향을 받아 벽돌로 만들어졌습니다. 이곳에서 출토된 묘지석을 통해 무덤의 주인공이 이 왕임을 알 수 있습니다.

무덤 내부 모습 　　　묘지석

① 성왕 　　　　　② 고이왕
③ 무령왕 　　　　④ 근초고왕

6 기본 60회 5번
(가)에 들어갈 가상 우표로 적절한 것은? [2점]

우리 반에서는 공주와 부여에 도읍했던 국가의 문화유산을 소재로 우표를 만들었습니다.

정림사지 오층 석탑 　　석촌동 고분군

(가)

대한민국 KOREA 500
무령왕릉 석수

① 대한민국 KOREA 500
첨성대

② 대한민국 KOREA 500
미륵사지 석탑

③ 대한민국 KOREA 500
무용총 수렵도

④ 대한민국 KOREA 500
성덕 대왕 신종

7 기본 54회 10번
(가)에 들어갈 내용으로 옳은 것은? [2점]

(앞면)

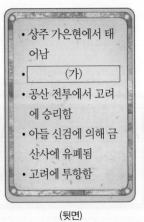

- 상주 가은현에서 태어남
- (가)
- 공산 전투에서 고려에 승리함
- 아들 신검에 의해 금산사에 유폐됨
- 고려에 투항함

(뒷면)

① 철원으로 천도함
② 후백제를 건국함
③ 훈요 10조를 남김
④ 경주의 사심관으로 임명됨

8 기본 64회 7번
다음 사건이 일어난 시기를 연표에서 옳게 고른 것은? [2점]

진성왕 3년, 나라 안의 모든 주와 군에서 공물과 부세를 보내지 않아 창고가 텅 비어 나라의 재정이 궁핍해졌다. 왕이 관리를 보내 독촉하니 곳곳에서 도적이 벌떼처럼 일어났다. 이때 원종과 애노 등이 사벌주를 거점으로 반란을 일으켰다.

– "삼국사기"

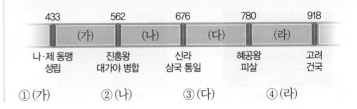

433	562	676	780	918
(가)	(나)	(다)	(라)	
나·제 동맹 성립	진흥왕 대가야 병합	신라 삼국 통일	혜공왕 피살	고려 건국

① (가) 　　② (나) 　　③ (다) 　　④ (라)

9 기본 58회 8번

(가) 국가에 대한 설명으로 옳은 것은? [1점]

이것은 (가) 의 중대성에서 일본으로 보낸 외교 문서입니다. 화면에 보이는 것처럼 이 문서에 기록된 사절단에 고구려의 왕족 성씨인 고씨가 다수 포함된 것이 확인됩니다.

중대성첩

① 대조영이 동모산에서 건국하였다.
② 청해진을 중심으로 해상 무역이 전개되었다.
③ 여러 가(加)들이 별도로 사출도를 주관하였다.
④ 지방 세력 견제를 위해 기인 제도가 실시되었다.

10 기본 58회 10번

(가)에 들어갈 문화유산으로 옳은 것은? [3점]

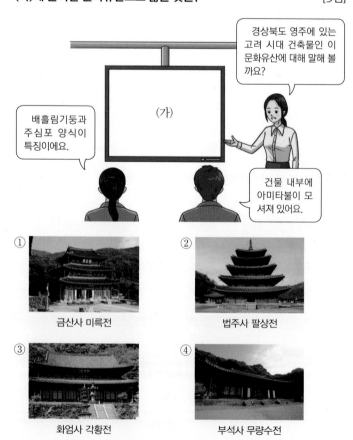

경상북도 영주에 있는 고려 시대 건축물인 이 문화유산에 대해 말해 볼까요?

(가)

배흘림기둥과 주심포 양식이 특징이에요.

건물 내부에 아미타불이 모셔져 있어요.

① 금산사 미륵전
② 법주사 팔상전
③ 화엄사 각황전
④ 부석사 무량수전

11 기본 55회 11번

다음 상황 이후에 일어난 사실로 옳은 것은? [2점]

신 최승로, 시무 28조를 작성하여 올립니다.

국가적인 불교 행사를 줄이고 유교를 바탕으로 나라를 다스리라는 말이로군.

① 상대등이 설치되었다.
② 12목에 지방관이 파견되었다.
③ 쌍기의 건의로 과거제가 실시되었다.
④ 웅천주 도독 김헌창이 반란을 일으켰다.

12 기본 54회 14번

다음 외교 문서를 보낸 국가에 대한 고려의 대응으로 옳은 것은? [2점]

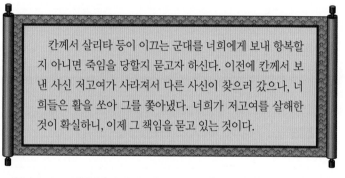

칸께서 살리타 등이 이끄는 군대를 너희에게 보내 항복할지 아니면 죽임을 당할지 묻고자 하신다. 이전에 칸께서 보낸 사신 저고여가 사라져서 다른 사신이 찾으러 갔으나, 너희들은 활을 쏘아 그를 쫓아냈다. 너희가 저고여를 살해한 것이 확실하니, 이제 그 책임을 묻고 있는 것이다.

① 이자겸이 사대 요구를 수용하였다.
② 서희가 소손녕과 외교 담판을 벌였다.
③ 김윤후 부대가 처인성에서 적장을 사살하였다.
④ 강감찬이 군사를 이끌고 귀주에서 크게 승리하였다.

13 기본 47회 18번

다음 자료를 활용한 탐구 주제로 가장 적절한 것은? [2점]

우왕과 최영이 요동 공격을 결정하자 이성계가 이르기를, "지금 출병하는 것은 네 가지 이유로 불가합니다. 작은 나라가 큰 나라를 공격할 수 없는 것이 첫 번째요, 여름에 군사를 동원할 수 없는 것이 두 번째요, 왜구가 빈틈을 노릴 수 있는 것이 세 번째요, 장마철이어서 활은 아교가 풀어지고 질병이 돌 것이니 이것이 네 번째입니다."라고 하였다.

① 위화도 회군의 배경
② 동북 9성의 축조 과정
③ 훈련도감의 설치 목적
④ 고구려의 남진 정책 추진

14 기본 49회 14번

밑줄 그은 '이 시기'에 있었던 사실로 옳지 <u>않은</u> 것은? [2점]

원의 공주를 왕비로 맞아들이던 이 시기에는 몽골식 변발과 발립이 유행하였습니다. 또한, 소주를 제조하는 방법도 전해졌습니다.

사진으로 배우는 고려사

발립을 쓴 인물   소줏고리

① 정동행성이 설치되었다.
② 권문세족이 높은 관직을 독점하였다.
③ 여진 정벌을 위해 별무반이 편성되었다.
④ 결혼도감을 통해 여성들이 공녀로 보내졌다.

15 기본 52회 14번

(가) 국가의 경제 상황으로 옳은 것은? [2점]

화면 속의 청동 거울은 (가) 시대에 제작된 것으로, 여기에 새겨진 배를 통해 당시 국제 무역이 활발하게 이루어졌음을 짐작할 수 있습니다. 송을 비롯한 여러 나라 상인들은 예성강 하구의 벽란도를 드나들면서 무역을 하였습니다.

① 고구마, 감자 등이 재배되었다.
② 모내기법이 전국적으로 확산되었다.
③ 만상, 내상 등이 활발하게 활동하였다.
④ 활구라고 불린 은병이 화폐로 사용되었다.

16 기본 54회 16번

다음 퀴즈의 정답으로 옳은 것은? [2점]

이 인물은 정혜결사를 조직하였으며, 선과 교를 함께 닦아야 한다는 정혜쌍수를 주장하였습니다. 보조국사 라고도 하는 이 인물은 누구일까요?

한국사 퀴즈 대회

①
지눌

②
요세

③
혜초

④
원효

17 기본 51회 17번

(가)에 들어갈 내용으로 옳은 것은? [2점]

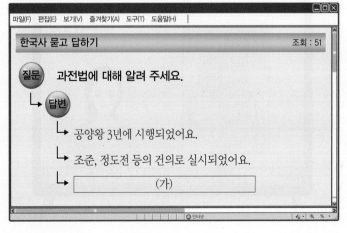

파일(F) 편집(E) 보기(V) 즐겨찾기(A) 도구(T) 도움말(H)

한국사 묻고 답하기   조회 : 51

질문 과전법에 대해 알려 주세요.

답변

┗ 공양왕 3년에 시행되었어요.

┗ 조준, 정도전 등의 건의로 실시되었어요.

┗ (가)

① 공인이 등장하는 배경이 되었어요.
② 토지 소유자에게 지계를 발급하였어요.
③ 전지와 시지를 품계에 따라 나누어 주었어요.
④ 전·현직 관리에게 토지의 수조권을 지급하였어요.

18 기본 57회 22번

(가)에 들어갈 인물로 옳은 것은? [1점]

(앞면)

- 조선 개국 공신
- 조선의 통치 기준과 운영 원칙을 제시한 조선경국전을 저술함
- 불씨잡변을 지어 불교 교리를 비판함

(뒷면)

① 이이

② 송시열

③ 정도전

④ 정몽주

19 기본 50회 19번

(가) 왕의 정책으로 옳은 것은? [3점]

조선 제7대 국왕 (가) 의 모습을 담은 밑그림이 공개되었습니다. 이것은 일제 강점기에 어진 모사본을 옮겨 그리는 과정에서 제작되었습니다. (가) 은/는 6조 직계제를 다시 시행하는 등 왕권 강화를 위해 노력하였습니다.

○○박물관 (가) 의 어진 밑그림 첫 공개

① 경복궁을 중건하였다.
② 직전법을 실시하였다.
③ 초계문신제를 시행하였다.
④ 5군영 체제를 완성하였다.

20 기본 58회 20번

(가) 왕의 재위 기간에 있었던 사실로 옳은 것은? [2점]

그림으로 보는 한국사

야연사준도

이 작품은 조선 후기 서화집인 "북관유적도첩"에 실려 있는 그림으로, (가) 의 명령을 받은 김종서가 여진을 물리치고 6진을 설치했을 때의 일화를 그린 것입니다.

① 장용영 설치
② 칠정산 편찬
③ 경국대전 완성
④ 나선 정벌 단행

21 기본 47회 21번

다음 대화 이후에 전개된 사실로 옳은 것은? [3점]

이조 전랑 김효원의 후임으로 심충겸을 추천했으면 합니다.

심충겸은 외척이므로 이조 전랑에 마땅치 않습니다.

① 기묘사화가 일어났다.
② 신진 사대부가 등장하였다.
③ 수양 대군이 권력을 장악하였다.
④ 사림이 동인과 서인으로 나뉘었다.

22 기본 54회 27번

(가) 시기에 있었던 사건으로 옳은 것은? [3점]

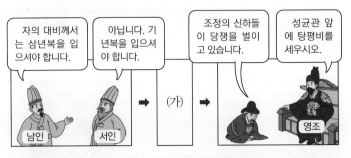

① 무오사화
② 병자호란
③ 경신환국
④ 임술 농민 봉기

23 기본 63회 24번

다음 상황 이후에 전개된 사실로 옳은 것은? [2점]

> 남한산성을 나와 삼전도에 도착한 왕께서 청 황제 앞에 나아가 항복의 예를 행하였다. 예를 마치고 해 질 무렵이 되자 청 황제가 왕에게 도성으로 돌아가도록 허락하였다. 포로로 사로잡힌 이들이 도성으로 돌아가는 왕을 보고 "우리 임금이시여, 우리 임금이시여. 우리를 버리고 가십니까."라며 울부짖는데, 그 수가 만 명을 헤아렸다.

① 북벌이 추진되었다.
② 강화도로 천도하였다.
③ 쓰시마섬을 정벌하였다.
④ 최씨 무신 정권이 붕괴하였다.

24 기본 60회 27번

(가)에 들어갈 제도로 옳은 것은? [1점]

방납의 폐단 — 실시 배경 — (가) — 내용 → 토지 결수를 기준으로 부과 → 특산물 대신 쌀, 옷감, 동전 징수
(가) — 담당 기구 → 선혜청
(가) — 영향 → 상품 화폐 경제의 발달

① 과전법
② 균역법
③ 대동법
④ 영정법

25 기본 52회 25번

(가)에 들어갈 화폐로 옳은 것은? [2점]

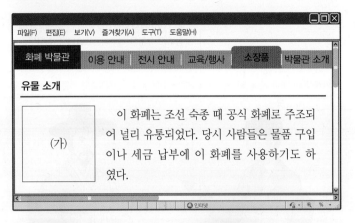

유물 소개

(가)

이 화폐는 조선 숙종 때 공식 화폐로 주조되어 널리 유통되었다. 당시 사람들은 물품 구입이나 세금 납부에 이 화폐를 사용하기도 하였다.

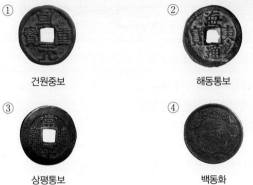

① 건원중보
② 해동통보
③ 상평통보
④ 백동화

26 기본 54회 25번

(가) 인물에 대한 설명으로 옳은 것은? [2점]

이것은 화성성역의궤에 수록된 거중기 설계도입니다. (가) 이/가 기기도설을 참고하여 제작한 거중기는 수원 화성 축조에 이용되었습니다.

① 여전론을 주장하였다.
② 추사체를 창안하였다.
③ 북학의를 저술하였다.
④ 몽유도원도를 그렸다.

27 기본 58회 27번

밑줄 그은 '사건'에 대한 설명으로 옳은 것은? [3점]

이번 사건에 가담한 이유가 있나요?

백낙신이 경상 우병사로 있을 때 백성에게 마구잡이로 세금을 거두어들였습니다. 참다못한 저는 항의 문서를 만들어 관청에 고발했지만, 받아들여지지 않아 행동에 나설 수밖에 없었습니다.

유계춘

① 남접과 북접이 논산에서 연합하였다.
② 삼정이정청이 설치되는 계기가 되었다.
③ 우정총국 개국 축하연을 이용하여 일어났다.
④ 청군에 의해 흥선 대원군이 톈진으로 납치되었다.

28 기본 63회 28번

(가)에 들어갈 문화유산으로 옳은 것은? [1점]

조사 보고서

△학년 △반 이름 : ○○○

■ 주제 : (가) 의 축조와 복원

(가) 은 정조의 명에 의해 축조된 성으로, 거중기 등을 이용하여 공사 기간과 경비를 줄일 수 있었다. 일제 강점기와 6·25 전쟁을 거치면서 일부 훼손되었지만, 의궤의 기록을 바탕으로 원형에 가깝게 복원되었다. 아래의 사진과 그림은 이 성의 일부인 남포루가 엄밀한 고증을 거쳐 복원되었음을 보여 준다.

훼손된 모습

의궤에 묘사된 포루

복원 후 모습

① 공산성　　　② 전주성
③ 수원 화성　　④ 한양 도성

29 기본 61회 28번

(가) 사건에 대한 설명으로 옳은 것은? [2점]

이달의 인물 소개

한국의 문화유산을 지켜 낸 박병선 박사

프랑스 국립 도서관 사서였던 박병선 박사는 (가) 때 프랑스군이 약탈해 간 외규장각 의궤의 소재를 확인하였다.

그는 오랜 노력 끝에 의궤의 목록을 만들어 세상에 공개하였고, 2011년 의궤가 145년 만에 우리 땅으로 돌아오게 하는 데 기여하였다.

① 청군의 개입으로 진압되었다.
② 제너럴 셔먼호 사건이 배경이 되었다.
③ 양헌수 부대가 정족산성에서 활약하였다.
④ 제물포 조약이 체결되는 결과를 가져왔다.

30 기본 60회 31번

(가)에 들어갈 사건으로 옳은 것은? [1점]

역사 뮤지컬

3일 천하

우정총국 개국 축하연을 기회로 삼아 (가) 을/를 일으킨 조선 청년들의 새로운 도전이 춤과 노래로 펼쳐집니다.

■ 일시 : 2022년 ○○월 ○○일 19시
■ 장소 : △△ 아트 센터 대극장

① 갑오개혁
② 갑신정변
③ 브나로드 운동
④ 민립 대학 설립 운동

31 [기본] 49회 29번

다음 사건이 일어난 시기를 연표에서 옳게 고른 것은? [3점]

> 아침 7시가 될 무렵 왕과 세자는 궁녀들이 타는 가마를 타고 몰래 궁을 떠났다. 탈출은 치밀하게 계획된 것이었다. 1주일 전부터 궁녀들은 몇 채의 가마를 타고 궐문을 드나들어서 경비병들이 궁녀들의 잦은 왕래에 익숙해지도록 했다. 그래서 이른 아침 시종들이 두 채의 궁녀 가마를 들고 나갈 때도 경비병들은 특별히 신경 쓰지 않았다. 왕과 세자는 긴장하며 러시아 공사관에 도착했다.
>
> – F. A. 매켄지의 기록 –

1863		1871		1884		1895		1904
	(가)		(나)		(다)		(라)	
고종 즉위		신미 양요		갑신 정변		을미 사변		러·일 전쟁

① (가) ② (나) ③ (다) ④ (라)

32 [기본] 54회 31번

(가)에 들어갈 사절단으로 옳은 것은? [2점]

이것은 (가) 의 대표 민영익이 미국 대통령에게 전한 국서의 한글 번역문입니다. 이 문서에는 두 나라가 조약을 맺어 우호 관계가 돈독해졌으므로 사절단을 보낸다는 내용 등이 담겨 있습니다.

① 수신사 ② 보빙사
③ 영선사 ④ 조사 시찰단

33 [기본] 61회 31번

(가) 운동에 대한 설명으로 옳은 것은? [2점]

(가) 특별 사진전

사발통문	장태(복원)	공주 우금치 전적
봉기의 주모자가 드러나지 않게 작성된 문서	황룡촌 전투에서 사용된 농민군의 무기	농민군이 일본군·관군을 상대로 격전을 벌였던 곳

① 박규수가 안핵사로 파견되었다.
② 전개 과정에서 집강소가 설치되었다.
③ 한성 조약이 체결되는 결과를 가져왔다.
④ 평안도 지역 차별에 반발하여 일어났다.

34 [기본] 58회 32번

밑줄 그은 '단체'로 옳은 것은? [2점]

✿ 학술 발표회 ✿

우리 학회에서는 제국주의 열강의 침략으로부터 주권을 수호하고자 서재필의 주도로 창립된 단체의 의의와 한계를 조명하고자 합니다. 많은 관심과 참여를 바랍니다.

◗ 발표 주제 ◖

• 민중 계몽을 위한 강연회와 토론회 개최 이유
• 만민 공동회를 통한 자주 국권 운동 전개 과정
• 관민 공동회 개최와 헌의 6조 결의의 역사적 의미

■ 일시 : 2022년 4월 ○○일 13:00~18:00
■ 장소 : △△ 문화원 소강당

① 보안회 ② 신민회
③ 독립 협회 ④ 대한 자강회

35 기본 47회 35번

(가) 조약의 내용으로 옳은 것은? [2점]

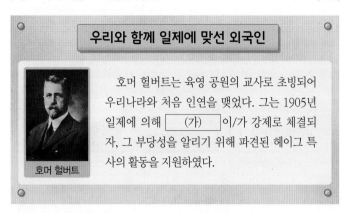

우리와 함께 일제에 맞선 외국인

호머 헐버트

호머 헐버트는 육영 공원의 교사로 초빙되어 우리나라와 처음 인연을 맺었다. 그는 1905년 일제에 의해 ⬚ (가) ⬚ 이/가 강제로 체결되자, 그 부당성을 알리기 위해 파견된 헤이그 특사의 활동을 지원하였다.

① 외교권 박탈
② 천주교 포교 허용
③ 화폐 정리 사업 실시
④ 대한 제국 군대 해산

36 기본 50회 30번

교사의 질문에 대한 학생의 답변으로 옳은 것은? [2점]

화면의 사진은 1907년 영국 기자 매켄지가 의병들을 취재하면서 찍은 것입니다. 당시 의병 활동에 대해 말해 볼까요?

① 13도 창의군을 결성하였어요.
② 정부에 헌의 6조를 건의하였어요.
③ 백산에 집결하여 4대 강령을 발표하였어요.
④ 곽재우, 고경명 등이 의병장으로 활약하였어요.

37 기본 51회 38번

밑줄 그은 '만세 시위'에 대한 설명으로 옳은 것은? [2점]

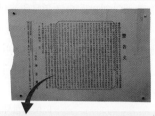

이것은 친일파 이완용의 경고문입니다. 탑골 공원 등에서 독립 선언서를 낭독하는 것으로 시작된 학생과 시민들의 만세 시위가 전국으로 확산하자, 그 열기를 꺾을 목적으로 작성되었습니다.

조선 독립을 외치는 것이 허언, 망동이라고 유지인사들이 계속 말해도 깨닫지를 못하니 …… 망동을 따라하면 죽거나 다치게 될 것이니 이것이 바로 삶 중에서 죽음을 구함이 아닌가.

① 순종의 인산일에 전개되었다.
② 만주, 연해주, 미주 등지로 확산하였다.
③ 일제의 황무지 개간권 요구를 철회시켰다.
④ 러시아의 내정 간섭과 이권 침탈을 규탄하였다.

38 기본 48회 42번

밑줄 그은 '이 시기'에 볼 수 있는 모습으로 적절한 것은? [2점]

이 저수지는 일제가 산미 증식 계획을 시행하던 시기에 만들어졌습니다. 이 시기 일제는 수리 시설을 확충하면서 조선 농민들에게 과중한 부담을 안겨 주었습니다.

대아 저수지(전북 완주)

① 제중원에서 환자를 돌보는 의사
② 광주 학생 항일 운동을 취재하는 기자
③ 교조 신원 운동에 참여하는 동학교도
④ 국채 보상 기성회에 성금을 내는 여성

39 기본 54회 39번

(가)에 들어갈 군사 조직으로 옳은 것은? [2점]

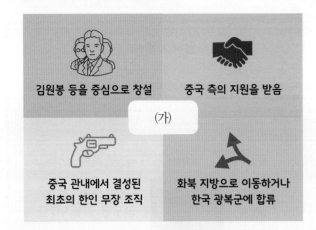

김원봉 등을 중심으로 창설

중국 측의 지원을 받음

(가)

중국 관내에서 결성된 최초의 한인 무장 조직

화북 지방으로 이동하거나 한국 광복군에 합류

① 별기군
② 북로 군정서
③ 조선 의용대
④ 동북 항일 연군

40 기본 51회 45번

(가) 인물의 활동으로 옳은 것은? [3점]

〈프로젝트 학습 – 독립운동가 심층 탐구〉
1차시 : 모둠별 탐구 주제 선정하기

우리 모둠은 (가) 의 사상 변화와 독립운동을 탐구해 보는 게 어떨까?

찬성이야. 그는 독사신론, 조선상고사 등을 저술한 대표적인 민족주의 사학자였어.

무정부주의의 영향을 받아 동방 무정부주의자 연맹에서 활동하기도 하였지.

① 조선 혁명 선언을 집필하였다.
② 파리 강화 회의에 파견되었다.
③ 대조선 국민군단을 창설하였다.
④ 조선말 큰사전 편찬을 주도하였다.

41 기본 61회 42번

(가)에 들어갈 인물로 옳은 것은? [1점]

나는 지금 상하이에 있는 매헌 기념관에 와 있어.

거기는 어떤 곳이야?

한인 애국단 소속으로 훙커우 공원에서 의거를 일으킨 (가) 을/를 기념하는 곳이야.

그런 의미가 있는 곳이구나.

① 나석주
② 윤봉길
③ 이봉창
④ 이회영

42 기본 57회 42번

밑줄 그은 '이 시기'에 일제가 추진한 정책으로 옳은 것은? [3점]

이 인공 동굴은 일제가 공중 폭격에 대비하여 목포 유달산 아래에 만든 방공호입니다. 국가 총동원법이 시행된 이 시기에 일제는 한국인들을 강제 동원하여 이와 같은 군사 시설을 한반도 곳곳에 만들었습니다.

① 회사령을 공포하였다.
② 미곡 공출제를 시행하였다.
③ 치안 유지법을 제정하였다.
④ 헌병 경찰 제도를 실시하였다.

43 기본 60회 43번

(가)에 들어갈 사건으로 옳은 것은? [2점]

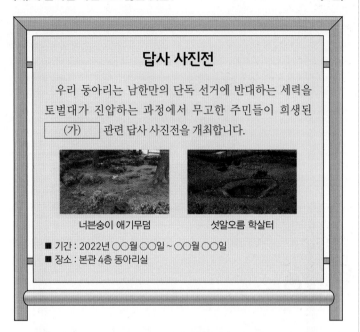

답사 사진전

우리 동아리는 남한만의 단독 선거에 반대하는 세력을 토벌대가 진압하는 과정에서 무고한 주민들이 희생된 [(가)] 관련 답사 사진전을 개최합니다.

너븐숭이 애기무덤   섯알오름 학살터

■ 기간 : 2022년 ○○월 ○○일 ~ ○○월 ○○일
■ 장소 : 본관 4층 동아리실

① 원산 총파업
② 제암리 사건
③ 자유시 참변
④ 제주 4·3 사건

44 기본 58회 42번

(가) 전쟁 중에 있었던 사실로 옳지 <u>않은</u> 것은? [2점]

📱 오늘의 역사
30분 전
#사건 #1953년_7월_27일

👍 좋아요 58   💬 댓글 3   ↗ 공유하기

🧑 □□
무슨 사진이야?

👧 △△
[(가)] 전쟁의 정전 협정 체결 모습이야.

🧑 ○○
판문점에서 찍은 사진이지.

① 반공 포로가 석방되었다.
② 미·소 공동 위원회가 개최되었다.
③ 중국군의 개입으로 서울을 다시 빼앗겼다.
④ 국군과 유엔군이 인천 상륙 작전에 성공하였다.

45 기본 47회 48번

(가) 민주화 운동에 대한 설명으로 옳은 것은? [2점]

답사 계획서

△학년 △반 이름 : △△△

■ 주제 : [(가)]
■ 날짜 : 2020년 ○○월 ○○일
■ 답사 장소

장소	사진	설명
구 남영동 치안본부 대공분실		박종철 학생이 물고문을 당한 끝에 사망한 장소
이한열 기념관		경찰이 쏜 최루탄에 맞아 사망한 이한열 학생의 민주 항쟁을 기념하기 위한 장소
대한성공회 서울주교좌 성당		'박종철 군 고문살인 은폐·조작 규탄 및 민주 헌법 쟁취 범국민 대회'가 개최된 장소

① 대통령이 하야하는 결과를 가져왔다.
② 유신 체제가 붕괴되는 계기가 되었다.
③ 5년 단임의 대통령 직선제 개헌을 이끌어 냈다.
④ 신군부의 비상계엄 확대에 반대하여 일어났다.

46 기본 55회 49번

다음 연설문을 발표한 정부 시기의 경제 상황으로 옳은 것은? [3점]

우리 민족의 숙원이던 경부 간 고속 도로의 완전 개통을 보게 된 것을 국민 여러분들과 더불어 경축해 마지않는 바입니다. 이 길은 총 연장 428km로 우리나라의 리(里) 수로 따지면 천 리 하고도 약 칠십 리가 더 되는데, 장장 천릿길을 이제부터는 자동차로 4시간 반이면 달릴 수 있게 됐습니다. …… 이 고속 도로가 앞으로 우리나라 국민 경제의 발전과 산업 근대화에 여러 가지 큰 공헌을 하리라고 믿습니다.

① 서울에서 G20 정상 회의가 개최되었다.
② 한·미 자유 무역 협정(FTA)이 체결되었다.
③ 제2차 경제 개발 5개년 계획이 추진되었다.
④ 경제 협력 개발 기구(OECD)에 가입하였다.

47 기본 57회 48번

밑줄 그은 '이 회담' 이후에 있었던 사실로 옳은 것은? [2점]

이것은 분단 이후 처음으로 남과 북의 정상이 평양에서 만나 개최한 이 회담을 기념하는 우표 사진입니다. 우표에는 한반도 중심 부근에서 희망의 새싹이 돋아나고 있는 모습이 그려져 있습니다.

① 개성 공단이 건설되었다.
② 남북 조절 위원회가 설치되었다.
③ 남북한이 유엔에 동시 가입하였다.
④ 남북 이산가족 상봉이 최초로 성사되었다.

49 기본 58회 48번

밑줄 그은 '섬'으로 옳은 것은? [1점]

○○월 ○○일 ○요일   날씨 : 맑음

오늘 나는 가족과 함께 우리나라 가장 동쪽에 있는 섬을 다녀왔다. 배 안에서 선장님께 들었는데, 1900년에 고종 황제가 칙령 제41호를 공포해 이곳이 우리 땅임을 분명히 했다고 한다. 선착장에는 멋있는 경찰들이 마중 나와 있었다. 앞으로 나도 우리 영토를 지키기 위해 힘을 보태야겠다.

① 독도
② 진도
③ 거제도
④ 흑산도

48 기본 61회 41번

밑줄 그은 '이날'에 해당하는 세시 풍속으로 옳은 것은? [1점]

음력 5월 5일인 오늘은 한국의 전통 명절입니다. 여러분이 드시는 수리취떡은 이날에 만들어 먹는 음식입니다. 마당에서도 다양한 체험 행사가 진행 중입니다. 어떤 행사에 참여하실 건가요?

저는 창포물에 머리를 감아 보려 합니다.

저는 친구와 함께 씨름 경기에 참여할 겁니다.

① 단오
② 동지
③ 추석
④ 한식

50 기본 63회 50번

학생들이 공통으로 이야기하는 지역으로 옳은 것은? [2점]

모둠별 학습 활동

주제 : ○○의 역사 알아보기

고려 시대 12목의 하나였어.

임진왜란 때 김시민 장군이 왜군에 맞서 싸운 장소지.

조선 후기에 유계춘의 주도로 농민 봉기가 일어난 곳이야.

일제 강점기에 조선 형평사 창립 대회가 개최되었어.

① 강릉
② 군산
③ 대구
④ 진주

1 [기본] [64회 1번]

(가) 시대의 생활 모습으로 옳은 것은? [1점]

VR 가상 체험관

금속 도구를 사용하기 시작한 (가) 시대의 대표적 유물인 비파형 동검을 만들어 봅시다. 손잡이를 돌려 거푸집에 주물을 부어 보세요.

① 우경이 널리 보급되었다.
② 철제 농기구를 사용하였다.
③ 주로 동굴이나 막집에서 살았다.
④ 지배층의 무덤으로 고인돌을 만들었다.

3 [기본] [58회 3번]

(가)~(다)를 일어난 순서대로 옳게 나열한 것은? [3점]

만화로 보는 고구려의 역사

이곳 평양성을 새로운 도읍으로 정하였노라. (가)

보병과 기병 5만을 보내 신라 내물왕을 구원하도록 하라. (나)

이곳 살수에서 수의 군대를 크게 물리쳤노라. (다)

① (가) - (나) - (다)
② (가) - (다) - (나)
③ (나) - (가) - (다)
④ (다) - (가) - (나)

2 [기본] [61회 3번]

다음 퀴즈의 정답으로 옳은 것은? [2점]

퀴즈왕 한국사

제시된 힌트를 종합하여 알 수 있는 나라는 어디일까요?

1단계 만주 쑹화강 유역에서 성장하였습니다.

2단계 12월에 영고라는 제천 행사를 열었습니다.

3단계 여러 가(加)들이 별도로 사출도를 다스렸습니다.

① 가야
② 동예
③ 부여
④ 옥저

4 [기본] [47회 4번]

다음 가상 인터뷰에 등장하는 왕으로 옳은 것은? [2점]

이차돈의 순교를 계기로 불교를 공인하셨습니다. 이후 어떠한 일들을 하셨나요?

금관가야를 병합하여 영토를 넓혔습니다.

① 성왕
② 법흥왕
③ 지증왕
④ 근초고왕

5 기본 55회 5번

(가) 국가에 대한 설명으로 옳은 것은? [2점]

이것은 부여 능산리 절터에서 출토된 향로입니다. (가) 의 금속 공예 기술을 보여 주는 대표적인 문화유산으로, 도교와 불교 사상이 함께 표현되어 있습니다.

이 문화유산에 대해 소개해 주시겠습니까?

① 노비안검법을 실시하였다.

② 지방에 22담로를 설치하였다.

③ 화백 회의에서 국가의 중대사를 결정하였다.

④ 여러 가(加)들이 별도로 사출도를 주관하였다.

6 기본 54회 6번

(가) 나라에 대한 탐구 활동으로 가장 적절한 것은? [3점]

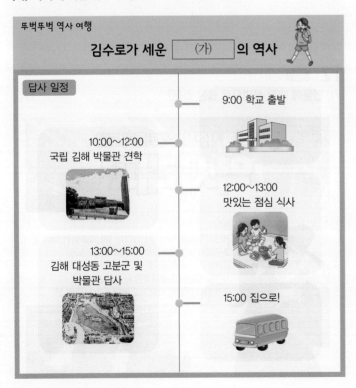

뚜벅뚜벅 역사 여행

김수로가 세운 (가) 의 역사

답사 일정

9:00 학교 출발

10:00~12:00 국립 김해 박물관 견학

12:00~13:00 맛있는 점심 식사

13:00~15:00 김해 대성동 고분군 및 박물관 답사

15:00 집으로!

① 사비로 천도한 이유를 파악한다.

② 우산국을 복속한 과정을 살펴본다.

③ 청해진을 설치한 목적을 조사한다.

④ 구지가가 나오는 건국 신화를 분석한다.

7 기본 54회 5번

다음 가상 일기의 밑줄 그은 '이 전투'로 옳은 것은? [2점]

676년 ○○월 ○○일

매소성 전투에서 승리한 우리 신라군이 설인귀가 이끄는 당군을 이 전투에서 또다시 격파하였다는 소식을 들었다. 수많은 사람의 희생 끝에 삼국 통일이 눈앞에 다가왔으니, 이제 백성들이 좀 더 편안하게 살 수 있는 세상이 되었으면 좋겠다.

① 살수 대첩

② 기벌포 전투

③ 안시성 전투

④ 황산벌 전투

8 기본 50회 8번

(가)에 해당하는 문화유산으로 옳은 것은? [1점]

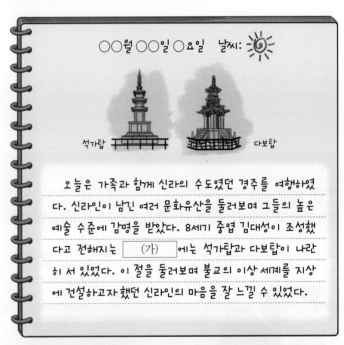

○○월 ○○일 ○요일 날씨: ☀

석가탑   다보탑

오늘은 가족과 함께 신라의 수도였던 경주를 여행하였다. 신라인이 남긴 여러 문화유산을 둘러보며 그들의 높은 예술 수준에 감명을 받았다. 8세기 중엽 김대성이 조성했다고 전해지는 (가) 에는 석가탑과 다보탑이 나란히 서 있었다. 이 절을 둘러보며 불교의 이상 세계를 지상에 건설하고자 했던 신라인의 마음을 잘 느낄 수 있었다.

①
금산사

② 법주사

③
불국사

④
수덕사

9 기본 54회 9번

밑줄 그은 '국가'에 대한 설명으로 옳은 것은? [1점]

① 수의 침략을 물리쳤다.
② 기인 제도를 실시하였다.
③ 독서삼품과를 시행하였다.
④ 해동성국이라고도 불렸다.

10 기본 57회 10번

밑줄 그은 '그'가 활동한 시기에 볼 수 있는 모습으로 적절한 것은? [2점]

① 성리학을 공부하는 유생
② 금속 활자를 주조하는 장인
③ 판소리 공연을 하는 소리꾼
④ 군사를 모아 장군이라 칭하는 호족

11 기본 49회 11번

(가), (나)에 들어갈 내용을 옳게 연결한 것은? [3점]

	(가)	(나)
①	녹읍	과거제
②	정방	전시과
③	소격서	직전법
④	금난전권	호포제

12 기본 49회 12번

(가) 인물에 대한 설명으로 옳은 것은? [2점]

① 4군 6진을 개척하였다.
② 강동 6주를 획득하였다.
③ 동북 9성을 축조하였다.
④ 쌍성총관부를 공격하였다.

13 [기본] 54회 11번
밑줄 그은 '이 책'으로 옳은 것은? [1점]

이 책은 승려 일연이 쓴 역사서입니다. 왕력, 기이, 흥법 등 9편으로 구성되어 있으며, 단군의 고조선 건국 이야기가 실려 있습니다.

① 발해고
② 동국통감
③ 동사강목
④ 삼국유사

14 [기본] 50회 14번
다음 상황을 볼 수 있었던 국가의 경제 정책에 대한 설명으로 옳은 것은? [2점]

벽란도에 오신 것을 환영합니다. 어디에서 오셨습니까?

송에서 인삼을 사러 왔습니다.

① 건원중보를 발행하였다.
② 신해통공을 단행하였다.
③ 연분9등법을 시행하였다.
④ 관수관급제를 실시하였다.

15 [기본] 54회 12번
다음 가상 인터뷰에 나타난 사건으로 옳은 것은? [2점]

서경에서 거사한 이유가 무엇인가요?

저는 서경으로 수도를 옮기면 천하를 다스릴 수 있고, 금이 스스로 항복할 것이라고 주장해 왔습니다. 그런데 조정에 반대하는 무리가 있어 뜻을 이룰 수 없었기 때문에 거사한 것입니다.

① 묘청의 난
② 김흠돌의 난
③ 홍경래의 난
④ 원종과 애노의 난

16 [기본] 64회 16번
밑줄 그은 '이 시기'에 볼 수 있는 모습으로 적절하지 않은 것은? [2점]

왼쪽 그림에서는 발립을 쓴 관리의 모습, 오른쪽 그림에서는 변발과 호복을 한 무사의 모습을 볼 수 있습니다. 이러한 복식은 이 시기 지배층 사이에서 유행하였습니다.

복식으로 배우는 한국사

이조년 초상   천산대렵도(일부)

① 매를 조련시키는 응방 관리
② 원에 공녀로 끌려가는 여인
③ 황룡사 구층 목탑을 세우는 목공
④ 권문세족에게 땅을 빼앗기는 농민

17 기본 49회 17번

(가)에 들어갈 문화유산으로 옳은 것은? [2점]

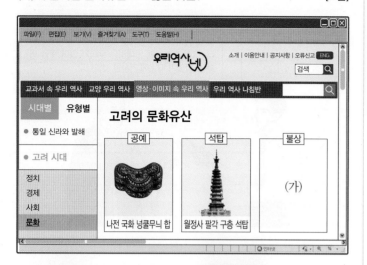

① 이불병좌상

② 안동 이천동 마애 여래 입상

③ 석굴암 본존불상

④ 서산 용현리 마애 여래 삼존상

18 기본 64회 18번

다음 가상 인터뷰에 등장하는 왕의 업적으로 옳은 것은? [2점]

① 비변사를 폐지하였다.
② 칠정산을 편찬하였다.
③ 동의보감을 간행하였다.
④ 백두산정계비를 건립하였다.

19 기본 50회 21번

(가)에 들어갈 기구로 옳은 것은? [2점]

① 승정원
② 어사대
③ 집사부
④ 홍문관

20 기본 52회 20번

(가)에 들어갈 문화유산으로 옳은 것은? [1점]

① 자격루
② 측우기
③ 앙부일구
④ 혼천의

21 [기본] 61회 21번

밑줄 그은 '이 전쟁' 중에 있었던 사실로 옳은 것은? [3점]

쇄미록은 오희문이 <u>이 전쟁</u> 중에 있었던 일을 적은 일기입니다. 개인 일기인 까닭에 주로 사생활을 기록한 부분이 많지만 왜군의 침입과 약탈을 비롯해 곽재우, 김덕령 등 의병장의 활동도 기록되어 있습니다.

네, 그렇습니다. 이 일기를 통해 전란으로 인한 피란민의 생활 등 당시의 사회상도 알 수 있어 그 가치가 더욱 크다고 할 수 있습니다.

① 별기군 창설
② 2군 6위 편성
③ 훈련도감 설치
④ 나선 정벌 단행

22 [기본] 64회 22번

(가)~(다) 학생이 발표한 내용을 일어난 순서대로 옳게 나열한 것은? [3점]

명·청 교체기 조선의 대외 관계

강홍립의 부대가 파병되어 후금과 전투하였어요.

청의 요청으로 나선 정벌에 조총 부대가 파견되었어요.

남한산성에서 나온 인조가 삼전도에서 청에 항복하였어요.

(가) (나) (다)

① (가) - (나) - (다)
② (가) - (다) - (나)
③ (나) - (가) - (다)
④ (다) - (나) - (가)

23 [기본] 50회 23번

다음 퀴즈의 정답으로 옳은 것은? [2점]

한국사 골든벨

제시된 단계별 힌트를 통해 알 수 있는 제도는 무엇일까요?

1단계 선혜청에서 주관
2단계 특산물 대신 쌀, 베, 동전으로 납부
3단계 토지 결수를 기준으로 공납을 부과

① 과전법
② 균역법
③ 대동법
④ 영정법

24 [기본] 49회 25번

다음 특별전에서 볼 수 있는 작품으로 옳은 것은? [1점]

특별전
우리 산천을 담다
우리나라 산천을 소재로 한
조선 후기 진경 산수화의 아름다움을
느껴 보세요.
2020. ○○. ○○.~○○. ○○.
△△ 박물관 특별 전시실

①
수렵도

②
인왕제색도

③
몽유도원도

④
고사관수도

25 기본 52회 24번

(가), (나) 사이의 시기에 있었던 사실로 옳은 것은? [3점]

(가) 대비의 명으로 인조가 즉위하였다. 광해군을 폐위시켜 강화로 내쫓고 이이첨 등을 처형한 다음 전국에 대사령을 내렸다.

(나) 영조가 '두루 원만하고 치우치지 않음이 군자의 공정한 마음이요, 치우치고 두루 원만하지 못함이 소인의 사사로운 마음이다.'라는 내용을 담은 탕평비를 성균관 입구에 세우게 하였다.

① 예송이 발생하였다.
② 3포 왜란이 일어났다.
③ 경국대전이 완성되었다.
④ 정동행성이 설치되었다.

26 기본 55회 25번

(가) 왕이 실시한 정책으로 옳은 것은? [2점]

원행을묘정리의궤 반차도   컬러링 한국사

이 그림은 사도 세자의 아들인 [(가)] 이/가 1795년 어머니 혜경궁 홍씨의 회갑을 기념하여 수원 화성으로 행차하는 모습의 일부예요. 수많은 수행원과 말이 동원되어 그 위엄이 대단하였지요. 당시 도화서 화원들이 그린 행차 장면에 색칠하며 그때의 모습을 상상해 보아요!

① 경복궁을 중건하였다.
② 대마도를 정벌하였다.
③ 장용영을 창설하였다.
④ 탕평비를 건립하였다.

27 기본 47회 25번

밑줄 그은 '거사'에 대한 설명으로 옳은 것은? [2점]

<학습 목표>
19세기 농민 봉기의 전개 과정을 역할극을 통해 표현할 수 있다.

- 광부를 모집한다고 알려 농민들을 모으겠습니다. (우군칙)
- 가산 다복동에서 거사하기로 정합시다. (홍경래)
- 격문은 제가 쓰겠습니다. (김창시)

① 강화도 초지진에서 항전하였다.
② 서경 천도와 금국 정벌을 주장하였다.
③ 제물포 조약이 체결되는 결과를 가져왔다.
④ 서북 지역민에 대한 차별에 반발하여 일어났다.

28 기본 57회 29번

다음 가상 뉴스가 보도된 시기의 경제 상황으로 옳은 것은? [2점]

오늘 전하께서 군포를 2필에서 1필로 감면하라고 하셨습니다. 이로 인해 부족해진 국가 재정을 보충할 대책도 마련하라고 명하셨습니다. 앞으로 어떤 방안이 결정될지 주목됩니다.

속보   군역제 개편 결정

① 당백전이 유통되었다.
② 동시전이 설치되었다.
③ 목화가 처음 전래되었다.
④ 모내기법이 전국으로 확산되었다.

29 기본 57회 31번

밑줄 그은 '변고'가 일어난 시기를 연표에서 옳게 고른 것은? [3점]

> **답서**
>
> 영종 첨사 명의로 답서를 보냈다.
>
> 귀국과 우리나라 사이에는 원래 소통이 없었고, 은혜를 입거나 원수를 진 일도 없었다. 그런데 이번 덕산 묘지(남연군 묘)에서 일으킨 변고는 사람으로서 차마 할 수 있는 일이겠는가? …… 이런 지경에 이르렀으니 우리나라 신하와 백성은 있는 힘을 다하여 한마음으로 귀국과는 같은 하늘을 이고 살 수 없다는 것을 맹세한다.

1863	1876	1884	1894	1905
(가)	(나)	(다)	(라)	
고종 즉위	강화도 조약	갑신 정변	갑오 개혁	을사 늑약

① (가)   ② (나)   ③ (다)   ④ (라)

30 기본 55회 30번

(가)에 들어갈 사건으로 옳은 것은? [1점]

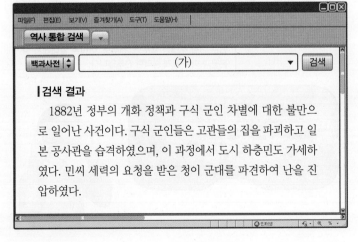

검색 결과

1882년 정부의 개화 정책과 구식 군인 차별에 대한 불만으로 일어난 사건이다. 구식 군인들은 고관들의 집을 파괴하고 일본 공사관을 습격하였으며, 이 과정에서 도시 하층민도 가세하였다. 민씨 세력의 요청을 받은 청이 군대를 파견하여 난을 진압하였다.

① 임오군란   ② 삼국 간섭
③ 거문도 사건   ④ 임술 농민 봉기

31 기본 58회 16번

교사의 질문에 대한 학생들의 대답으로 옳지 않은 것은? [2점]

32 기본 61회 35번

(가) 시기에 시행된 정책으로 옳은 것은? [2점]

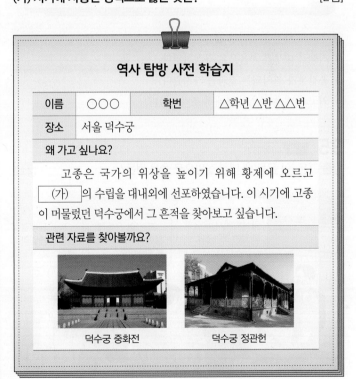

① 지계가 발급되었다.
② 척화비가 건립되었다.
③ 홍범 14조가 반포되었다.
④ 치안 유지법이 제정되었다.

33 기본 55회 33번

밑줄 그은 '이 단체'로 옳은 것은? [2점]

이 사진에 대해 설명해 주세요.

일제가 조작한 105인 사건으로 끌려가는 애국지사들을 찍은 사진입니다. 이 사건을 계기로 안창호, 양기탁 등이 비밀리에 결성한 이 단체가 와해되었습니다.

① 보안회   ② 신민회   ③ 대한 자강회   ④ 헌정 연구회

34 기본 51회 34번

밑줄 그은 '새 조약'에 대한 설명으로 옳은 것은? [2점]

나인영은 진술하기를 "광무 9년 11월에 우리 대한 제국의 외교권을 일본에 넘겨준 새 조약은 일본의 강제에 따른 것으로 황제 폐하가 윤허하지 않았고, 참정대신이 동의하지도 않았습니다. 슬프게도 5적 이지용, 이근택, 박제순 등이 제멋대로 가(可)하다고 쓰고 속여 2천만 민족을 노예로 내몰았습니다."라고 하였다.

① 운요호 사건을 계기로 체결되었다.
② 최혜국 대우를 처음으로 규정하였다.
③ 통감부가 설치되는 결과를 가져왔다.
④ 외국과 맺은 최초의 근대적 조약이었다.

35 기본 60회 35번

밑줄 그은 '이 운동'에 대한 설명으로 옳은 것은? [2점]

여기가 국채 보상 기성회에서 모금하고 있는 곳이군요.

저는 이 운동에 참여하려고 비녀를 팔았어요.

저는 담배를 끊어 성금을 마련했어요.

① 만민 공동회를 개최하였다.
② 대한매일신보 등 언론의 지원을 받았다.
③ 조선 사람 조선 것이라는 구호를 내세웠다.
④ 백정에 대한 사회적 차별 철폐를 주장하였다.

36 기본 50회 42번

교사의 질문에 대한 학생의 답변으로 옳지 않은 것은? [2점]

이것은 대한민국 임시 정부의 이동을 보여 주는 지도입니다. 임시 정부의 활동에 대해 말해 볼까요?

① 신흥 무관 학교를 설립하였습니다.
② 연통제를 운영하였습니다.
③ 미국에 구미 위원부를 두었습니다.
④ 독립 공채를 발행하였습니다.

37 기본 61회 37번

밑줄 그은 '전투'로 옳은 것은? [1점]

이것은 1920년 10월 김좌진의 북로 군정서군 등 독립군 연합 부대가 백운평, 천수평, 어랑촌 일대에서 일본군과 싸워 크게 승리한 전투입니다.

① 백강 전투   ② 진주성 전투
③ 청산리 전투   ④ 대전자령 전투

38 기본 58회 37번

학생들이 공통으로 이야기하는 민족 운동으로 옳은 것은? [2점]

1920년 평양에서 조만식 등이 중심이 되어 시작했어.

우리 민족 산업을 보호하고 육성하기 위해 전개했지.

사회주의자로부터 자본가의 이익만을 추구한다고 비판받기도 했어.

① 브나로드 운동
② 문자 보급 운동
③ 물산 장려 운동
④ 민립 대학 설립 운동

39 기본 55회 41번

다음 대화가 이루어진 시기를 연표에서 옳게 고른 것은? [3점]

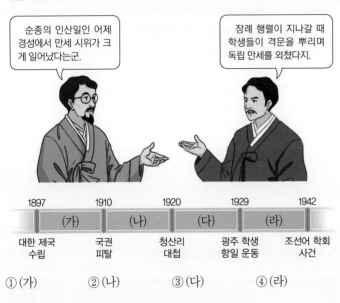

순종의 인산일인 어제 경성에서 만세 시위가 크게 일어났다는군.

장례 행렬이 지나갈 때 학생들이 격문을 뿌리며 독립 만세를 외쳤다지.

1897		1910		1920		1929		1942
	(가)		(나)		(다)		(라)	
대한 제국 수립		국권 피탈		청산리 대첩		광주 학생 항일 운동		조선어 학회 사건

① (가)　　② (나)　　③ (다)　　④ (라)

40 기본 60회 39번

밑줄 그은 '시기'에 볼 수 있는 모습으로 가장 적절한 것은? [2점]

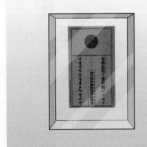

궁성 요배 표어

중·일 전쟁 이후 침략 전쟁을 확대하던 시기에 아침마다 일왕이 거처하는 곳(궁성)을 향해 절을 하며 경의를 표하도록 강요하기 위해, 친일 단체인 국민 정신 총동원 조선 연맹이 만든 표어

① 태형을 집행하는 헌병 경찰
② 회사령을 공포하는 총독부 관리
③ 황국 신민 서사를 암송하는 학생
④ 암태도 소작 쟁의에 참여하는 농민

41 기본 50회 38번

(가)에 들어갈 인물로 옳은 것은? [2점]

카드 뉴스 만들기

주제 : (가) , 조국의 독립을 꿈꾸다

독립운동을 하다가 대구 형무소에 갇힌 내용을 넣어 보자.

그의 이름이 형무소에 있을 때 수인 번호와 관련 있다는데 그 이야기도 다루자.

대표적 작품인 광야에 대해 소개했으면 좋겠어.

① 윤동주
② 이상화
③ 이육사
④ 한용운

42 기본 48회 45번

밑줄 그은 '위원회'로 옳은 것은? [2점]

이곳 덕수궁 석조전에서는 모스크바 3국 외상 회의에서 결정된 한반도의 임시 민주 정부 수립 문제를 협의하기 위해 위원회가 열렸습니다.

① 남북 조절 위원회
② 미·소 공동 위원회
③ 조선 건국 준비 위원회
④ 반민족 행위 특별 조사 위원회

43 기본 55회 47번

밑줄 그은 '이 전쟁' 중에 있었던 사실로 옳은 것은? [2점]

이것은 이 전쟁 중인 1951년 11월 판문점 인근에서 열기구를 띄우려는 모습을 촬영한 사진입니다. 이 열기구는 휴전 회담이 진행되던 당시 판문점 일대가 중립 지대임을 표시하기 위한 것이었습니다.

① 애치슨 선언이 발표되었다.
② 흥남 철수 작전이 전개되었다.
③ 사사오입 개헌안이 가결되었다.
④ 한·미 상호 방위 조약이 체결되었다.

44 기본 50회 45번

(가)에 들어갈 내용으로 옳은 것은? [2점]

호
우사

생몰
1881년
~1950년

직업
정치인, 학자,
독립운동가

김규식

활동
- 신한 청년단 대표로 파리
강화 회의 파견
- (가)

① 남북 협상 참석
② 단독 정부 수립 주장
③ 조선 혁명 선언 작성
④ 종로 경찰서 폭탄 투척

45 기본 58회 44번

(가) 정부 시기에 있었던 사실로 옳은 것은? [2점]

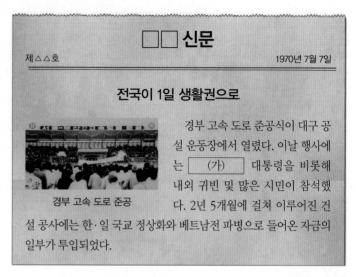

□□ 신문

제△△호   1970년 7월 7일

전국이 1일 생활권으로

경부 고속 도로 준공

경부 고속 도로 준공식이 대구 공설 운동장에서 열렸다. 이날 행사에는 (가) 대통령을 비롯해 내외 귀빈 및 많은 시민이 참석했다. 2년 5개월에 걸쳐 이루어진 건설 공사에는 한·일 국교 정상화와 베트남전 파병으로 들어온 자금의 일부가 투입되었다.

① 3저 호황으로 수출이 증가하였다.
② 제2차 경제 개발 5개년 계획이 실시되었다.
③ 경제 협력 개발 기구(OECD)에 가입하였다.
④ 미국과 자유 무역 협정(FTA)을 체결하였다.

46 기본 57회 46번

(가)에 들어갈 민주화 운동으로 옳은 것은? [1점]

역사 동아리 답사 계획서

■ 주제 : (가) 당시의 광주를 걷다
■ 일시 : 2022년 ○○월 ○○일 09:00~12:00
■ 경로

부상당한
시민들을
치료한 곳

시민군 활동의
주요 거점

구 적십자 병원

금남로 일대

YWCA 옛터

구 전남 도청

계엄군의 진압에 맞서
시민들의 대규모 시위가
일어난 곳

시민군
최후의 항전지

① 6·3 시위
② 6월 민주 항쟁
③ 2·28 민주 운동
④ 5·18 민주화 운동

47 기본 60회 50번
다음 정부의 통일 노력으로 옳은 것은? [3점]

① 남북 기본 합의서를 채택하였다.
② 7·4 남북 공동 성명을 발표하였다.
③ 6·15 남북 공동 선언에 합의하였다.
④ 남북 이산가족 고향 방문을 최초로 실현하였다.

48 기본 58회 50번
학생들이 공통으로 이야기하는 지역으로 옳은 것은? [2점]

① 상주   ② 원주
③ 전주   ④ 청주

49 기본 60회 49번
(가)~(라)에 들어갈 내용으로 적절하지 않은 것은? [3점]

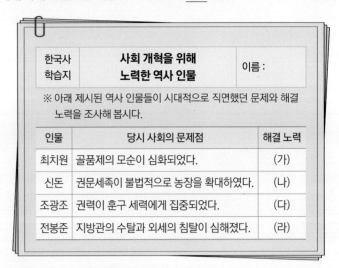

한국사 학습지	사회 개혁을 위해 노력한 역사 인물	이름 :

※ 아래 제시된 역사 인물들이 시대적으로 직면했던 문제와 해결 노력을 조사해 봅시다.

인물	당시 사회의 문제점	해결 노력
최치원	골품제의 모순이 심화되었다.	(가)
신돈	권문세족이 불법적으로 농장을 확대하였다.	(나)
조광조	권력이 훈구 세력에게 집중되었다.	(다)
전봉준	지방관의 수탈과 외세의 침탈이 심해졌다.	(라)

① (가) - 훈요 10조를 남겼다.
② (나) - 전민변정도감의 설치를 건의하였다.
③ (다) - 현량과 시행을 주장하였다.
④ (라) - 동학 농민 운동을 일으켰다.

50 기본 57회 14번
(가)에 들어갈 세시 풍속으로 옳은 것은? [1점]

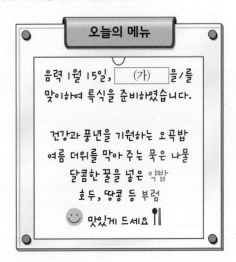

① 동지   ② 추석
③ 삼짇날   ④ 정월 대보름

자세한 해설로
핵심 개념을 다시 보는

정답과 해설

선사 시대 ~ 삼국 시대

1 ②   2 ②

1. 구석기 시대의 생활 모습

정답 ②

구석기 시대의 생활 모습을 묻는 문항입니다. 구석기 시대 사람들은 식량을 찾아 이동 생활을 하였으며, 주로 동굴이나 강가에 막집을 짓고 살았어요. 또 ② 주먹도끼, 찍개, 찌르개 등 뗀석기를 만들어 사용하였어요.

오답 피하기

① 가락바퀴는 신석기 시대부터 사용되었어요.
③ 빗살무늬 토기는 신석기 시대의 대표적인 유물이에요.
④ 청동기 시대부터 거푸집을 이용하여 청동 검과 청동 거울 등 청동 도구를 만들기 시작하였어요.

>> 핵심 개념 구석기 시대의 생활 모습

경제	• 나무 열매나 식물의 뿌리 등을 채집해서 먹음 • 짐승을 사냥하거나 물고기잡이를 통해 먹을거리를 마련함
주거	동굴이나 바위 그늘에서 살거나 강가에 막집을 짓고 생활함
도구	주먹도끼, 찍개, 슴베찌르개 등 뗀석기를 사용함
사회	• 먹을 것을 찾아 무리 지어 옮겨 다니는 생활을 함(이동 생활) • 계급이 없는 평등한 사회
주요 유적	경기 연천 전곡리 유적, 충남 공주 석장리 유적 , 충북 제천 점말 동굴 등

2. 신석기 시대의 생활 모습

정답 ②

신석기 시대의 생활 모습을 찾는 문항입니다. 신석기 시대에 농경과 목축이 시작되었으며, 사람들은 강가나 바닷가에 마을을 이루어 정착 생활을 하였어요. 또 신석기 시대 사람들은 갈돌과 갈판 등 간석기를 만들어 사용하였고 ② 빗살무늬 토기를 만들어 음식을 조리하거나 식량을 저장하였어요.

오답 피하기

① 청동기 시대부터 청동 방울, 청동 검 등 청동을 이용한 도구들이 만들어졌어요.
③ 철제 농기구는 철기 시대부터 만들어지기 시작하였어요.
④ 거친무늬 거울은 청동기 시대에 만들어졌어요.

1 ②   2 ①

1. 청동기 시대의 생활 모습

정답 ②

청동기 시대의 생활 모습을 묻는 문항입니다. 청동기 시대부터 구리와 주석 등을 섞어 만든 청동으로 도구를 만들기 시작하였는데, 대표적으로 비파형 동검, 거친무늬 거울 등이 있어요. 또 ② 청동기 시대에는 무늬가 없고 바닥이 평평한 민무늬 토기가 제작되었어요.

오답 피하기

① 구석기 시대 사람들은 추위를 피하고 안전을 위해 주로 동굴이나 바위 그늘에 살았으며, 강가에 막집을 짓고 살기도 하였어요.

③ 철제 도구는 철기 시대부터 제작되었어요. 특히 낙동강 하류의 가야 지역에서는 풍부한 철 생산지와 우수한 제철 기술을 바탕으로 철제 갑옷을 비롯하여 다양한 철제 무기와 도구가 제작되었어요.
④ 주먹도끼는 구석기 시대에 사용된 대표적인 뗀석기입니다. 찍고, 자르고, 동물의 가죽을 벗기는 등 다양한 용도로 쓰였어요.

2. 고조선

정답 ①

'우리 역사상 첫 나라', '단군' 등을 통해 (가) 나라가 고조선임을 알 수 있어요. 고조선은 우리 역사상 최초의 나라이며, "삼국유사"에 실려 있는 단군의 건국 이야기에 따르면 환웅과 웅녀 사이에서 태어난 단군왕검이 아사달을 도읍으로 고조선을 세웠다고 합니다. 우거왕 때 한의 공격을 받아 1년여 동안 맞서 싸웠으나 기원전 108년에 수도 왕검성이 함락되어 멸망하였어요. ① 고조선에는 사회 질서를 유지하기 위한 범금 8조(8조법)가 있었어요. 현재 3개 조항이 전해지고 있어 이를 통해 당시 사회 모습을 짐작할 수 있어요.

오답 피하기

② 동예에는 읍락 간의 경계를 중시하여 다른 부족의 영역을 침입하였을 때 소나 말, 노비로 변상하도록 하는 책화라는 풍습이 있었어요.
③ 삼한 가운데 낙동강 하류 지역의 변한과 이후 이 지역에서 성장한 가야는 철이 풍부하게 생산되어 낙랑과 왜에 철을 수출하였어요.
④ 고구려는 귀족 회의인 제가 회의에서 나라의 중요한 일을 결정하였어요.

>> 핵심 개념 고조선의 성립과 발전

건국	기원전 2333년 청동기 문화를 배경으로 성립함
문화 범위	비파형 동검, 탁자식 고인돌의 분포 지역을 통해 고조선과 관련된 문화 범위를 짐작할 수 있음
단군의 건국 이야기	"삼국유사"에 단군왕검의 건국 이야기가 실려 있음 → 고조선이 청동기 문화 등을 바탕으로 건국되었음을 알 수 있음
발전	• 왕이 존재하고 중국의 연과 맞설 정도로 성장함 • 위만이 무리를 이끌고 고조선에 들어와 세력을 키운 후 준왕을 몰아내고 왕위를 차지함 → 본격적으로 철기 문화를 받아들임, 중국의 한과 한반도 남부 사이에서 중계 무역을 함 • 한 무제의 침입으로 멸망함(기원전 108)
사회	사회 질서를 유지하기 위한 범금 8조(8조법)가 있었음

1 ②   2 ②

1. 옥저의 사회 모습

정답 ②

여자아이를 데려와 기른 후 성인이 되면 며느리로 삼는 풍속이 있으며 읍군이나 삼로라고 불리는 군장이 부족을 다스렸다는 내용을 통해 퀴즈의 정답이 ② 옥저임을 알 수 있어요. 옥저에는 민며느리제라는 혼인 풍습과 가족의 유골을 한 목곽에 모아 두는 풍습이 있었어요. 또 옥저에는 왕이 없고, 세력 크기에 따라 읍군이나 삼로라고 불리는 군장이 부족을 다스렸어요. 고구려에 예속되어 물고기, 소금, 해산물 등의 공물을 바치다가 결국 고구려에 복속되었어요.

오답 피하기

① 부여에서는 왕이 중앙을 다스리고 마가, 우가, 저가, 구가 등 여러 가(加)들이 별도로 사출도를 다스렸어요.
③ 동예도 옥저처럼 왕이 없었으며, 읍군이나 삼로라고 불리는 군장이 부족을 다스렸어요. 한편, 동예에는 읍락 간의 경계를 중시하여 다른 부족의 영역을 침범하면 소나 말, 노비 등으로 변상하도록 하는 책화의 풍습이 있었어요.
④ 마한, 변한, 진한의 삼한에는 세력 크기에 따라 신지나 읍차라고 불리는 군장이 있었으며 이와 별도로 제사장인 천군이 있었어요.

핵심 개념 옥저와 동예의 사회 모습

옥저	• 풍습 : 민며느리제라는 혼인 풍습이 있음, 가족의 유골을 한 목곽에 모아 두는 풍습이 있음(가족 공동 무덤) • 특산물 : 어물, 소금 등 해산물이 풍부함	왕이 없고, 읍군·삼로라고 불린 우두머리가 있었음
동예	• 풍습 : 읍락 간의 경계를 중시한 책화가 있음, 매년 10월에 무천이라는 제천 행사를 열어 하늘에 제사를 지냄 • 특산물 : 단궁(박달나무로 만든 활), 과하마(키가 작은 말), 반어피(바다표범의 가죽) 등이 유명함	

2. 삼한의 사회 모습

정답 ②

천군과 소도가 있었다는 내용을 통해 (가) 나라가 마한·진한·변한의 삼한임을 알 수 있어요. ② 삼한에는 세력 크기에 따라 신지, 읍차 등으로 불린 지배자가 있었어요. 또 제사를 주관하는 천군과 소도라고 불린 신성 지역이 있었는데, 소도에는 죄인이 도망쳐 와도 잡아가지 못하였어요. 이를 통해 삼한이 제사와 정치가 분리된 사회였음을 짐작할 수 있어요.

오답 피하기

① 부여는 매년 12월에 영고라는 제천 행사를 열었어요.
③ 민며느리제는 옥저의 혼인 풍습이에요. 신랑 집에서 신부가 될 여자아이를 데려와 키우고 어른이 되면 돌려보낸 뒤 신부 집에 돈 등 예물을 보내어 정식으로 혼인하는 풍습이었어요.
④ 동예에는 읍락 간의 경계를 중시하여 다른 부족의 영역을 침범하였을 때 소나 말, 노비 등으로 변상하도록 하는 책화라는 풍습이 있었어요.

핵심 개념 삼한의 사회 모습

정치	• 신지, 읍차라고 불린 지배자가 다스림 • 제사장인 천군과 신성 지역인 소도가 있음(소도에는 정치적 지배자의 세력이 미치지 못함)
경제	• 철제 농기구를 사용함, 벼농사가 발달함 • 변한 지역에서 철이 많이 생산되어 철을 화폐처럼 사용하고 낙랑과 왜에 수출함
풍속	매년 5월과 10월에 계절제를 열어 하늘에 제사를 지냄

1일 4교시 고구려

본문 21쪽

1 ①   2 ②

1. 고구려 소수림왕의 업적

정답 ①

고구려의 제17대 왕이며 불교를 수용하였다는 내용을 통해 (가)에 소수림왕의 업적이 들어가야 함을 알 수 있어요. 소수림왕은 아버지 고국원왕이 백제 근초고왕의 공격을 받아 평양성에서 전사한 국가적 위기 상황에서 왕위에 올랐어요. 소수림왕은 위기를 극복하고 사회를 안정시키기 위해 국가의 통치 체제를 정비하였습니다. 중국의 전진으로부터 불교를 수용하여 나라의 사상을 통합하고 왕실의 권위를 높이고자 하였어요. 또한, ① 인재 양성을 위해 수도에 국립 교육 기관인 태학을 설립하였으며, 율령을 반포하여 중앙 집권 체제를 강화하였어요.

오답 피하기

② 신라 법흥왕은 군사 업무를 총괄하는 병부를 설치하여 군권을 장악하였어요.
③ 신라 진흥왕은 화랑도를 국가적인 조직으로 정비하였어요. 화랑도는 신라의 청소년 수련 단체로, 진골 귀족 출신의 화랑과 화랑을 따르는 낭도로 구성되었어요.
④ 고구려 장수왕의 공격으로 백제의 수도 한성이 함락되고 개로왕이 죽자, 뒤를 이어 즉위한 문주왕은 웅진(지금의 공주)으로 수도를 옮겼어요.

핵심 개념 고구려의 건국과 성장

건국	• 주몽이 졸본을 도읍으로 삼아 고구려를 세움(기원전 37) • 유리왕 때 국내성으로 천도
태조왕	옥저를 정복함, 요동 지방으로 진출을 꾀함
고국천왕	을파소를 등용하여 개혁 정치 추진 → 빈민 구제를 위해 진대법 실시
미천왕	서안평을 점령하고 낙랑군과 대방군을 몰아내어 영토를 확장함
고국원왕	백제 근초고왕의 공격으로 전사함
소수림왕	불교 수용, 태학 설립, 율령 반포 → 중앙 집권 체제를 강화함

2. 고구려 후기의 사실

정답 ②

첫 번째 그림은 살수 대첩(612)의 상황이고, 두 번째 그림은 안시성 전투(645)의 상황이에요. 따라서 살수 대첩과 안시성 전투 사이의 사실을 고르면 됩니다. 중국을 통일한 수가 대군을 동원하여 고구려를 공격하자 을지문덕이 이끄는 고구려군이 살수(지금의 청천강)에서 수의 군대를 크게 물리쳤어요. 이를 살수 대첩이라고 합니다. 수에 이어 중국을 통일한 당은 영토 확장 정책을 추진하면서 고구려를 압박하였어요. ② 642년에 고구려에서 연개소문이 정변을 일으켜 권력을 장악하자 당의 태종은 이를 구실로 고구려를 공격하였어요. 당의 공격으로 요동성과 백암성이 함락되기도 하였으나 고구려군은 안시성에서 당의 군대를 물리쳤어요. 이를 안시성 전투라고 합니다.

오답 피하기

① 신라가 삼국을 통일한 후 신문왕 때 김흠돌이 반란을 도모하였으나 진압되었어요(681).
③ 발해 무왕 때 장문휴가 당의 산둥반도를 공격하였어요(732).
④ 고구려 멸망(668) 이후 검모잠이 한성(지금의 황해도 재령)에서 고구려 부흥 운동을 전개하였어요.

1일 5교시 백제

본문 23쪽

1 ③   2 ④

1. 백제 근초고왕의 업적

정답 ③

근초고왕의 업적으로 옳은 것을 찾는 문항입니다. 근초고왕은 4세기 백제의 전성기를 이끈 왕으로 마한 지역의 여러 세력을 복속시키고 남해안으로 진출하였으며, 대외적으로는 중국의 동진, 왜 등과 교류하였어요. 또한, ③ 고구려의 평양성을 공격하여 고국원왕을 전사시켰어요.

오답 피하기

① 백제 성왕은 웅진(지금의 공주)에서 사비(지금의 부여)로 도읍을 옮기고 국호를 '남부여'로 바꾸었어요.
② 담로는 백제의 지방 행정 구역이에요. 백제가 웅진에 도읍한 시기에 22개의 담로를 두었다고 전해집니다. 근초고왕이 재위한 시기에 백제의 도읍은 한성(지금의 서울)이었어요.
④ 신라 원성왕은 국학의 재학생을 대상으로 유교 경전의 이해 수준을 평가하여 관리 선발에 활용하는 독서삼품과를 실시하였어요.

2. 백제 성왕의 업적

정답 ④

부여를 도읍으로 정했다는 내용을 통해 (가) 왕이 백제 성왕임을 알 수 있어요. 성왕은 웅진(지금의 공주)에서 넓은 평야가 있고 교통이 편리한 사비(지금의 부여)로 도읍을 옮겼으며, 국호를 '남부여'로 바꾸었어요. 또한, ④ 성왕은 신라 진흥왕과 연합하여 고구려를 공격해 한강 하류 지역을 되찾았어요.

① 칠지도는 백제에서 제작하여 왜에 보낸 철제 칼이에요. 칠지도가 만들어진 시기에 대해 다양한 주장이 있으나 대체로 백제 근초고왕 때로 추정하고 있어요.

② 백제 침류왕은 동진에서 온 승려 마라난타를 통해 불교를 받아들였어요.

③ 백제 의자왕은 윤충을 보내 신라를 공격하여 전략적으로 중요한 지역인 대야성을 점령하였어요.

1일 6교시 신라, 가야

본문 25쪽

1 ③   2 ②

1. 가야

정답 ③

'김해 대성동 고분군', '고령 지산동 고분군', '함안 말이산 고분군' 등을 통해 밑줄 그은 '이 나라'가 가야 연맹임을 알 수 있어요. 김해 대성동 고분군, 고령 지산동 고분군, 함안 말이산 고분군은 낙동강 하류의 변한 지역에서 성장한 가야 연맹의 대표적인 유적입니다. 가야 지역의 여러 고분에서는 철제 갑옷과 투구, 금동 허리띠, 금동관 등 다양한 유물이 출토되었어요. ③ 가야는 철이 풍부하게 생산되어 낙랑과 왜 등에 철을 수출하였어요.

① 담로는 백제의 지방 행정 구역이에요. 무령왕은 지방 통제를 강화하기 위해 22담로에 왕족을 파견하였어요.

② 고조선은 한 무제의 침략으로 기원전 108년에 왕검성이 함락되어 멸망하였어요.

④ 신라는 귀족 회의인 화백 회의에서 나라의 중요한 일을 결정하였어요.

>> 핵심 개념 가야의 발전과 쇠퇴	
가야 연맹 성립	철기 문화를 기반으로 여러 나라가 세워짐 → 낙동강 하류의 변한 지역에서 성장한 소국들이 가야 연맹을 형성함
성장	• 전기 가야 연맹 : 금관가야(김해 중심)가 우수한 철기 문화와 낙동강 하류의 해상 교통을 기반으로 성장해 연맹을 주도함 → 덩이쇠를 화폐처럼 사용함, 낙랑과 왜에 철을 수출함 • 후기 가야 연맹 : 고구려의 공격으로 금관가야가 쇠퇴하자 대가야(고령 중심)가 성장하여 연맹을 주도함
멸망	신라 법흥왕에게 금관가야가 병합되고, 신라 진흥왕에게 대가야가 정복됨 → 가야 연맹이 해체됨

2. 신라의 삼국 통일 과정

정답 ②

(가) 신라는 백제를 견제하기 위해 642년에 김춘추를 보내 고구려에 군사 지원을 요청하였어요. 그러나 고구려의 보장왕이 신라에 빼앗긴 죽령 서북 땅을 요구하여 신라와 고구려의 연합은 이루어지지 않았어요. 이후 648년에 김춘추는 당으로 건너가 신라와 당의 군사 동맹을 성사시켰어요.

(나) 백제와 고구려를 멸망시킨 후 당이 한반도 전체를 지배하려고 하자 신라는 당과 전쟁을 벌였어요. 신라 문무왕 때인 675년에 매소성 전투에서 승리한 신라는 이후 기벌포 앞바다에서 설인귀가 이끄는 당의 수군을 격파하였어요. 이를 기벌포 전투(676)라고 합니다. 이로써 신라는 당 세력을 몰아내고 삼국 통일을 완성하였어요.

(다) 김유신은 신라군을 이끌고 황산벌에서 계백이 이끄는 백제군과 싸워 승리하였어요. 이를 황산벌 전투(660)라고 합니다. 신라군은 전투 초반에 백제의 5천 결사대에 막혀 고전하였으나 화랑 관창과 반굴의 희생으로 군대의 사기가 올라 승리를 거둘 수 있었어요. 이후 백제는 사비성이 함락되고 의자왕이 항복하면서 멸망하였어요.

따라서 일어난 순서대로 나열하면 ② (가) 김춘추가 고구려에 군대 파견 요청 (642) → (다) 황산벌 전투(660) → (나) 기벌포 전투(676)입니다.

1일 7교시 삼국의 문화

본문 27쪽

1 ①   2 ③

1. 경주 분황사 모전 석탑

정답 ①

신라 선덕 여왕 때 벽돌 모양으로 돌을 다듬어 쌓은 탑은 ① 경주 분황사 모전 석탑이에요. 이러한 양식의 석탑은 흙을 구워 만든 벽돌을 쌓아 올린 전탑을 모방하였다고 하여 모전 석탑이라고도 해요. 경주 분황사 모전 석탑은 현재 남아 있는 신라의 석탑 가운데 가장 오래되었어요.

② 부여 정림사지 5층 석탑은 목탑 양식이 남아 있는 백제의 석탑으로, 당의 장수 소정방이 백제를 평정한 공을 기리는 글이 탑신에 새겨져 있어 '평제탑'이라고 불리기도 하였어요.

③ 평창 월정사 8각 9층 석탑은 고려 시대에 만들어진 다각 다층탑이에요.

④ 화엄사 4사자 3층 석탑은 통일 신라 시기에 만들어진 석탑으로, 탑의 네 모퉁이에 있는 사자상이 탑을 받치고 있는 듯한 모습이 특징이에요.

2. 익산 미륵사지 석탑

정답 ③

백제 무왕이 건립한 사찰의 터에 남아 있는 목탑 양식이 반영된 석탑이라는 내용 등을 통해 (가)에 들어갈 문화유산이 ③ 익산 미륵사지 석탑임을 알 수 있어요. 익산 미륵사지 석탑은 백제 무왕이 익산에 건립한 미륵사 터에 남아 있는 탑으로 목탑 양식이 반영되어 있습니다. 목탑에서 석탑으로 넘어 가는 과도기의 모습을 찾아볼 수 있어요. 한편, 익산 미륵사지 석탑의 복원 공사 중에 사리장엄구와 금제 사리봉영기가 발견되어 석탑의 건립 연도와 건립 목적이 밝혀졌어요.

① 개성 경천사지 10층 석탑은 고려 말에 원의 영향을 받아 대리석으로 만들어졌어요.

② 화엄사 4사자 3층 석탑은 통일 신라 시기에 만들어진 석탑으로, 탑의 네 모퉁이에 있는 사자상이 탑을 받치고 있는 듯한 모습을 하고 있어요.

④ 경주 분황사 모전 석탑은 현재 전해지는 신라의 석탑 가운데 가장 오래되었으며, 돌을 벽돌 모양으로 다듬어 쌓은 탑입니다.

남북국 시대 ~ 고려 시대

2일 1교시 통일 신라(정치) 본문 35쪽

1 ① 2 ④

1. 신라 말의 상황 정답 ①

신라 말에 발생한 사건을 묻는 문항입니다. 신라는 8세기 후반 어린 나이에 즉위한 혜공왕이 진골 귀족의 반란에 시달리다 살해된 이후 마지막 경순왕 대까지 150여 년 동안 20명의 왕이 바뀌는 등 통치 질서가 무너졌어요. 진골 귀족의 왕위 쟁탈전으로 왕권이 약해지면서 김헌창의 난 등 지방 세력이 반란을 일으키기도 하였으며, 청해진을 배경으로 힘을 키운 장보고가 왕위 계승 분쟁에 개입하기도 하였어요. 중앙 정치가 혼란한 가운데 자연재해가 빈번하게 일어나고 귀족의 수탈도 날로 심해져 백성의 생활이 더욱 피폐해졌어요. 이러한 상황에서 9세기 말 진성 여왕 때 중앙 정부가 관리를 보내 세금을 독촉하자 농민의 분노가 폭발하여 사벌주(지금의 상주)에서 일어난 원종과 애노의 난을 시작으로 농민 봉기가 전국 각지에서 일어났어요. ① 신라 말 헌덕왕 때 웅천주 도독 김헌창이 자신의 아버지 김주원이 왕위에 오르지 못한 것에 불만을 품고 반란을 일으켰어요(822).

[오답 피하기]
② 고려 인종 때 왕실과 중첩된 혼인 관계를 맺어 권력을 장악한 이자겸이 척준경과 함께 반란을 일으켰으나 실패하였어요.
③ 고려 무신 집권기에 지배층의 수탈과 세금 부담으로 살기가 어려워진 하층민의 봉기가 각지에서 일어났어요. 경상도 지역에서는 김사미와 효심의 주도로 봉기가 일어났어요.
④ 고려 무신 집권기에 공주 명학소의 주민들이 과도한 세금과 지배층의 가혹한 수탈에 저항하여 망이·망소이 형제를 중심으로 봉기를 일으켰어요.

>> 핵심 개념 신라 말의 사회 모습

중앙 정치의 문란	•혜공왕의 죽음 이후 진골 귀족 간에 왕위를 둘러싼 다툼이 치열하게 전개됨 → 왕권이 약해짐, 지방에서 반란이 일어남(헌덕왕 때 김헌창의 난 등) •상대등의 권한이 커지고 녹읍이 부활됨
호족 세력의 등장	•스스로 성주 혹은 장군이라고 칭함, 독자적으로 군대를 보유하고 백성에게 세금을 걷는 등 지방을 실질적으로 다스림 •대표적 인물 : 장보고(법화원, 청해진), 견훤, 궁예 등
농민 봉기	진성 여왕 때 일어난 원종과 애노의 난이 대표적임

2. 견훤의 활동 정답 ④

후백제를 세웠으며 아들 신검에 의해 금산사에 유폐되었다는 내용을 통해 밑줄 그은 '인물'이 후백제를 세운 견훤임을 알 수 있어요. 견훤은 상주 출신으로 신라의 군인이었는데, 농민 봉기를 틈타 세력을 키워 완산주(지금의 전주)를 도읍으로 후백제를 건국하였어요(900). 후백제에서 왕위 계승을 둘러싸고 다툼이 일어나 견훤은 아들 신검에 의해 금산사에 갇혔다가 탈출하여 고려 태조에게 귀순하였어요. ④ 견훤의 후백제군은 지금의 대구 팔공산 일대에서 벌어진 공산 전투에서 왕건의 고려군에 승리하였어요.

[오답 피하기]
① 장보고는 당에서 군인으로 활동하다가 신라 흥덕왕 때 신라로 돌아와 지금의 완도에 군사·무역 기지인 청해진을 설치하였어요.
② 후고구려를 세운 궁예는 나라 이름을 '마진'으로 바꾸고 철원으로 천도하였어요. 이후 다시 국호를 '태봉'으로 바꾸었어요.
③ 신라의 마지막 왕인 경순왕 김부는 고려에 항복한 이후 경주의 사심관으로 임명되었어요.

>> 핵심 개념 고려의 후삼국 통일 과정

고려 건국 (918)	궁예의 실정이 계속되자 신하들이 궁예를 몰아내고 왕건을 왕으로 추대함 → 왕건은 나라 이름을 '고려'라 정함, 송악(개성)으로 천도(919)
공산 전투 (927)	견훤의 후백제군이 공산(대구 팔공산)에서 왕건의 고려군을 상대로 크게 승리함
고창 전투 (930)	주변 호족들의 도움을 받은 왕건의 고려군이 고창(안동)에서 견훤의 후백제군을 상대로 크게 승리함
후백제의 분열	왕위 계승 문제에 불만이 컸던 견훤의 큰아들 신검이 견훤을 금산사에 가두고 왕위에 오름 → 견훤은 금산사에서 탈출하여 고려의 왕건에게 투항함(935)
신라의 항복 (935)	나라를 더 이상 유지하기 어려워지자 신라 경순왕이 스스로 고려에 항복함
후백제 멸망 (936)	왕건과 견훤이 손잡고 신검의 후백제군과 싸워 승리함(일리천 전투) → 후백제가 멸망하고 고려가 후삼국을 통일함(936)

2일 2교시 통일 신라(경제, 사회, 문화) 본문 37쪽

1 ② 2 ①

1. 통일 신라의 경제 상황 정답 ②

완도에 청해진이 설치되었으며 장보고가 당, 신라, 일본을 잇는 해상 교역을 주도하였다는 내용을 통해 밑줄 그은 '이 시기'가 통일 신라 시대임을 알 수 있어요. 통일 신라 말에 장보고는 완도에 청해진을 설치하여 해적을 몰아낸 뒤 당, 일본과의 해상 무역을 주도하였어요. ② 녹읍은 신문왕 때 폐지되었다가 경덕왕 때 부활되어 고려 초까지 유지되었어요.

[오답 피하기]
① 분청사기는 조선 전기에 주로 제작되었어요. 분청사기는 회색 또는 회백색의 바탕 흙 위에 흰 흙을 발라 장식을 하거나 무늬를 그린 자기입니다.
③ 조선 후기에 한글 소설이 유행하면서 전기수가 등장하였어요. 전기수는 사람이 많이 모이는 장시 같은 곳에서 돈을 받고 책을 읽어 주었어요.
④ 조선 후기에 상업 활동이 활발해지면서 화폐 사용도 늘어나 상평통보가 적극적으로 유통되었어요.

>> 핵심 개념 신라의 대외 교류

당과의 무역	가장 활발하게 이루어짐 → 당의 산둥반도에 신라방·신라촌(거주지), 신라소(관청), 신라원(사찰), 신라관(숙소) 등이 설치됨
울산항 번성	울산항이 국제 무역항으로 번성함, 아라비아 상인도 왕래함
장보고의 활동	장보고가 완도에 청해진을 설치함 → 해적을 소탕하고 신라·당·일본을 잇는 해상 무역권을 장악함, 산둥반도에 신라인을 위한 법화원을 건립함

2. 경주 석굴암 본존불상 정답 ①

통일 신라 시기에 만들어진 경주 석굴암 내부에는 ① 본존불상이 모셔져 있어요. 경주 석굴암 본존불상은 완벽한 조형미를 보여 주며, 삼국 시대의 불상과 달리 근엄한 표정을 하고 있어요.

[오답 피하기]
② 서산 용현리 마애 여래 삼존상은 바위 절벽에 새겨진 백제의 불상이에요.
③ 삼국 시대에 만들어진 금동 미륵보살 반가 사유상이에요.
④ 하남 하사창동 철조 석가여래 좌상은 고려 시대 불상이에요.

2일 3교시 발해(정치) 본문 39쪽

1 ④ 2 ③

1. 발해 무왕의 업적

정답 ④

발해 무왕 대무예의 업적을 묻는 문항이에요. 대조영의 뒤를 이어 즉위한 무왕은 '인안'이라는 독자적인 연호를 사용하고 여러 말갈 부족을 복속시켜 영토를 넓혔어요. 이에 당이 흑수 말갈과 신라를 이용하여 발해를 견제하자 무왕은 돌궐, 일본 등과 친선 관계를 맺어 대응하는 한편, ④ 장문휴를 보내 당의 산둥반도 등주를 공격하였어요.

오답 피하기
① 고려 말에서 조선 초에 왜구가 해안 지역에 침략하여 약탈하는 일이 잦았어요. 이에 여러 차례 왜구의 근거지인 대마도(쓰시마섬)를 정벌하였는데, 고려 창왕 때 박위의 대마도 정벌과 조선 세종 때 이종무의 대마도 정벌이 대표적이에요.
② 조선 세종은 최윤덕과 김종서를 보내 북쪽의 여진을 정벌하고 4군 6진을 개척하였어요.
③ 고려 예종 때 윤관이 별무반을 이끌고 여진을 정벌한 후 동북 9성을 축조하였어요.

2. 발해

정답 ③

무왕으로, 대조영의 아들이며 장문휴에게 명령하여 당의 등주를 공격하게 하였다는 내용을 통해 (가) 국가가 발해임을 알 수 있어요. 무왕은 대조영의 뒤를 이어 즉위한 발해의 제2대 왕으로, 당에 대해 강경한 입장을 취하여 장문휴를 보내 당의 등주를 공격하였어요. ③ 발해는 전성기에 중국으로부터 '바다 동쪽의 융성한 나라'라는 뜻에서 해동성국이라 불렸어요.

오답 피하기
① 마한은 지금의 경기도, 충청도, 전라도 지역에 분포한 여러 소국으로 이루어진 나라였어요. 백제는 마한의 소국 중 하나로 출발하였지만 한강 유역을 발판으로 빠르게 성장하였어요. 발해는 대조영이 고구려 유민과 말갈인을 이끌고 만주 동모산 부근에서 세운 나라입니다.
② 신라는 지방 세력을 견제하기 위해 지방 세력가나 그 자제를 일정 기간 수도에 머무르게 하는 상수리 제도를 실시하였어요.
④ 고려 광종은 '광덕', '준풍' 등의 독자적인 연호를 사용하였어요.

2일 4교시 발해(경제, 사회, 문화) 본문 41쪽

1 ①   2 ①

1. 발해의 문화유산

정답 ①

'대조영', '해동성국' 등을 통해 자료에 해당하는 국가가 발해임을 알 수 있어요. 대조영은 고구려 유민과 말갈인을 이끌고 동모산 부근에서 발해를 건국하였어요. 이후 발해는 전성기에 중국으로부터 '바다 동쪽의 융성한 나라'라는 뜻에서 해동성국이라고 불리기도 하였어요. ① 영광탑은 발해의 탑으로 벽돌을 쌓아 만든 전탑이에요. 건축 기법 등에서 당의 영향을 찾아볼 수 있어요.

오답 피하기
② 금관총 금관은 경주에 있는 신라 고분에서 출토된 신라 금관이에요. 신라의 수도였던 경주의 여러 고분에서 수 개의 금관과 금동관이 발견되었는데, 이를 통해 신라의 금세공 및 금속을 다루는 기술 수준이 높았음을 알 수 있어요.
③ 백제 금동 대향로는 불교와 도교 사상이 반영된 백제의 문화유산으로 부여 능산리 고분군 근처의 절터에서 출토되었어요.
④ 고령 지산동 고분군에서 출토된 판갑옷과 투구입니다. 가야는 풍부한 철광과 우수한 제철 기술을 가지고 있었어요.

2. 발해의 문화유산

정답 ①

문왕이 당의 도읍 장안성의 구조를 본떠 상경성을 만들었다는 내용을 통해 (가) 국가가 발해임을 알 수 있어요. 발해의 문왕은 도읍을 상경으로 옮기고 당

의 도읍 장안성의 구조를 본떠 상경성을 건설하였어요. 발해의 5경 중 하나인 상경 용천부는 문왕이 수도를 옮긴 이후 잠시 동경 용원부로 천도하였던 시기를 제외하고는 멸망할 때까지 발해의 수도였어요. ① 칠지도는 백제에서 만들어 일본에 보낸 것으로 알려진 철제 칼이에요. 이를 통해 당시 백제와 일본이 교류하였음을 알 수 있어요.

오답 피하기
② 이불병좌상은 두 부처가 나란히 앉아 있는 모습의 발해 불상으로, 고구려 불상 양식의 영향을 받았어요.
③ 영광탑은 발해의 탑으로, 벽돌을 쌓아 만든 전탑이며 건축 기법 등에서 당의 영향을 찾아볼 수 있어요.
④ 정효 공주는 발해 문왕의 딸이에요. 정효 공주 무덤은 당의 양식과 고구려의 양식이 혼합된 형태로 만들어졌어요.

2일 5교시 고려(전기 정치) 본문 43쪽

1 ④   2 ③

1. 도병마사

정답 ④

중서문하성과 중추원의 고위 관료가 참여하여 국방과 군사 문제 등을 논의한 고려의 독자적인 정치 기구는 ④ 도병마사입니다. 고려에는 중서문하성과 중추원의 고위 관료가 모여 국가의 중대사를 논의하는 회의 기구로 도병마사와 식목도감이 있었어요. 이 가운데 도병마사에서는 국방과 군사 문제를 담당하였고, 식목도감에서는 제도와 법안 처리 같은 대내적인 문제를 논의하여 처리하였어요. 도병마사는 충렬왕 때 도평의사사로 명칭이 바뀌고 구성과 기능이 확대되었어요.

오답 피하기
① 도방은 고려 시대 무신 정권의 사병 집단으로, 경대승이 신변 보호를 위해 조직하였어요. 폐단이 커서 해체되었는데 최충헌이 집권하면서 다시 설치하였어요.
② 어사대는 고려 시대에 관리 감찰과 풍속 교정을 담당한 중앙 정치 기구입니다.
③ 의금부는 조선 시대 국왕 직속의 특별 사법 기구로 반역죄, 강상죄 등을 저지른 중죄인을 다스렸어요.

≫ 핵심 개념 고려의 통치 체제 정비

중앙	• 중서문하성·상서성의 2성과 행정 실무를 담당하는 이·병·호·형·예·공부의 6부로 구성 • 고려의 독자적 회의 기구 : 도병마사(국방과 군사 문제를 논의함)와 식목도감(법의 제정이나 각종 시행 규정을 다룸) → 고위 관료인 중서문하성의 재신과 중추원의 추밀이 모여 국가 중대사를 논의 • 대간 : 어사대(감찰 기구)의 관원과 중서문하성의 낭사로 구성됨, 간쟁·봉박·서경의 권한을 행사함 → 정치권력의 견제와 균형을 추구함 • 삼사 : 화폐와 곡식의 출납 및 회계를 담당함
지방	• 전국을 일반 행정 구역인 5도와 군사 행정 구역인 양계로 나누어 다스림 → 5도에는 안찰사, 양계에는 병마사를 파견함 • 지방관이 파견된 주군·주현보다 지방관이 파견되지 않은 속군·속현이 더 많음 • 특수 행정 구역 : 향·부곡(주로 농업에 종사함), 소(왕실·관청에서 필요로 하는 물품을 생산함)
군사	• 중앙군 : 2군(왕의 친위 부대), 6위(수도 경비와 국경 방어를 담당함) • 지방군 : 주현군(5도의 일반 군현에 주둔함), 주진군(양계에 주둔함)
교육	• 중앙 : 국자감(최고 교육 기관, 유학부와 기술학부로 구성됨) • 지방 : 향교(지방 관리와 서민의 자제 교육을 담당함)

2. 문벌 사회의 동요

정답 ③

(가) 문벌 세력의 권력 독점이 계속되는 상황에서 문신에 비해 차별 대우를 받

던 무신들의 불만이 점점 커져 갔어요. 결국 보현원 사건을 계기로 정중부, 이의방 등이 주도하여 무신 정변을 일으켜 많은 수의 문신을 제거하고 정권을 장악하였어요(무신 정변, 1170).

(나) 왕실과 중첩된 혼인 관계를 맺고 권력을 독점한 이자겸은 인종이 측근을 이용하여 자신을 제거하려 하자 척준경과 함께 반란을 일으켰어요. 이에 인종이 척준경을 회유하여 이자겸을 제거하면서 반란은 진압되었어요(이자겸의 난, 1126).

(다) 이자겸의 난 이후 묘청 등 서경 세력이 풍수지리설을 내세워 서경 천도를 추진하였으나 개경 세력의 반대로 서경 천도가 좌절되었어요. 이에 묘청 등이 서경에서 국호를 '대위', 연호를 '천개'라 하고 반란을 일으켰어요(묘청의 난, 1135). 1년여 동안 이어진 묘청의 난은 김부식이 이끄는 관군에 의해 진압되었어요.

따라서 일어난 순서대로 나열하면 ③ (나) 이자겸의 난(1126) → (다) 묘청의 난(1135) → (가) 무신 정변(1170)입니다.

>> 핵심 개념 문벌 사회의 동요

이자겸의 난 (1126)	• 배경 : 왕실과의 거듭된 혼인으로 경원 이씨 가문이 유력한 외척 가문으로 성장함 → 이자겸이 실권을 장악함 • 경과 : 인종과 측근 세력이 이자겸을 제거하고자 함 → 이자겸이 척준경과 함께 난을 일으켜 스스로 왕이 되고자 함 → 인종이 척준경을 회유하여 이자겸을 제거함

	개경 세력 (김부식)	서경 세력 (묘청)
묘청의 서경 천도 운동 (1135)	• 금과의 사대 관계 유지를 주장함 • 신라 계승 의식 • 유교 중시	• 서경 천도, 칭제 건원, 금 정벌을 주장함 • 고구려 계승 의식 • 불교·풍수지리설(서경 길지설) 중시
	개경 세력의 반대로 서경 천도가 좌절됨 → 묘청 등이 서경에서 국호를 '대위', 연호를 '천개'라고 정하고 반란을 일으킴 → 김부식이 이끄는 관군에 의해 약 1년 만에 진압됨	

2일 6교시 고려(후기 정치) 본문 45쪽

1 ④ 2 ②

1. 무신 정변 이후의 사실 [정답 ④]

문신 한뢰가 무신 이소응의 뺨을 때린 사건이 계기가 되어 차별 대우를 받으며 불만이 쌓여 왔던 무신들이 정변을 일으켜 문신들을 제거하고 권력을 장악하였다는 내용을 통해 무신 정변 상황임을 알 수 있어요. 고려 의종이 신하들과 보현원으로 가던 중 젊은 문신 한뢰가 무술 겨루기에서 기권한 나이 든 무신 이소응의 뺨을 때리며 모욕을 주는 일이 있었어요. 이를 계기로 불만이 폭발한 무신들이 정변을 일으켜 많은 문신을 제거하고 권력을 장악하였어요. 이를 무신 정변(1170)이라고 하며 이후 무신 정권이 들어섰어요. 따라서 무신 정권이 들어선 이후에 일어난 사실을 찾으면 됩니다. ④ 고려 무신 집권기에 공주 명학소에서 과도한 세금과 지배층의 수탈에 항거하여 망이, 망소이 형제를 중심으로 봉기가 일어났어요(1176).

오답 피하기
① 신라 헌덕왕 때 김헌창이 자신의 아버지 김주원이 왕이 되지 못한 것에 불만을 품고 난을 일으켰어요(822).
② 8세기 발해 무왕 때 장문휴가 왕의 명령을 받아 당의 산둥반도 등주를 공격하였어요(732).

③ 신라 말 진성 여왕 때 당에서 유학하고 돌아온 최치원이 국왕에게 시무 10여 조의 사회·정치 개혁안을 건의하였으나 진골 귀족들의 반발에 부딪혀 개혁이 실현되지 못하였어요(894).

>> 핵심 개념 고려 무신 정권

수립	• 배경 : 문신을 우대하고 무신을 차별함, 의종이 잘못된 정치를 함, 낮은 대우에 대한 하급 군인의 불만이 높아짐 • 과정 : 정중부·이의방 등의 무신들이 정변을 일으킴(무신 정변, 1170) → 무신이 중방을 중심으로 권력을 행사함
변화	• 무신 간의 치열한 권력 쟁탈전 전개 : 이의방 → 정중부 → 경대승 → 이의민 → 최충헌 • 최충헌의 아들과 손자로 권력 세습(최충헌 - 최우 - 최항 - 최의), 4대 60여 년간 최씨 무신 정권이 유지됨
권력 기구	• 교정도감 : 최충헌이 설치함, 이후 무신 집권기 최고 권력 기구의 역할을 함 • 정방 : 최우가 설치한 인사 행정 기구 • 도방 : 경대승이 처음 설치한 신변 경호를 위한 사병 집단 → 해체되었다가 최충헌이 다시 설치함 • 삼별초 : 최우가 개경의 치안 유지를 위해 설치한 야별초에서 비롯된 군사 조직, 좌별초·우별초·신의군으로 구성됨
무신 집권기 사회 동요	무신들의 대토지 소유 확대, 가혹한 수탈, 신분 질서의 동요로 농민과 천민의 대규모 봉기가 발생함 → 망이·망소이의 난(공주 명학소), 만적의 난(개경), 김사미와 효심의 난(경상도) 등

2. 원 간섭기의 사실 [정답 ②]

원 간섭기에 있었던 사실을 찾는 문항입니다. 고려 정부가 몽골과 강화를 맺고 개경으로 돌아오면서 본격적으로 원의 정치적 간섭을 받게 되었어요. 13세기 후반부터 14세기 전반에 이르는 원 간섭기에 고려의 왕이 원 황제의 사위가 되면서 왕실 호칭이 부마국 지위에 맞게 낮아졌고, 중앙 정치 기구의 명칭도 격이 낮아졌어요. 한편, 고려와 원의 교류가 활발해지면서 고려에서 몽골의 풍습이 유행하였어요. 대표적으로 지배층 사이에서 변발과 둥글고 납작한 모양의 갓인 발립, 철릭 등 몽골식 복장이 퍼졌지요. ② 원 간섭기인 고려 충렬왕 때 일본 원정을 위한 기구로 정동행성이 설치되었어요.

오답 피하기
① 별무반은 12세기 초 고려 숙종 때 윤관이 건의하여 여진 정벌을 위해 편성한 군사 조직이에요. 고려 예종 때 윤관은 별무반을 이끌고 여진을 정벌한 후 동북 9성을 축조하였어요.
③ 15세기 조선 태종과 세조 때 6조 직계제가 실시되었어요. 6조 직계제는 6조가 의정부를 거치지 않고 왕에게 직접 업무를 보고하고 왕의 명령을 받아 정책을 추진하는 제도입니다.
④ 통일 신라 신문왕 때 왕의 장인인 김흠돌이 반란을 도모하였으나 진압되었어요(681).

>> 핵심 개념 원 간섭기의 사회 변동

영토 축소	원이 쌍성총관부(화주), 동녕부(서경), 탐라총관부(제주도)를 설치하여 직접 통치
왕실 호칭과 관제 격하	• 고려의 왕은 원의 공주와 혼인해야 함 → 원의 부마국이 됨 • 왕실 호칭의 격이 낮아짐 : 폐하 → 전하, 태자 → 세자, 조·종 → 왕 • 관제의 격이 낮아짐 : 중서문하성·상서성 → 첨의부, 6부 → 4사, 중추원(추밀원) → 밀직사, 어사대 → 감찰사
내정 간섭	원이 정동행성을 설치하여 고려의 정치에 간섭함
인적·물적 자원 피해	• 결혼도감을 통해 고려 여성이 공녀로 원에 끌려감 • 매년 금·은·인삼·매 등 특산물을 원에 바침
권문세족의 성장	• 대개 원과의 관계를 배경으로 성장하여 권력을 얻음, 대부분 친원파 • 음서를 통해 관직을 세습하고 고위 관직을 독점함 • 도평의사사(도당)를 장악하여 권력을 독점함 • 불법적 행위를 통해 백성의 토지를 빼앗아 대농장을 운영함
몽골풍 유행	지배층을 중심으로 변발과 몽골식 복장(발립, 철릭 등), 음식(소주, 설렁탕 등), 몽골어 등 몽골식 풍습이 유행함

1 ① 2 ②

1. 고려와 거란의 관계 [정답 ①]

(가) 서희가 소손녕에게 여진을 내쫓고 우리 옛 땅을 돌려준다면 거란과 교류하겠다고 말하는 내용을 통해 거란의 1차 침입 당시 상황임을 알 수 있어요. 거란은 송과 고려의 연합을 우려하여 고려에 침입하였어요(거란의 1차 침입). 서희는 이러한 거란의 의도를 파악하고 거란 장수 소손녕과 외교 담판을 벌여 송과의 관계를 끊고 거란과 교류할 것을 약속하는 대신 거란군을 물러가게 하고 강동 6주를 확보하였어요.

(나) 양규가 거란에 맞서 끝까지 싸우자고 말하는 내용을 통해 거란의 2차 침입 당시 상황임을 알 수 있어요. 고려가 송과의 관계를 유지하자 거란은 고려의 장수 강조가 목종을 폐위하고 현종을 세운 강조의 정변을 구실 삼아 다시 고려를 침략하였어요(거란의 2차 침입). 이에 국왕인 현종이 나주까지 피란하는 등 위기를 맞았으나, 거란군과 철군 교섭에 성공하여 거란군이 물러나게 되었어요. 이때 양규가 철수하는 거란군의 배후를 공격하여 포로로 잡힌 많은 고려 백성을 구해 내기도 하였어요.

(다) 강감찬이 귀주에서 거란군을 모두 물리치라고 말하는 내용을 통해 거란의 3차 침입 시기에 있었던 귀주 대첩 상황임을 알 수 있어요. 고려가 왕이 직접 거란에 가겠다는 철군 조건을 지키지 않고 강동 6주의 반환 요구도 거부하자 거란이 다시 고려를 침략하였어요(거란의 3차 침입). 이때 강감찬이 이끄는 고려군이 귀주에서 거란군을 크게 물리쳤어요.

따라서 일어난 순서대로 나열하면 ① (가) 거란의 1차 침입, 서희의 외교 담판 → (나) 거란의 2차 침입, 양규의 활약 → (다) 거란의 3차 침입, 귀주 대첩입니다.

>> **핵심 개념** **거란의 침략과 격퇴**

1차 침입	성종 때 거란 장수 소손녕이 대군을 이끌고 침략함 → 서희가 외교 담판에 나섬 → 거란군 철수, 강동 6주 확보
2차 침입	현종 때 강조의 정변을 구실로 거란군이 침략함 → 양규의 활약
3차 침입	현종 때 강동 6주의 반환 등을 요구하며 거란 장수 소배압이 대군을 이끌고 침략함 → 강감찬의 귀주 대첩(1019)
영향	초조대장경 제작, 개경에 나성 축조, 국경에 천리장성 축조

2. 고려와 여진의 관계 [정답 ②]

첫 번째 그림은 고려 현종 때인 11세기 전반, 두 번째 그림은 고려 인종 때인 12세기 전반입니다. 고려 초부터 대부분의 여진은 고려에 특산물을 바치고 고려를 부모의 나라로 섬겼어요. 고려 현종 때인 11세기 전반에도 여진은 고려에 특산물을 바쳤고 고려는 이에 대한 답례품을 주었어요. 12세기에 들어와 부족을 통합하며 세력을 키운 여진은 고려의 국경 지역을 자주 침범하였어요. 이에 ② 고려 숙종 때 윤관의 건의로 별무반이 편성되었고, 윤관은 예종 때 별무반을 이끌고 여진을 공격하여 동북 지역에 9성을 쌓았어요. 그러나 여진의 요청으로 1년여 만에 동북 9성을 여진에 돌려주었어요. 이후 여진은 세력을 더욱 키워 금을 건국하고 12세기 전반 고려 인종 때 고려에 금을 섬길 것을 요구하였어요. 이에 당시 집권자였던 이자겸이 금의 강성함을 이유로 들어 금의 요구를 받아들였어요.

오답 피하기

① 14세기 고려 창왕 때 박위가 왜구의 근거지인 대마도(쓰시마섬)를 정벌하였어요.
③ 13세기 몽골이 고려에 침입하였을 때 김윤후 부대가 처인성 전투에서 승리하였어요.
④ 7세기 중반 신라의 김춘추가 당으로 건너가 군사 동맹을 성사시켰어요.

>> **핵심 개념** **고려와 여진의 관계**

초기	여진이 고려를 부모의 나라로 섬겼으나 세력이 커지자 고려의 국경을 자주 침범하는 등 위협함
여진 정벌	• 숙종 때 여진의 침입에 대응하기 위해 윤관의 건의를 받아들여 별무반을 편성함 • 예종 때 윤관이 별무반을 이끌고 여진을 정벌한 뒤 동북 9성을 쌓음 → 여진의 지속적인 반환 요청으로 1년여 만에 돌려줌
관계 변화	• 여진이 금을 세우고 요(거란)를 멸망시킴 • 세력이 강해진 금이 고려에 사대할 것을 요구함 → 이자겸 등 집권 세력이 전쟁을 피하고 정권을 유지하기 위해 금의 사대 요구를 받아들임

1 ④ 2 ①

1. 고려의 경제 [정답 ④]

'개경', '중방' 등을 통해 (가) 국가가 고려임을 알 수 있어요. 개경은 고려의 수도이고, 중방은 고려의 중앙군인 2군 6위의 지휘관들이 모여 군사 문제를 논의하던 회의 기구입니다. ④ 고려 시대에 은 1근으로 우리나라의 지형을 본떠 만든 고액 화폐인 은병이 제작되어 유통되었어요. 은병은 주둥이 부분이 넓어서 활구라고도 불렸어요.

오답 피하기

① 조선 후기에 광산의 주인과 계약을 맺고 채굴권과 운영권을 얻은 전문 경영인인 덕대가 채굴업자와 노동자를 고용하여 광산을 경영하는 방식이 성행하였어요.
② 조선 후기 정조 때 도성 내 물가 안정과 원활한 상품 유통을 위해 육의전을 제외한 시전 상인의 금난전권을 폐지하는 신해통공이 실시되었어요.
③ 조선 후기에 의주를 근거지로 활동한 만상이 청과의 무역으로 부를 축적하였어요.

2. 고려 시대 구휼 제도 [정답 ①]

고려 시대에 운영된 구휼 제도를 묻는 문항입니다. 고려 정부는 백성을 구휼하기 위해 ① 의창을 운영하여 경제적으로 어려울 때 곡식을 빌려주고 수확한 후에 갚도록 하였어요. 또 기금을 모아 그 이자로 빈민을 구제하는 제위보를 운영하였어요. 이 외에도 서민의 질병 치료를 위해 의약품을 제공하는 혜민국을 설치하고, 전염병이 돌면 임시 기구로 구제도감을 설치하여 백성을 구호하였어요.

오답 피하기

② 신문고는 백성의 억울한 일을 해결해 줄 목적으로 궁궐 밖 문루에 달아 놓은 북이에요. 조선 태종 때 처음 설치되었어요.
③ 개항 이후인 1885년에 우리나라 최초의 서양식 근대 병원인 광혜원이 설립되었는데, 곧 제중원으로 이름이 바뀌었어요.
④ 조선 고종 때 흥선 대원군은 군정의 폐단을 해결하기 위해 호포제를 실시하여 양반에게도 군포를 거두었어요.

>> **핵심 개념** **고려의 사회 제도**

구휼 제도	빈민 구제를 위해 태조 때 설치한 흑창을 성종 때 의창으로 개편하여 운영함 → 춘대추납, 조선 시대까지 이어짐
기구	• 혜민국 : 서민의 질병 치료를 위한 기구로 병자에게 의약품을 제공함 • 구제도감 : 질병 확산에 대처하고 백성을 구제하기 위해 설치한 임시 기구 • 제위보 : 빈민 구제를 위한 재단으로, 기금을 마련하여 그 이자로 빈민을 구제함

1. 삼국유사

정답 ③

승려 일연이 저술하였으며 단군의 고조선 건국 이야기가 실려 있다는 내용을 통해 밑줄 그은 '이 책'이 ③ "삼국유사"임을 알 수 있어요. 고려 후기에 승려 일연이 고구려, 백제, 신라의 역사를 다룬 "삼국유사"를 저술하였어요. 일연은 불교사를 중심으로 고대의 민간 설화, 전설 등을 기록하였으며, 우리 역사의 시작을 고조선으로 보고 "삼국유사"에 단군의 고조선 건국 이야기를 수록하였어요.

오답 피하기

① "동국통감"은 조선 성종 때 서거정 등이 편찬한 역사서로, 고조선부터 고려 말까지의 역사가 수록되어 있어요.
② 조선 후기에 안정복은 "동사강목"을 저술하여 우리 역사의 독자적 정통론을 주장하였어요.
④ "제왕운기"는 고려 후기에 이승휴가 중국과 우리나라의 역사를 시로 표현한 역사서입니다.

> **핵심 개념 고려 시대 역사서의 편찬**

전기	"삼국사기" : 인종 때 김부식 등이 편찬함, 현존하는 우리나라에서 가장 오래된 역사서, 유교적 합리주의 사관에 따라 기전체로 기록함, 신라를 중심으로 삼국의 역사를 서술함	
후기	무신 집권기	• "해동고승전" : 각훈이 우리나라 옛 승려들의 전기를 정리하여 편찬함 • '동명왕편' : 이규보가 고구려의 시조 동명왕(주몽)에 관한 이야기를 장편 서사시로 기록함 → 고구려 계승 의식이 반영됨	
	원 간섭기	• "삼국유사" : 승려 일연이 저술함, 불교사를 중심으로 고대의 민간 설화나 전래 기록을 수록함 • "제왕운기" : 이승휴가 중국과 우리나라의 역사를 시로 서술함	단군의 건국 이야기 수록
말기	"사략" : 이제현이 성리학적 유교 사관에 따라 저술함, 정통 의식과 대의명분을 중시함	

2. 고려의 문화유산

정답 ④

고려의 문화유산을 찾는 문항입니다. 고려 시대의 목조 건축물에는 현재 고려 후기에 만들어진 안동 봉정사 극락전, ④ 영주 부석사 무량수전, 예산 수덕사 대웅전 등이 남아 있어요. 세 건축물 모두 공포를 기둥 위에만 설치한 주심포 양식으로 지어졌으며, 건물이 안정감 있게 보이도록 기둥의 가운데 부분이 살짝 불룩한 배흘림기둥이 사용되었어요.

오답 피하기

① 종묘는 조선 시대 왕과 왕비의 신주를 모신 사당이에요. 종묘의 중심 건물인 정전에는 19명의 왕과 그 왕비의 신위가 모셔져 있어요.
② 경복궁 근정전은 조선의 정궁인 경복궁의 중심 건물로 국왕이 조회를 하거나 외국 사신을 맞이하는 등 중요한 행사를 거행하던 정전이에요.
③ 보은 법주사 팔상전은 조선 후기에 지어진 5층 목탑이며 우리나라에 남아 있는 유일한 목조탑이에요.

조선 전기

1. 조선 세조의 정책

정답 ④

집현전을 파하고 경연을 정지하였으며, 상왕을 노산군으로 낮추고 영월에 거주시키게 하였다는 내용을 통해 밑줄 그은 '왕'이 조선 세조임을 알 수 있어요. 세조는 계유정난을 통해 정권을 장악한 후 단종에게 양위를 받아 즉위하였어요. 이에 반대하여 성삼문 등이 상왕(단종)을 복위시키려고 계획을 세운 것이 발각되자 세조는 성삼문 등을 처형하고 단종을 노산군으로 낮추어 영월로 유배를 보냈어요. 이후 자신의 활동을 견제하던 집현전을 폐지하고 경연을 정지하여 왕권을 강화하였어요. ④ 조선 태종과 세조는 국왕 중심의 정치를 강화하기 위해 6조 직계제를 실시하였어요. 6조 직계제는 6조가 왕에게 직접 업무를 보고하고 왕의 결재를 받아 정책을 시행하는 제도입니다.

오답 피하기

① 조선 효종 때 김육이 청에서 사용하던 역법인 시헌력의 사용을 건의하여 도입되었어요. 시헌력은 서양의 영향을 받아 태음력에 태양력의 원리를 적용한 역법이에요.
② 조선 영조와 정조는 붕당 정치의 폐해를 극복하기 위해 탕평책을 실시하였어요.
③ 조선을 건국한 태조 이성계는 개경에서 한양으로 도읍을 옮겼어요. 정종 때 개경으로 잠시 옮겼다가 태종 때 다시 한양으로 천도하였어요.

2. 조광조의 활동

정답 ④

기묘사화로 관직에서 쫓겨났으며 현량과 실시와 위훈 삭제를 주장하였다는 내용을 통해 (가) 인물이 조광조임을 알 수 있어요. 조광조는 조선 중종 때 등용되어 추천을 통해 학문과 덕행이 뛰어난 인물을 관리로 뽑는 현량과 실시를 건의하였어요. 또한, 중종반정의 공신 중에서 부당하게 공신이 된 사람의 거짓 공훈을 삭제할 것(위훈 삭제)을 주장하였어요. 이러한 급진적인 개혁에 부담을 느낀 중종과 훈구 세력이 반발하여 기묘사화가 일어나 조광조를 비롯한 사림들이 대거 제거되었어요. ④ 조광조는 도교 의식을 주관한 소격서의 폐지를 건의하였어요.

오답 피하기

① 조선 후기에 유득공이 "발해고"를 저술하였어요. 유득공은 "발해고"에서 처음으로 신라와 발해를 '남북국'이라고 칭하였어요.
② 조선 후기에 김정호가 대동여지도를 제작하였어요. 대동여지도는 우리나라 전국 지도로, 22첩의 목판본으로 제작되었어요.
③ 조선 전기에 주세붕이 백운동 서원을 건립하였어요. 백운동 서원은 우리나라 최초의 서원이며, 이후 이황의 건의로 사액 서원이 되어 소수 서원으로 이름이 바뀌었어요.

> **핵심 개념 사화의 발생**

무오사화 (연산군)	훈구 세력이 김종직이 쓴 '조의제문'을 문제 삼아 사림을 공격함
갑자사화 (연산군)	연산군이 어머니인 폐비 윤씨 사사 사건에 관련된 훈구와 사림 세력을 제거함
기묘사화 (중종)	• 배경 : 중종이 훈구 세력을 견제하기 위해 조광조를 비롯한 사림을 등용함 • 조광조의 개혁 정책 : 도교의 제사를 맡아보던 소격서를 폐지함, 새로운 인물을 등용하기 위해 현량과를 실시함, 부당하게 공신이 된 사람의 거짓 공훈을 삭제하자고 주장함(위훈 삭제) • 결과 : 훈구 세력이 조광조의 급진적인 개혁 정치에 반발하여 사림을 공격함 → 조광조를 비롯한 사림 세력이 피해를 입음
을사사화 (명종)	외척 세력인 윤임과 윤원형 사이의 권력 다툼 과정에서 발생함 → 가담한 사림 세력이 피해를 입음

1. 훈련도감

정답 ④

임진왜란 중에 설치되었으며 포수, 사수, 살수의 삼수병으로 구성되었다는 내용을 통해 (가)에 들어갈 부대가 ④ 훈련도감임을 알 수 있어요. 훈련도감은 임진왜란 중에 유성룡의 건의로 설치된 군사 조직으로, 조총을 다루는 포수, 활을 다루는 사수, 칼이나 창을 다루는 살수의 삼수병으로 구성되었어요. 훈련도감의 군인들은 대부분 급료를 받는 직업 군인이었어요.

오답 피하기

① 9서당은 통일 신라의 중앙 군사 조직이에요. 9서당은 신라인뿐만 아니라 고구려인, 백제인, 말갈인으로 편성되었는데, 이는 옛 고구려, 옛 백제의 유민을 포용하여 민족 통합을 꾀하려는 조치였어요.

② 별기군은 조선 정부가 개화 정책을 추진하면서 1881년에 창설한 신식 군대로, 일본인 교관을 초빙하여 군사 훈련을 시행하였어요.

③ 삼별초는 고려 무신 집권기에 최우가 치안 유지를 위해 설치한 야별초에서 비롯되었어요. 좌별초·우별초·신의군으로 구성된 삼별초는 최씨 무신 정권의 군사적 기반 역할을 하였어요.

2. 병자호란 이후의 사실

정답 ①

남한산성에서 항전하시던 임금께서 삼전도에 나아가 청에 굴욕적인 항복을 하였다는 내용을 통해 병자호란 때 인조가 삼전도에서 항복 의식을 치른 상황에 대한 대화임을 알 수 있어요. 정묘호란 당시 조선과 형제 관계를 맺고 돌아간 후금이 군신 관계를 요구해 오자 조선 정부는 후금의 요구를 거부하였어요. 이후 후금이 '청'으로 국호를 바꾸고 조선을 침략하여 병자호란이 일어났어요. 인조와 신하들은 남한산성으로 피란하여 항전하였으나 결국 청에 항복하고 삼전도에서 굴욕적인 화의를 체결하였어요. 화의에 따라 조선은 청과 군신 관계를 맺었으며, 소현 세자와 봉림 대군을 비롯한 많은 신하와 백성이 청에 볼모로 끌려갔습니다. ① 병자호란 이후 청에 당한 치욕을 씻고 명과의 의리를 지키기 위해 청을 정벌하자는 북벌론이 전개되었어요. 북벌 운동은 조선에 돌아와 왕이 된 효종(봉림 대군) 때 가장 활발하게 전개되었어요.

오답 피하기

② 조선 세종은 최윤덕과 김종서를 북방으로 보내 여진을 정벌하고 4군 6진을 개척하였어요.

③ 조선 중종 때 부산포, 내이포(제포), 염포에 거주하던 일본인(왜인)들이 삼포왜란을 일으켰으나 진압되었어요.

④ 원 간섭기인 고려 충렬왕 때 일본 원정을 위해 정동행성이 설치되었어요. 원은 일본 원정에 실패한 이후에도 정동행성을 그대로 두어 고려의 정치를 간섭하는 기구로 활용하였어요.

≫ 핵심 개념 정묘호란과 병자호란

정묘호란	• 배경 : 인조반정으로 집권한 서인 세력이 친명배금 정책을 내세워 후금을 자극함 • 전개 : 이괄의 난에 가담한 일부 무리가 후금으로 도망가 인조반정이 부당하다고 주장함 → 후금이 광해군을 위해 보복한다는 구실로 조선을 침략함 • 결과 : 조선과 후금이 형제 관계를 맺기로 약속하고 전쟁을 끝냄
병자호란	• 배경 : 국력이 강해진 후금이 나라 이름을 '청'으로 바꾸고 조선에 군신 관계를 맺을 것을 요구함 → 조정 내 의견이 외교적으로 해결하자는 주화론과 맞서 싸우자는 주전론(척화론)으로 나뉘었으나 주전론이 우세해짐 • 전개 : 청 태종이 군대를 이끌고 조선을 침략함 → 임경업이 백마산성에서 항전함, 인조와 신하들이 남한산성으로 피신하여 항전함 • 결과 : 인조가 삼전도에서 굴욕적인 항복 의식을 치름 → 조선은 청과 군신 관계를 맺음, 소현 세자와 봉림 대군을 비롯하여 많은 신하와 백성이 청에 볼모로 끌려감, 많은 공물을 부담하고 청이 전쟁을 할 때 지원군을 파견하기로 약속함

---

1. 과전법

정답 ①

조준이 올린 상소문이며, 관료에게는 단지 경기 안의 토지만을 지급하라는 내용을 통해 건의를 받아들여 제정한 법이 ① 과전법임을 알 수 있어요. 고려 말에 이성계와 조준 등 급진 개혁파 신진 사대부는 토지 제도의 문란을 바로잡기 위해 권문세족이 불법적으로 차지한 농장을 몰수하고 과전법을 실시하였어요. 과전법은 경기 지역의 토지를 대상으로 전·현직 관리에게 등급에 따라 토지의 수조권(조세를 거둘 수 있는 권리)을 나누어 준 제도입니다.

오답 피하기

② 대동법은 조선 후기에 방납의 폐단을 바로잡기 위해 공납을 특산물 대신 소유한 토지 결수에 따라 쌀이나 옷감, 동전 등으로 납부하게 한 법이에요.

③ 영정법은 전세를 풍흉에 관계없이 1결당 쌀 4~6두로 고정시킨 법이에요.

④ 호패법은 16세 이상 모든 남성에게 이름, 태어난 연도, 신분 등을 새긴 호패를 차고 다니게 한 제도입니다.

≫ 핵심 개념 조선 전기 토지 제도의 변화

과전법	• 경기 지역의 토지를 대상으로 전·현직 관리에게 등급에 따라 수조권을 나누어 줌 • 죽거나 반역을 하면 반환하는 것이 원칙이지만 그 일부가 수신전·휼양전 등으로 세습됨
직전법	• 세습되는 토지와 관리의 수가 증가하여 관리에게 지급할 토지가 부족해짐 → 세조 때 현직 관리에게만 수조권을 지급하는 직전법을 실시하고 수신전·휼양전을 폐지함 • 수조권을 가진 현직 관리가 조세를 과하게 거두는 일이 많아짐 → 성종 때 지방 관청에서 수확량을 조사하여 조세를 거둔 후 관리에게 지급하는 관수관급제를 실시함
직전법 폐지	직전을 폐지하고 관리에게 녹봉만 지급하게 되면서 수조권을 지급하는 제도가 사라짐

2. 이황의 활동

정답 ②

'성학십도를 저술한 성리학자', '도산 서원' 등을 통해 (가)에 들어갈 인물이 ② 이황임을 알 수 있어요. 이황은 선조가 성군이 되기를 바라는 마음에서 군주의 도를 도식으로 설명한 "성학십도"를 지어 바쳤어요. 도산 서원은 이황이 제자들을 가르쳤던 장소에 세워진 서원으로, 선조 때 건립되었어요.

오답 피하기

① 고려의 서희는 거란 장수 소손녕과 외교 담판을 벌여 강동 6주를 확보하였어요.

③ 조선 후기의 실학자인 박제가는 "북학의"를 저술하여 수레와 선박의 이용을 주장하였어요.

④ 고려의 정몽주는 온건 개혁파 신진 사대부 중 한 사람이며, 고려 왕조의 유지를 주장하여 이방원 등 반대파에 의해 죽임을 당하였어요.

조선 후기

1 ② 2 ④

1. 조선 영조의 업적

정답 ②

탕평비를 세운 왕은 영조입니다. 영조는 붕당의 폐해를 바로잡기 위해 탕평책을 폈으며, 자신의 탕평 의지를 널리 알리고자 성균관 입구에 탕평비를 세웠어요. ② 영조는 "경국대전" 이후의 법령을 정리하여 "속대전"을 편찬해 통치 체제를 정비하였어요.

오답 피하기

① 조선 고종 때 흥선 대원군은 세도 가문의 권력 기구가 된 비변사를 축소하여 사실상 혁파하고 의정부와 삼군부의 기능을 되살렸어요.
③ 조선 효종은 청의 요청에 따라 나선(러시아) 정벌에 조총 부대를 파견하였어요.
④ 조선 숙종 때 청과의 국경을 정하고 백두산정계비를 건립하였어요.

>> 핵심 개념 영조의 개혁 정치

탕평책 실시	탕평책에 적극 호응하는 탕평파를 등용함, 자신의 탕평 의지를 알리기 위해 성균관 입구에 탕평비를 세움, 산림을 인정하지 않음, 신하들의 대립을 막기 위해 붕당의 근거지인 서원을 정리함
법전 편찬	"속대전"을 편찬하여 통치 체제를 정비함
균역법 시행	농민에게 1년에 군포 1필만 징수함
청계천 정비	홍수 피해를 막기 위해 청계천을 정비함

2. 세도 정치 시기 삼정의 문란

정답 ④

정조 사망 이후 나이 어린 순조가 즉위하면서 외척 등 소수 가문이 권력을 장악한 세도 정치가 시작되었어요. 세도 정치 시기에 토지에서 거두어들이는 세금과 관련된 행정인 전정, 직접 군대에 가지 않는 대신에 내는 군포와 관련된 행정인 군정, 가난한 사람에게 곡식을 빌려주고 약간의 이자를 더해 갚도록 하는 제도인 환곡, 즉 삼정이 문란해지면서 백성의 생활이 피폐해졌어요. 군적은 군역을 지는 사람의 신상 정보를 기록한 문서입니다. 조선 시대에 군역은 16~59세까지의 양인 남자가 부담하였는데, 세도 정치 시기에는 시에 나온 상황처럼 이미 죽은 사람이나 갓난아기까지 군적에 올려 세금을 징수하는 폐단이 빈번하게 일어나 백성의 부담이 가중되었어요.

따라서 자료에 대한 탐구 활동으로 적절한 것은 ④ '세도 정치 시기 삼정의 문란에 대해 찾아본다.'입니다.

오답 피하기

① 과전법은 고려 말 공양왕 때 토지 제도를 개혁하고 신진 사대부의 경제 기반을 마련하기 위해 실시되었어요.
② 백정에 대한 사회적 차별 철폐를 위해 백정들은 1923년에 조선 형평사를 조직하고 형평 운동을 전개하였어요.
③ 고려 후기에 권세가들이 부당하게 빼앗은 토지를 본래 소유주에게 돌려주고 불법적으로 노비가 된 사람을 양인으로 해방시키기 위해 전민변정도감이 여러 차례 운영되었어요. 공민왕 때 설치된 것이 대표적입니다.

1 ④ 2 ②

1. 조선 후기의 경제 상황

정답 ④

상평통보가 전국에 유통된 시기는 조선 후기입니다. 상평통보는 조선 숙종 때 허적 등의 건의에 따라 만들어졌으며, 조선 후기에 농업과 상업의 발달로 상품 유통이 활발해지면서 전국적으로 널리 사용되었어요. ④ 고려 시대에는 예성강 하구의 벽란도가 국제 무역항으로 번성하였어요. 송과 일본 상인뿐만 아니라 멀리 아라비아 상인까지 벽란도에 들어와 활발한 국제 무역이 이루어졌어요.

오답 피하기

① 조선 후기에 농업 생산력이 증대되고 상품 유통이 활발해지면서 정기 시장인 장시가 전국 각지에서 열렸으며, 보부상이 전국의 장시를 돌면서 장사하였어요.
② 조선 후기에 대동법이 시행되면서 관청에 필요한 물품을 조달하는 공인이 등장하여 활동하였어요. 공인이 시장에서 물품을 구매하고 수공업자에게 물품의 제작을 의뢰하면서 상업과 수공업 활동이 활발해지고 상품 화폐 경제도 발달하였어요.
③ 조선 후기에 상업이 발달하면서 사상의 활동이 활발하게 이루어졌어요. 그중 개성을 근거로 활동한 송상은 인삼을 재배·판매하였으며, 전국의 주요 지역에 송방이라는 지점을 설치하였어요.

>> 핵심 개념 조선 후기의 경제

농업	• 모내기법(이앙법)의 발달 : 전국적으로 모내기법이 확산됨 → 농사에 들어가는 노동력은 줄고 쌀 생산량은 늘어남, 광작이 유행함, 벼와 보리의 이모작이 가능해짐 → 일부 부유한 농민(부농)이 나타남 • 상품 작물의 재배 : 인삼, 배추, 면화, 담배, 고추 등 상품 작물의 재배가 확대됨 • 지대의 변화 : 정해진 일정 액수의 지대를 곡물이나 화폐로 내는 도조법이 등장함
상업	• 공인 : 대동법 시행에 따라 등장함 → 상품 화폐 경제가 촉진됨 • 사상의 성장 : 송상(개성), 내상(동래), 만상(의주), 경강상인(한강 일대) 등이 활발하게 활동함 → 공인과 함께 도고로 성장하기도 함 • 장시의 발달 : 전국 곳곳에 정기 시장인 장시가 생겨남 → 보부상의 활발한 활동으로 전국의 장시가 하나의 유통망으로 연결됨 • 객주·여각 : 포구와 큰 장시에서 활동함
화폐	전국적으로 상평통보가 유통됨
광업	• 수공업이 발달하고 청과의 무역이 확대되면서 민영 광산이 증가함 • 상인이 물주가 되어 투자하고 덕대가 채굴업자와 노동자를 고용하여 전문적으로 경영하는 형태로 운영됨
수공업	민영 수공업이 발달하고 선대제가 성행함, 18세기 후반 이후 독자적으로 제품을 생산하여 판매하는 독립 수공업자가 등장함

2. 진주 농민 봉기

정답 ②

유계춘을 중심으로 1862년에 진주에서 일어난 농민 봉기라는 내용을 통해 밑줄 그은 '봉기'가 진주 농민 봉기임을 알 수 있어요. 조선 후기에 세도 정치로 인한 정치 혼란과 삼정의 문란으로 백성의 삶이 피폐해졌어요. 이러한 상황에서 1862년에 진주에서 경상 우병사 백낙신의 수탈에 항거하여 유계춘의 주도로 농민 봉기가 일어났어요. 진주 농민 봉기의 소식이 퍼져 전국 각지에서 농민 봉기가 잇달았는데, 그해가 임술년이라 이 시기에 일어난 농민 봉기를 임술 농민 봉기라고 합니다. ② 진주 농민 봉기가 일어나자 사태 수습을 위해 안핵사로 파견된 박규수는 삼정의 문란을 바로잡기 위해 삼정이정청의 설치를 건의하였어요. 조선 정부는 이를 수용하여 삼정이정청을 설치하였지만, 성과를 거두지는 못하였어요.

오답 피하기

① 고려 인종 때 묘청 등 서경 세력이 풍수지리설을 내세워 서경 천도를 추진하였어요. 개경 세력의 반대로 서경 천도에 실패하자 묘청 등 서경 세력이 반란을 일으켰으나 김부식이 이끄는 관군에게 진압되었어요.
③ 조선 순조 때인 1811년 서북인에 대한 차별과 세도 정권의 수탈에 항거하여 홍경래의 난이 일어났어요. 한때 청천강 이북 지역을 장악하였으나 관군에 진압되었어요.
④ 1882년에 임오군란이 일어나자 조선 고종이 사태 수습을 흥선 대원군에게 맡기면서 흥선 대원군이 다시 집권하였어요.

4일 3교시 조선 후기(문화)

본문 71쪽

1 ② 2 ④

1. 홍대용의 활동

정답 ②

"의산문답"을 저술하여 무한 우주론을 주장하였다는 내용을 통해 밑줄 그은 '이 인물'이 홍대용임을 알 수 있어요. 홍대용은 조선 후기 북학파 실학자로 청의 문물 수용과 상공업 진흥을 주장하였어요. 또한, "의산문답"을 저술하여 우주는 무한히 펼쳐져 있다는 무한 우주론과 ② 지구가 하루에 한 번씩 돌아 낮과 밤이 나타난다는 지전설을 주장하며 중국 중심의 세계관을 비판하였어요.

오답 피하기

① 김정희는 역대 서체를 연구하여 자신만의 독창적 서체인 추사체를 창안하였어요. '추사'는 김정희의 호입니다.

③ 이제마는 같은 병이라도 사람의 체질에 맞게 처방해야 한다는 사상 의학을 정립하였어요.

④ 김정호는 우리나라 전국 지도인 대동여지도를 제작하였어요. 대동여지도는 총 22첩의 목판본 지도입니다.

>>핵심 개념	상공업 중심의 개혁론자
특징	중상학파 → 상공업의 진흥을 통해 현실을 개혁하고, 청의 선진 문물을 적극적으로 받아들이자고 주장함(북학파)
유수원	"우서" 저술, 사농공상의 직업적 평등과 전문화를 주장함
홍대용	• "임하경륜" · "의산문답" 저술 • 지전설과 무한 우주론을 주장함, 중국 중심의 세계관을 비판함, 천문 관측 기구인 혼천의를 제작함
박지원	• "열하일기" 저술, 수레와 선박의 이용을 주장함 • 양반 등 집권층의 위선과 무능을 비판한 한문 소설을 지음("양반전", "허생전", "호질")
박제가	• "북학의" 저술, 서얼 출신으로 규장각 검서관에 등용됨 • 생산력 증대를 위해 소비의 중요성을 강조함, 수레 · 선박의 이용 등을 주장함

2. 조선 후기의 문화

정답 ④

'상평통보', '세책점', '춘향전'을 통해 조선 후기의 상황임을 알 수 있어요. 조선 후기에 상업 활동이 활발하게 이루어지면서 화폐 유통도 늘어나 공식 화폐로 주조된 상평통보가 널리 사용되었어요. 또 조선 후기에 "홍길동전", "춘향전" 등 한글 소설이 유행하면서 전문적으로 돈을 받고 책을 읽어 주는 전기수가 등장하고, 책을 빌려주는 세책점이 많이 생겨났어요. 따라서 조선 후기에 볼 수 있는 모습으로 적절하지 않은 것을 찾으면 됩니다. ④ 고려 시대에 토속 신앙과 불교 등이 결합된 팔관회가 국가적인 행사로 거행되어 송, 여진 등 다른 나라의 사신과 상인이 참여하기도 하였어요. 국가 행사로서의 팔관회는 조선 건국 직후 폐지되었어요.

오답 피하기

① 조선 후기에 서민의 소망과 기원을 표현하는 민화가 많이 그려졌어요. 대표적인 민화로 '까치와 호랑이' 등을 들 수 있어요.

② 조선 후기에 사람들이 많이 모이는 장시에서 탈춤 공연이 성행하였어요.

③ 조선 후기에 소리꾼이 노래와 사설로 이야기를 풀어 가는 판소리 공연이 많이 열렸어요.

>>핵심 개념	조선 후기 서민 문화의 발달
배경	• 상공업의 발달, 농업 생산력의 증대 → 서민의 경제적 지위가 향상함 • 서당 교육이 보급됨 → 서민의 의식 수준이 높아짐
판소리	• 이야기를 노래와 사설로 엮어 표현함 • 춘향가, 심청가, 흥부가 등이 전해짐
탈놀이 (탈춤)	• 탈을 쓴 광대들이 춤을 추며 대화를 나눔 • 양반과 승려의 위선적인 모습이나 사회의 부정 · 비리를 해학적으로 풍자함 • 봉산 탈놀이, 송파 산대놀이, 하회 별신굿 탈놀이, 양주 별산대놀이 등이 유명함
사설시조	기존 형식에서 벗어난 자유로운 형식의 시조로 감정을 솔직하게 표현함
한글 소설	• 책을 전문적으로 읽어 주는 전기수가 등장함 • "홍길동전", "춘향전", "심청전", "흥부전", "장화홍련전" 등이 널리 읽힘
민화	• 서민의 소망과 기원을 반영함, 생활공간 장식에 활용됨 • 작가가 알려지지 않은 경우가 많음 • 까치와 호랑이, 문자도 등이 있음
풍속화	서민의 일상생활을 생동감 있게 표현함 → 김홍도(씨름, 서당 등), 신윤복(미인도, 월하정인, 단오풍정 등)이 대표적인 풍속화가임

개항기

1 ④   2 ③

1. 홍선 대원군 집권 시기의 모습 정답 ④

'당백전'을 통해 대화가 이루어진 시기가 홍선 대원군 집권 시기임을 알 수 있어요. 당백전은 고종 때 홍선 대원군이 왕실의 권위를 세우기 위해 임진왜란 때 불탄 경복궁을 중건하면서 필요한 자금을 마련하기 위해 발행한 화폐입니다. 당백전은 기존에 사용하던 상평통보 1문의 100배 가치를 가지는 고액 화폐로 발행되었으나 실제 가치는 훨씬 미치지 못하였어요. 또 당백전이 필요 이상으로 대량 발행되어 화폐 가치가 떨어지고 물가가 상승하여 백성들의 생활이 매우 어려워졌어요. ④ 홍선 대원군은 경복궁 공사에 농민들을 강제로 동원하여 원성을 샀어요.

오답 피하기
① 원 간섭기에 결혼도감을 통해 고려의 많은 여성이 공녀로 원에 끌려갔어요. 이로 인해 어린 나이의 딸을 일찍 결혼시키는 조혼 풍습이 생겼어요.
② 1929년에 원산 인근의 라이징 선 석유 회사에서 일본인 감독이 한국인 노동자를 구타한 사건이 계기가 되어 원산 총파업이 일어났어요.
③ 1910년대에 일제는 헌병 경찰 제도를 바탕으로 무단 통치를 실시하였어요. 이에 따라 군사 경찰인 헌병이 군대뿐만 아니라 일반 경찰 업무 및 행정 업무까지 담당하였습니다.

>> 핵심 개념 **홍선 대원군의 개혁 정책**

인사 정책	세도 정치를 펴던 안동 김씨 세력을 내쫓음, 당파와 신분을 가리지 않고 인재를 고루 등용함
정치 기구 개혁	왕권을 제약하던 비변사의 기능을 축소하여 사실상 폐지함 → 의정부의 기능이 회복되고 삼군부가 부활함
법령 정비	"대전회통" · "육전조례" 등을 편찬하여 통치 체제를 재정비함
경복궁 중건	• 목적 : 왕실의 권위와 위엄을 회복하고자 함 • 과정 : 공사비 충당을 위해 원납전을 강제로 징수하고 고액 화폐인 당백전을 발행함, 양반 소유의 묘지림을 베어 경복궁의 목재로 사용함, 농민들을 공사에 강제로 동원함 • 결과 : 물가가 크게 오름, 양반과 백성의 원성이 높아짐
서원 철폐	• 목적 : 왕권 강화, 국가 재정 확충, 민생 안정 • 과정 : 만동묘를 철폐함, 전국의 서원 중 47개만 남기고 나머지는 모두 철폐함, 서원에 지급되었던 토지와 노비를 몰수함 • 결과 : 보수적 양반 유생층이 반발함
민생 안정	삼정의 문란을 바로잡음 - 전정 : 양전 사업을 실시하여 토지 대장에 오르지 않은 숨겨진 토지(은결)를 찾아냄 - 군정 : 호포제를 실시하여 양반도 군포를 내게 함 → 양반들이 반발함 - 환곡 : 사창제를 시행함 → 마을 단위로 사창을 설치하고 향촌에서 자치적으로 운영하도록 함

2. 신미양요 이후의 사실 정답 ③

미군이 포를 쏘며 지나갔고 어재연 장군이 이끄는 군사들이 광성보에서 대비하고 있다는 내용을 통해 신미양요 상황임을 알 수 있어요. 1871년에 미군이 제너럴 셔먼호 사건을 빌미로 강화도를 침략하여 신미양요가 일어났어요. 이때 어재연 장군이 이끄는 조선군이 광성보에서 미군에 끝까지 맞서 싸웠으나 패하고 광성보가 함락되었어요. 그러나 조선군의 끈질기고 거센 저항이 계속되자 결국 미군은 강화도에서 물러났어요. 이후 ③ 홍선 대원군은 서양 세력과의 통상 수교 거부 의지를 담은 척화비를 전국 각지에 세웠어요.

오답 피하기
① 1866년에 병인박해를 구실로 프랑스군이 강화도를 침략하여 병인양요가 일어났어요.
② 18세기 후반 조선 정조 때 국왕 친위 부대인 장용영이 창설되었어요.
④ 고려 말에 최무선의 건의로 화포와 화약 무기를 개발하는 화통도감이 설치되었어요.

1 ③   2 ①

1. 강화도 조약 정답 ③

운요호 사건을 빌미로 일본이 개항을 강요하여 조선과 체결한 조약이라는 내용을 통해 밑줄 그은 '조약'이 ③ 강화도 조약임을 알 수 있어요. 1875년에 일본 군함 운요호가 강화도를 무단으로 침입하여 조선군 수비대가 운요호에 경고 사격을 하자, 운요호가 초지진을 공격하고 일본군이 영종도에 상륙하여 인적 · 물적 피해를 입혔어요(운요호 사건). 하지만 일본은 운요호 사건의 책임을 조선 정부에 돌리고 개항을 강요하여 1876년에 조선 정부는 강화도의 연무당에서 일본과 강화도 조약을 체결하였어요.

오답 피하기
① 갑신정변이 진압된 후 조선 정부는 일본과 일본 공사관 피해 보상 등의 내용을 담은 한성 조약을 체결하였어요.
② 일본은 고종 황제를 강제 퇴위시킨 후 대한 제국 정부와 한 · 일 신협약(정미7조약)을 체결하였어요. 또 이어 작성된 부속 각서에 따라 대한 제국의 군대를 해산하였어요.
④ 임오군란 이후 조선 정부는 일본과 제물포 조약을 체결하여 일본 공사관 경비를 위한 일본군의 주둔을 허용하였어요.

>> 핵심 개념 **강화도 조약(조 · 일 수호 조규, 1876)**

배경	• 고종이 직접 정치하기 시작하면서 외교 정책에 변화가 나타남 • 박규수, 오경석 등이 통상 개화론을 주장함 • 운요호 사건을 빌미로 일본이 조선에 개항을 요구함
내용	• 조선이 자주국임을 명시함(조선에 대한 청의 종주권을 배제하려는 일본의 의도가 반영됨) • 부산 외 2개 항구(원산, 인천) 개항, 조선 해안에 대한 측량권과 영사 재판권(치외 법권) 인정
의의 및 한계	우리나라가 외국과 맺은 최초의 근대적 조약이었으나 일방적으로 조선에 불리한 불평등 조약이었음
부속 조약	• 조 · 일 수호 조규 부록(1876) : 개항장에서 일본 화폐의 사용 허용 • 조 · 일 무역 규칙(1876) : 일본 상품에 대한 관세가 설정되지 않음, 일본국 소속 모든 선박의 항세 면제, 곡물의 수출입을 허용함(수출입량 제한 규정을 두지 못함)

2. 갑신정변 정답 ①

홍영식, 박영효, 서광범, 김옥균, 서재필 등이 거사를 모의하였다는 내용을 통해 밑줄 그은 '비상 수단'이 ① 갑신정변임을 알 수 있어요. 홍영식, 박영효, 서광범, 김옥균, 서재필 등 급진 개화파는 1884년에 우정총국 개국 축하연을 기회로 삼아 갑신정변을 일으켜 민씨 세력을 처단하고 개화당 정부를 구성하였어요. 그러나 정변은 민씨 세력의 요청을 받은 청군의 개입으로 3일 만에 실패하였어요(3일 천하).

오답 피하기
② 삼국 간섭 이후 조선이 러시아 세력을 이용하여 일본을 견제하려고 하자 위기감을 느낀 일본이 명성 황후를 시해하는 을미사변을 일으켰어요.
③ 청 · 일 전쟁에서 승리한 일본은 청과 시모노세키 조약을 체결하고 청으로부터 랴오둥반도를 넘겨받았어요. 그러자 러시아는 프랑스, 독일과 함께 일본을 압박하여 랴오둥반도를 청에 반환하게 하였어요. 이 사건을 삼국 간섭이라고 합니다.
④ 을미사변 이후 신변에 위협을 느낀 고종은 1896년에 세자와 함께 러시아 공사관으로 거처를 옮기는 아관 파천을 단행하였어요.

전개	급진 개화파가 우정총국 개국 축하연을 기회로 정변을 일으킴 → 개화당 정부를 수립하고 개혁 정강을 발표함 → 청군이 개입하고 일본군이 철수함 → 3일 만에 실패로 끝남(삼일천하)
개혁 정강의 내용	• 정치 : 흥선 대원군 송환 요구, 청과의 사대 관계 청산 추구 • 경제 : 호조로 재정 일원화, 지조법 개혁 • 사회 : 문벌 폐지, 인민 평등권 확립
결과	• 청의 내정 간섭이 심화됨 • 일본과 한성 조약 체결 : 조선이 일본 공사관 신축 비용을 부담하고 일본에 배상금을 지불함 • 청과 일본이 톈진 조약을 체결함
의의와 한계	• 근대 국민 국가 건설을 추구한 최초의 정치적 개혁 운동 • 일본의 지원에 의존함, 민중의 지지를 받지 못함

5일 3교시 동학 농민 운동 ~ 갑오개혁 본문 83쪽

1 ①   2 ④

1. 제1차 갑오개혁 정답 ①

1894년에 설치된 군국기무처에서 신분제 폐지, 조혼 금지 등의 개혁을 추진하였다는 내용을 통해 밑줄 그은 '개혁'이 제1차 갑오개혁임을 알 수 있어요. 제1차 갑오개혁은 군국기무처의 주도로 이루어졌으며, 갑신정변에서 제기된 개혁 정강이나 동학 농민군의 요구가 일부 반영되었어요. 군국기무처는 행정권과 입법권을 함께 가진 최고 정책 결정 기구로 약 210건의 안건을 처리하였으며, 총재는 김홍집이었어요. ① 1897년에 대한 제국이 수립되고 광무개혁을 추진하였어요. 대한 제국 정부는 양전 사업을 실시하고 근대적 토지 소유 증명서인 지계를 발급하였어요.

오답 피하기
② 제1차 갑오개혁으로 과거제가 폐지되고 새로운 관리 임용 제도가 마련되었어요.
③ 제1차 갑오개혁으로 지역마다 달랐던 도량형이 통일되었어요.
④ 제1차 갑오개혁으로 고문과 연좌제가 폐지되었어요.

>> 핵심 개념 **갑오개혁**

구분	제1차 갑오개혁	제2차 갑오개혁
추진	• 제1차 김홍집 내각 • 군국기무처 설치 → 개혁 주도	• 제2차 김홍집 내각(김홍집·박영효 연립 내각), 군국기무처 폐지 • 고종이 홍범 14조 반포
정치	궁내부 설치(왕실과 정부 사무의 분리), 6조를 8아문으로 개편, 과거제 폐지	의정부를 내각으로 개편, 8아문을 7부로 개편, 8도를 23부로 개편, 재판소 설치, 지방관의 권한 축소
경제	탁지아문으로 재정 일원화, 도량형 통일, 은 본위 화폐 제도 채택, 조세의 금납화	근대적 예산 제도 도입, 육의전 폐지
사회	신분제와 노비제 폐지, 과부의 재가 허용, 조혼 금지, 고문과 연좌제 폐지	교육 입국 조서 반포 → 한성 사범 학교·소학교·외국어 학교에 관한 법규 마련

2. 을미개혁 정답 ④

과거제의 폐지를 군국기무처에서 의결하였다는 내용을 통해 첫 번째 그림이 제1차 갑오개혁 상황임을 알 수 있습니다. 1894년에 조선 정부는 군국기무처를 설치하고 신분제와 과거제 폐지 등의 개혁을 추진하였는데, 이를 제1차 갑오개혁이라고 합니다. 또한, 지계를 발급받았다는 내용을 통해 두 번째 그림

이 광무개혁 상황임을 알 수 있습니다. 1897년에 수립된 대한 제국은 광무개혁을 추진하여 양전 사업을 실시하고 근대적 토지 소유 증명서인 지계를 발급하였습니다. 따라서 (가)에는 제1차 갑오개혁과 광무개혁 사이 시기에 있었던 사실이 들어가야 합니다. ④ 을미사변(1895) 이후 성립된 김홍집 내각이 태양력 채택, '건양' 연호 사용, 단발령 실시 등을 내용으로 을미개혁을 추진하였어요.

오답 피하기
① 당백전은 흥선 대원군 집권 시기에 경복궁 중건에 필요한 비용을 마련하기 위해 발행된 고액 화폐입니다.
② 신라 지증왕은 시장을 관리·감독하기 위해 동시전을 설치하였어요.
③ "속대전"은 조선 영조 때 "경국대전" 반포 이후 공포된 법령을 정리하여 편찬된 법전이에요.

>> 핵심 개념 **을미사변과 을미개혁**

배경	청·일 전쟁에서 일본이 승리함 → 일본이 시모노세키 조약을 맺어 청으로부터 랴오둥반도를 넘겨받음 → 삼국 간섭으로 일본이 랴오둥반도를 청에 반환함 → 조선 정부가 친러 정책을 추진함
을미사변	조선의 친러 정책에 위기를 느낀 일본이 친러 정책의 배후 세력이라고 생각한 명성 황후를 시해함(을미사변) → 친일 성향의 김홍집 내각이 구성됨
을미개혁	• 주요 내용 : 태양력 채택, '건양' 연호 제정, 단발령 실시, 종두법 시행, 우편 사무 재개 등의 개혁을 추진함 • 중단 : 아관 파천 직후 김홍집 내각이 붕괴되면서 개혁이 중단됨

5일 4교시 독립 협회 ~ 대한 제국 본문 85쪽

1 ③   2 ④

1. 독립 협회의 활동 정답 ③

관민 공동회를 개최하였으며 헌의 6조를 올리기로 하였다는 내용을 통해 (가) 단체가 독립 협회임을 알 수 있어요. 독립 협회는 1896년에 서재필을 중심으로 개혁적 관료와 개화 지식인들이 모여 창립한 단체입니다. ③ 독립 협회는 우리 민족의 독립 의지를 널리 알리기 위해 중국 사신을 맞이하는 영은문이 있던 자리 부근에 독립문을 건립하였어요. 또한, 정부 관료와 학생, 시민들이 참여한 관민 공동회를 주도하여 헌의 6조를 결의하고 정부에 건의하여 고종 황제의 승인을 받았어요.

오답 피하기
① 조선 정부는 개항 이후 1885년에 알렌의 건의를 받아들여 우리나라 최초의 서양식 근대 병원인 광혜원을 설립하였어요. 광혜원은 곧 제중원으로 이름이 바뀌었어요.
② 신민회는 민족 산업을 육성하기 위해 태극 서관과 자기 회사를 운영하였어요.
④ 신한 청년당은 파리 강화 회의에 김규식을 대표로 파견하여 한국의 독립을 주장하였어요.

2. 대한 제국 시기의 사실 정답 ④

고종이 환구단에서 황제 즉위식을 거행하고 경운궁에서 새로운 국호를 선포하였다는 내용을 통해 (가) 시기가 대한 제국 시기임을 알 수 있어요. 고종은 일제가 명성 황후를 시해한 을미사변 이후 신변에 위협을 느껴 러시아 공사관으로 피신하였다가 1년 만에 경운궁(지금의 덕수궁)으로 환궁하였어요. 그리고 우리나라가 자주독립 국가임을 널리 알리기 위해 1897년에 '광무'라는 연호를 제정하고 환구단에서 황제 즉위식을 거행한 뒤 대한 제국의 수립을 선포하였어요. ④ 대한 제국 정부는 1899년에 대한국 국제를 제정하여 대한 제국이 자주독립 국가임을 천명하고, 입법·사법·행정에 관한 절대적 권한을 황제에게 부여하였어요.

① 조선 고종 때 국정을 운영한 흥선 대원군이 경복궁 중건에 필요한 비용을 마련하기 위해 1866년에 당백전을 발행하였어요.
② 조선 정부는 1881년에 청에 영선사를 파견하여 근대식 무기 제조 기술과 군사 훈련법을 배워 오게 하였어요.
③ 조선 정부는 1886년에 근대식 교육 기관인 육영 공원을 설립하여 현직 관리와 양반 자제에게 영어를 비롯한 근대 학문을 가르쳤어요.

5일 5교시 일제의 국권 침탈 · 본문 87쪽

1 ④ 2 ②

1. 헤이그 특사 · 정답 ④

이준과 함께 이상설, 이위종이 1907년 만국 평화 회의에 파견되었다는 내용을 통해 밑줄 그은 '특사'가 헤이그 특사임을 알 수 있어요. ④ 고종은 을사늑약의 부당함을 국제 사회에 알리기 위해 1907년 네덜란드 헤이그에서 열리는 만국 평화 회의에 이상설, 이준, 이위종을 특사로 파견하였어요. 이들은 일본과 영국 등의 방해로 만국 평화 회의에 참석하지는 못하였으나 회의장 밖에서 각국 대표에게 보내는 탄원서를 발표하고, 신문에 일본의 국제법 위반 행위를 폭로하였어요.

① 서양에 파견된 최초의 사절단은 보빙사입니다. 조·미 수호 통상 조약 체결 이후 미국이 조선에 공사를 파견하자 이에 대한 답례로 조선이 미국에 보빙사를 파견하였어요.
② 제2차 수신사로 일본에 파견된 김홍집이 귀국하면서 청의 외교관 황준헌이 쓴 "조선책략"을 들여와 소개하였어요.
③ 조선 정부는 개화 정책을 추진하면서 청에 영선사와 유학생 및 기술자를 파견하여 근대식 무기 제조 기술과 군사 훈련법을 배워 오게 하였어요.

2. 국권 피탈 과정 · 정답 ②

(가) 한·일 의정서와 (나) 한·일 병합 조약 사이 시기에 체결된 조약은 ② 정미 7조약입니다. 러·일 전쟁 중이던 1904년에 일본은 대한 제국에 한·일 의정서를 강요하여 대한 제국 내 군사적 요충지의 사용 권한을 확보하였고, 러·일 전쟁에서 승기를 잡은 이후에는 제1차 한·일 협약을 체결하여 대한 제국에 외교 고문과 재정 고문을 파견하였어요. 1905년에는 을사늑약(제2차 한·일 협약)을 강제로 체결하여 대한 제국의 외교권을 박탈하고 통감부를 설치하였어요. 이에 고종 황제가 을사늑약의 부당함을 세계에 알리기 위해 1907년 헤이그 특사를 파견하자 일본은 이를 빌미로 고종을 강제로 퇴위시켰어요. 고종의 양위를 받은 순종이 즉위하자마자 일본은 정미7조약(한·일 신협약)을 강제로 체결하고, 부속 각서를 작성하여 대한 제국의 군대를 해산하였어요.

① 갑신정변 이후 1885년에 청과 일본은 톈진 조약을 체결하여 조선에서 군대를 동시에 철수하고, 앞으로 조선에 파병할 때 상대국에 미리 알릴 것을 약속하였어요.
③ 1882년 임오군란 이후에 조선 정부는 일본과 제물포 조약을 체결하여 일본 공사관 경비를 위한 일본군의 주둔을 허용하였어요.
④ 1895년 청·일 전쟁에서 승리한 일본은 청과 시모노세키 조약을 체결하여 랴오둥반도를 넘겨받았어요.

5일 6교시 경제적 구국 운동과 애국 계몽 운동 · 본문 89쪽

1 ② 2 ①

1. 방곡령 · 정답 ②

'조·일 통상 장정', '함경도' 등과 조선의 지방관이 그 지방에서 생산된 곡식을 타지방이나 타국으로 유출하는 것을 금하는 조치라는 설명을 통해 검색창에 들어갈 용어가 ② 방곡령임을 알 수 있어요. 개항 이후 일본 상인이 많은 양의 곡물을 사들이면서 곡물 가격이 폭등하고, 흉년까지 겹쳐 곡물이 크게 부족해졌어요. 조·일 통상 장정(1883)에는 1개월 전 통보라는 단서가 달렸으나 곡물의 유출을 막을 수 있는 방곡령 조항이 포함되었습니다. 이를 근거로 황해도와 함경도의 지방관이 곡물의 유출을 막기 위해 방곡령을 내렸어요. 하지만 일본은 1개월 전 통보 의무를 어겼다고 주장하며 조선 정부에 방곡령 철회와 배상금 지불을 요구하였어요.

① 을미개혁 당시 강제로 남성의 상투를 자르도록 한 단발령이 시행되었어요.
③ 국권 피탈 이후 일제는 삼림령 등을 제정하여 한국의 삼림 자원을 통제·관리하고 수탈하였어요.
④ 일제는 민족 자본의 성장을 억제하려는 목적으로, 1910년에 회사를 설립할 때 조선 총독의 허가를 받도록 하는 회사령을 공포하였어요. 회사령은 1920년에 회사 설립이 신고제로 바뀌면서 폐지되었어요.

2. 국채 보상 운동 · 정답 ①

일본에 진 빚 1,300만 원을 갚기 위해 의연금을 모으고 있다는 내용을 통해 장면에 나타난 운동이 ① 국채 보상 운동임을 알 수 있어요. 1907년에 국민이 성금을 모아 대한 제국 정부가 일본에 진 빚을 갚자는 국채 보상 운동이 전개되었어요. 국채 보상 운동은 서상돈, 김광제 등을 중심으로 대구에서 시작되었으며 국채 보상 기성회의 주도 아래 대한매일신보, 황성신문 등 언론의 지원을 받아 전국적으로 확산되었어요.

② 1920년대 후반 조선일보사는 '아는 것이 힘, 배워야 산다'라는 구호를 내걸고 문자 보급 운동을 전개하였어요.
③ 물산 장려 운동은 1920년대 초에 전개된 토산품 애용 운동이에요. '조선 사람 조선 것', '내 살림 내 것으로' 등의 구호를 내걸었어요.
④ 민립 대학 설립 운동은 1920년대 초 우리 민족의 힘으로 고등 교육을 담당할 대학을 설립하기 위한 목적으로 전개된 운동이에요. '한민족 1천만이 한 사람 1원씩'이라는 구호를 내걸었어요.

5일 7교시 항일 의병 운동 · 본문 91쪽

1 ③ 2 ③

1. 위정척사 운동 · 정답 ③

19세기 후반에 보수적인 양반 유생들은 성리학에 기반을 둔 조선의 전통 질서를 지키고 서양 문물을 배척하는 위정척사 운동을 전개하였어요.

(가) 1870년대 강화도 조약 체결을 전후하여 최익현 등은 일본과 서양 세력은 본질적으로 같다는 왜양일체론을 내세우며 일본의 개항 요구에 반대하였어요.

(나) 흥선 대원군이 집권한 1860년대에 이항로 등은 서양 세력의 통상 요구에 반대하였으며, 서양의 침략에 맞서 싸우자는 척화주전론을 내세웠어요. 이러한 주장은 흥선 대원군의 통상 수교 거부 정책을 뒷받침하였어요.

(다) 1880년대 조선 정부가 개화 정책을 펴고 러시아의 남하를 막기 위해 청, 일본, 미국과 연대해야 한다는 내용의 "조선책략"이 유포되자, 이만손을 중심으로 한 영남 유생들은 만인소를 올려 정부의 개화 정책과 미국과의 수교에 반대하였어요. 이러한 개화 반대 운동은 정부의 탄압에도 한동안 거세게 일어났어요.

따라서 위정척사 운동을 일어난 순서대로 나열하면 ③ (나) 1860년대 서양과의 통상 반대 → (가) 1870년대 개항 반대 → (다) 1880년대 개화 반대입니다.

> **핵심 개념 위정척사 운동**

1860년대	• 서양의 통상 요구에 반대함 • 이항로와 기정진 등이 척화주전론(서양 세력과 화의하지 않고 맞서 싸워야 함)을 주장함, 흥선 대원군의 통상 수교 거부 정책을 지지함
1870년대	• 강화도 조약 체결에 반대함 • 최익현 등이 왜양일체론(일본과 서양 세력은 본질적으로 같음)을 주장함
1880년대	"조선책략" 유포에 반대하여 이만손 등 영남 유생들이 만인소를 올려 정부의 개화 정책 및 미국과의 수교에 반대함

2. 안중근의 활동 정답 ③

이토 히로부미를 하얼빈역에서 처단하였다는 내용을 통해 밑줄 그은 '나'가 안중근임을 알 수 있어요. 1909년에 안중근은 만주 하얼빈역에서 을사늑약 체결에 앞장서고 대한 제국의 초대 통감이었던 이토 히로부미를 처단하는 거사에 성공하였어요. ③ 의거 직후 체포된 안중근은 옥중에서 동양 평화의 실현을 위한 "동양 평화론"을 집필하다가 사형이 집행되어 완성하지 못하였어요.

오답 피하기
① 대종교도가 중심이 되어 1911년에 북만주에서 중광단을 조직하였어요. 중광단은 이후 북로 군정서로 확대 개편되었어요.
② 의병장 출신 임병찬은 고종의 밀지를 받아 독립 의군부를 조직하였어요.
④ 장지연은 을사늑약의 부당함을 비판한 논설인 '시일야방성대곡'을 황성신문에 처음으로 발표하였어요.

일제 강점기

| 6일 | 1교시 | 1910년대 식민 통치와 저항 | 본문 97쪽 |

1 ④   2 ①

1. 대한 광복회 정답 ④

박상진이 이끈 1910년대 국내 비밀 결사 운동 단체이며, 군자금 모집과 친일 부호 처단 등의 활동을 전개하였다는 내용을 통해 (가)에 해당하는 단체가 ④ 대한 광복회임을 알 수 있어요. 대한 광복회는 1915년에 대구에서 박상진 등이 주도하여 결성한 항일 비밀 결사입니다. 대한 광복회는 군자금을 모집하여 만주에 무관 학교를 세우고자 하였으며, 친일파 처단 등의 활동을 벌였어요.

오답 피하기
① 권업회는 1911년에 연해주에서 조직된 독립운동 단체로, 권업신문을 발간하고 강연회를 개최하여 민족의식을 높이기 위해 노력하였어요.
② 보안회는 1904년에 서울에서 조직된 단체로, 일제가 황무지 개간권을 요구하며 토지를 약탈하려고 하자 반대 운동을 전개하여 이를 저지하였어요.
③ 참의부는 만주에 있던 독립운동가들이 조직한 항일 무장 독립운동 단체입니다. 1920년대 중반 만주에서는 간도 참변과 자유시 참변 등으로 어려움을 겪은 독립군들이 독립 전쟁을 효율적으로 수행하고자 조직을 정비하여 독립군 정부의 성격을 띤 참의부, 정의부, 신민부의 3부를 만들었어요.

> **핵심 개념 1910년대 국내 항일 비밀 결사 운동**

독립 의군부	• 임병찬이 고종의 밀명을 받아 전라도 지방에서 비밀리에 조직(1912) • 독립을 이룬 후 고종 황제를 다시 복위시키는 복벽주의 표방 • 일본의 총리대신과 조선 총독에게 국권 반환 요구서 발송을 계획함
대한 광복회	• 대구에서 박상진(총사령) 등이 주도하여 결성(1915) • 공화 정체의 국민 국가 수립 지향 • 군자금 마련을 위해 친일 부호 처단 등의 활동 전개

2. 대한민국 임시 정부의 활동 정답 ①

3·1 운동을 계기로 상하이에 수립되었다는 내용 등을 통해 (가)가 대한민국 임시 정부임을 알 수 있어요. 3·1 운동을 계기로 독립운동을 체계적으로 이끌 지도부의 필요성이 제기되어 중국 상하이에서 대한민국 임시 정부가 수립되었어요. ① 대한민국 임시 정부는 독립운동 자금을 마련하기 위해 독립 공채를 발행하였어요.

오답 피하기
② 독립 협회는 민중 계몽을 위해 근대적 민중 집회인 만민 공동회를 개최하였어요.
③ 신민회는 남만주(서간도) 삼원보 지역에 독립군 양성을 위해 신흥 강습소를 설립하였어요. 신흥 강습소는 이후 신흥 무관 학교로 발전하였어요.
④ 방정환이 중심이 된 천도교 소년회는 소년 운동을 전개하며 잡지 "어린이"를 발간하였어요.

> **핵심 개념 대한민국 임시 정부의 수립과 활동**

수립 (1919)	여러 임시 정부 통합(한성 정부의 법통 계승, 연해주 대한 국민 의회의 조직 흡수) → 중국 상하이에 통합된 대한민국 임시 정부 수립
조직	• 삼권 분립(임시 의정원, 국무원, 법원)에 기초한 민주 공화제 • 지도부 : 대통령에 이승만, 국무총리에 이동휘 선출
활동	• 비밀 행정 조직으로 연통제, 비밀 통신 기관으로 교통국 운영 • 독립 공채 발행, 의연금 모금으로 독립운동 자금 마련 • 독립신문 발행, 임시 사료 편찬 위원회 설치("한·일 관계 사료집" 발간) • 파리 강화 회의에 파견된 김규식을 전권 대사로 임명, 미국 워싱턴에 구미 위원부 설치 • 한인 애국단 조직, 한국 광복군 창설

1 ③   2 ②

1. 산미 증식 계획

정답 ③

일제가 1920년부터 실시하였으며, 쌀 생산량이 늘었지만 이보다 더 많은 양의 쌀을 일본으로 가져가 식량 사정이 더욱 나빠졌다는 내용을 통해 밑줄 그은 '이 정책'이 ③ 산미 증식 계획임을 알 수 있어요. 1910년대 일본에서는 급격한 공업화로 도시 인구가 늘었지만 식량 생산량이 이를 따라가지 못해 식량 사정이 악화되었어요. 일제는 한국을 이용하여 일본의 식량 부족 문제를 해결하기 위해 1920년부터 한국에서 산미 증식 계획을 실시하였어요. 이에 따라 수리 시설 개선, 품종 개량, 개간 등을 통해 쌀 생산량이 늘었지만 이보다 더 많은 양의 쌀이 일본으로 반출되어 한국의 식량 사정은 더욱 나빠졌어요. 이에 일본은 만주에서 조, 수수 등 잡곡을 수입해 부족한 식량을 보충하였어요.

오답 피하기

① 조·일 통상 장정(1883)에 조선 정부가 자연재해 등으로 식량이 부족할 때 곡물 유출을 막기 위해 방곡령을 선포할 수 있다는 조항을 두었으나 1개월 전에 지방관이 일본 영사관에 미리 통보하도록 규정하였어요. 이를 근거로 황해도와 함경도 등지의 지방관이 방곡령을 내렸는데 일본은 1개월 전 통보 규정을 어겼다며 방곡령 철회와 배상금을 요구하였어요.

② 조선 후기에 정조는 신해통공을 실시하여 육의전을 제외한 시전 상인의 금난전권을 철폐하였어요. 금난전권은 허가받지 않고 상업 활동을 하는 난전을 단속할 수 있는 권리입니다.

④ 일제는 1910년대 토지 조사 사업을 실시하여 식민 지배에 필요한 재정을 확보하고 토지를 수탈하였어요. 그 결과 조선 총독부의 지세 수입과 일본인의 토지 소유가 증가하였어요.

>> 핵심 개념 **1920년대 일제의 경제 수탈**

산미 증식 계획	• 목적 : 제1차 세계 대전 이후 일본에서 쌀 부족 문제가 발생하여 쌀값이 폭등함 → 부족한 쌀을 한국에서 확보할 목적으로 실시함 • 전개 : 수리 시설 개선, 품종 개량, 개간, 경지 정리 등의 사업 추진으로 쌀 생산량이 늘어남 • 결과 : 증가한 양보다 더 많은 쌀이 일본으로 반출됨, 수리 조합비와 비료 대금 등이 농민에게 떠넘겨짐 → 국내 농촌 경제와 식량 사정이 악화됨, 만주로부터 잡곡 수입이 늘어남
회사령 폐지	• 목적 : 일본 기업과 자본의 자유로운 한국 진출 • 내용 : 회사 설립을 허가제에서 신고제로 변경함 → 일본 기업과 자본의 한국 진출이 쉬워짐
관세 철폐	• 목적 : 한국을 일본 상품의 소비 시장으로 만듦 • 내용 : 일본 상품에 매기는 관세를 폐지함 → 값싼 일본 상품의 유입이 늘어나 한국인 기업이 타격을 입음

2. 청산리 전투

정답 ②

독립군 연합 부대가 백운평·어랑촌 등지에서 일본군을 대파하였다는 내용을 통해 (가)에 들어갈 전투가 ② 청산리 전투임을 알 수 있어요. 1920년에 봉오동 전투에서 패배한 일제는 만주에 대규모의 군대를 파견하여 독립군을 토벌하고자 하였어요. 김좌진의 북로 군정서, 홍범도의 대한 독립군 등 독립군 연합 부대는 청산리 일대의 백운평, 천수평, 어랑촌 등지에서 일본군과 싸워 크게 승리하였어요. 이를 청산리 전투라고 합니다.

오답 피하기

① 영릉가 전투는 1932년에 양세봉이 이끄는 조선 혁명군이 중국 의용군과 연합하여 영릉가에서 일본군에 맞서 싸워 승리를 거둔 전투입니다.

③ 흥경성 전투는 1933년에 조선 혁명군이 중국 의용군과 함께 흥경성 일대에서 일본군에 맞서 싸운 전투입니다.

④ 대전자령 전투는 1933년에 지청천이 이끄는 한국 독립군이 중국 호로군과 연합하여 대전자령에서 일본군을 격퇴한 전투입니다.

>> 핵심 개념 **1920년대 무장 독립 전쟁**

봉오동 전투	만주의 독립군이 국경 부근 국내에 진입하여 일본군과 경찰서를 공격하여 전과를 올림 → 일제가 독립군의 근거지를 파괴하기 위해 봉오동 지역을 습격함 → 홍범도가 이끄는 대한 독립군 등 독립군 연합 부대가 봉오동에서 일본군을 크게 격파함(1920. 6.)
청산리 대첩	봉오동 전투에서 패배한 일제가 만주 지역에 대규모 군대를 파견함 → 김좌진이 이끄는 북로 군정서, 홍범도의 대한 독립군, 안무의 국민회군 등 독립군 연합 부대가 백운평, 어랑촌 등 청산리 일대에서 일본군에 맞서 싸워 대승을 거둠(1920. 10.)
독립군의 시련	• 간도 참변 : 봉오동 전투와 청산리 전투에서 패한 일본군이 간도의 한인 마을을 습격하여 무차별로 학살을 저지름 • 독립군 부대들이 모여 조직을 정비하고 러시아령 자유시로 이동 • 자유시 참변(1921) : 자유시에서 러시아 적군(혁명군)이 무장 해제 요구를 거부한 독립군을 공격함 → 수많은 독립군이 희생당함
독립군 재정비	• 3부 성립 : 독립군이 만주로 돌아와 조직을 정비함 → 참의부, 정의부, 신민부를 결성함 • 미쓰야 협정(1925) : 일제와 중국의 군벌이 독립군을 체포하여 일본에 넘기면 보상금을 지급한다는 협정을 체결함 → 독립군의 활동이 위축됨 • 3부 통합 운동 : 국민부(남만주), 혁신 의회(북만주)로 재편됨

1 ④   2 ③

1. 조선어 학회

정답 ④

이윤재, 최현배 등을 중심으로 우리말과 글을 지키기 위하여 노력하였다는 내용과 '조선말 큰사전 원고', '한글 맞춤법 통일안'을 통해 (가)에 들어갈 단체가 ④ 조선어 학회임을 알 수 있어요. 한글 연구와 보급에 앞장선 조선어 연구회가 1931년에 이윤재, 최현배 등이 중심이 된 조선어 학회로 발전하였어요. 조선어 학회는 한글 맞춤법 통일안과 표준어 및 외래어 표기법 통일안을 제정하는 등 한글 표준화에 힘썼어요. 또 "조선말(우리말) 큰사전"을 펴내고자 하였으나 일제가 조선어 학회 사건을 일으켜 회원들을 검거, 투옥하여 사전 편찬과 학회 활동이 중단되었어요.

오답 피하기

① 토월회는 1923년에 일본 도쿄에서 한국인 유학생을 중심으로 조직된 극단이에요.

② 독립 협회는 미국에서 돌아온 서재필의 주도로 1896년에 창립되어 민중 계몽 운동, 자주 국권 운동 등을 전개하였어요.

③ 대한 자강회는 입헌 군주제 수립을 주장하였으며, 일제가 고종을 강제 퇴위시키자 반대 운동을 벌이다가 통감부의 탄압을 받아 해산되었어요.

>> 핵심 개념 **1930년대 민족 문화 수호 운동**

조선어 학회	• 조직 : 조선어 연구회를 계승함, 최현배·이윤재 등이 주도함 • 활동 : 한글 보급을 위해 강습회를 개최하고 교재를 제작함, 한글 맞춤법 통일안과 표준어를 제정함, "조선말(우리말) 큰사전" 편찬을 준비함 • 해산 : 조선어 학회 사건(1942)으로 강제 해산됨
브나로드 운동	1931년부터 동아일보사가 주도한 문맹 퇴치 운동이자 농촌 계몽 운동, '배우자 가르치자 다 함께 브나로드'를 구호로 내세움
저항 시인의 활동	윤동주, 이육사 등이 식민지 현실의 안타까움을 표현하고 저항 의식을 담은 작품을 발표함

2. 조선 의용대

정답 ③

중국 관내 최초의 한인 무장 부대라는 내용을 통해 (가)에 들어갈 군사 조직이 ③ 조선 의용대임을 알 수 있어요. 1938년에 김원봉은 중국 국민당 정부의 지원을 받아 우한에서 조선 의용대를 창설하였어요. 조선 의용대는 조선 민족 전선 연맹의 군사 조직으로, 중국 관내에서 조직된 최초의 한인 무장 부대입니다. 1940년대 초에는 조선 의용대의 일부 대원이 적극적인 무장 투쟁을 위해 화북 지방으로 이동하였으며, 김원봉과 남은 대원은 한국 광복군에 합류하였어요.

오답 피하기
① 대한 독립군은 1919년에 만주에서 조직되었으며, 총사령관은 홍범도였어요. 봉오동 전투, 청산리 전투 등에서 활약하였어요.
② 북로 군정서는 북만주 지역의 중광단이 발전하여 조직된 독립군 부대로, 김좌진의 지휘 아래 청산리 전투에서 활약하였어요.
④ 조선 혁명군은 남만주 국민부 계열인 조선 혁명당의 군사 조직이에요. 총사령 양세봉의 지휘 아래 중국 의용군과 연합하여 영릉가 전투, 흥경성 전투 등에서 일본군에 맞서 싸웠어요.

>> 핵심 개념 1930년대 이후 항일 무장 투쟁

한국 독립군	지청천이 지휘함, 중국 호로군과 함께 쌍성보 전투, 대전자령 전투 등에서 일본군을 격퇴함	한·중 연합 작전 전개
조선 혁명군	양세봉이 지휘함, 중국 의용군과 함께 영릉가 전투, 흥경성 전투 등에서 일본군에 맞서 싸움	
조선 의용대	• 중국 국민당 정부의 지원을 받아 김원봉이 우한에서 조직함(1938) • 중국 관내에서 결성된 최초의 한인 무장 부대 • 정보 수집, 선전, 후방 교란 등으로 중국군을 지원하는 임무를 수행함 • 조선 의용대원 일부가 적극적인 항일 투쟁을 위해 화북(화베이) 지역으로 이동하여 조선 의용대 화북 지대로 편제되었다가 조선 의용군으로 재편됨, 김원봉 등 일부 대원은 한국 광복군에 합류함(1942)	
한국 광복군	• 1940년 충칭에 정착한 대한민국 임시 정부가 정규군으로 창설함, 지청천이 총사령관이 되어 지휘함 • 대한민국 임시 정부의 대일 선전 포고 후 연합군에 참여하여 본격적인 독립 전쟁에 나섬 → 인도·미얀마 전선에서 영국군과 연합 작전을 전개함 • 미국 전략 정보국(OSS)과 협력하여 국내 진공 작전을 계획함 → 예상보다 빨랐던 일제의 항복으로 실행에 옮기지 못함	

현대

7일 1교시 이승만 정부 본문 107쪽

1 ③   2 ④

1. 좌우 합작 위원회

정답 ③

1946년 7월, 미군정의 지원 아래 여운형, 김규식 등이 중심이 되어 결성한 단체는 ③ 좌우 합작 위원회입니다. 제1차 미·소 공동 위원회가 미국과 소련의 의견 대립으로 무기한 휴회되고, 이승만이 남한만의 단독 정부 수립을 주장하였어요. 이에 분단의 위기가 커지자 여운형과 김규식 등이 미군정의 지원 아래 통일 정부 수립을 위해 좌우 합작 위원회를 조직하고 좌우 합작 운동을 전개하였어요. 좌우 합작 위원회는 좌우 합작 7원칙을 발표하는 등 노력하였으나, 좌우익 세력이 외면한 가운데 미군정이 지원을 철회하고 여운형이 암살되면서 좌우 합작에 실패하였어요.

오답 피하기
① 권업회는 1911년에 연해주에서 조직된 독립운동 단체로, 권업신문을 발간하고 강연회를 개최하여 민족의식을 높이기 위해 노력하였어요.
② 대한인 국민회는 장인환·전명운의 스티븐스 저격 사건을 계기로 1910년에 미주 지역의 여러 한인 단체가 통합하여 결성한 단체입니다. 미주 지역의 한인들은 대한인 국민회를 중심으로 외교 활동을 펼쳤어요.
④ 남북 조절 위원회는 1972년에 발표된 7·4 남북 공동 성명의 합의 사항을 이행하기 위한 기구로 설치되었으나 성과를 거두지는 못하였어요.

>> 핵심 개념 광복 후 정부 수립을 위한 노력

광복 직후 국내 정치 세력 동향	• 조선 건국 준비 위원회 : 조선 건국 동맹을 기반으로 여운형 등이 주도하여 조직함, 전국에 지부를 설치하고 치안대를 조직하여 치안과 질서 유지 활동을 함 • 우익 세력 : 김구 등 대한민국 임시 정부 인사들이 개인 자격으로 귀국함, 한국 독립당을 중심으로 활동함 • 좌익 세력 : 박헌영 등이 조선 공산당을 재건함
모스크바 3국 외상 회의	• 결정 사항 : 한국에 임시 민주 정부를 수립함, 미·소 공동 위원회를 설치함, 4개국에 의한 최대 5년간의 신탁 통치를 실시함 • 국내 반응 : 우익 세력은 신탁 통치 반대 운동을 전개함, 좌익 세력은 처음에 신탁 통치에 반대하다가 이후 회의의 결정에 찬성함 • 결과 : 좌익과 우익 세력의 대립이 격화됨
좌우 합작 운동	• 배경 : 미·소 대립과 좌우익의 갈등으로 제1차 미·소 공동 위원회가 무기한 휴회됨, 이승만의 '정읍 발언'(남한만의 단독 정부 수립을 주장) • 활동 : 여운형과 김규식 등 중도 세력이 좌우 합작 위원회를 구성하고 좌우 합작 7원칙을 발표함 • 결과 : 좌우익 세력 모두에게 지지를 받지 못함, 미군정이 지지를 철회함, 여운형이 암살되면서 중단됨
유엔의 단독 선거 결정	제2차 미·소 공동 위원회가 결렬되자 미국이 한국 문제를 국제 연합(UN)에 넘김 → 유엔 총회에서 인구 비례에 의한 남북한 총선거 실시를 결의함 → 유엔 한국 임시 위원단이 파견됨, 소련이 유엔 한국 임시 위원단의 입북을 거부함 → 유엔 소총회에서 남한만의 총선거 실시를 결정함
남북 협상	김구와 김규식 등이 단독 정부 수립에 반대하여 북측에 남북 협상을 제안함 → 1948년 4월, 평양에서 남북 협상 회의가 진행됨 → 성과 없이 끝남
제헌 국회 구성	5·10 총선거로 국회 의원을 선출함 → 국회(제헌 국회)에서 제헌 헌법을 제정·공포함
대한민국 정부 수립	제헌 국회에서 선출된 초대 대통령 이승만이 1948년 8월 15일에 대한민국 정부 수립을 선포함

2. 6·25 전쟁

정답 ④

'1·4 후퇴'와 국군과 유엔군이 중국군의 공세에 밀려 서울 이남 지역까지 철수하였다는 내용을 통해 (가) 전쟁이 6·25 전쟁임을 알 수 있어요. 따라서

6·25 전쟁 중에 있었던 사실로 옳지 않은 것을 고르면 됩니다. 6·25 전쟁 (1950~1953) 당시 인천 상륙 작전의 성공으로 압록강 유역까지 진출하였던 국군과 유엔군은 북한군을 돕기 위한 중국군의 참전으로 다시 서울을 빼앗기고 서울 이남 지역까지 철수하였는데, 이 사건을 1·4 후퇴라고 합니다. ④ 1948년에 제헌 국회에서 친일파 청산을 위한 반민족 행위 처벌법을 제정하였어요. 6·25 전쟁이 일어나기 이전의 사실입니다.

오답 피하기
① 6·25 전쟁 당시 중국군의 공세에 밀린 국군과 유엔군이 함경남도 흥남에서 대규모 철수 작전을 전개하였어요.
② 6·25 전쟁 중이던 1952년에 임시 수도 부산에서 대통령 간선제를 직선제로 바꾸는 발췌 개헌안이 통과되었어요.
③ 6·25 전쟁 당시 국군과 유엔군이 인천 상륙 작전을 전개하여 전세를 뒤집고 압록강 유역까지 진출하였어요.

7일 2교시 박정희 정부   본문 109쪽

1 ②   2 ③

1. 박정희 정부 시기의 사실   정답 ②

'새마을 운동', '100억 달러 수출 달성' 등을 통해 (가) 정부가 박정희 정부임을 알 수 있어요. 박정희 정부는 도시와 농촌의 격차를 줄이고 농촌의 생활 환경을 개선하기 위해 1970년부터 새마을 운동을 추진하였어요. 또한, 1962년부터 4차에 걸쳐 수출 주도의 경제 개발 5개년 계획을 실시하여 1977년 수출액 100억 달러를 달성하는 등 급속한 경제 성장을 이루었어요. 특히 2차 경제 개발 5개년 계획 시기에는 기간산업을 육성하고 사회 간접 자본을 확충하는 데 중점을 두었어요. 이에 ② 1970년에 경부 고속 도로가 준공되었습니다.

오답 피하기
① 이승만 정부 시기에 제헌 국회에서 유상 매수, 유상 분배 원칙의 농지 개혁법이 제정되었어요.
③ 김영삼 정부는 투명한 금융 거래를 위하여 금융 실명제를 전면 실시하였어요.
④ 김영삼 정부 시기에 우리나라는 경제 협력 개발 기구(OECD)에 가입하였어요.

>> 핵심 개념 박정희 정부 시기의 경제

경제	• 1962년부터 4차에 걸친 경제 개발 5개년 계획을 실시함 → 1977년에 수출액 100억 달러를 달성하는 등 '한강의 기적'이라 불리는 급속한 경제 성장을 이룸 • 경제 개발에 필요한 자금을 마련하기 위해 한·일 국교 정상화, 베트남 파병 등을 추진함 • 서독에 광부와 간호사를 파견하여 외화를 벌어들임 • 경부 고속 국도(1970년 개통), 포항 제철소 등 경제 발전을 위한 기반 시설을 마련함 • 도시와 농촌의 격차를 줄이고 농촌의 생활 환경을 개선하기 위해 새마을 운동을 추진함 • 평화 시장에서 재단사로 일하던 전태일이 노동자의 근무 환경 개선과 근로 기준법 준수를 요구하며 분신함

2. 박정희 정부 시기의 통일 노력   정답 ③

분단 26년 만에 처음으로 남측 자유의 집과 북측 판문각을 연결하는 직통 전화가 개설되었고, 이로써 남북 적십자 회담을 열기 위한 대화의 통로가 마련되었다는 내용을 통해 뉴스가 보도된 정부 시기가 박정희 정부 시기임을 알 수 있어요. 광복 직후 북한에 진주한 소련군에 의해 끊겼던 남북한 간 전화 통신이 박정희 정부 시기인 1971년에 남북 대화를 원활히 추진하기 위해 남북 직통 전화가 개설되며 재개되었어요. 이후 서울과 평양에서 이산가족 상봉을 위한 남북

적십자 회담이 개최되었어요. 또한, ③ 박정희 정부 시기에 남북한은 자주, 평화, 민족 대단결이라는 평화 통일의 3대 원칙에 합의한 7·4 남북 공동 성명을 발표하였어요.

오답 피하기
① 김대중 정부 시기에 금강산 관광 사업이 시작되었어요.
② 노태우 정부 시기에 남북한이 유엔에 동시 가입하였어요.
④ 김대중 정부 시기인 2000년에 평양에서 분단 이후 최초로 남북 정상 회담이 개최되었어요.

7일 3교시 전두환 정부 ~ 김대중 정부   본문 111쪽

1 ③   2 ③

1. 6월 민주 항쟁   정답 ③

'1987년', '호헌 철폐, 독재 타도', '대통령 직선제 개헌을 약속' 등을 통해 밑줄 그은 '이 민주화 운동'이 6월 민주 항쟁임을 알 수 있어요. 1987년 전두환 정부의 강압적인 통치와 국민의 대통령 직선제 개헌 요구를 묵살한 4·13 호헌 조치에 항거하여 6월 민주 항쟁이 일어났어요. ③ 박종철이 물고문으로 사망하였다는 사실이 밝혀지면서 국민의 분노가 폭발하여 시위가 전국으로 확산되었습니다. 이 과정에서 대학생 이한열이 경찰이 쏜 최루탄에 맞아 혼수상태에 빠지자, 시위는 범국민적인 운동으로 전개되었어요. 시민들은 '호헌 철폐', '독재 타도' 등을 외치며 시위를 전개하였고 그 결과 직선제 개헌 요구를 수용한다는 등의 내용이 담긴 6·29 민주화 선언이 발표되었어요. 이에 따라 5년 단임의 대통령 직선제 개헌이 이루어졌어요.

오답 피하기
① YH 무역 사건, 부·마 민주 항쟁 등으로 흔들리던 유신 체제는 박정희 대통령이 피살된 10·26 사태로 사실상 붕괴되었어요.
② 4·19 혁명의 결과 내각 책임제와 양원제 국회 구성을 주요 내용으로 하는 개헌이 이루어져 양원제 국회가 출현하였어요.
④ 5·18 민주화 운동의 전개 과정에서 계엄군의 진압에 맞서 시민군이 자발적으로 조직되었어요.

>> 핵심 개념 6월 민주 항쟁

배경	전두환 정부가 강압적인 통치를 함, 시민들이 민주화와 대통령 직선제 개헌을 요구함
전개	박종철 고문치사 사건이 일어남(1987. 1.) → 사건 진상 규명과 직선제 개헌을 요구하는 시위가 전개됨 → 전두환 정부가 개헌을 거부함(4·13 호헌 조치) → 시위가 확산되는 가운데 대학생 이한열이 최루탄에 맞아 쓰러짐 → 6·10 국민 대회 등 전국 각지에서 대규모 시위가 전개됨
결과	6·29 민주화 선언이 발표됨 → 5년 단임의 대통령 직선제 개헌이 이루어짐(9차 개헌)

2. 김대중 정부의 통일 노력   정답 ③

IMF 구제 금융을 조기 상환하였고 정주영이 소 떼를 몰고 북한을 방문하였으며 한·일 월드컵 축구 대회가 개최되었다는 내용을 통해 밑줄 그은 '정부'가 김대중 정부임을 알 수 있어요. 김대중 정부 시기에는 IMF(국제 통화 기금)에서 받은 구제 금융을 조기 상환하여 IMF의 관리 체제에서 벗어났어요. 또한, 김대중 정부 시기에는 대북 화해 협력 정책(햇볕 정책)을 추진하여 기업인 정주영의 소 떼 방북 이후 금강산 해로 관광이 시작되었어요. 이러한 남북 화해의 분위기 속에 김대중 정부는 분단 이후 최초로 남북 정상 회담을 개최하고 ③ 6·15 남북 공동 선언을 발표하였어요.

오답 피하기

① 노태우 정부 시기에 남북한 상호 체제 인정, 상호 불가침 등에 합의한 남북 기본 합의서를 채택하였어요.

② 노태우 정부 시기에 남북한이 유엔에 동시 가입하였어요.

④ 전두환 정부 시기에 남북 이산가족 고향 방문이 이루어져 분단 이후 최초로 남북 간 이산가족 상봉이 성사되었어요.

≫ 핵심 개념 통일을 위한 노력

박정희 정부	• 남북 적십자 회담(1971) : 이산가족 상봉을 위한 회담을 진행함 • 7·4 남북 공동 성명(1972) : 자주·평화·민족 대단결의 평화 통일 3대 원칙에 합의하고 남북 조절 위원회를 설치함 → 남북한 독재 체제 강화에 이용됨(남한에서는 유신 체제 성립, 북한에서는 김일성 유일 체제가 확고해짐)
전두환 정부	• 이산가족 찾기 운동을 추진함 → KBS 특별 생방송 '이산가족을 찾습니다'를 방영함 • 남북한 이산가족 고향 방문단이 서울과 평양을 상호 방문함 → 6·25 전쟁 이후 남북한 이산가족이 최초로 상봉함
노태우 정부	• 남북한이 유엔에 동시 가입함(1991) • 남북 기본 합의서 채택(1991) 　- 남북한 정부 간에 이루어진 최초의 공식 합의서 　- 남북한 상호 체제 인정, 화해 및 상호 불가침, 교류·협력에 관해 합의함 • 한반도 비핵화 공동 선언을 합의함(1991)
김대중 정부	• 대북 화해 협력 정책 추진 → 기업인 정주영의 소 떼 방북, 금강산 해로 관광이 시작됨 • 최초의 남북 정상 회담을 개최함(2000) → 6·15 남북 공동 선언 발표 • 남북 경제 협력을 위해 개성 공단 조성에 합의함
노무현 정부	• 제2차 남북 정상 회담 개최(2007) → 10·4 남북 공동(정상) 선언 발표 • 개성 공업 지구 건설 공사를 시작함 • 금강산 육로 관광이 시작됨

---

1 ④　　2 ③　　3 ④　　4 ②

1. 정월 대보름　　　정답 ④

'음력 1월 15일', '부럼 깨기' 등을 통해 (가)에 들어갈 명절이 ④ 정월 대보름임을 알 수 있어요. '정월'은 한 해를 처음 시작하는 달, '대보름'은 가장 큰 보름이라는 뜻으로, 정월 대보름은 음력 1월 15일입니다. 이날에는 다섯 가지 곡식을 섞어 지은 오곡밥과 묵은 나물 등을 먹고 건강과 풍년을 기원하며 호두, 땅콩, 잣, 날밤 등의 부럼을 깨는 풍속이 있었어요.

오답 피하기

① 단오는 음력 5월 5일로, 수릿날 또는 천중절이라고도 불려요. 이날에는 쑥떡이나 수리취떡 등을 만들어 먹고 창포물에 머리 감기, 그네뛰기 등을 하였어요.

② 동지는 일 년 중 밤이 가장 긴 날로 보통 양력 12월 22일 무렵이에요. 이날에는 팥죽과 동치미를 먹었으며, 팥의 붉은색이 잡귀를 물리친다고 여겨 집 안 곳곳에 팥죽을 놓아두기도 하였어요.

③ 한식은 동지에서 105일째 되는 날로, 이날에는 조상의 묘를 찾아 돌보고 제사를 지냈으며, 불을 사용하지 않고 찬 음식을 먹는 풍속이 있었어요.

2. 한식　　　정답 ③

동지로부터 105일째 되는 날이며, 불을 사용하지 않고 찬 음식을 먹었고 조상의 묘를 돌보았다는 내용을 통해 (가)에 들어갈 세시 풍속이 ③ 한식임을 알 수 있어요. 한식은 동지에서 105일째 되는 날로, 대략 양력 4월 5일 안팎이에요. 이날에는 불을 사용하지 않고 찬 음식을 먹었으며, 농사가 시작되는 시기이므로 성묘를 하며 풍년을 기원하였어요.

오답 피하기

① 단오는 음력 5월 5일로, 수릿날 또는 천중절이라고도 불렸어요. 이날에는 그네뛰기, 창포물에 머리 감기 등의 풍속을 즐겼어요.

② 칠석은 음력 7월 7일로, 이날 오작교에서 견우와 직녀가 만난다는 이야기가 전해져요.

④ 삼짇날은 음력 3월 3일로, '강남 갔던 제비가 돌아오는 날'이라고도 해요. 이날에는 진달래화전, 쑥떡 등을 만들어 먹었어요.

3. 칠석　　　정답 ④

일 년 중 한 번 견우와 직녀가 만나는 날이라는 내용과 '오작교' 등을 통해 밑줄 그은 '그날'이 ④ 칠석임을 알 수 있어요. 칠석은 음력 7월 7일로, 이날에는 헤어져 있던 견우와 직녀가 일 년 중 한 번 오작교에서 다시 만난다는 이야기가 전해집니다. 칠석에는 햇볕에 옷과 책을 말리는 풍속이 있었으며, 밀국수, 밀전병, 호박전 등의 음식을 먹었어요.

오답 피하기

① 단오는 음력 5월 5일로, 수릿날 또는 천중절이라고도 불려요. 이날에는 쑥떡이나 수리취떡 등을 만들어 먹고, 창포물에 머리 감기, 그네뛰기 등을 하였어요.

② 동지는 일 년 중 밤이 가장 긴 날로 보통 양력 12월 22일 무렵이에요. 이날에는 팥죽과 동치미를 먹었으며, 팥의 붉은색이 잡귀를 물리친다고 여겨 집 안 곳곳에 팥죽을 놓아두기도 하였어요.

③ 추석은 음력 8월 15일로 중추절 또는 한가위라고도 합니다. 이날에는 햇과일과 햇곡식으로 차례를 지내고 성묘를 하였으며, 송편을 만들어 먹고 강강술래, 씨름, 줄다리기 등의 놀이를 즐겼어요.

4. 동지　　　정답 ②

일 년 중 밤이 가장 길고 팥죽을 먹는다는 내용을 통해 (가)에 들어갈 내용이 ② 동지임을 알 수 있어요. 동지는 양력 12월 22일 무렵으로, 일 년 중 밤이 가장 길고 낮이 가장 짧은 날이며 '아세' 혹은 '작은설'이라고도 불렸어요. 이날에는 팥죽과 동치미 등을 먹었는데, 팥의 붉은색이 잡귀를 물리친다고 여겨서 집 안 곳곳에 팥죽을 놓아두기도 하였어요.

① 단오는 음력 5월 5일로, 수릿날 또는 천중절이라고도 불려요. 이날에는 쑥떡이나 수리취떡 등을 만들어 먹고 창포물에 머리 감기, 그네뛰기 등을 하였어요.
③ 칠석은 음력 7월 7일로, 이날 오작교에서 견우와 직녀가 만난다는 이야기가 전해지고 있어요.
④ 한식은 동지에서 105일째 되는 날로, 이날에는 조상의 묘를 찾아 돌보고 제사를 지냈으며 불을 사용하지 않고 찬 음식을 먹는 풍속이 있었어요.

주제 특강 2 유네스코와 유산 본문 121쪽

1 ① 2 ④ 3 ① 4 ①

1. 서원 정답 ①

유네스코 세계 유산에 등재되었으며, 교육과 제사를 함께 담당하는 성리학 교육 기관이라는 내용을 통해 (가)에 들어갈 교육 기관이 ① 서원임을 알 수 있어요. 서원은 조선 시대 사림이 주도하여 전국 곳곳에 세운 사립 교육 기관이며, 선현에 대한 제사와 양반 자제들의 교육을 담당하였어요. 또한, 지방 유생(유학을 공부하는 학생)들의 모임 장소로 의견을 모으는 역할도 하였어요.

② 향교는 고려와 조선 정부가 설립한 국립 학교이며, 지방에 세워진 중등 교육 기관이에요.
③ 성균관은 조선 정부가 설립한 국립 학교이며, 수도인 한성에 세워진 최고 교육 기관이에요.
④ 4부 학당은 조선 정부가 설립한 국립 학교이며, 수도인 한성에 세워진 중등 교육 기관이에요.

2. 백제 역사 유적 지구 정답 ④

공주, 부여, 익산에 남아 있는 백제의 역사 유적이 2015년에 '백제 역사 유적 지구'라는 이름으로 유네스코 세계 유산에 등재되었어요. 따라서 답사가 이루어진 지역으로 옳지 않은 곳은 ④ 전주입니다. 전주는 신라 말에 견훤이 후백제를 건국하면서 도읍으로 삼은 곳으로, 당시에는 완산주라고 불렸어요.

① 공주는 백제의 두 번째 수도였던 곳으로, 당시에는 웅진이라고 불렸어요. 공주에는 수도 방어를 위해 쌓은 공산성, 백제 왕과 왕족의 무덤이 모여 있는 송산리 고분군(공주 무령왕릉과 왕릉원) 등의 유적이 있어요.
② 부여는 백제 성왕이 웅진에서 도읍을 옮긴 곳으로, 당시에는 사비라고 불렸어요. 부여에는 백제 왕궁 터로 추정되는 관북리 유적, 수도 방어를 위해 쌓은 부소산성과 나성, 백제 왕과 왕족의 무덤이 모여 있는 능산리 고분군(부여 왕릉원), 백제 때 세워졌다는 정림사의 터(정림사지) 등이 남아 있어요.
③ 익산에는 백제 무왕 때 조성된 왕궁리 유적과 미륵사의 터(미륵사지) 등이 남아 있어요.

3. 의궤 정답 ①

조선 시대 왕실이나 국가의 중대한 행사를 글과 그림으로 기록한 책은 ① "의궤"입니다. "의궤"에는 왕과 왕비의 결혼, 세자 책봉, 왕의 행차 등의 행사가 상세히 기록되어 있어요. 정조 때에는 정조와 혜경궁의 화성 행차를 다룬 "원행을묘정리의궤", 수원 화성 건설에 관련된 내용을 기록한 "화성성역의궤" 등이 만들어졌어요. 조선 왕조의 "의궤"는 기록의 가치를 인정받아 2007년에 유네스코 세계 기록 유산으로 등재되었어요.

② "경국대전"은 조선의 기본 법전으로, 세조 때 만들기 시작해 성종 때 완성되었어요.
③ "삼강행실도"는 모범이 될 만한 충신, 효자, 열녀의 사례를 모아 글과 그림으로 설명한 책으로, 조선 세종 때 편찬되었어요.
④ "조선왕조실록"은 태조에서 철종에 이르는 역사를 시간 순서대로 기록한 편년체 형식의 역사서입니다. 왕이 죽으면 실록청이 설치되어 사초와 시정기 등을 바탕으로 실록을 편찬하였어요. "조선왕조실록"은 그 가치를 인정받아 1997년에 유네스코 세계 기록 유산으로 등재되었어요.

4. 씨름 정답 ①

두 사람이 상대방의 샅바나 바지의 허리춤을 잡고 상대를 바닥에 넘어뜨리는 민속놀이는 ① 씨름입니다. 씨름은 2018년에 유네스코 무형 문화유산으로 남북한 공동 등재되었어요.

② 택견은 유연하고 율동적인 춤과 같은 동작으로 상대를 공격하거나 다리를 걸어 넘어뜨리는 한국의 전통 무술이에요. 2011년에 유네스코 무형 문화유산으로 등재되었어요.
③ 강강술래는 여러 사람이 함께 손을 잡고 원을 그리며 도는 민속놀이로, 노래를 하면서 '강강술래'라는 후렴을 불렀어요. 2009년에 유네스코 무형 문화유산으로 등재되었어요.
④ 남사당놀이는 남사당패가 여러 마을을 떠돌아다니며 한 공연으로, 풍물, 가면극, 줄타기 등으로 구성되었어요. 2009년에 유네스코 무형 문화유산으로 등재되었어요.

주제 특강 3 지역사 본문 123쪽

1 ③ 2 ④ 3 ② 4 ①

1. 개성의 역사 정답 ③

고려의 수도라는 내용과 '공민왕릉', '첨성대,' '만월대', '성균관', '선죽교'를 통해 (가) 지역이 개성임을 알 수 있어요. 고려의 수도였던 개성에는 궁궐터인 만월대를 비롯하여 공민왕릉, 고려 첨성대, 고려 성균관, 고려 말에 정몽주가 피살된 곳이라고 알려진 선죽교 등 고려와 관련된 많은 문화유산이 있습니다. ③ 고려 무신 집권기에 노비 만적은 지금의 개성인 개경에서 신분 해방을 도모하여 봉기를 모의하였으나 사전에 발각되어 실패하였어요.

① 고려 인종 때 서경 천도를 주장한 묘청이 천도 계획이 좌절되자 지금의 평양인 서경에서 반란을 일으켰어요.
② 원(몽골)은 지금의 함경남도 영흥 지역인 화주에 쌍성총관부를 설치하고 철령 이북 지역을 직접 통치하였어요.
④ 삼별초는 고려 정부의 개경 환도 결정에 반대하여 강화도에서 진도, 제주도로 근거지를 차례로 옮겨 가며 대몽 항쟁을 이어 갔어요.

2. 부산의 역사 정답 ④

'초량 왜관', '임시 수도 기념관' 등을 통해 (가) 지역이 부산임을 알 수 있어요. 조선 시대 부산에는 일본인의 출입과 교육을 허가한 왜관이 설치되어 일본과의 교역이 이루어졌는데, 조선 후기에는 부산의 초량에 왜관이 있었어요. 한편, 6·25 전쟁 중 이승만 정부는 부산을 임시 수도로 정하고 피란하였어요. 또한, 부산에는 신석기 시대 조개더미 유적인 동삼동 패총과 부·마 민주 항쟁을 기념하는 민주 공원이 있습니다. ④ 송상현은 임진왜란 때 일본군이 부산에 상륙하자 동래성에서 항전하다가 순절하였어요.

① 이봉창은 1932년에 일본 도쿄에서 일왕이 탄 마차를 향해 폭탄을 던지는 의거를 일으켰어요.

② 망이·망소이는 고려 무신 집권기에 공주 명학소의 주민과 함께 과도한 세금과 지배층의 가혹한 수탈에 맞서 봉기하였어요.

③ 장보고는 신라 흥덕왕 때 지금의 완도에 청해진을 설치하고 해적들을 소탕한 후 이곳을 중심으로 해상 무역을 전개하였어요.

3. 제주도의 역사 정답 ②

'김만덕', '4·3 사건' 등을 통해 (가) 지역이 제주도임을 알 수 있어요. 김만덕은 제주 출신의 상인으로, 조선 정조 때 제주도에 큰 흉년이 들자 자신의 전 재산을 내어 육지에서 식량을 구해 제주도민을 구하였어요. 한편, 1948년에 제주도에서 남한만의 단독 선거에 반대하여 좌익 세력과 일부 주민이 봉기하였는데, 미군정과 이승만 정부가 이를 진압하는 과정에서 많은 주민이 희생된 제주 4·3 사건이 일어났어요. ② 고려 정부가 몽골과의 전쟁을 멈추고 개경으로 환도할 것을 결정하자 이에 반발하여 삼별초가 봉기하였어요. 삼별초는 강화도에서 진도, 제주도로 근거지를 옮겨 가며 대몽 항쟁을 이어 갔으나 제주도에서 고려와 몽골 연합군에 의해 진압되었어요.

오답 피하기

① 1875년에 강화도 앞바다를 무단으로 침범한 일본 군함 운요호에 조선군 수비대가 경고 사격을 하자, 운요호가 강화도 초지진을 공격하고 일본군이 영종도에 상륙하여 사람들을 살해하였어요.

③ 고려 왕릉은 당시 수도인 개경(지금의 개성) 주변에 주로 조성되었으며, 몽골의 침입을 받아 강화도로 도읍을 옮긴 시기에 재위한 왕들의 무덤이 강화도에 일부 남아 있어요.

④ 대한 제국 정부는 1900년에 칙령 제41호를 통해 울릉도를 울도군으로 승격시키고 독도를 관할하도록 하여 독도가 우리 땅임을 분명히 하였어요.

4. 대구의 역사 정답 ①

신문왕이 천도를 하려고 하였던 곳이며, 고려와 후백제 사이에 공산 전투가 벌어진 곳이고, 국채 보상 운동이 시작되었다는 내용 등을 통해 (가)에 들어갈 지역이 ① 대구임을 알 수 있어요. 삼국 통일 이후 신라의 신문왕은 지금의 대구 지역인 달구벌로 천도를 하려고 하였으나 진골 귀족들의 반발과 비용 부담 등으로 중단하였어요. 927년에 고려와 후백제는 지금의 대구 팔공산 일대인 공산에서 치열한 전투를 벌였는데, 후백제군이 승리하였어요. 1907년에 대구에서 김광제, 서상돈 등을 중심으로 국채 보상 운동이 시작되었어요. 이승만 정부와 자유당이 1960년 3월 15일 정·부통령 선거를 앞두고 당시 야당인 민주당의 대구 유세에 학생들이 가지 못하도록 일요일인데도 등교하도록 하자 학생들을 중심으로 2·28 민주 운동이 일어났어요.

오답 피하기

② 930년에 지금의 안동 지역에서 고려와 후백제 사이에 전투가 일어나 고려군이 승리하였어요(고창 전투).

③ 울산은 통일 신라 시대 국제 무역항으로 번성하였어요.

④ 청주는 통일 신라 때 서원경이 설치된 곳이에요. 또 고려 말에 청주 흥덕사에서 "직지심체요절"이 금속 활자로 간행되었어요.

주제 특강 ④ 문화재 본문 131~133쪽

1 ② 2 ① 3 ④ 4 ② 5 ④ 6 ③

1. 삼국 시대의 문화유산 정답 ②

삼국 시대의 문화유산으로 옳지 않은 것을 찾는 문제입니다. ② 고려의 논산 관촉사 석조 미륵보살 입상은 개성 있는 모습을 하고 있으며, 고려 시대의 불상 가운데 가장 큰 불상이에요.

오답 피하기

① 고구려의 불상인 금동 연가 7년명 여래 입상이에요. 불상 뒷면에 '연가 7년'이라는 글자가 새겨져 있어 불상의 제작 시기를 추정할 수 있어요.

③ 경주 천마총 장니 천마도는 신라의 고분인 천마총에서 발견되었어요. 천마도는 말 안장 양쪽에 달아 늘어뜨리는 장니(말다래)에 그려져 있는 그림이에요.

④ 장군총은 고구려 초기에 많이 만들어진 돌무지무덤 중 하나입니다. 중국 지린성 지안시에 있어요.

2. 백제의 문화유산 정답 ①

백제의 문화유산을 묻는 문항입니다. ① 백제의 칠지도는 7개의 칼날이 가지처럼 뻗어 있는 모양의 철제 칼이에요. 백제에서 만들어 왜에 전한 것으로 알려져 있는데, 이를 통해 백제와 왜가 교류하였음을 알 수 있어요.

오답 피하기

② 청자 상감 운학문 매병은 고려의 독창적인 상감 기법으로 만들어진 청자입니다.

③ 경주 천마총 장니 천마도는 말안장 양쪽에 달아 늘어뜨리는 장니(말다래)에 그려져 있는 그림으로, 신라 고분인 경주 천마총에서 출토되었어요.

④ 호우총 청동 그릇은 신라 고분인 경주 호우총에서 출토되었어요. 그릇 밑바닥에 고구려 광개토 태왕을 나타내는 글자가 새겨져 있어 이를 통해 당시 신라와 고구려의 관계를 짐작할 수 있어요.

3. 고려의 문화유산 정답 ④

태조 왕건이 세운 국가는 고려입니다. 따라서 (가)에는 고려의 문화유산이 들어가야 합니다. ④ 청자 상감 운학문 매병은 고려 시대에 만들어진 상감 청자입니다. 상감 기법은 그릇 표면에 무늬를 새겨 파내고 그 안을 백토나 흑토 등 다른 재질의 재료로 채워 장식하는 고려의 독창적인 도자기 장식 기법이에요.

오답 피하기

① 백제의 문화유산인 산수무늬 벽돌에는 도교의 이상 세계가 표현되어 있어요.

② 도기 바퀴장식 뿔잔은 출토된 곳이 알려지지 않은 가야의 토기입니다.

③ 황남 대총 금관은 신라의 고분인 황남 대총에서 출토된 금관이에요. 신라 금관의 전형적인 모습을 보여 주며, 신라의 다른 금관들보다 옥 장식이 많이 달려 있어 더 화려해 보여요.

4. 인왕제색도 정답 ②

조선 후기에 중국의 산수화를 모방한 화풍에서 벗어나 우리나라의 산천을 사실적으로 표현하는 진경 산수화가 등장하였어요. 겸재 정선은 조선 후기에 진경 산수화를 개척한 화가로, ② 소나기가 지나간 뒤 인왕산의 모습을 사실적으로 묘사한 인왕제색도 등의 작품을 남겼습니다.

오답 피하기

① 영통동구도는 조선 후기에 강세황이 그린 진경 산수화입니다. 서양 화법이 접목된 모습을 볼 수 있어요.

③ 세한도는 조선 후기에 김정희가 제주도에 유배되었을 때 중국에서 구한 귀한 책을 보내 준 제자 이상적에게 답례로 그려 준 그림입니다.

④ 몽유도원도는 조선 전기에 화원 안견이 안평 대군이 꿈에서 본 이상 세계에 대한 이야기를 듣고 그린 그림입니다.

5. 덕수궁 석조전 정답 ④

고종의 접견실로 사용하기 위해 지어졌으며, 당시 건축된 서양식 건물 중 규모가 가장 크다는 내용을 통해 (가)에 들어갈 문화유산이 ④ 덕수궁 석조전임을 알 수 있어요. 덕수궁 석조전은 대한 제국 시기에 영국인 건축가 하딩이 설계한 서양식 건물로, 당시 건축된 서양식 건물 중 가장 규모가 큽니다. 건물이 지어진 후에는 고종의 접견실, 황제·황후의 침실 등으로 사용되었으며, 광복 이후 이곳에서 미·소 공동 위원회가 열렸어요.

오답 피하기

① 황궁우는 고종이 황제 즉위식을 거행한 환구단의 부속 건물이에요.

② 서울 명동 성당은 1898년에 건립된 천주교 성당으로, 고딕 양식의 건물이에요.

③ 운현궁 양관은 흥선 대원군의 손자 이준용(이준)의 저택으로, 프랑스풍 르네상스 양식으로 지어졌어요. 접객과 연회 용도로 사용되었던 것으로 보입니다.

6. 독립신문

정답 ③

서재필이 창간한 우리나라 최초의 민간 신문이라는 내용을 통해 밑줄 그은 '이 신문'이 독립신문임을 알 수 있어요. 서재필은 정부의 지원을 받아 1896년에 우리나라 최초의 민간 신문인 독립신문을 만들었어요. ③ 독립신문은 누구나 읽기 쉽도록 순 한글로 발행되었으며 외국인에게 국내의 상황을 알리기 위해 영문판도 발행되었어요.

오답 피하기

① 만세보는 천도교에서 발행한 신문이에요.

② 박문국은 개항 후 조선 정부가 설치한 인쇄·출판 기관입니다. 박문국에서 한성순보 등의 신문을 발간하였어요.

④ 황성신문은 을사늑약의 부당함을 비판한 장지연의 '시일야방성대곡'이라는 논설을 처음으로 실었어요. 독립신문은 을사늑약 체결 이전인 1899년에 폐간되었어요.

주제 특강 ⑤ 근·현대 인물

본문 140쪽

1 ②   2 ①   3 ③   4 ④

1. 최익현의 활동

정답 ②

을사늑약 체결에 저항하여 태인에서 의병을 일으켰으며, 쓰시마섬에 끌려가 최후를 맞이하였다는 내용을 통해 (가)에 해당하는 인물이 ② 최익현임을 알 수 있어요. 최익현은 일본의 요구로 개항이 추진되자 일본과 서양 세력은 본질적으로 같다는 왜양일체론을 주장하며 일본과의 조약 체결에 반대하였어요. 또한, 을사늑약이 체결되자 전라북도 태인에서 을사의병을 일으켰으며 체포된 후 쓰시마섬에 유배되어 그곳에서 순국하였어요.

오답 피하기

① 신돌석은 을사의병 당시 활약한 평민 출신 의병장으로, 경상북도와 강원도 경계 지역에서 주로 활동하였어요.

③ 안중근은 만주 하얼빈에서 을사늑약 체결에 앞장섰던 이토 히로부미를 사살하였어요.

④ 홍범도는 대한 독립군을 이끌고 봉오동 전투에서 일본군을 크게 물리쳤어요.

2. 강주룡의 활동

정답 ①

평양 을밀대 지붕 위에 올라가 항의하였고 평원 고무 공장 파업 여공이라는 내용을 통해 (가)에 해당하는 인물이 ① 강주룡임을 알 수 있어요. 1931년에 평원 고무 공장에서 일하던 강주룡은 평양 을밀대 지붕 위에 올라가 회사의 일방적인 임금 삭감에 항의하며 농성을 벌이다 체포되었으며, 한국 최초의 여성 노동 운동가로 평가받고 있어요.

오답 피하기

② 남자현은 서로 군정서에서 활동하였으며, 독립운동과 여성 계몽 활동에 힘썼어요. 사이토 조선 총독의 암살을 시도하였고, 국제 연맹 조사단이 하얼빈에 오자 '조선독립원'이라는 혈서를 전달하고자 하였어요.

③ 유관순은 이화 학당 재학 중 3·1 운동이 일어나자 만세 운동에 참여하였어요. 고향인 천안 아우내 장터에서 만세 운동을 주도하였으며, 일제 경찰에 체포된 후 서대문 형무소에서 순국하였어요.

④ 윤희순은 대표적인 여성 의병 지도자로, '안사람 의병가' 등 8편의 가사를 지어 여성과 청년의 의병 활동을 독려하였어요. 또한, 인재 양성을 위해 노학당을 설립하였으며 항일 투쟁을 위해 중국 푸순에서 조선 독립단을 조직하기도 하였어요.

3. 김규식의 활동

정답 ③

파리 강화 회의에 신한 청년당 대표로 파견되었으며, 남북 협상에 참여한 인물은 김규식입니다. 김규식은 제1차 세계 대전이 끝난 후 전후 처리를 논의하기 위해 열린 파리 강화 회의에 신한 청년당의 대표로 파견되어 한국의 독립을 주장하였어요. 또한, ③ 대한민국 정부 수립 과정에서 통일 정부 수립을 위해 1946년에 여운형과 함께 좌우 합작 위원회를 결성하여 좌우 합작 운동을 전개하였고, 1948년에는 김구와 함께 남북 협상에 참여하기도 하였어요.

오답 피하기

① 안창호는 민족 교육을 실시하기 위해 평양에 대성 학교를 설립하였어요.

② 신채호는 의열단 단장 김원봉의 요청을 받아 의열단의 활동 지침이 된 '조선 혁명 선언'을 작성하였어요.

④ 박은식은 "한국독립운동지혈사"를 저술하여 우리 민족의 독립 투쟁 과정을 정리하였어요.

4. 전태일의 활동

정답 ④

서울 평화 시장에서 재단사로 일하였으며, 1970년 노동자들의 인권을 위해 자신을 희생하였다는 내용을 통해 (가) 인물이 ④ 전태일임을 알 수 있어요. 박정희 정부는 1960년대에 값싼 노동력을 이용한 경공업을 중심으로 경제 성장을 추진하였어요. 이 과정에서 노동자들은 낮은 임금과 열악한 환경 속에서 장시간 노동에 시달렸습니다. 노동자들은 근로 기준법 준수와 근무 환경 개선을 요구하는 시위를 벌였으나 경제 성장을 우선으로 여기던 정부는 그들의 요구를 받아들이지 않았어요. 이에 청계천 부근 평화 시장에서 재단사로 일하며 노동 운동을 하던 전태일이 근로 기준법 준수 등을 요구하며 분신 투쟁을 벌였어요.

오답 피하기

① 윤동주는 명동 학교 출신으로, '서시', '자화상', '별 헤는 밤' 등 일제에 의해 억압받는 민족의 현실을 표현한 시를 남겼어요. 일본 유학 중 독립운동 혐의로 수감되어 옥사하였어요.

② 이한열은 6월 민주 항쟁 당시 시위를 벌이던 중 연세대학교 정문 앞에서 경찰이 쏜 최루탄에 맞아 의식 불명 상태에 빠져 끝내 사망하였어요.

③ 장준하는 일제 강점기에 일본군으로 징집되었다가 탈출하여 한국 광복군에 합류하였어요. 또한, 1970년대 유신 체제에 저항하여 민주 회복을 위한 개헌 청원 백만 인 서명 운동을 주도하였어요.

주제 특강 ⑥ 시대 통합 문제

본문 141쪽

1 ③   2 ③   3 ②   4 ④

1. 관리 등용 제도의 변화

정답 ③

시대별 관리 등용 제도에 대한 설명으로 옳은 것을 고르는 문제입니다. ③ 조선 중종 때 조광조 등 사림 세력의 건의로 현량과가 실시되었어요. 현량과는 학문과 덕행이 뛰어난 사람을 추천받아 시험을 통해 관리로 선발하는 제도입니다. 현량과의 실시로 사림 세력이 대거 중앙 정계에 진출하였어요.

오답 피하기

① 조선의 과거제는 문관을 선발하는 문과, 무관을 선발하는 무과, 기술관을 선발하는 잡과로 구분되었어요. 독서삼품과는 국학의 학생들을 대상으로 유교 경전의 이해 수준을 상, 중, 하의 3품으로 평가하여 관리 선발에 참고한 제도로, 신라 원성왕 때 시행되었어요.

② 신라 원성왕 재위 시기에 시행된 관리 등용 제도는 독서삼품과입니다. 고려 광종 때 쌍기의 건의를 받아들여 시험을 통해 관리를 뽑는 과거제가 처음 시행되었어요.

④ 제1차 갑오개혁(1894) 이후인 1897년에 대한 제국이 수립된 후 광무개혁이 추진되었어요. 대한 제국 정부는 광무개혁을 추진하면서 각종 관립 학교를 설립하였어요. 군국기무처의 주도로 추진된 제1차 갑오개혁 때 과거제가 폐지되고, 중앙 정부의 관리 임용 제도로 선거조례가 새로 만들어졌어요.

2. 시대의 개혁가들 정답 ③

시대별 개혁가들에 대한 설명과 일치하지 않는 인물을 고르는 문제입니다. ③ 현량과 실시를 주장한 (다)의 인물은 조광조입니다. 조광조는 훈구 세력의 권력 독점을 견제하고 새로운 인사를 등용하기 위해 조선 중종에게 현량과 실시를 건의하였어요. 정도전은 이성계를 도와 조선 건국을 주도하였으며 한양 도성을 설계하고 경복궁과 궁궐 내 주요 전각의 이름을 짓는 등 건국 초기 체제 정비에 큰 역할을 하였어요. 또한, 조선의 통치 기준과 운영 원칙을 제시한 "조선경국전"을 지어 태조에게 바쳤어요.

오답 피하기
① 최치원은 신라 6두품 출신으로, 당에서 유학하여 빈공과에 합격하였어요. 신라로 돌아온 후에는 신라 말의 폐단을 개혁하기 위해 진성 여왕에게 시무 10여 조를 올렸으나 진골 귀족들의 반대로 개혁을 실행하지 못하였어요.
② 최승로는 지방관의 파견, 국가적인 불교 행사의 축소, 유교 정치 이념 확립 등이 담긴 시무 28조를 작성하여 고려 성종에게 올렸어요. 성종은 이를 수용하여 유교 정치 이념에 근거하여 통치 체제를 정비하였어요.
④ 1884년에 우정총국 개국 축하연을 기회로 삼아 김옥균 등 급진 개화파가 정변을 일으킨 후 개화당 정부를 구성하고 개혁 정강을 발표하였어요(갑신정변). 하지만 민씨 세력의 요청을 받은 청군의 개입으로 3일 만에 실패하였어요.

3. 사회적 차별에 맞선 사람들 정답 ②

시대별로 사회적 차별에 맞선 사람들의 신분에 대한 설명으로 옳은 것을 찾는 문제입니다. (가)는 노비, (나)는 서얼, (다)는 백정입니다. ② 조선 후기에 서얼은 자신들에 대한 관직 진출 제한을 철폐해 달라는 집단 상소를 올리며 통청 운동을 전개하였어요. 서얼에 대한 차별이 점차 완화되어 정조 때 서얼 출신인 유득공, 박제가, 이덕무 등이 규장각 검서관에 기용되었어요.

오답 피하기
① 고려 시대에 공신이나 5품 이상 고위 관리는 자손에게 상속이 가능한 공음전을 받았어요. 고려 시대에 만적 등 개경의 노비들이 신분 해방 운동 성격의 봉기를 계획하였으나 사전에 발각되어 실패하였어요.
③ 신라에는 골품제라는 신분 제도가 있어 왕족인 진골을 제외한 6~1두품의 귀족은 골품에 따라 관직 승진의 제한을 받았어요. 갑오개혁으로 신분제가 폐지되었으나 백정에 대한 사회적 차별은 계속되었어요. 일제 강점기인 1923년에 백정들은 진주에서 조선 형평사를 조직하고 백정에 대한 사회적 철폐를 목표로 형평 운동을 전개하였어요.
④ 노비는 재산으로 취급을 받아 매매, 상속, 증여의 대상이 되었어요.

4. 시대별로 보는 교육 기관 정답 ④

(가) 조선 시대에는 수도 한양(한성)에 최고 교육 기관으로 성균관을 설립하고, 중등 교육 기관으로 동학, 서학, 중학, 남학의 4부 학당을 세웠어요.
(나) 고려는 수도 개경에 최고 교육 기관으로 국자감을 두었어요. 이후 문헌공도 등 사학 12도가 번성하여 국자감 등 관학이 위축되자, 고려 정부는 관학을 진흥하기 위해 출판을 담당하는 서적포를 국자감에 설치하였어요.
(다) 고구려는 인재 양성을 위해 국립 교육 기관인 태학을 두었어요. 또한, 지방에는 경당을 두어 학문과 무예를 가르쳤어요.
따라서 설립한 순서대로 나열하면 ④ (다) 태학과 경당(고구려) → (나) 국자감의 서적포(고려) → (가) 성균관과 4부 학당(조선)입니다.

1 ③	2 ④	3 ③	4 ③	5 ③	6 ②	7 ②	8 ④
9 ①	10 ④	11 ②	12 ③	13 ①	14 ③	15 ④	16 ①
17 ④	18 ③	19 ②	20 ③	21 ④	22 ③	23 ①	24 ③
25 ③	26 ③	27 ③	28 ③	29 ③	30 ③	31 ③	32 ③
33 ②	34 ③	35 ①	36 ①	37 ②	38 ③	39 ③	40 ①
41 ②	42 ①	43 ④	44 ②	45 ③	46 ④	47 ①	48 ①
49 ①	50 ④						

1. 신석기 시대의 생활 모습 정답 ③

신석기 시대부터 농경과 목축이 시작되었고 정착 생활이 이루어졌어요. 신석기 시대 사람들은 갈돌과 갈판 등 간석기를 사용하였으며, 가락바퀴를 이용하여 실을 뽑았어요. ③ 빗살무늬 토기는 신석기 시대의 대표적인 유물이에요. 신석기 시대 사람들은 빗살무늬 토기를 만들어 식량을 저장하거나 음식을 조리하였어요.

오답 피하기
① 거친무늬 거울은 청동기 시대에 제작되었어요. 청동기 시대부터 청동 검, 청동 방울, 청동 거울 등 청동으로 도구를 만들기 시작했어요.
② 비파형 동검은 청동기 시대에 제작되었어요. 악기 비파와 생김새가 비슷하여 '비파형' 동검이라는 이름이 붙여졌어요.
④ 철기 시대부터 철제 농기구를 이용하여 농사를 지었어요.

2. 고조선의 생활 모습 정답 ④

'범금 8조'에 나타난 사회 모습을 통해 (가) 나라가 고조선임을 알 수 있어요. 고조선에는 사회 질서를 유지하기 위한 범금 8조(8조법)가 있었는데, 현재는 3개 조항만 전해지고 있어요. 이를 통해 고조선이 사람의 생명과 사유 재산을 중시하였으며, 계급 사회였음을 알 수 있어요. ④ "삼국유사"에는 단군의 고조선 건국 이야기가 실려 있어요. 이 이야기에 따르면 환웅과 웅녀 사이에서 태어난 단군왕검이 아사달을 도읍으로 고조선을 세웠다고 합니다. 고조선은 청동기 문화를 배경으로 성립된 우리 역사 최초의 국가입니다.

오답 피하기
① 삼한 가운데 낙동강 유역에서 성장한 변한과 이 지역에서 성장한 가야는 철이 풍부하게 생산되어 낙랑과 왜에 철을 수출하였어요.
② 부여는 12월에 영고라는 제천 행사를 열었어요.
③ 고구려에는 서옥제라는 혼인 풍습이 있었어요. 서옥제는 신랑이 신부 집의 뒤편에 지은 서옥(사위집)에서 살다가 자식을 낳아 장성하면 아내와 자식을 데리고 자기 집으로 돌아가는 혼인 풍습이에요.

3. 신라 지증왕의 업적 정답 ③

국호를 신라로 확정하고 임금의 칭호를 마립간에서 왕으로 고쳤다는 내용을 통해 가상 인터뷰에 등장하는 왕이 신라 지증왕임을 알 수 있어요. 지증왕은 나라 이름을 '신라'로 확정하고, 임금의 칭호를 '마립간'에서 중국식 호칭인 '왕'으로 고쳤어요. 또한, 수도 금성(지금의 경주)에 시장인 동시를 설치하고 이를 감독하기 위해 동시전을 두었어요. ③ 신라 지증왕 때 이사부가 우산국을 정벌하였어요.

오답 피하기
① 신라 법흥왕은 이차돈의 순교를 계기로 불교를 공인하였어요.
② 고려 광종 때 불법적으로 노비가 된 사람을 양인 신분으로 되돌려 주는 노비안검법이 시행되었어요.
④ 신라 선덕 여왕 때 자장의 건의로 황룡사 9층 목탑이 건립되었어요.

4. 고구려의 대외 항쟁   정답 ③

(가)는 장수왕이 백제의 도읍인 한성을 함락하고 백제 왕을 죽였다는 내용을 통해 5세기 장수왕 때의 한성 함락(475) 상황임을 알 수 있어요. (나)는 당의 여러 장수가 안시성을 공격하였다는 내용을 통해 7세기 중반 보장왕 때의 안시성 전투(645) 상황임을 알 수 있습니다. ③ 고구려 영양왕 때인 612년에 을지문덕이 이끄는 고구려군이 살수에서 수의 군대를 크게 격파하였어요(살수 대첩).

오답 피하기
① 신라 말에 진골 귀족들 간 왕위 다툼으로 중앙 통제력이 약화되고 귀족들의 가혹한 수탈로 농민의 삶이 피폐해진 상황에서 진성 여왕 때 중앙 정부가 세금을 독촉하자, 사벌주(지금의 상주)에서 원종과 애노가 봉기하였어요(889).
② 통일 이후 신라 신문왕 때인 681년에 왕의 장인인 김흠돌이 반란을 꾀하다 발각되어 처형되었어요. 이를 계기로 신문왕은 진골 귀족 세력을 숙청하고 왕권을 강화하였어요.
④ 발해 무왕은 장문휴를 보내 당의 산둥반도를 공격하였어요(732).

5. 백제 무령왕   정답 ③

충청남도 공주에 있으며 중국 남조의 영향을 받아 벽돌로 만들어진 무덤의 주인공이라는 내용을 통해 밑줄 그은 '이 왕'이 ③ 백제 무령왕임을 알 수 있어요. 무령왕과 왕비의 무덤인 무령왕릉은 충청남도 공주에 있는 송산리 고분군(공주 무령왕릉과 왕릉원)에 위치하고 있어요. 무령왕릉은 중국 남조의 영향을 받아 벽돌로 만들어진 벽돌무덤입니다. 도굴되지 않은 채 발견되어 무덤의 주인이 무령왕과 왕비임을 알려 주는 묘지석을 비롯하여 다양한 유물이 출토되었어요. 무령왕은 22담로에 왕족을 파견하여 지방 통제를 강화하고자 하였어요.

오답 피하기
① 성왕은 수도를 사비(지금의 부여)로 옮기고 국호를 '남부여'로 바꾸는 등 백제의 중흥을 위해 힘썼어요.
② 고이왕은 관등제를 정비하고 관리의 등급에 따라 관복의 색을 달리하여 백제의 통치 체제를 정비하였어요.
④ 백제의 전성기를 이끈 근초고왕은 남쪽으로 마한을 정복하여 남해안으로 진출하고, 북쪽으로는 고구려의 평양성을 공격하여 고국원왕을 전사시키고 황해도 일부 지역을 장악하였어요. 대외적으로는 중국, 왜와 활발히 교류하였어요.

6. 백제의 문화유산   정답 ②

공주와 부여에 도읍하였던 국가라는 내용과 '정림사지 오층 석탑', '석촌동 고분군', '무령왕릉 석수' 등을 통해 (가)에 백제의 문화유산을 소재로 한 우표가 들어가야 함을 알 수 있어요. 고구려의 공격으로 수도 한성(지금의 서울)이 함락되고 개로왕이 죽자, 백제는 지금의 공주 지역인 웅진으로 도읍을 옮겼어요. 이후 성왕 때 지금의 부여 지역인 사비로 도읍을 옮기고 국호를 '남부여'로 바꾸었어요. 정림사지 5층 석탑은 부여, 석촌동 고분군은 서울에 있는 백제의 문화유산이며, 무령왕릉 석수는 공주 무령왕릉에서 발견되었어요. ② 익산 미륵사지 석탑은 백제 무왕 때 건립된 미륵사에 세워진 탑으로, 목탑에서 석탑으로 넘어가는 과도기적 모습을 띠고 있어요.

오답 피하기
① 첨성대는 신라 선덕 여왕 때 축조된 천문 관측대로 알려져 있으며 경주에 있어요.
③ 무용총 수렵도는 고구려 고분인 무용총에 있는 벽화이며, 말을 타고 활을 쏘는 무사의 모습이 그려져 있어요.
④ 성덕 대왕 신종은 신라 경덕왕이 아버지 성덕왕을 기리기 위해 만든 종으로, 경덕왕의 아들인 혜공왕 때 완성되었어요.

7. 견훤의 활동   정답 ②

아들 신검에 의해 금산사에 유폐되었으며 고려에 투항하였다는 내용 등을 통

해 견훤의 인물 카드임을 알 수 있어요. 따라서 (가)에는 견훤과 관련된 내용이 들어가면 됩니다. ② 상주 출신 견훤은 서남 해안을 지키는 군진의 장교였는데, 농민 봉기를 틈타 독자적인 세력을 이루어 완산주(지금의 전주)를 도읍으로 후백제를 건국하였어요(900). 이후 견훤은 후당, 오월에 사신을 보내 외교 관계를 맺었어요.

오답 피하기
① 송악(지금의 개성)에서 후고구려를 세운 궁예는 나라 이름을 '마진'으로 바꾼 뒤 철원으로 천도하였어요. 그리고 다시 국호를 '태봉'으로 바꾸었어요.
③ 고려를 세운 왕건은 후대 왕들이 지키길 바라는 내용을 담은 훈요 10조를 남겼어요.
④ 신라 경순왕 김부는 고려에 항복한 뒤 경주의 사심관으로 임명되었어요.

8. 신라 말의 상황   정답 ④

8세기 후반 어린 나이에 즉위한 혜공왕이 피살된 이후 신라에서는 150여 년 동안 20여 명의 왕이 바뀌는 등 왕위 쟁탈전으로 통치 질서가 어지러워졌어요. 중앙 정치가 혼란한 가운데 귀족들의 수탈과 자연재해까지 겹치면서 농민의 삶은 더욱 어려워졌어요. 이러한 상황에서 진성 여왕 때 중앙 정부가 세금을 독촉하자 원종과 애노의 난(889)을 비롯한 농민 봉기가 전국 각지에서 일어났어요. 농민 봉기가 확산되고 중앙 정부의 힘이 약해진 틈을 타 지방에서 호족이 성장하였어요. 호족들은 서로 연합하여 힘을 키워 나갔고 그중 세력을 확대한 견훤과 궁예가 각각 후백제, 후고구려를 세워 신라와 함께 후삼국을 이루었어요. 송악의 호족인 왕건은 후고구려를 세운 궁예의 신하가 되어 후백제의 금성(지금의 나주)을 점령하는 등 공을 세웠어요. 이후 민심을 잃은 궁예가 왕위에서 쫓겨나고 왕건이 신하들의 추대를 받아 왕이 되어 고려를 세웠어요. 따라서 연표에서 원종과 애노의 난이 일어난 시기는 혜공왕 피살과 고려 건국 사이인 ④ (라)입니다.

9. 발해   정답 ①

'중대성'과 일본에 보낸 사절단에 고구려의 왕족 성씨인 고씨가 다수 포함되었다는 내용을 통해 (가) 국가가 발해임을 알 수 있어요. 발해는 3성 6부를 중심으로 중앙 행정을 운영하였어요. 중대성은 정당성, 선조성과 함께 발해의 3성을 이루었으며, 왕이 내리는 명령과 법령의 기초를 만들고 왕의 명령을 전달하는 일을 담당하였어요. ① 발해는 고구려 장수 출신 대조영이 고구려 유민과 말갈인 등을 이끌고 건국한 나라입니다. 지배층의 대부분이 고구려인이었고, 고구려 왕족의 성씨인 고씨가 다수 지배층에 포함되었어요.

오답 피하기
② 신라 말에 황해와 남해에서 해적의 약탈이 심하였어요. 당에서 돌아온 장보고는 지금의 완도에 군사 기지인 청해진을 설치하고 이곳을 거점으로 해적을 소탕하였어요. 이후 청해진을 중심으로 당, 신라, 일본을 잇는 해상 무역을 주도하였어요.
③ 부여에서는 왕이 중앙을 다스리고 마가, 우가, 저가, 구가 등 가(加)들이 별도로 각자의 영역인 사출도를 주관하였어요.
④ 고려 태조는 지방의 호족 세력을 견제하고 지방 통치를 보완하기 위해 지방 호족의 자제를 수도인 개경에 머물도록 하는 기인 제도를 실시하였어요.

10. 영주 부석사 무량수전   정답 ④

경상북도 영주에 있으며 배흘림기둥과 주심포 양식이 특징인 고려 시대의 건축물은 ④ 영주 부석사 무량수전이에요. 영주 부석사 무량수전은 안동 봉정사 극락전과 함께 고려 시대의 대표적인 주심포 양식 건축물이에요.

오답 피하기
① 김제 금산사 미륵전은 조선 후기에 지어진 다포 양식의 3층 건물이에요.
② 보은 법주사 팔상전은 조선 후기에 지어졌으며, 지금까지 남아 있는 우리나라 유일의 목조 5층 탑이에요.
③ 구례 화엄사 각황전은 조선 후기에 지어졌으며, 규모가 큰 다포 양식의 2층 건물이에요.

11. 고려 성종 재위 시기의 사실 정답 ②

최승로가 시무 28조를 작성하여 올리는 내용을 통해 고려 성종 재위 시기의 상황임을 알 수 있어요. 고려 성종 때인 982년에 유학자이자 관리인 최승로가 시무 28조를 건의하였어요. 최승로는 시무 28조에서 지방관의 파견, 국가적인 불교 행사의 축소, 유교 정치 이념 확립 등을 주장하였습니다. 성종은 이를 받아들여 유교 정치 이념에 근거하여 통치 체제를 정비하였으며, ② 전국의 주요 지역에 12목을 설치하고 지방관을 파견하였어요.

오답 피하기
① 신라 법흥왕 때 상대등이 설치되어 화백 회의를 이끌었어요(531).
③ 고려 광종은 쌍기의 건의를 받아들여 처음으로 과거제를 실시하였어요(958). 고려 성종 이전의 사실이에요.
④ 신라 헌덕왕 때 웅천주 도독 김헌창이 자신의 아버지인 김주원이 왕이 되지 못한 것에 불만을 품고 난을 일으켰어요(822).

12. 고려의 대몽 항쟁 정답 ③

살리타 등이 이끄는 군대를 보내 사신 저고여를 살해한 책임을 묻는다는 내용을 통해 외교 문서를 보낸 국가가 몽골임을 알 수 있어요. 고려에 온 몽골 사신 저고여가 귀국길에 피살되자, 몽골은 이를 빌미로 살리타 등이 이끄는 군대를 보내 고려를 침략하였어요. ③ 몽골이 침략하였을 때 김윤후 부대가 처인성에서 몽골 장수 살리타를 사살하였어요(처인성 전투).

오답 피하기
① 여진이 세운 금이 고려에 사대를 요구하자 이자겸 등 집권 세력은 정권을 유지하고 전쟁을 피하기 위해 사대 요구를 받아들였어요.
② 거란의 1차 침입 당시 고려의 서희는 거란 장수 소손녕과 외교 담판을 벌여 강동 6주를 확보하였어요.
④ 거란의 3차 침입 당시 고려의 강감찬은 귀주에서 거란군을 물리쳤어요(귀주 대첩).

13. 위화도 회군 정답 ①

명이 고려가 원으로부터 되찾은 철령 이북 지역을 직접 다스리겠다고 하자, 우왕과 최영은 요동 정벌 계획을 추진하였어요. ① 이성계는 요동 정벌이 불가한 네 가지 이유(4불가론)를 들어 이에 반대하였으나 계획은 실행되었어요. 우왕의 명령으로 군대를 이끌고 출발한 이성계는 위화도까지 진군한 뒤 다시 군대를 되돌리게 해달라고 요청하였지만 우왕과 최영은 이를 받아들이지 않았어요. 결국 이성계는 위화도에서 회군하여 개경으로 돌아와 우왕과 최영을 몰아낸 후 정권을 장악하였어요.

오답 피하기
② 12세기 초 여진이 성장하여 국경에서 고려와 자주 충돌하자 윤관은 여진 정벌을 위해 고려 숙종에게 별무반 설치를 건의하였어요. 이후 고려 예종 때 윤관은 별무반을 이끌고 여진을 정벌한 후 동북 9성을 축조하였어요.
③ 조선 정부는 임진왜란 중에 군사 조직을 재정비할 필요성이 커짐에 따라 포수, 사수, 살수의 삼수병으로 편성된 훈련도감을 설치하였어요.
④ 고구려 장수왕은 평양으로 천도하고 본격적으로 남진 정책을 추진하여 한강 유역을 장악하였어요.

14. 원 간섭기의 사실 정답 ③

원의 공주를 왕비로 맞아들이던 시기이며 몽골식 변발과 발립이 유행하였다는 내용 등을 통해 밑줄 그은 '이 시기'가 원 간섭기임을 알 수 있어요. 강화를 맺고 고려 정부가 개경으로 환도한 후 몽골은 이름을 '원'으로 바꾸고 고려의 내정에 본격적으로 간섭하였어요. 이 시기에 두 나라 간 교류가 활발해지면서 고려에서는 지배층을 중심으로 변발, 발립 등 몽골식 풍습(몽골풍)이 유행하였고, 원에도 고려의 복식과 음식 등 고려의 풍습(고려양)이 전해졌어요. ③ 12세기 초 고려 숙종은 윤관의 건의를 받아들여 여진 정벌을 위해 별무반을 조직하였어요(1104).

오답 피하기
① 원 간섭기 충렬왕 때 일본 원정을 위해 정동행성이 설치되었어요. 정동행성은 일본 원정이 실패한 후에도 존속되어 원이 고려의 내정을 간섭하는 기구로 활용되었어요.
② 원 간섭기에 대개 원과의 관계를 배경으로 성장한 권문세족이 새로운 지배 세력으로 등장하였어요. 권문세족은 높은 관직을 독점하고 권세를 이용하여 다른 사람의 토지와 노비를 빼앗아 대농장을 경영하였어요.
④ 원 간섭기에 많은 고려 여성이 결혼도감을 통해 공녀로 징발되어 원에 끌려갔어요.

15. 고려의 경제 상황 정답 ④

송을 비롯한 여러 나라 상인들이 예성강 하구의 벽란도를 드나들면서 무역을 하였다는 내용을 통해 (가) 국가가 고려임을 알 수 있어요. 고려 시대에는 수도 개경 근처에 있는 예성강 하구의 벽란도가 국제 무역항으로 번성하였어요. 송을 비롯한 일본, 아라비아 상인 등이 벽란도를 드나들면서 활발히 교류하였습니다. ④ 고려 시대에 활구라고도 불린 은병이 화폐로 사용되었어요.

오답 피하기
① 조선 후기에 고구마, 감자 등이 전래되어 구황 작물로 널리 재배되었어요.
② 조선 후기에 논농사에서 모내기법이 전국적으로 확산되었어요.
③ 조선 후기에 농업 생산력이 향상되고 도시 인구가 증가하여 상업이 발달하고 만상, 내상 등의 사상이 활발하게 활동하였어요.

16. 지눌의 활동 정답 ①

정혜결사를 조직하고 정혜쌍수를 주장하였으며, 보조국사라고도 불렸다는 내용을 통해 퀴즈의 인물이 ① 지눌임을 알 수 있어요. 지눌은 고려의 승려로 수선사 결사(정혜결사)를 조직하여 불교계를 개혁하고자 하였어요. 수행 방법으로 참선과 교리 공부를 함께해야 한다는 정혜쌍수와 단번에 깨닫고 깨달은 후에도 수행을 계속해야 한다는 돈오점수를 주장하였어요. 지눌은 죽은 뒤에 '불일보조국사'라는 시호를 받았는데, 보통 보조국사라고 불립니다.

오답 피하기
② 고려의 승려 요세는 법화 신앙을 바탕으로 한 백련결사를 주도하였어요.
③ 신라의 승려 혜초는 인도와 중앙아시아 지역을 돌아본 뒤 "왕오천축국전"을 저술하였어요.
④ 신라의 승려 원효는 '나무아미타불'만 외우면 누구나 극락에 갈 수 있다고 주장하였으며, '무애가'를 지어 부르는 등 불교 대중화에 기여하였어요.

17. 과전법 정답 ④

과전법은 고려 말 공양왕 때 조준, 정도전 등 급진 개혁파 신진 사대부의 건의로 실시되어 조선 초기까지 기본적인 토지 제도로 이어졌어요. ④ 과전법은 경기 지역의 토지를 대상으로 전직과 현직 관리에게 토지에서 조세를 거둘 수 있는 권리인 수조권을 지급한 제도입니다.

오답 피하기
① 조선 후기에 공납을 특산물 대신 쌀, 옷감, 동전 등으로 내게 한 대동법이 실시되면서 관청에 필요한 물품을 조달하는 공인이 등장하였어요.
② 대한 제국 정부는 양전 사업을 실시하고 토지 소유자에게 근대적 토지 소유 증명서인 지계를 발급하였어요.
③ 고려는 전시과 제도를 실시하여 관직 복무의 대가로 관리에게 품계에 따라 전지와 시지를 나누어 주었어요.

18. 정도전 정답 ③

"조선경국전"과 "불씨잡변"을 지었다는 내용을 통해 (가)에 들어갈 인물이 ③ 정도전임을 알 수 있어요. 정도전은 이성계를 도와 조선 건국을 주도하였으며 건국 초기 체제 정비에 큰 역할을 하였어요. 또한, 조선의 통치 기준과 운영 원칙을 제시한 "조선경국전"을 지어 태조에게 바쳤고, "불씨잡변"을 지어 유학의 입장에서 불교 교리를 비판하였어요.

오답 피하기

① 이이는 조선 시대 성리학자이자 정치가입니다. 그는 성리학의 내용 가운데 왕이 알아야 할 덕목과 지식을 정리하여 "성학집요"를 지어 선조에게 바쳤어요.

② 송시열은 조선 시대 성리학자이자 정치가입니다. 병자호란 이후 청에 끌려갔던 봉림 대군이 왕위에 오른 효종 때 송시열은 효종을 도와 북벌을 주장하였어요. 또한, 현종 때 있었던 예송에서 남인 허목과 대립하였으며, 후에 서인이 소론과 노론으로 분열하자 노론의 우두머리로 노론을 이끌었어요.

④ 정몽주는 고려 말의 성리학자이자 정치가입니다. 그는 고려 사회를 개혁하는 데는 찬성하였지만 새로운 나라를 세우는 데에는 반대하여 이방원 세력에게 죽임을 당하였어요.

19. 조선 세조의 정책 정답 ②

조선 제7대 국왕이며 6조 직계제를 다시 시행하였다는 내용을 통해 (가) 왕이 조선 세조임을 알 수 있어요. 세조는 왕권을 강화하기 위해 의정부 서사제를 폐지하고 6조 직계제를 다시 시행하였어요. 6조 직계제는 의정부를 거치지 않고 6조에서 왕에게 직접 업무를 보고하고 왕의 허가를 받아 정책을 시행한 제도였어요. ② 세조는 관리에게 지급할 토지가 부족해지자 현직 관리에게만 토지의 수조권(조세를 거둘 수 있는 권리)을 지급하는 직전법을 시행하였어요.

오답 피하기

① 조선 고종 때 흥선 대원군은 왕실의 권위를 회복하기 위해 임진왜란 때 불탄 경복궁을 중건하였어요.

③ 조선 정조는 규장각의 기능을 강화하여 학술 및 정책 연구 기관으로 삼고, 젊은 문신을 선발하여 재교육하는 초계문신제를 주관하게 하였어요.

④ 조선 숙종은 금위영을 설치하여 5군영 체제를 완성하였어요.

20. 조선 세종 재위 시기의 사실 정답 ②

김종서가 여진을 물리치고 6진을 설치하였다는 내용을 통해 (가) 왕이 조선 세종임을 알 수 있어요. 조선 세종 때 최윤덕과 김종서가 여진을 몰아내고 4군 6진을 개척하였어요. 한편, 과학 기술이 크게 발전한 이 시기에 ② 이순지, 김담 등이 한양을 기준으로 천체 운동을 계산한 역법서인 "칠정산"을 편찬하였어요.

오답 피하기

① 조선 정조는 국왕 친위 부대인 장용영을 설치하여 왕권을 뒷받침하게 하였어요.

③ 조선 성종은 세조 때부터 편찬하기 시작한 "경국대전"을 완성하여 반포하였어요.

④ 조선 효종은 청의 요청에 따라 나선 정벌에 두 차례 조총 부대를 파견하였어요.

21. 붕당의 형성 정답 ④

이조 전랑 임명을 둘러싸고 두 인물의 의견이 대립하는 내용을 통해 조선 선조 때의 상황임을 알 수 있어요. 김효원이 이조 전랑에 임명되자 심의겸이 반대하였고, 이후 김효원의 후임으로 심의겸의 동생 심충겸이 추천되자 김효원이 반대하였어요. 이때 ④ 사림은 김효원을 지지한 세력인 동인과 심의겸을 지지한 세력인 서인으로 나뉘어 붕당을 형성하였고, 동인과 서인은 척신 정치의 잔재 청산 문제에서도 의견을 달리하였어요.

오답 피하기

① 조선 중종 때 조광조의 위훈 삭제 등에 반발한 훈구 세력이 기묘사화를 일으켜 조광조가 제거되고 사림이 피해를 입었어요.

② 신진 사대부는 고려 후기에 등장한 새로운 정치 세력으로, 성리학을 수용하여 이를 바탕으로 고려 사회의 모순을 개혁하고자 노력하였어요.

③ 수양 대군은 문종의 아들이자 자신의 조카인 단종을 보좌하던 김종서, 황보인 등을 제거하고 안평 대군을 몰아낸 계유정난을 통해 권력을 장악하였어요. 이후 단종의 양위를 받아 즉위하였어요(조선 세조).

22. 환국 정답 ③

첫 번째 그림은 남인과 서인이 자의 대비의 상복 입는 기간을 둘러싸고 대립하는 내용을 통해 조선 현종 때의 예송임을 알 수 있어요. 두 번째 그림은 영조

때의 모습으로, 영조는 탕평의 의지를 널리 알리고자 성균관 앞에 탕평비를 세웠어요. 따라서 현종과 영조 사이 시기에 있었던 사건을 고르면 됩니다. 환국은 집권 붕당이 갑작스럽게 교체되는 것을 말해요. 현종의 뒤를 이어 즉위한 숙종은 여러 차례 환국을 주도하며 왕권을 강화하였는데, ③ 경신환국으로 남인이 밀려나고 서인이 정권을 장악하였어요.

오답 피하기

① 무오사화는 연산군 때 훈구 세력이 김종직이 쓴 '조의제문'을 문제 삼아 김일손 등 사림을 제거한 사건이에요. 예송 이전의 일이에요.

② 병자호란은 인조 때 조선이 청의 군신 관계 요구를 받아들이지 않자 청이 조선을 침략한 사건이에요. 예송 이전의 일이에요.

④ 임술 농민 봉기는 철종 때 삼정의 문란과 지배층의 수탈 등이 원인이 되어 일어난 사건이에요. 탕평비 건립 이후의 일이에요.

23. 병자호란 이후의 사실 정답 ①

남한산성을 나와 삼전도에 도착한 왕이 청 황제 앞에 나아가 항복의 예를 행하였다는 내용을 통해 병자호란 때 인조가 삼전도에서 항복 의식을 치르는 상황임을 알 수 있어요. ① 병자호란 이후 조선에서는 청에 당한 수모를 씻고 명에 대해 의리를 지키기 위해 청을 정벌하자는 북벌론이 일어났어요. 특히 청에 인질로 끌려갔다가 돌아와 인조의 뒤를 이어 즉위한 효종 때 북벌 운동이 가장 활발하게 추진되었어요.

오답 피하기

② 13세기에 고려 정부는 몽골의 침략에 대응하기 위해 당시 집권자였던 최우의 주장에 따라 강화도로 도읍을 옮기고 장기적인 항쟁을 준비하였어요.

③ 고려 말에서 조선 초에 왜구가 해안 지역을 침략하여 약탈하는 일이 잦아 여러 차례 왜구의 근거지인 쓰시마섬(대마도)을 정벌하였어요. 대표적으로 고려 말 창왕 때 박위, 조선 세종 때 이종무의 쓰시마섬 정벌을 들 수 있어요.

④ 고려 시대에 최충헌이 이의민을 제거하고 집권한 후 4대 60여 년간 최씨 무신 정권이 이어졌으나, 제4대 집권자 최의가 부하들에게 살해되면서 최씨 무신 정권이 붕괴하였어요.

24. 대동법 정답 ③

'방납의 폐단', '토지 결수를 기준으로 부과', '특산물 대신 쌀, 옷감, 동전 징수' 등을 통해 (가)에 들어갈 제도가 ③ 대동법임을 알 수 있어요. 대동법은 방납의 폐단을 바로 잡기 위해 조선 광해군 때 경기 지역에서 처음 실시되었어요. 공납을 특산물 대신 소유한 토지 결수를 기준으로 쌀이나 옷감(면포나 삼베), 동전 등으로 내게 하여 토지가 없거나 적게 소유한 농민의 부담이 크게 줄었어요. 대동법이 시행되면서 관청이나 왕실에서 필요로 하는 물품을 조달하는 공인이 등장하였고, 상품 화폐 경제도 발달하였습니다.

오답 피하기

① 과전법은 고려 말에 시행되어 조선 초기까지 이어진 토지 제도입니다. 관직 복무에 대한 대가로 전직과 현직 관리에게 경기 지역에 한해 세금을 거둘 수 있는 토지를 지급하였어요. 조선 세조 때 관리에게 지급할 토지가 부족해지면서 현직 관리에게만 세금을 거둘 수 있는 토지를 지급하는 직전법으로 바뀌었어요.

② 균역법은 농민의 군포 부담을 덜어 주기 위해 2필씩 내던 군포를 1필로 줄여 준 제도로, 조선 영조 때부터 시행되었어요.

④ 영정법은 전세를 풍흉에 관계없이 토지 1결당 쌀 4~6두로 고정시킨 법으로, 조선 인조 때부터 시행되었어요.

25. 상평통보 정답 ③

조선 숙종 때 공식 화폐로 주조되어 널리 유통된 화폐는 ③ 상평통보입니다. 상평통보는 조선 숙종 때 허적 등의 건의에 따라 만들어졌으며, 조선 후기에 농업과 상업의 발달로 상품 유통이 활발해지면서 전국적으로 널리 사용되었어요.

① 고려 성종 때 우리나라 최초의 금속 화폐인 건원중보가 주조되었어요.

② 고려 숙종 때 주전도감에서 해동통보를 주조하였어요.

④ 개항 이후 전환국에서 백동화를 발행하였어요.

26. 정약용 　정답 ①

거중기를 제작하였다는 내용을 통해 (가) 인물이 조선 후기의 실학자 정약용임을 알 수 있어요. 정약용은 "기기도설"을 참고하여 작은 힘으로 무거운 물건을 들 수 있도록 고안된 거중기를 제작하였어요. 거중기가 수원 화성 축조에 이용되어 공사 기간과 비용을 줄일 수 있었습니다. ① 정약용은 마을 단위로 농민이 함께 농사짓고, 세금을 제외한 나머지 생산물을 일한 양에 따라 나누자는 여전론을 주장하였어요.

오답 피하기

② 김정희는 자신만의 고유한 서체인 추사체를 창안하였는데, '추사'는 김정희의 호입니다.

③ 박제가는 청에 다녀와서 청의 제도와 문물을 소개한 "북학의"를 저술하였어요.

④ 안견은 안평 대군이 꿈에서 본 이상 세계인 무릉도원에 대한 이야기를 듣고 몽유도원도를 그렸어요.

27. 임술 농민 봉기 　정답 ②

유계춘이 백낙신의 수탈을 참다못해 행동에 나설 수밖에 없었다고 말하는 내용을 통해 밑줄 그은 '사건'이 진주 농민 봉기임을 알 수 있어요. 세도 정치 시기에 삼정의 문란과 탐관오리의 수탈로 백성의 생활이 매우 힘들었어요. 이러한 상황에서 조선 철종 때인 1862년에 진주에서 지방관 백낙신의 수탈에 반발하여 유계춘을 중심으로 농민들이 봉기를 일으켰어요. 봉기 소식을 접한 주변 지역을 비롯해 전국 곳곳에서 수탈에 저항하여 농민 봉기가 일어났어요. 1862년이 임술년이라 그해에 일어난 농민 봉기를 임술 농민 봉기라고 합니다. ② 조선 정부는 임술 농민 봉기를 수습하기 위해 삼정의 문란을 바로잡고자 삼정이정청을 설치하였어요.

오답 피하기

① 전주 화약 후 해산한 동학 농민군은 일본이 경복궁을 강제 점령하고 청·일 전쟁을 일으키자 다시 봉기하였어요. 동학 농민군의 남접과 북접이 논산에서 연합하여 한성으로 가던 중 공주 우금치에서 일본군과 관군에 맞서 싸웠으나 패배하였어요.

③ 김옥균을 중심으로 한 일부 급진 개화파(개화당)가 우정총국 개국 축하연을 이용하여 갑신정변을 일으켰어요.

④ 임오군란이 일어나자 민씨 정권이 청에 도움을 요청하였어요. 이에 조선에 들어온 청군은 반란을 진압하고 흥선 대원군을 군란의 주모자라고 하여 청의 톈진으로 납치하였어요.

28. 수원 화성 　정답 ③

정조의 명에 의해 축조된 성으로, 거중기 등을 이용하여 공사 기간과 경비를 줄일 수 있었다는 내용을 통해 (가)에 들어갈 문화유산이 ③ 수원 화성임을 알 수 있어요. 조선 정조는 자신의 정치적 이상을 담은 신도시로 수원 화성을 축조하였으며 이때 정약용이 고안한 거중기가 사용되었어요. 수원 화성은 일제 강점기와 6·25 전쟁을 거치면서 일부 훼손되었지만 수원 화성 건설에 관련된 내용을 글과 그림으로 자세하게 기록한 "화성성역의궤"를 통해 원형에 가깝게 복원되었어요.

오답 피하기

① 공산성은 백제가 한성(지금의 서울)에서 웅진(지금의 공주)으로 천도한 후 외적을 방어하기 위해 쌓은 산성이에요. 당시에는 웅진성이라고 불렸어요.

② 전주성은 조선 시대 전주부에서 쌓은 읍성으로, 지금은 성의 남쪽 문인 풍남문만 남아 있어요.

④ 조선 건국 이후 수도 한양을 방어하기 위해 정도전의 설계로 한양 도성이 축조되었어요.

29. 병인양요 　정답 ③

프랑스군이 외규장각 의궤를 약탈해 갔다는 내용을 통해 (가) 사건이 병인양요임을 알 수 있어요. 1866년에 프랑스 선교사와 천주교 신자들이 처형된 병인박해를 구실 삼아 프랑스군이 강화도를 침략해 병인양요가 일어났어요. 조선군의 항전에 프랑스군이 철수하면서 강화도 외규장각에 보관 중이던 의궤 등의 문화재를 약탈해 갔어요. ③ 병인양요 당시 양헌수 부대가 정족산성에서, 한성근 부대가 문수산성에서 활약하였어요.

오답 피하기

① 병인양요는 조선군의 항전으로 프랑스군이 물러나면서 끝이 났어요. 청군의 개입으로 진압된 사건으로는 임오군란, 갑신정변 등이 있어요.

② 제너럴 셔먼호 사건을 빌미로 미군이 강화도를 침략하여 신미양요가 일어났어요. 제너럴 셔먼호 사건은 미국 상선 제너럴 셔먼호가 평양에서 통상을 요구하며 횡포를 부리다 조선 관민에 의해 불태워진 사건입니다.

④ 임오군란 이후 조선 정부는 일본과 제물포 조약을 체결하여 일본 공사관 경비를 위한 일본군의 주둔을 허용하였어요.

30. 갑신정변 　정답 ②

우정총국 개국 축하연 때 일어난 사건은 ② 갑신정변이에요. 1884년에 우정총국 개국 축하연을 기회로 삼아 김옥균 등 급진 개화파가 갑신정변을 일으켰어요. 급진 개화파는 개화당 정부를 구성하고 개혁 정강을 발표하였으나 민씨 정권의 요청을 받은 청군의 개입으로 3일 만에 실패하였어요(3일 천하).

오답 피하기

① 갑오개혁은 1894년부터 조선 정부가 추진한 개혁이에요. 과거제 폐지, 신분제 폐지, 과부의 재가 허용 등이 추진되었어요.

③ 브나로드 운동은 1930년대에 동아일보사가 '배우자 가르치자 다 함께 브나로드'라는 구호를 내걸고 전개한 문맹 퇴치 운동이자 농촌 계몽 운동이에요.

④ 1920년대에 이상재 등이 우리 민족의 힘으로 고등 교육을 담당할 대학을 설립하자는 민립 대학 설립 운동을 전개하였어요.

31. 아관 파천 　정답 ④

왕과 세자가 궁을 떠나 러시아 공사관에 도착했다는 내용을 통해 자료의 사건이 아관 파천임을 알 수 있어요. 1895년 일제는 명성 황후를 시해하는 을미사변을 일으켰어요. 이에 신변에 위협을 느낀 고종과 세자는 1896년 궁을 떠나 러시아 공사관으로 피신하였는데, 이를 아관 파천이라고 합니다. 아관 파천 이후 조선 정부에 대한 러시아의 영향력이 강화되었고 러시아를 비롯한 열강의 이권 침탈이 심화되었어요. 고종과 세자는 환궁을 요구하는 독립 협회를 비롯한 국내 여론의 압박으로 1년여 만에 경운궁으로 돌아왔습니다.

따라서 연표에서 아관 파천이 일어난 시기는 을미사변과 러·일 전쟁 사이인 ④ (라)입니다.

32. 보빙사 　정답 ②

대표 민영익이 미국 대통령에게 두 나라가 조약을 맺어 사절단을 보낸다는 내용의 국서를 전달한 것으로 보아 (가)에 들어갈 사절단은 ② 보빙사임을 알 수 있어요. 조선은 미국과 1882년에 조·미 수호 통상 조약을 체결하였어요. 조약 체결 후 미국 공사가 한성에 부임하자, 조선 정부는 이에 대한 답례로 미국에 보빙사를 파견하였어요. 보빙사는 전권대신 민영익을 비롯하여 개화파 인사들과 통역으로 구성되었으며, 미국 대통령을 접견하고 근대 문물과 시설들을 시찰하고 돌아왔어요.

오답 피하기

① 수신사는 강화도 조약 체결 이후 일본에 보낸 공식 외교 사절단이에요.

③ 영선사는 근대 무기 제조 기술 등을 배워 오기 위해 청에 보낸 사절단이에요.

④ 조사 시찰단은 일본의 근대 문물을 시찰하기 위해 파견된 사절단이에요. 개화 반대 여론을 고려하여 암행어사로 임명되어 비밀리에 파견되었어요.

33. 동학 농민 운동 정답 ②

'황룡촌 전투', '공주 우금치 전적' 등을 통해 (가) 운동이 동학 농민 운동임을 알 수 있어요. 동학 농민군이 황룡촌 전투 등에서 관군을 물리치고 전주성을 점령하자 조선 정부는 청에 군사를 요청하였어요. 청이 조선에 군대를 보내자 일본도 조선에 있는 일본인을 보호한다는 구실로 군대를 보냈어요. 동학 농민군은 다른 나라의 군대가 끼어드는 것을 막기 위해 정부와 전주 화약을 맺고 스스로 물러났어요. 이후 ② 동학 농민군은 전라도 지역에 집강소를 설치하고 개혁을 추진해 나갔어요.

오답 피하기
① 조선 철종 때 진주에서 지방관 백낙신의 수탈에 맞서 유계춘을 중심으로 농민 봉기가 일어나자, 조선 정부는 사태 수습을 위해 박규수를 안핵사로 파견하였어요.
③ 갑신정변이 진압된 후 조선 정부는 일본 공사관 피해 보상 등의 내용을 담은 한성 조약을 일본과 체결하였어요.
④ 조선 순조 때 평안도 지역에 대한 차별과 가혹한 세금 수탈에 반발하여 홍경래의 난이 일어났어요.

34. 독립 협회 정답 ③

서재필의 주도로 창립되었다는 내용과 발표 주제의 '만민 공동회', '관민 공동회 개최와 헌의 6조 결의'를 통해 밑줄 그은 '단체'가 ③ 독립 협회임을 알 수 있어요. 독립 협회는 만민 공동회를 열어 러시아의 간섭과 이권 요구를 규탄하여 자주 국권 운동을 전개하였어요. 또한, 정부 대신들도 참여한 관민 공동회에서 개혁안인 헌의 6조를 결의하고 정부에 건의하여 고종 황제의 승인을 받았어요.

오답 피하기
① 보안회는 일제가 황무지 개간권을 요구하자 반대 운동을 전개하여 일제의 요구를 저지하는 데 성공하였어요.
② 신민회는 안창호, 양기탁 등이 비밀리에 조직한 단체입니다.
④ 대한 자강회는 고종의 강제 퇴위 반대 운동을 주도하였어요.

35. 을사늑약 정답 ①

1905년 일제에 의해 강제로 체결되었으며, 그 부당성을 알리기 위해 헤이그 특사가 파견되었다는 내용을 통해 (가) 조약이 을사늑약임을 알 수 있어요. ① 을사늑약의 강제 체결로 대한 제국의 외교권이 박탈되었고, 이어 통감부가 설치되어 이토 히로부미가 초대 통감으로 부임하였어요. 고종은 을사늑약의 부당성을 국제 사회에 알리기 위해 네덜란드 헤이그에서 열린 만국 평화 회의에 특사를 파견하였으나 성과를 거두지 못하였어요.

오답 피하기
② 1886년에 조·프 수호 통상 조약이 체결되어 조선에서 천주교 포교가 허용되었어요.
③ 1904년에 체결된 제차 한·일 협약에 따라 대한 제국의 재정 고문으로 파견된 일본인 메가타가 화폐 정리 사업을 실시하였어요.
④ 1907년에 일제는 헤이그 특사 파견을 구실로 삼아 고종을 강제 퇴위시킨 후 한·일 신협약(정미7조약)을 강제로 체결하였어요. 그리고 이 조약의 부속 각서에 따라 대한 제국의 군대를 해산하였어요.

36. 정미의병 정답 ①

1907년에 고종 황제의 강제 퇴위와 대한 제국의 군대 해산에 반발하여 정미의병이 일어났어요. 영국의 언론인 매켄지는 이 무렵 대한 제국을 방문하여 일제의 침략에 저항하는 의병 활동을 취재하였어요. 따라서 정미의병과 관련된 학생의 답변을 찾으면 됩니다. ① 정미의병 당시 유생 의병장을 중심으로 각 도의 의병 부대가 연합하여 13도 창의군을 결성하였어요.

오답 피하기
② 독립 협회는 관민 공동회를 개최하여 개혁안인 헌의 6조를 결의하고 정부에 건의하여 고종의 재가를 받았어요.

③ 고부 농민 봉기 이후 사태 수습을 위해 파견된 안핵사 이용태가 봉기 참여자를 동학 교도로 몰아 탄압하자 전봉준 등이 동학 농민군을 조직하고 무장에서 봉기하였어요. 이어서 백산에 집결한 농민군은 4대 강령을 발표하였어요.
④ 임진왜란 당시 곽재우, 고경명 등이 의병장으로 활약하였어요.

37. 3·1 운동 정답 ②

탑골 공원에서 독립 선언서를 낭독하였다는 내용을 통해 밑줄 그은 '만세 시위'가 3·1 운동임을 알 수 있어요. 고종의 서거를 계기로 종교계 인사와 학생들이 중심이 되어 고종의 인산일에 즈음하여 만세 운동을 계획하였습니다. 1919년 3월 1일 민족 대표들은 태화관에 모여 독립 선언서를 낭독하고 일제 경찰에 자진 체포되었어요. 비슷한 시각 탑골 공원에 모인 학생과 시민들은 독립 선언서를 낭독한 후 대한 독립 만세를 외치며 시위를 벌였습니다. ② 전국으로 퍼진 3·1 운동은 전 계층이 참여하였으며, 만주, 연해주, 미주 등 해외로도 확산되는 등 일제 강점기 최대 규모의 민족 운동으로 발전하였어요.

오답 피하기
① 6·10 만세 운동은 순종의 인산일에 전개되었어요. 3·1 운동은 고종의 인산일에 즈음하여 전개되었어요.
③ 러·일 전쟁 중인 1904년 보안회는 일제의 황무지 개간권 요구에 반대 운동을 전개하여 이를 철회시켰어요.
④ 아관 파천 이후 러시아를 비롯한 열강의 이권 침탈이 심화되었어요. 독립 협회는 만민 공동회를 개최하여 러시아의 내정 간섭과 이권 침탈을 규탄하였어요.

38. 1920년대 사회 모습 정답 ②

산미 증식 계획이 시행된 시기는 1920년대입니다. 일제는 자국 내 식량 부족 문제를 해결하기 위해 1920년부터 한국에서 산미 증식 계획을 시행하였어요. 이 과정에서 한국 농민들은 수리 조합비와 비료 대금 등 각종 쌀 증산 비용을 부담하게 되어 생활이 더욱 어려워졌습니다. ② 광주 학생 항일 운동은 1929년에 벌어진 한·일 학생 간의 충돌이 발단이 되어 일어났습니다. 신간회의 지원을 받아 전국으로 확산되었습니다. 이는 3·1 운동 이후 최대 규모의 항일 민족 운동이었어요.

오답 피하기
① 제중원은 1885년에 우리나라 최초로 설립된 서양식 병원으로, 처음 설립되었을 때는 광혜원이라 불렸으나 곧 제중원으로 이름이 바뀌었어요. 조선 정부가 제중원의 운영을 미국 선교사에게 맡긴 뒤 제중원은 1904년에 세브란스 병원으로 이름이 바뀌었어요.
③ 1890년대 초 동학교도들은 동학의 창시자 최제우의 누명을 벗겨 줄 것과 포교의 자유를 요구하는 교조 신원 운동을 전개하였어요.
④ 국채 보상 기성회가 주도한 국채 보상 운동은 1907년에 대구에서 시작되어 전국으로 확산되었으나 통감부의 방해로 실패하였어요.

39. 조선 의용대 정답 ③

김원봉 등을 중심으로 창설되었으며 중국 관내에서 결성된 최초의 한인 무장 조직이라는 내용 등을 통해 (가)에 들어갈 군사 조직이 ③ 조선 의용대임을 알 수 있어요. 조선 의용대는 중국 국민당 정부의 지원을 받아 1938년에 김원봉 등을 중심으로 중국 우한에서 창설된 조선 민족 전선 연맹의 군사 조직이며, 중국 관내에서 결성된 최초의 한인 무장 부대입니다. 1940년대 초에 조선 의용대의 일부 병력은 적극적인 무장 투쟁을 위해 화북 지방으로 이동하였으며, 김원봉과 일부 대원은 한국 광복군에 합류하였어요.

오답 피하기
① 별기군은 조선 정부가 개화 정책을 추진하면서 1881년에 설치한 신식 군대입니다.
② 북로 군정서는 북만주 지역의 중광단이 발전하여 조직된 독립군 부대로 청산리 전투에서 크게 활약하였어요.
④ 동북 항일 연군은 중국 공산당의 주도로 만주 지역의 항일 무장 부대를 통합하여 연합 전선을 만들기 위해 조직되었어요.

40. 신채호의 활동

정답 ①

'독사신론', "조선상고사" 등을 저술한 대표적인 민족주의 사학자라는 내용을 통해 (가) 인물이 신채호임을 알 수 있어요. 신채호는 '독사신론'을 발표하여 민족주의 사학의 방향을 제시하였어요. 또한, 고대사 연구에 주력하여 "조선상고사", "조선사연구초" 등을 저술하였어요. ① 신채호는 김원봉의 요청을 받아 의열단의 활동 지침이 된 '조선 혁명 선언'을 집필하였어요.

오답 피하기
② 김규식은 파리 강화 회의에 신한 청년당의 대표로 파견되어 한국의 독립을 주장하였어요.
③ 박용만은 미국 하와이에서 독립군을 양성하기 위해 대조선 국민군단을 창설하였어요.
④ 이극로, 이윤재, 최현배 등이 중심이 된 조선어 학회는 "조선말 큰사전" 편찬을 주도하였으나, 조선어 학회 사건으로 강제 해산되어 완성하지 못하였어요.

41. 윤봉길의 활동

정답 ②

한인 애국단 소속으로 홍커우 공원에서 의거를 일으켰다는 내용을 통해 (가)에 들어갈 인물이 ② 윤봉길임을 알 수 있어요. 한인 애국단 소속인 윤봉길은 1932년에 중국 상하이 홍커우 공원에서 열린 일왕 생일 및 상하이 사변 승전 축하 기념식장에 폭탄을 투척하여 일본군 장성과 고위 관리를 처단하였어요. '매헌'은 윤봉길의 호입니다.

오답 피하기
① 나석주는 의열단원으로 1926년에 조선 식산 은행과 동양 척식 주식회사에 폭탄을 던지는 의거를 일으켰어요.
③ 이봉창은 한인 애국단원으로 1932년에 일본 도쿄에서 일왕이 탄 마차에 폭탄을 투척하였어요.
④ 이회영과 그의 형제들은 국권 피탈 이후 집안의 재산을 정리하고 남만주(서간도) 삼원보로 이주하여 독립운동 기지 건설을 위해 노력하였어요.

42. 1930년대 후반 이후 일제의 식민 지배 정책

정답 ②

국가 총동원법이 시행되었다는 내용을 통해 밑줄 그은 '이 시기'가 1930년대 후반 이후임을 알 수 있어요. 1937년에 중·일 전쟁을 일으키고 침략 전쟁을 확대한 일제는 1938년에 국가 총동원법을 제정하여 본격적으로 한국에서 필요한 인적·물적 자원의 수탈을 강화하였어요. 학도 지원병제와 징병제 등을 실시하여 병력을 동원하였고 국민 징용령, 여자 정신 근로령 등을 제정하여 노동력을 동원하였어요. 또한, ② 미곡 공출제를 시행하여 농가마다 목표량을 정해 곡식을 강제로 가져가고, 식량을 배급하였어요.

오답 피하기
① 일제는 1910년에 회사를 설립할 때 조선 총독의 허가를 받도록 하는 회사령을 공포하여 민족 자본의 성장을 억압하였어요. 이후 1920년에 회사령이 폐지되어 회사 설립이 신고제로 바뀌었어요.
③ 일제는 1925년에 사회주의 사상을 통제하고 반정부 운동을 단속하기 위해 치안 유지법을 제정하였는데, 치안 유지법은 독립운동을 탄압하는 데에도 이용되었어요.
④ 일제는 1910년대에 군사 경찰인 헌병이 일반 경찰 업무까지 담당하도록 하는 헌병 경찰 제도를 실시하는 등 강압적인 무단 통치를 하였어요. 3·1 운동(1919) 이후 일제가 '문화 통치'로 식민 통치 방식을 바꾸면서 헌병 경찰 제도는 보통 경찰 제도로 바뀌었어요.

43. 제주 4·3 사건

정답 ④

남한만의 단독 선거에 반대하는 세력을 토벌대가 진압하는 과정에서 무고한 주민들이 희생되었다는 내용 등을 통해 (가)에 들어갈 사건이 ④ 제주 4·3 사건임을 알 수 있어요. 1948년에 선거가 가능한 지역, 즉 남한에서의 총선거 실시가 결정되자 제주도에서 남한만의 단독 정부 수립에 반대하는 무장봉기가 일어났어요. 봉기 진압 과정에서 많은 제주도민이 무고하게 희생되었는데, 이를 제주 4·3 사건이라고 합니다.

오답 피하기
① 원산 총파업은 일제 강점기에 원산에서 일어난 노동 운동이에요.
② 제암리 사건은 일제가 3·1 운동을 무력으로 진압하는 과정에서 일본군이 경기도 화성 제암리의 마을 주민을 학살한 사건이에요.
③ 자유시 참변은 간도 참변 이후 러시아의 자유시로 이동한 독립군 부대가 러시아 혁명군(적군)에게 무장 해제를 당하는 과정에서 많은 독립군이 희생된 사건이에요.

44. 6·25 전쟁

정답 ②

1953년에 판문점에서 정전 협정이 체결되었다는 내용을 통해 (가) 전쟁이 6·25 전쟁임을 알 수 있어요. 6·25 전쟁 중 38도선 부근에서 공방전이 벌어지는 상황이 이어지자 소련의 제의로 1951년 7월에 정전 회담이 시작되었어요. 이후 1953년 7월 27일에 판문점에서 정전 협정이 체결되었어요. ② 광복 이후 한반도 문제를 논의하기 위해 열린 모스크바 3국 외상 회의의 결정에 따라 1946~1947년에 미·소 공동 위원회가 두 차례 개최되었어요.

오답 피하기
① 6·25 전쟁 중에 정전 회담이 진행되는 상황에서 이승만 정부가 반공 포로를 석방하여 정전에 반대하였어요.
③ 6·25 전쟁 중 인천 상륙 작전에 성공한 국군과 유엔군은 북진하여 압록강 유역까지 진출하였으나 중국군의 개입으로 후퇴하여 서울을 다시 빼앗겼어요(1·4 후퇴).
④ 6·25 전쟁 중 북한군의 공세에 밀려 낙동강 방어선을 구축하고 반격의 기회를 노리던 국군과 유엔군은 인천 상륙 작전에 성공하고 서울을 되찾았어요.

45. 6월 민주 항쟁

정답 ③

박종철 학생이 물고문을 당한 끝에 사망하였으며, 경찰이 쏜 최루탄에 맞아 이한열 학생이 사망하였다는 내용을 통해 (가) 민주화 운동이 6월 민주 항쟁임을 알 수 있어요. 1987년에 남영동 치안본부 대공분실에서 대학생 박종철이 물고문에 의해 사망하였는데, 전두환 정부는 이를 은폐·조작하였어요. 정부가 국민의 대통령 직선제 요구를 묵살한 4·13 호헌 조치를 발표하고 박종철이 물고문으로 사망하였다는 사실이 밝혀지면서 국민의 분노가 폭발하여 6월 민주 항쟁이 전국으로 확산되었어요. 이 과정에서 대학생 이한열이 경찰이 쏜 최루탄에 맞아 혼수상태에 빠지자, 시위는 범국민적인 운동으로 전개되었어요. 결국 전두환 정부는 당시 여당인 민주 정의당(민정당)의 대표 노태우를 내세워 직선제 개헌 요구를 수용한다는 등의 내용을 담은 6·29 민주화 선언을 발표하였어요. 이에 따라 ③ 5년 단임의 대통령 직선제 개헌이 이루어졌어요.

오답 피하기
① 4·19 혁명의 결과 이승만이 대통령직에서 물러났어요.
② 부·마 민주 항쟁 등으로 흔들리던 유신 체제는 10·26 사태로 사실상 무너졌어요.
④ 5·18 민주화 운동은 전두환 등 신군부의 불법적인 정권 탈취와 비상계엄 확대에 반대하여 일어났어요.

46. 박정희 정부 시기의 경제 상황

정답 ③

경부 고속 도로가 완전 개통되었다는 내용을 통해 연설문을 발표한 정부 시기가 박정희 정부 시기임을 알 수 있어요. ③ 박정희 정부는 1967년부터 1971년까지 제2차 경제 개발 5개년 계획을 추진하였어요. 이에 따라 1970년에 경부 고속 도로가 개통되는 등 사회 간접 자본이 확충되었습니다.

오답 피하기
① 이명박 정부 시기인 2010년에 서울에서 G20 정상 회의가 개최되었어요.
② 노무현 정부 시기에 한·미 자유 무역 협정(FTA)이 체결되었어요.
④ 김영삼 정부 시기에 경제 협력 개발 기구(OECD)에 가입하였어요.

47. 제1차 남북 정상 회담

정답 ①

분단 이후 처음으로 남과 북의 정상이 평양에서 만났다는 내용을 통해 밑줄 그은 '이 회담'이 김대중 정부 시기에 개최된 제1차 남북 정상 회담임을 알 수 있어요. 제1차 정상 회담에서 김대중 대통령과 김정일 국방 위원장은 6·15 남북 공동 선언을 발표하였어요. 이에 따라 남북한은 개성 공단 조성 사업을 추진하기로 합의하였고, ① 노무현 정부 시기인 2003년에 개성 공단 건설이 착공되어 2004년에 시범 단지가 완공되었어요.

오답 피하기
② 박정희 정부 시기에 남북한은 7·4 남북 공동 성명을 발표한 후 합의 사항 이행을 위해 남북 조절 위원회를 설치하였어요.
③ 노태우 정부 시기인 1991년에 남북한이 유엔에 동시 가입하였어요.
④ 전두환 정부 시기인 1985년에 남북 이산가족 고향 방문이 이루어져 분단 이후 최초로 남북 간 이산가족 상봉이 성사되었어요.

48. 단오 　　　정답 ①

음력 5월 5일이며 창포물에 머리를 감아 보려 한다는 내용 등을 통해 밑줄 그은 '이날'이 ① 단오임을 알 수 있어요. 단오는 음력 5월 5일로, 수릿날 또는 천중절이라고도 해요. 이날에는 창포물에 머리 감기, 씨름 등의 놀이를 즐겼으며, 쑥떡이나 수리취떡 등을 만들어 먹었습니다.

오답 피하기
② 동지는 일 년 중에 밤이 가장 길고 낮이 가장 짧은 날이에요. 이날에는 팥죽과 동치미 등을 먹었는데, 팥의 붉은색이 잡귀를 물리친다고 여겨서 집 안 곳곳에 팥죽을 놓아두기도 하였어요.
③ 추석은 음력 8월 15일로, 한가위 또는 중추절이라고도 해요. 추석에는 수확에 감사하며 햇과일과 햇곡식으로 차례를 지내고 성묘를 하였어요.
④ 한식은 동지에서 105일째 되는 날로, 이날에는 성묘를 하였으며 불을 사용하지 않고 찬 음식을 먹는 풍속이 있었어요.

49. 독도 　　　정답 ①

우리나라 가장 동쪽에 있으며, 고종 황제가 칙령 제41호를 공포해 우리 땅임을 분명히 하였다는 내용을 통해 밑줄 그은 '섬'이 ① 독도임을 알 수 있어요. 고종 황제는 울릉도를 울도군으로 승격시켜 독도를 관할하도록 한다는 내용의 대한 제국 칙령 제41호를 반포하여 독도가 우리 땅임을 분명히 하였어요. 일본이 러·일 전쟁 중 독도를 자국의 영토로 불법 편입하였으나 광복 이후 독도에 대한 영토 주권을 회복하였어요.

오답 피하기
② 고려 정부의 개경 환도 결정에 반발하여 강화도에서 봉기한 삼별초는 진도 용장성으로 근거지를 옮겨 대몽 항쟁을 이어 갔어요.
③ 6·25 전쟁 중 거제도에 포로수용소가 설치되었어요.
④ 조선 후기에 정약전은 흑산도에서 유배 생활을 하면서 흑산도 근처의 수산 생물을 조사하여 "자산어보"를 편찬하였어요.

50. 진주의 역사 　　　정답 ④

임진왜란 때 김시민 장군이 왜군에 맞서 싸운 장소이며, 조선 후기에 유계춘의 주도로 농민 봉기가 일어났고, 일제 강점기에 조선 형평사 창립 대회가 개최되었다는 내용을 통해 학생들이 공통으로 이야기하는 지역이 ④ 진주임을 알 수 있어요. 임진왜란 중 진주성에서 김시민의 지휘 아래 관군과 백성이 힘을 합쳐 일본군을 물리쳤어요(진주 대첩). 또 조선 철종 때 진주에서 유계춘의 주도로 삼정의 문란과 관리의 수탈에 저항하여 농민 봉기가 일어났어요. 일제 강점기인 1923년에는 진주에서 조선 형평사가 창립되어 백정에 대한 사회적 차별 철폐 운동인 형평 운동이 전개되었어요.

오답 피하기
① 강릉은 율곡 이이가 태어난 오죽헌이 있는 곳이에요.
② 군산은 일제 강점기에 일본과의 무역이 늘어나면서 항구 도시로 발달하였어요. 일제 강점기에 군산 등을 통해 많은 쌀이 일본으로 유출되었어요.
③ 대구는 견훤의 후백제군이 왕건의 고려군을 상대로 크게 이긴 공산 전투가 있었던 곳이며, 1907년에 국채 보상 운동이 시작된 곳이에요.

1 ④	2 ③	3 ③	4 ②	5 ②	6 ④	7 ②	8 ③
9 ④	10 ④	11 ①	12 ②	13 ④	14 ①	15 ①	16 ③
17 ②	18 ①	19 ④	20 ③	21 ③	22 ②	23 ①	24 ②
25 ①	26 ③	27 ④	28 ④	29 ①	30 ①	31 ④	32 ①
33 ③	34 ③	35 ④	36 ①	37 ③	38 ③	39 ③	40 ④
41 ③	42 ②	43 ②	44 ①	45 ②	46 ④	47 ①	48 ④
49 ①	50 ④						

1. 청동기 시대의 생활 모습 　　　정답 ④

금속 도구를 사용하기 시작하였으며, 대표적 유물이 비파형 동검이라는 내용 등을 통해 (가) 시대가 청동기 시대임을 알 수 있어요. 청동기 시대부터 청동을 이용한 금속 도구를 만들어 사용하기 시작하였어요. 비파형 동검은 청동기 시대를 대표하는 유물로, 악기 비파와 생김새가 비슷하여 '비파형' 동검이라는 이름이 붙여졌어요. ④ 고인돌은 청동기 시대 지배자의 무덤으로 알려져 있어요. 청동기 시대에는 사유 재산과 계급이 발생하였고 지배자가 등장하여 부족을 다스렸어요.

오답 피하기
① 우경은 철기 시대 이후 널리 보급된 것으로 보입니다.
② 철제 농기구는 철기 시대부터 사용되었어요.
③ 구석기 시대 사람들은 식량을 찾아 이동 생활을 하였으며 주로 동굴이나 막집에서 살았어요.

2. 부여 　　　정답 ③

영고라는 제천 행사를 열고 여러 가(加)들이 별도로 사출도를 다스렸던 나라는 ③ 부여입니다. 부여는 철기 문화를 바탕으로 성장하였으며, 만주 쑹화강 유역의 평야 지대에 자리 잡아 농경과 목축이 발달하였어요. 부여에서는 왕이 중앙을 다스리고 마가·우가·저가·구가의 여러 가(加)들이 사출도를 다스렸어요.

오답 피하기
① 가야는 낙동강 하류의 변한 지역에서 성장하였어요.
② 동예는 지금의 강원도 북부 동해안 지역을 중심으로 성장하였으며, 10월에 무천이라는 제천 행사를 열었어요.
④ 옥저는 지금의 함경도 지역에서 성장하였으며 해산물이 풍부하게 생산되었어요.

3. 고구려의 발전 과정 　　　정답 ③

(가) 고구려 장수왕은 427년에 국내성에서 평양(성)으로 도읍을 옮기고 본격적으로 남진 정책을 추진하였어요.
(나) 고구려 광개토 태왕은 400년에 신라 내물 마립간의 지원 요청을 받아 보병과 말을 타고 싸우는 기병 등 5만 명의 군대를 파견하여 신라에 침입한 왜를 격퇴하였어요.
(다) 고구려 영양왕 때인 612년에 을지문덕이 이끄는 고구려군은 살수에서 수의 군대를 크게 물리쳤어요(살수 대첩).
따라서 일어난 순서대로 나열하면 ③ (나) 광개토 태왕 때 신라에 침입한 왜 격퇴(400) → (가) 장수왕 때 평양(성) 천도(427) → (다) 영양왕 때 살수 대첩(612)입니다.

4. 신라 법흥왕의 업적 　　　정답 ②

이차돈의 순교를 계기로 불교를 공인하였으며, 금관가야를 병합하였다는 내용을 통해 가상 인터뷰에 등장하는 왕이 신라의 ② 법흥왕임을 알 수 있어요.

신라는 토속 신앙의 영향력이 강하여 이를 믿는 귀족들의 반대로 불교를 쉽게 공인하지 못하다가, 6세기 전반 법흥왕 때 이차돈의 순교를 계기로 불교를 공인하였습니다. 또 법흥왕 때 금관가야를 병합하여 낙동강 하류 유역을 확보하였어요.

오답 피하기
① 백제 성왕은 사비(지금의 부여)로 도읍을 옮기고 나라 이름을 '남부여'로 바꾸는 등 백제의 중흥을 위해 힘썼어요.
③ 신라 지증왕은 국호를 '신라', 최고 지배자의 칭호를 '왕'으로 정하였으며, 이사부를 보내 우산국을 정복하였어요.
④ 백제의 전성기를 이끈 근초고왕은 남쪽으로 마한을 정복하여 남해안으로 진출하고, 북쪽으로는 평양성을 공격하여 고구려 고국원왕을 전사시키고 황해도 일부 지역을 차지하였어요.

5. 백제의 지방 행정 제도 [정답 ②]

부여 능산리 절터에서 출토된 금동 대향로를 통해 (가) 국가가 백제임을 알 수 있어요. 부여 능산리 고분군 근처의 절터에서 출토된 백제 금동 대향로는 백제의 뛰어난 금속 공예 기술을 보여 주는 대표적인 문화유산으로, 도교와 불교 사상이 함께 반영되어 있습니다. ② 담로는 백제의 지방 행정 구역이에요. 백제 무령왕은 지방 통제를 강화하기 위하여 22담로에 왕족을 파견하였어요.

오답 피하기
① 고려 광종은 왕권 강화와 국가 재정 확충을 위해 본래 양인이었다가 억울하게 노비가 된 사람을 조사하여 신분을 되돌려 주는 노비안검법을 실시하였어요.
③ 신라는 귀족 회의인 화백 회의에서 나라의 중요한 일을 결정하였어요.
④ 부여는 왕이 중앙을 다스리고 마가·우가·저가·구가의 여러 가(加)들이 별도로 사출도를 주관하였어요.

6. 금관가야 [정답 ④]

김수로가 세웠으며 김해 대성동 고분군이 유적인 (가) 나라는 금관가야입니다. ④ "삼국유사"에 실린 수로왕의 건국 이야기에 따르면 촌장과 백성이 '구지가'를 부르자 하늘에서 6개의 황금 알이 내려왔고 그중 한 알에서 김수로가 태어나 금관가야를 세웠다고 전해집니다. 김해를 중심으로 성장한 금관가야는 전기 가야 연맹을 주도하였으며, 김해 대성동 고분에서는 금관가야의 우수한 철기 문화를 짐작할 수 있는 철제 갑옷 등이 출토되었어요.

오답 피하기
① 백제 성왕은 넓은 평야가 있고 강을 끼고 있어 수로 교통이 편리한 사비(지금의 부여)로 수도를 옮겨 백제의 중흥을 꾀하였어요.
② 신라 지증왕은 이사부를 보내 우산국을 복속하였어요.
③ 신라 흥덕왕 때 당에서 귀국한 장보고는 지금의 완도에 군사·무역 기지인 청해진을 설치하고 해적을 소탕한 후 이곳을 거점으로 해상 무역을 장악하였어요.

7. 신라의 삼국 통일 과정 [정답 ②]

매소성 전투에서 승리한 신라군이 설인귀가 이끄는 당군을 격파하였다는 내용을 통해 밑줄 그은 '이 전투'가 ② 기벌포 전투임을 알 수 있어요. 백제와 고구려를 멸망시킨 후 당이 약속과 다르게 한반도 전체를 차지하려고 하자 신라는 당에 맞서 싸웠어요. 매소성 전투(675)에서 당군을 크게 물리친 신라군은 다시 기벌포 전투(676)에서 설인귀가 이끄는 당의 수군을 격파하고 삼국 통일을 이룩하였어요.

오답 피하기
① 살수 대첩은 을지문덕이 이끄는 고구려군이 살수(지금의 청천강)에서 수의 군대를 크게 물리친 전투입니다(612).
③ 안시성 전투는 고구려군이 안시성에서 당 태종이 이끄는 당의 대군을 격퇴한 전투입니다(645).
④ 황산벌 전투는 계백이 이끄는 5천 명의 백제 결사대가 황산벌에서 김유신이 이끄는 신라군에 맞서 싸웠으나 패배한 전투입니다(660).

8. 경주 불국사 [정답 ③]

김대성이 조성했다고 전해지는 경주에 있는 문화유산이며, 석가탑과 다보탑이 나란히 서 있다는 내용을 통해 (가)에 해당하는 문화유산이 ③ 경주 불국사임을 알 수 있어요. 경주 불국사에는 석가탑(3층 석탑)과 다보탑, 불국토와 현실 세계를 이어 주는 다리인 청운교와 백운교 등 많은 불교 문화유산이 있어요.

오답 피하기
① 금산사는 전라북도 김제에 있어요. 후백제를 건국한 견훤이 큰아들 신검에 의해 유폐되었던 절로 알려져 있어요.
② 법주사는 충청북도 보은에 있어요. 조선 후기에 지어진 법주사 팔상전은 현존하는 우리나라 유일의 목조 5층탑으로, 내부에 석가모니의 생애를 여덟 장면으로 그린 팔상도가 있어요.
④ 수덕사는 충청남도 예산에 있어요. 고려 후기 주심포 양식의 대웅전이 유명합니다.

9. 발해 [정답 ④]

대조영이 세운 국가로 고구려 계승을 표방하였다는 내용을 통해 밑줄 그은 '국가'가 발해임을 알 수 있어요. 발해는 고구려 장수 출신 대조영이 고구려 유민과 말갈인을 이끌고 지린성 동모산 부근에서 세운 나라입니다. 발해는 일본에 보낸 외교 문서에서 스스로 '고려(고구려)', '고려 국왕'이라고 표현하며 고구려 계승 의식을 표방하였어요. 발해 치미와 용머리상은 발해의 수도였던 상경성 터에서 발견되었어요. ④ 발해는 전성기에 중국으로부터 '바다 동쪽의 융성한 나라'라는 뜻에서 해동성국이라고 불리기도 하였어요.

오답 피하기
① 6세기 말~7세기에 고구려는 여러 차례 수의 침략을 물리쳤는데, 612년에 을지문덕이 살수 대첩에서 큰 승리를 거두었어요.
② 고려 태조는 호족 견제와 지방 통치 보완을 위해 기인 제도를 실시하였어요.
③ 신라 원성왕은 국학의 재학생을 대상으로 유교 경전의 이해 수준을 평가하여 관리로 선발하는 독서삼품과를 시행하였어요.

10. 신라 말의 사회 모습 [정답 ④]

진성 여왕에게 10여 조의 개혁안을 올렸다는 내용을 통해 밑줄 그은 '그'가 최치원임을 알 수 있어요. 최치원은 신라 말에 활동한 6두품 출신으로, 당으로 유학을 가서 빈공과에 합격하여 관직에 올랐어요. 신라에 돌아온 후 혼란한 정치를 바로잡기 위해 진성 여왕에게 10여 조의 개혁안을 올렸으나 진골 귀족들의 반대로 개혁은 실행되지 못하였어요. 부산의 해운대라는 지명은 최치원의 호였던 '해운'에서 유래되었다고 합니다. ④ 신라 말에 중앙 정치가 혼란하자 지방에서 호족이 성장하였어요. 호족은 스스로 성주, 장군을 칭하며 독자적인 세력을 형성하였어요.

오답 피하기
① 원 간섭기인 충렬왕 때 안향이 고려에 성리학을 처음 소개했다고 전해집니다.
② 금속 활자는 고려 시대부터 만들어진 것으로 보입니다. 현재 남아 있는 세계에서 가장 오래된 금속 활자본은 "직지심체요절"이에요.
③ 조선 후기에 장시 등 사람들이 많이 모이는 곳에서 소리꾼이 노래와 사설로 줄거리를 풀어 가는 판소리 공연이 성행하였어요.

11. 신라 신문왕과 고려 광종의 정책 [정답 ①]

신라 신문왕은 귀족의 경제 기반을 약화하기 위해 관리에게 관료전을 지급하고 녹읍을 폐지하였어요. 관료전은 조세만 거둘 수 있었던 반면, 녹읍은 해당 지역 농민의 노동력도 징발할 수 있었어요. 고려 광종은 왕권을 강화하기 위해 노비안검법을 실시하였으며, 쌍기의 건의를 받아들여 과거제를 도입하고 유교적 지식과 능력을 갖춘 인재를 뽑아 국왕에게 충성하는 관리로 삼았어요. 따라서 (가), (나)에 들어갈 내용을 옳게 연결한 것은 ① (가) 녹읍, (나) 과거제입니다.

12. 서희의 활동

거란의 침입을 막아 낸 외교 담판이라는 내용을 통해 (가) 인물이 서희임을 알
수 있어요. 거란은 송과 고려의 관계를 끊기 위해 고려를 침략하였어요(거란
의 1차 침입). 서희는 이러한 거란의 의도를 파악하고 거란 장수 소손녕과 외
교 담판을 벌였어요. 그 결과 고려가 송과의 관계를 끊고 거란과 교류할 것을
약속하는 대신 거란군을 물러가게 하고 ② 강동 6주를 획득하였어요.

① 조선 세종은 최윤덕과 김종서를 북방으로 파견하여 여진을 정벌하고 4군 6진을 개
척하였어요.
③ 윤관은 별무반을 이끌고 여진을 정벌한 뒤 동북 9성을 쌓았어요.
④ 공민왕은 쌍성총관부를 공격하여 원에 빼앗겼던 철령 이북의 영토를 되찾았어요.

13. 삼국유사

승려 일연이 저술하였으며 단군의 고조선 건국 이야기가 실려 있다는 내용을
통해 밑줄 그은 '이 책'이 ④ "삼국유사"임을 알 수 있어요. 고려 후기에 승려
일연이 고구려, 백제, 신라의 역사를 다룬 "삼국유사"를 저술하였어요. 일연
은 불교사를 중심으로 고대의 민간 설화, 전설 등을 기록하였으며, 우리 역사
의 시작을 고조선으로 보고 "삼국유사"에 단군의 고조선 건국 이야기를 수록
하였어요.

① "발해고"는 조선 후기에 유득공이 저술한 역사서로, 유득공은 이 책에서 처음으로
신라와 발해를 남북국이라 칭하였어요.
② "동국통감"은 조선 성종 때 서거정 등이 고조선부터 고려까지의 역사를 정리한 역
사서입니다.
③ "동사강목"은 조선 후기에 안정복이 고조선부터 고려까지의 역사를 정리한 역사서
로, 우리 역사의 독자적 정통론을 주장하였어요.

14. 고려의 경제 정책

송에서 인삼을 사러 벽란도에 왔다는 내용을 통해 제시된 상황을 볼 수 있었
던 국가가 고려임을 알 수 있어요. 고려 시대에는 수도 개경(지금의 개성) 근처
에 있는 예성강 하구의 벽란도가 국제 무역항으로 번성하였어요. 고려는 송에
종이, 나전 칠기, 인삼 등을 수출하고 비단, 서적, 차 등을 수입하였습니다. ①
건원중보는 고려 성종 때 만들어진 우리나라 최초의 금속 화폐입니다.

② 조선 정조는 신해통공을 단행하여 육의전을 제외한 시전 상인의 금난전권을 폐지하
였어요. 금난전권은 허가받지 않고 상업 활동을 하는 난전을 금지할 수 있는 권리입
니다.
③ 조선 세종은 수취 체제를 개편하여 토지를 비옥도에 따라 6등급으로 나누는 전분6
등법과 농작물의 풍흉에 따라 9등급으로 나누는 연분9등법을 시행하여 조세를 차
등 부과하였어요.
④ 조선 성종은 관리들이 수조권을 과도하게 행사하자, 지방 관청에서 수확량을 조사
하여 조세를 거둔 후 관리에게 지급하는 관수관급제를 시행하였어요.

15. 묘청의 난

서경으로 수도를 옮길 것을 주장하다가 뜻을 이룰 수 없게 되자 서경에서 거
사하였다는 내용을 통해 가상 인터뷰에 나타난 사건이 ① 묘청의 난임을 알
수 있어요. 이자겸의 난을 계기로 고려 지배층의 분열은 더욱 심해졌고, 왕실
의 권위는 추락하였어요. 이러한 상황에서 인종은 묘청 등 서경 세력을 등용
하여 개혁을 추진하였어요. 묘청 등 서경 세력은 서경으로 수도를 옮길 것을
주장하였지만, 개경 세력의 반대에 부딪혀 실패하였어요. 이에 묘청 등 서경
세력이 서경에서 거사하였어요(묘청의 난, 1135).

② 김흠돌의 난은 신라 신문왕 때 왕의 장인인 김흠돌이 반란을 꾀하다 들켜 처형된 사
건이에요. 신문왕은 이에 가담한 진골 귀족을 없애고 왕의 권력을 강화하였어요.
③ 홍경래의 난은 조선 후기에 홍경래가 평안도 지역에 대한 차별과 지배층의 수탈에
저항하여 일으킨 봉기입니다.
④ 원종과 애노의 난은 신라 말 진성 여왕 때 농민의 삶이 피폐한 상황에서 중앙 정부
가 세금을 독촉하자 원종과 애노를 중심으로 농민들이 일으킨 봉기입니다.

16. 원 간섭기의 모습

'발립', '변발과 호복' 등을 통해 밑줄 그은 '이 시기'가 원 간섭기임을 알 수
있어요. 원 간섭기에 고려와 원의 교류가 활발해지면서 고려에서 몽골식 풍습
(몽골풍)이 유행하였어요. 대표적인 예로 변발과 호복, 발립(모자), 철릭(상하
의가 연결되고 아랫도리에 주름이 잡힌 옷) 등의 복식이 있어요. ③ 신라 선덕
여왕 때 자장의 건의로 황룡사 9층 목탑이 건립되었어요.

① 원 간섭기에 원은 고려에서 금, 은, 인삼, 매 등 특산물을 거두어 갔어요. 응방은 매
의 사육과 사냥을 맡은 관서로, 원에 보낼 매를 구하기 위해 처음 설치되었어요.
② 원 간섭기에 결혼도감을 통해 많은 고려의 여성이 원에 공녀로 끌려갔어요.
④ 원 간섭기에 새로운 지배 세력으로 등장한 권문세족이 높은 관직을 독점하였으며,
개간을 하고 농민들의 토지를 빼앗아 대농장을 경영하기도 하였어요.

17. 고려의 문화유산

고려 시대에는 옻칠한 그릇 바탕에 조개껍데기 조각인 자개를 붙여 무늬를 표
현한 나전 칠기가 유행하였어요. 또한, 평창 월정사 8각 9층 석탑과 같은 다각
다층탑이 많이 만들어졌습니다. ② 고려 초기에는 안동 이천동 마애 여래 입
상과 같은 개성 있는 모습의 거대 불상이 많이 제작되었어요.

① 이불병좌상은 두 부처가 나란히 앉아 있는 모습의 발해 불상으로, 고구려 양식의 영
향을 받았어요.
③ 경주 석굴암 본존불상은 통일 신라의 뛰어난 석공 기술을 보여 주는 문화유산이에요.
④ 서산 용현리 마애 여래 삼존상은 바위에 새겨진 백제의 불상으로, 온화한 미소를 짓
고 있어 '백제의 미소'라고 부르기도 합니다.

18. 조선 세종의 업적

최윤덕과 김종서를 파견하여 4군 6진을 개척하였다는 내용을 통해 가상 인터
뷰에 등장하는 왕이 조선 세종임을 알 수 있어요. 세종은 최윤덕과 김종서를
보내 압록강과 두만강 유역의 여진을 몰아내고 4군 6진을 개척하였어요. 이로
써 현재와 비슷한 국경선이 확정되었어요. 과학 기술 분야에 관심이 컸던 ②
세종은 이순지 등에게 명하여 한양을 기준으로 한 역법서인 "칠정산"을 편찬
하였어요.

① 조선 고종 때 흥선 대원군은 비변사의 기능을 축소하여 사실상 비변사를 폐지하고
의정부와 삼군부의 기능을 부활시켰어요.
③ 조선 광해군 때 허준이 전통 한의학을 집대성한 "동의보감"을 완성하여 간행하였
어요.
④ 조선 숙종 때 청과 국경을 정하고 백두산정계비를 건립하였어요.

19. 홍문관

정답 ④

궁궐 내의 서적을 관리하고 왕의 각종 자문에 응하는 기구이며, 사헌부, 사간원과 함께 삼사라고 불린다는 내용을 통해 (가) 기구가 ④ 홍문관임을 알 수 있어요. 조선 성종이 집현전을 계승하여 설치한 홍문관은 경연을 담당하고 왕의 정책 자문에 응하였어요. 또 사헌부, 사간원과 함께 3사로 불리며 권력의 독점을 견제하는 언론 기능을 담당하였어요.

오답 피하기
① 승정원은 조선 시대 왕의 비서 기관으로 왕명의 출납을 담당하였어요.
② 어사대는 고려 시대에 풍속 교화와 관리 감찰을 담당한 기구입니다.
③ 집사부는 신라의 중앙 정치 기구 중 하나로, 기밀 사무를 관장하며 왕명을 수행하는 역할을 담당하였어요.

20. 앙부일구

정답 ③

조선 시대의 해시계이며 그림자로 시간을 측정하는 기구라는 내용을 통해 (가)에 들어갈 문화유산이 ③ 앙부일구임을 알 수 있어요. 앙부일구는 해의 그림자로 시간을 측정하는 해시계로, 조선 세종 때 처음 만들어졌어요. 앙부일구의 이름은 '하늘을 우러르고 있는 가마솥 모양의 해시계'라는 뜻입니다.

오답 피하기
① 자격루는 자동으로 시간을 알려 주는 장치를 갖춘 물시계로, 이를 통해 밤낮이나 날씨에 상관없이 시간을 알 수 있었어요.
② 측우기는 비가 내린 양(강우량)을 측정할 수 있는 기구입니다.
④ 혼천의는 천체의 운행과 위치를 연구하기 위한 천문 관측기구입니다.

21. 임진왜란의 전개 과정

정답 ③

왜군의 침입과 약탈을 비롯해 곽재우, 김덕령 등 의병장의 활동이 기록되어 있다는 내용을 통해 밑줄 그은 '이 전쟁'이 임진왜란임을 알 수 있어요. 1592년에 일본군(왜군)이 조선을 침략하여 임진왜란이 일어났어요. 전쟁 초기에 일본군이 수도 한성을 함락하고 북쪽으로 진격하여 조선은 큰 위기를 맞았어요. 그러나 이순신이 이끄는 수군과 곽재우, 조헌, 김덕령 등 전국 각지에서 일어난 의병의 활약, 관군의 정비와 명군의 지원 등으로 전세를 역전시킬 수 있었어요. ③ 조선 정부는 임진왜란 중에 유성룡의 건의를 수용하여 포수, 사수, 살수의 삼수병으로 편성된 훈련도감을 설치하였어요.

오답 피하기
① 개항 이후 조선 정부는 개화 정책을 추진하여 1881년에 신식 군대인 별기군을 창설하였어요.
② 2군 6위는 고려의 중앙 군사 조직이에요. 2군은 왕의 친위 부대이고, 6위는 수도 경비와 국경 방어 등을 담당하였어요.
④ 17세기에 조선 효종은 청의 요청에 따라 두 차례의 나선 정벌에 조총 부대를 파견하였어요. 나선은 러시아를 말해요.

22. 명·청 교체기 조선의 대외 관계

정답 ②

(가) 조선 광해군 때 명이 쇠약해지고 후금이 강성해지는 상황에서 후금과 대립하고 있는 명의 요청으로 강홍립의 부대가 파병되었어요. 명과 후금 사이에서 중립 외교를 펼치던 광해군은 강홍립에게 상황에 맞게 대처하라고 지시하였고, 강홍립 부대는 명의 군대와 함께 후금과 전투를 벌였으나 패배하여 상황이 어렵게 되자 후금에 항복하였어요. 이러한 광해군의 중립 외교 등에 반발한 서인의 주도로 인조반정이 일어나 광해군이 폐위되고 능양군이 즉위하여 인조가 되었어요.

(나) 병자호란 이후 청에 볼모로 끌려갔다가 돌아온 효종은 청에 당한 치욕을 갚기 위해 북벌 정책을 추진하였으나 청의 세력이 확대되는 국제 정세 속에서 실행에 옮기지 못하였어요. 오히려 효종은 청의 요청으로 나선 정벌에 두 차례 조총 부대를 파견하였어요.

(다) 조선 인조 때 후금이 국호를 '청'으로 바꾸고 조선에 군신 관계를 요구하였는데 조선이 이를 거부하자 청군이 조선을 침략하여 병자호란(1636~1637)이 일어났어요. 인조는 남한산성으로 피신하여 청에 항전하였으나 결국 삼전도에서 항복하고 굴욕적인 화의를 체결하였어요. 이후 소현 세자와 봉림 대군(후에 효종)을 비롯하여 많은 신하와 백성이 청에 볼모로 끌려갔습니다.

따라서 일어난 순서대로 나열하면 ② (가) 광해군 때 강홍립 부대의 파병 → (다) 인조 때 삼전도에서 청에 항복 → (나) 효종 때 나선 정벌에 조총 부대 파견입니다.

23. 대동법

정답 ③

특산물 대신 쌀, 베, 동전으로 납부하고 토지 결수를 기준으로 공납을 부과한다는 내용을 통해 퀴즈의 정답이 ③ 대동법임을 알 수 있어요. 조선 후기에 방납의 폐단이 심해지자 이러한 문제를 해결하기 위하여 광해군은 대동법을 실시하였어요. 대동법은 공납을 특산물 대신 소유한 토지를 기준으로 쌀, 베, 동전 등으로 납부하게 하는 제도입니다. 대동법의 시행으로 징수된 쌀 등을 관리하기 위한 관청으로 선혜청이 설치되었어요.

오답 피하기
① 고려 말 토지 제도의 문란을 바로잡기 위해 이성계와 급진 개혁파(혁명파) 신진 사대부는 과전법을 실시하였어요. 과전법은 관직 복무에 대한 대가로 전·현직 관리에게 등급에 따라 경기 지역에 한해 토지의 수조권을 나누어 준 제도입니다.
② 조선 영조는 농민의 군포 부담을 덜어 주기 위해 군포를 2필에서 1필로 줄여 주는 균역법을 실시하였어요.
④ 조선 인조는 전세를 풍흉에 관계없이 토지 1결당 쌀 4~6두로 고정시킨 영정법을 실시하였어요.

24. 인왕제색도

정답 ②

조선 후기에는 중국의 산수화를 모방하는 데에서 벗어나 우리나라의 실제 경치를 사실적으로 표현하는 진경 산수화가 등장하였어요. 대표적인 화가 정선은 조선의 실제 풍경을 사실적으로 담은 금강전도, ② 인왕제색도 등을 남겼습니다.

오답 피하기
① 고구려의 굴식 돌방무덤인 무용총에는 수렵도, 무용도 등이 남아 있어 당시의 생활 모습을 짐작할 수 있어요.
③ 몽유도원도는 조선 전기의 화원 안견이 안평 대군이 꿈속에서 본 무릉도원에 대한 이야기를 듣고 그린 그림이에요.
④ 고사관수도는 강희안이 그린 작품으로, 선비가 흐르는 물을 바라보는 모습을 그린 그림이에요.

25. 예송

정답 ①

(가)는 인조반정으로 광해군이 폐위되고 인조가 즉위한 시기(1623)입니다. (나)는 영조가 붕당 간의 대립을 완화하기 위해 탕평책을 추진하며 이에 대한 의지를 보여 주기 위해 성균관 입구에 탕평비를 건립한 시기(1742)입니다. ① 인조와 효종의 뒤를 이어 즉위한 현종 때 효종과 효종비가 사망하여 장례를 치르는 과정에서 인조의 계비이자 효종의 계모인 자의 대비가 상복을 얼마나 입어야 하는지 그 기간을 두고 두 차례 예송이 일어났어요.

오답 피하기
② 조선 중종 때에 부산포, 내이포(제포), 염포의 3포에 거주하던 일본인들이 조선 정부의 통제에 불만을 품고 난을 일으켰어요. 인조반정 이전의 일이에요.
③ 조선 세조 때 편찬 작업이 시작된 "경국대전"은 조선 성종 때 완성되었어요. 인조반정 이전의 일이에요.
④ 고려 충렬왕 때 원이 일본 원정을 위한 기구로 정동행성을 설치하였어요. 인조반정 이전의 일이에요.

26. 정조의 정책 정답 ③

사도 세자의 아들이며 수원 화성으로 행차하였다는 내용을 통해 (가) 왕이 조선 정조임을 알 수 있어요. 정조는 수원에 신도시이자 자신의 정책을 뒷받침하는 개혁 도시로 수원 화성을 건설하였어요. 또 ③ 국왕의 친위 부대인 장용영을 창설하여 왕권을 뒷받침하였어요.

오답 피하기
① 조선 고종 때 흥선 대원군은 왕실의 권위를 회복하기 위해 임진왜란 때 불에 탄 경복궁을 중건하였어요.
② 조선 세종 때 이종무는 왜구의 근거지인 대마도(쓰시마섬)를 정벌하였어요.
④ 조선 영조는 탕평에 대한 의지를 널리 알리고자 성균관 입구에 탕평비를 세웠어요.

27. 홍경래의 난 정답 ④

19세기 농민 봉기이며, 홍경래 등이 거사하자고 주장하는 내용을 통해 밑줄 그은 '거사'가 홍경래의 난임을 알 수 있어요. 홍경래의 난은 19세기에 홍경래와 우군칙 등의 주도 아래 중소 상공인과 광산 노동자, 가난한 농민 등이 참여한 농민 봉기입니다. ④ 서북 지역(평안도)에 대한 차별과 세도 정권의 수탈에 저항하여 일어났지만, 정주성에서 관군에 진압되었어요.

오답 피하기
① 신미양요 당시 조선군 수비대가 초지진에서 미군에 맞서 싸웠으나 패배하였어요. 한편, 1875년 일본 군함 운요호가 허가 없이 강화도 초지진에 접근해 오자 조선군 수비대가 경고 포격을 가하기도 하였어요.
② 고려 인종 때 묘청 등 서경 세력은 풍수지리설을 내세워 서경 천도를 추진하고 금국 정벌을 주장하였어요.
③ 임오군란 이후 조선 정부는 일본과 제물포 조약을 체결하여 일본에 배상금을 지불하고 일본 공사관 경비를 위한 일본군 주둔을 허용하였어요.

28. 조선 후기의 경제 상황 정답 ④

조선 후기에 영조는 농민의 군포 부담을 덜어 주기 위해 군포를 2필에서 1필로 줄여 주는 균역법을 실시하였어요. 따라서 조선 후기의 경제 상황을 찾으면 됩니다. ④ 조선 후기에는 모내기법이 전국으로 확산되어 농업 생산량이 증가하였어요.

오답 피하기
① 조선 고종 때 흥선 대원군은 경복궁을 다시 짓는 데 필요한 돈을 마련하기 위해 원래 사용하던 상평통보의 100배 가치에 해당하는 당백전을 발행하여 유통하였어요.
② 신라 지증왕 때 수도 금성(지금의 경주)에 시장인 동시와 이를 감독하기 위한 관청인 동시전이 설치되었어요.
③ 고려 말에 문익점이 원으로부터 목화씨를 처음 들여와 목화 재배에 성공하였어요.

29. 오페르트의 남연군 묘 도굴 미수 사건 정답 ①

덕산 묘지(남연군 묘)에서 일으켰다는 내용을 통해 밑줄 그은 '변고'가 오페르트의 남연군 묘 도굴 미수 사건임을 알 수 있어요. 조선 철종이 후사 없이 죽자 1863년에 고종이 어린 나이로 즉위하여 흥선 대원군이 실질적인 권력을 장악하였어요. 독일 상인 오페르트는 1868년에 충청도 덕산에 있는 흥선 대원군의 아버지 남연군의 묘를 도굴하여 이를 조선 정부와의 통상 협상에 이용하려고 하였으나 도굴에 실패하였어요. 이 사건으로 조선에서는 서양 세력에 대한 반감이 더욱 높아졌어요. 이후 1873년에 흥선 대원군이 정치에서 물러나고 고종이 직접 정치에 나서면서 통상 수교 거부 정책이 완화되고 문호 개방을 요구하는 세력이 힘을 얻었어요. 이런 상황에서 일본이 운요호 사건 (1875)을 일으키고 조선에 개항을 강요하였어요. 그 결과 1876년에 조선은 일본과 강화도 조약을 체결하고 개항하였어요.

따라서 연표에서 오페르트의 남연군 묘 도굴 미수 사건이 일어난 시기는 고종 즉위와 강화도 조약 사이인 ① (가)입니다.

30. 임오군란 정답 ①

1882년 정부의 개화 정책과 구식 군인 차별에 대한 불만으로 일어난 사건은 ① 임오군란입니다. 조선 정부는 개화 정책을 추진하면서 신식 군대인 별기군을 창설하고 구식 군대의 규모를 줄였어요. 별기군에 비해 낮은 대우를 받던 구식 군인들은 밀린 봉급으로 받은 쌀에 겨와 모래가 섞여 있자 분노하여 난을 일으켰어요. 임오군란은 민씨 세력의 요청으로 파병된 청군에 의해 진압되었고, 이후 청의 간섭이 심화되었어요.

오답 피하기
② 삼국 간섭은 청·일 전쟁에서 승리한 일본이 시모노세키 조약을 맺어 청으로부터 랴오둥(요동)반도를 넘겨받자, 러시아가 프랑스, 독일과 함께 일본을 압박하여 랴오둥반도를 청에 반환하게 한 사건이에요.
③ 거문도 사건은 러시아가 조선에서 영향력을 확대하려고 하자, 세계 곳곳에서 러시아와 대립하던 영국이 러시아의 남하를 막는다는 명분을 내세워 거문도를 불법으로 점령한 사건이에요(1885~1887).
④ 임술 농민 봉기는 조선 철종 때 삼정의 문란과 지배층의 수탈 등에 항거하여 일어난 농민 봉기입니다.

31. 우리나라와 중국의 교류 정답 ④

우리나라와 중국 사이에 있었던 교류 활동으로 옳지 않은 것을 찾는 문항입니다. ④ 조·미 수호 통상 조약이 체결된 후 미국이 한성에 공사를 파견하자, 조선 정부는 이에 대한 답례로 미국에 민영익을 대표로 한 보빙사를 파견하였어요. 보빙사는 미국 대통령을 접견하고 근대 문물과 시설들을 시찰하고 돌아왔어요.

오답 피하기
① 신라, 당, 일본을 잇는 해상 무역을 장악한 신라의 장보고는 당의 산둥반도에 신라인의 사찰인 법화원을 세웠어요.
② 만권당은 고려 말에 왕위에서 물러난 충선왕이 중국 원의 연경에 있는 자신의 집에 설치한 독서당이에요. 이곳에서 이제현 등이 공부하며 원의 학자들과 교류하였어요.
③ 연행사는 조선 후기에 중국 청에 파견된 조선 사신을 이르는 말로, 청의 수도인 연경에 간 사신이라는 뜻이에요. 박지원은 연행사의 일원으로 청의 열하에 다녀와 보고 들은 내용을 기록하여 "열하일기"를 저술하였어요.

32. 대한 제국의 정책 정답 ①

고종이 황제에 오르고 수립되었다는 내용을 통해 (가) 시기가 대한 제국 시기임을 알 수 있어요. 러시아 공사관에 머물던 고종은 1년여 만에 경운궁(지금의 덕수궁)으로 돌아와 환구단에서 황제 즉위식을 올리고 대한 제국의 수립을 선포하였어요(1897). ① 대한 제국 정부는 광무개혁을 추진하여 양전 사업을 실시하고 근대적 토지 소유 증명서인 지계를 발급하였어요.

오답 피하기
② 흥선 대원군 집권 시기에 병인양요와 신미양요를 겪은 후 서양 세력과의 통상 수교 거부 의지를 널리 알리기 위해 척화비를 건립하였어요.
③ 제2차 갑오개혁 추진 과정에서 고종이 홍범 14조를 반포하였어요.
④ 일제는 1925년에 사회주의 사상을 통제하고 반정부 운동을 단속하기 위해 치안 유지법을 제정하였는데, 치안 유지법은 독립운동을 탄압하는 데에도 이용되었어요.

33. 신민회 정답 ②

일제가 조작한 105인 사건으로 와해되었으며, 안창호, 양기탁 등이 비밀리에 결성하였다는 내용을 통해 밑줄 그은 '이 단체'가 ② 신민회임을 알 수 있어요. 신민회는 국권 회복과 공화 정체의 근대 국가 수립을 목표로 하여 1907년에 안창호, 양기탁 등이 비밀리에 결성한 단체입니다. 신민회는 민족 자본을 육성하기 위해 태극 서관과 자기 회사를 운영하였으며, 민족 교육을 위해 오산 학교와 대성 학교를 설립하였어요. 또한, 국외에 독립운동 기지 건설을 위해 노력하여 남만주(서간도) 지역의 삼원보에 한인촌을 건설하기도 하였어요.

하지만 일제가 데라우치 총독 암살 미수 사건을 조작하여 105명의 독립운동 가들을 잡아들인 105인 사건으로 조직이 드러나 와해되었어요.

오답 피하기
① 보안회는 일제가 대한 제국 정부에 황무지 개간권을 요구하자 이에 대한 반대 운동을 전개하여 일제의 요구를 저지하는 데 성공하였어요.
③ 대한 자강회는 입헌 군주제의 수립을 지향하였으며, 고종 황제 강제 퇴위 반대 운동을 벌이다가 통감부의 탄압을 받아 해산되었어요.
④ 헌정 연구회는 입헌 군주제의 수립을 주장하였으며, 친일 단체 일진회의 반민족 행위를 규탄하였어요.

34. 을사늑약
정답 ③

대한 제국의 외교권을 일본에 넘겨주었으며, 5적 이지용, 이근택 등이 제멋대로 찬성하였다는 내용을 통해 밑줄 그은 '새 조약'이 을사늑약임을 알 수 있어요. ③ 1905년 을사늑약을 강요하여 대한 제국의 외교권을 박탈한 일본은 이듬해 통감부를 설치하고, 초대 통감으로 이토 히로부미를 파견하였어요.

오답 피하기
① 운요호 사건을 계기로 강화도 조약이 체결되었어요.
② 1882년에 체결된 조·미 수호 통상 조약에서 최혜국 대우를 처음 규정하였어요.
④ 우리나라가 외국과 맺은 최초의 근대적 조약은 1876년에 체결된 강화도 조약이에요.

35. 국채 보상 운동
정답 ②

국채 보상 기성회에서 모금을 하며 사람들이 비녀를 팔고 담배를 끊어 성금을 마련하였다는 내용을 통해 밑줄 그은 '이 운동'이 국채 보상 운동임을 알 수 있어요. 1907년에 국민이 성금을 모아 대한 제국 정부가 일본에 진 빚을 갚자는 국채 보상 운동이 전개되었어요. 국채 보상 운동은 서상돈, 김광제 등을 중심으로 대구에서 시작되었으며, 국채 보상 기성회가 설립되어 운동을 주도하였어요. ② 국채 보상 운동은 대한매일신보, 황성신문 등 언론의 지원을 받아 전국으로 확산되었어요.

오답 피하기
① 독립 협회는 1898년에 근대적 민중 집회인 만민 공동회를 개최하여 이권 수호 운동을 전개하였어요.
③ 1920년대에 전개된 토산품 애용 운동인 물산 장려 운동은 '조선 사람 조선 것', '내 살림 내 것으로' 등의 구호를 내걸었어요.
④ 백정들은 1923년에 조선 형평사를 조직하고 백정에 대한 사회적 차별 철폐를 주장하며 형평 운동을 전개하였어요.

36. 대한민국 임시 정부의 활동
정답 ①

대한민국 임시 정부의 활동을 묻는 문제입니다. ① 신민회는 남만주(서간도) 지역의 삼원보에 신흥 강습소를 세워 독립군을 양성하였어요. 신흥 강습소는 이후 신흥 무관 학교로 발전하였어요.

오답 피하기
② 대한민국 임시 정부는 국내와 연결하기 위한 비밀 행정 조직으로 연통제를 운영하였어요.
③ 대한민국 임시 정부는 미국 워싱턴에 구미 위원부를 두어 외교 활동을 전개하였어요.
④ 대한민국 임시 정부는 독립운동 자금을 마련하기 위해 독립 공채를 발행하였어요.

37. 청산리 전투
정답 ③

1920년 10월 김좌진의 북로 군정서군 등 독립군 연합 부대가 백운평, 천수평, 어랑촌 일대에서 일본군과 싸워 크게 승리하였다는 내용을 통해 밑줄 그은 '전투'가 ③ 청산리 전투임을 알 수 있어요. 1920년에 봉오동 전투에서 패배한 일제는 만주에 대규모의 군대를 파견하여 독립군을 토벌하고자 하였어요. 김좌진의 북로 군정서, 홍범도의 대한 독립군 등 독립군 연합 부대는 청산리 일대의 백운평, 천수평, 어랑촌 등지에서 일본군과 싸워 크게 승리하였어요.

오답 피하기
① 나·당 연합군의 공격으로 백제가 멸망한 뒤 백제 부흥 운동이 일어나자, 백제와 긴밀한 관계를 맺고 있던 왜가 군대를 보내 이를 지원하였어요. 백제 부흥군과 왜의 연합군은 663년에 백강에서 나·당 연합군에 맞서 싸웠으나 패배하였어요(백강 전투).
② 임진왜란 당시에 진주성에서 김시민의 지휘 아래 관군과 백성이 힘을 합쳐 일본군을 격퇴하였어요(진주성 전투).
④ 1931년에 일제가 만주 사변을 일으키자 만주의 독립군 부대와 중국 항일군이 연합하여 항일 무장 투쟁을 전개하였어요. 지청천이 이끄는 한국 독립군은 중국 호로군과 연합하여 대전자령 전투 등에서 일본군을 격퇴하였어요.

38. 물산 장려 운동
정답 ③

1920년 평양에서 조만식 등이 중심이 되어 시작하였으며, 우리 민족 산업을 보호하고 육성하기 위해 전개하였다는 내용을 통해 학생들이 공통으로 이야기하는 민족 운동이 ③ 물산 장려 운동임을 알 수 있어요. 1920년대 초 회사령이 폐지되고 일본 상품에 대한 관세 철폐의 움직임이 나타나자 민족 산업의 보호와 민족 경제의 자립을 위해 물산 장려 운동이 전개되었어요. 물산 장려 운동은 '내 살림 내 것으로', '조선 사람 조선 것' 등의 구호를 내세웠으며 토산품 애용, 근검저축, 금주와 단연 등을 주장하였어요. 물산 장려 운동은 어느 정도 성과를 거두었으나 한국인 기업의 생산량이 늘어난 수요를 따르지 못해 상품 가격이 오르자 사회주의자로부터 자본가의 이익만을 추구한다는 비판을 받기도 하였어요.

오답 피하기
① 브나로드 운동은 1930년대 동아일보사가 학생들의 참여를 바탕으로 펼친 농촌 계몽 운동이에요.
② 1920년대 후반 조선일보사는 '아는 것이 힘, 배워야 산다'라는 구호를 내걸고 한글을 가르치는 등 문자 보급 운동을 전개하였어요.
④ 1920년대 이상재 등은 한국인의 힘으로 고등 교육을 담당할 대학을 설립하자는 민립 대학 설립 운동을 전개하였어요.

39. 6·10 만세 운동
정답 ③

순종의 인산일에 학생들의 주도로 만세 시위가 일어났다는 내용을 통해 대화가 이루어진 시기가 6·10 만세 운동이 일어난 시기임을 알 수 있어요. 6·10 만세 운동은 1926년 순종의 장례일에 학생들이 중심이 되어 만세 시위를 벌인 사건이에요. 6·10 만세 운동의 준비 과정에서 사회주의 세력과 민족주의 세력이 함께하였고, 이러한 노력은 신간회 창립으로 이어졌어요.
따라서 연표에서 6·10 만세 운동(1926)이 일어난 시기는 청산리 대첩(1920)과 광주 학생 항일 운동(1929) 사이인 ③ (다)입니다.

40. 1930년대 후반 이후 일제의 식민 지배 정책
정답 ③

'궁성 요배', '중·일 전쟁 이후 침략 전쟁을 확대하던 시기' 등을 통해 밑줄 그은 '시기'가 1930년대 후반 이후임을 알 수 있어요. 일제는 1937년에 중·일 전쟁을 일으키고 침략 전쟁을 확대하면서 한국인을 전쟁에 쉽게 동원하기 위해 민족의식을 말살하는 정책을 강화하였어요. 일왕이 사는 곳인 궁성을 향해 절을 하는 궁성 요배와 성과 이름을 일본식으로 바꾸는 창씨개명을 강요하였어요. 또 ③ 일왕에게 충성을 맹세하는 황국 신민 서사를 강제로 외우게 하였습니다.

오답 피하기
① 일제는 1910년대에 한국인에게만 적용하는 조선 태형령을 실시하였어요. 조선 태형령은 1920년대 '문화 통치'가 실시되면서 폐지되었어요.
② 일제는 민족 자본의 성장을 억제하려는 목적으로, 1910년에 회사를 설립할 때 조선 총독의 허가를 받도록 하는 회사령을 공포하였어요. 회사령은 1920년에 회사 설립이 신고제로 바뀌면서 폐지되었어요.
④ 1923년에 전라남도 신안군 암태도의 소작농들은 소작권 이전에 반대하고 고율의 소작료 인하를 요구하며 소작 쟁의를 전개하였어요.

41. 이육사의 활동

이름이 형무소에 있을 때 수인 번호와 관련 있으며, 대표적 작품이 '광야'라는 내용을 통해 (가)에 들어갈 인물이 ③ 이육사임을 알 수 있어요. 이육사의 본명은 이원록이에요. 의열단원으로 조선 은행 대구 지점 폭탄 투척 사건에 연루되어 대구 형무소에 수감되었는데, 이때의 수인 번호인 264번을 따서 이름을 이육사로 고쳤어요. 이육사는 '광야', '절정', '청포도' 등 일본에 대한 저항 의식을 드러내는 작품을 남겼습니다.

오답 피하기
① 윤동주는 명동 학교 출신으로, '서시', '자화상', '별 헤는 밤' 등 일제에 의해 억압받는 민족의 현실을 표현한 시를 남겼어요.
② 이상화는 '빼앗긴 들에도 봄은 오는가'와 같이 일제하의 민족적 울분과 일제에 대한 저항 의식을 표현한 시를 발표하여 민족정신을 드높였어요.
④ 한용운은 3·1 운동 당시 민족 대표 33인으로 참여한 독립운동가입니다.

42. 미·소 공동 위원회

모스크바 3국 외상 회의에서 결정된 한반도의 임시 민주 정부 수립 문제를 협의하기 위해 열렸다는 내용을 통해 밑줄 그은 '위원회'가 ② 미·소 공동 위원회임을 알 수 있어요. 광복 이후 미국, 소련, 영국의 외무 장관이 모스크바에 모여 한반도 문제를 논의하였어요. 이 회의에서 한국에 임시 민주 정부 수립과 이를 위한 미·소 공동 위원회 개최, 최대 5년간의 신탁 통치 실시 등이 결정되었어요. 이에 따라 한국의 임시 민주 정부 수립을 논의하기 위해 덕수궁 석조전에서 미·소 공동 위원회가 열렸어요.

오답 피하기
① 남북 조절 위원회는 박정희 정부 시기 남북한이 7·4 남북 공동 성명의 합의 사항을 추진하기 위해 설치한 기구입니다.
③ 광복 직후 여운형은 조선 건국 동맹을 바탕으로 조선 건국 준비 위원회를 조직하였어요.
④ 대한민국 정부 수립 이후 제헌 국회는 친일 반민족 행위자를 처벌하기 위해 반민족 행위 처벌법을 만들었고, 이에 따라 반민족 행위 특별 조사 위원회가 설치되었어요.

43. 6·25 전쟁

전쟁 중인 1951년 11월에 휴전 회담이 진행되었다는 내용을 통해 밑줄 그은 '이 전쟁'이 6·25 전쟁임을 알 수 있어요. 6·25 전쟁은 1950년 6월 25일 북한의 남한 침략으로 시작되었어요. 3일 만에 서울이 함락되고 국군은 낙동강 유역까지 후퇴하였어요. 국군과 유엔군은 인천 상륙 작전에 성공하여 서울을 되찾고 북쪽으로 올라가 압록강 유역까지 진출하였어요. 그러나 ② 북한군을 돕기 위해 중국군이 개입하면서 국군과 유엔군이 함경남도 흥남에서 대규모 철수 작전(흥남 철수 작전)을 전개하였어요. 국군과 유엔군은 서울을 다시 빼앗기기도 하였지만 총공격으로 서울을 되찾았고, 이후 38도선에서 서로 밀고 밀리는 전투가 계속되었어요. 이러한 가운데 전쟁을 멈추기 위해 소련의 제의로 정전 회담이 시작되어 1953년에 정전 협정이 체결되었어요.

오답 피하기
① 6·25 전쟁이 일어나기 전인 1950년 1월, 미국은 태평양 방위선에서 한국과 타이완을 제외한다는 내용의 애치슨 선언을 발표하였어요.
③ 정전 협정이 맺어진 이후인 1954년 이승만 정부 시기에 헌법을 고칠 당시의 대통령에 한해 대통령의 중임 제한을 철폐한다는 규정을 포함한 사사오입 개헌안이 통과되었어요.
④ 정전 협정이 맺어진 이후인 1953년 10월에 이승만 정부는 미군을 한국에 주둔시켜 방위에 협력한다는 내용을 담은 한·미 상호 방위 조약을 미국과 맺었어요.

44. 김규식의 활동

(가)에는 김규식의 활동이 들어가야 합니다. 김규식은 제1차 세계 대전이 끝난 후 전후 처리 문제를 논의하기 위해 열린 파리 강화 회의에 신한 청년당(단)의

대표로 파견되었어요. 그때 대한민국 임시 정부가 수립되자 대한민국 임시 정부의 전권 대사로 임명되어 외교 활동을 펼쳤어요. 광복 후에는 여운형과 함께 좌우 합작 운동을 전개하였으며, ① 유엔 소총회에서 남한만의 단독 선거가 결정되자 김구와 함께 통일 정부 수립을 위해 남북 협상에 참여하였어요.

오답 피하기
② 이승만은 제1차 미·소 공동 위원회가 미국과 소련의 의견 차이로 무기한 휴회되자 정읍에서 남한만의 단독 정부 수립을 주장하였어요.
③ 신채호는 의열단의 활동 지침이 된 '조선 혁명 선언'을 작성하였어요.
④ 의열단원 김상옥은 종로 경찰서에 폭탄을 투척하는 의거를 일으켰어요.

45. 박정희 정부 시기의 사실

경부 고속 도로가 준공되었고, 건설 공사에 한·일 국교 정상화와 베트남전 파병으로 들어온 자금의 일부가 투입되었다는 내용을 통해 (가) 정부가 박정희 정부임을 알 수 있어요. 박정희 정부는 경제 개발을 위해 1962년부터 4차례에 걸쳐 경제 개발 5개년 계획을 시행하였어요. ② 1967년부터 1971년까지 실시된 제2차 경제 개발 5개년 계획은 정유, 시멘트 등 기간산업의 육성과 경부 고속 도로 건설 등 사회 간접 자본의 확충에 중점을 두었어요.

오답 피하기
① 전두환 정부 시기인 1980년대 중·후반에 저유가, 저금리, 저달러의 3저 호황으로 물가가 안정되고 수출이 증가하였어요.
③ 김영삼 정부 시기인 1996년에 경제 협력 개발 기구(OECD)에 가입하였어요.
④ 노무현 정부 시기인 2007년에 미국과 자유 무역 협정(FTA)을 체결하였어요.

46. 5·18 민주화 운동

'광주', '계엄군의 진압에 맞서 시민들의 대규모 시위', '시민군' 등을 통해 (가)에 들어갈 민주화 운동이 ④ 5·18 민주화 운동임을 알 수 있어요. 12·12 사태를 일으켜 권력을 장악한 전두환 등 신군부 세력이 비상계엄을 전국으로 확대하자 광주 시민들이 저항하여 비상계엄 해제, 신군부 퇴진, 민주화 실현 등을 요구하며 시위를 전개하였어요. 신군부는 계엄군을 동원하여 시위대를 향해 발포하는 등 시위대를 무자비하게 진압하였어요. 광주 시민들이 스스로를 지키기 위해 시민군을 조직하여 대항하였지만 신군부는 탱크와 헬기까지 동원하여 시민군을 진압하였고, 이 과정에서 많은 광주 시민이 희생되었어요.

오답 피하기
① 박정희 정부가 한·일 국교 정상화를 추진하는 과정에서 회담 내용이 알려지자 굴욕적인 수교에 반대하여 6·3 시위가 일어났어요.
② 6월 민주 항쟁은 전두환 정부의 강압적인 통치와 국민의 대통령 직선제 개헌 요구를 묵살한 4·13 호헌 조치에 항거하여 일어났어요.
③ 이승만 정부와 자유당이 1960년 3월 15일 정·부통령 선거를 앞두고 2월 28일 대구에서 예정된 야당의 선거 유세장에 학생들이 가지 못하도록 일요일인데도 등교하게 하였어요. 이에 반발하여 2·28 민주 운동이 전개되었어요.

47. 노태우 정부의 통일 노력

'남북한 유엔 동시 가입'과 '한·중 수교'를 통해 노태우 정부 시기임을 알 수 있어요. 노태우 정부 시기인 1991년에 남북한이 유엔에 동시 가입하였고, ① 남북한 상호 체제 인정, 상호 불가침 등에 합의한 남북 기본 합의서를 채택하였어요. 또 노태우 정부는 북방 외교를 추진하여 중국, 소련을 비롯한 동유럽의 사회주의 국가들과 수교하였어요.

오답 피하기
② 박정희 정부는 1972년 '자주, 평화, 민족 대단결'이라는 평화 통일의 3대 원칙에 합의한 7·4 남북 공동 성명을 발표하였어요.
③ 김대중 정부는 2000년에 분단 이후 최초로 남북 정상 회담을 개최하고 6·15 남북 공동 선언에 합의하였어요.
④ 전두환 정부 시기인 1985년에 남북 이산가족 고향 방문이 최초로 실현되었어요.

48. 청주의 역사

정답 ④

2모둠의 '서원경'과 '신라 촌락 문서', 3모둠의 '고려 시대의 직지와 흥덕사'를 통해 학생들이 공통으로 이야기하는 지역이 ④ 청주임을 알 수 있어요. 청주는 신라 5소경 중 하나인 서원경이 설치된 곳이에요. 신라 촌락 문서(민정문서)는 서원경 부근 4개 마을의 경제 상황을 담고 있는 문서로, 세금 징수와 노동력 동원을 위해 작성된 것으로 보입니다. "직지심체요절"은 고려 말에 청주 흥덕사에서 금속 활자로 인쇄되었으며, 현존하는 세계에서 가장 오래된 금속 활자 인쇄본으로 인정받고 있어요.

오답 피하기

① 상주는 신라 말 진성 여왕 때 원종과 애노의 난이 일어난 곳이에요.

② 원주의 법천사지에는 고려 시대 승려인 지광국사의 탑비가 있어요.

③ 전주는 견훤이 도읍으로 삼아 후백제를 건국한 곳이며, 고려 무신 집권기에는 관노비의 봉기가 일어났던 곳이에요. 이곳에는 조선을 세운 태조 이성계의 어진을 모신 경기전과 실록을 보관하던 사고가 있어요.

49. 사회 개혁을 위해 노력한 역사 인물

정답 ①

사회 개혁을 위해 노력한 역사 인물과 해결 노력으로 적절하지 않은 것을 찾는 문항입니다. ① 훈요 10조를 남긴 인물은 고려 태조 왕건이에요. 신라 6두품 출신인 최치원은 당에서 귀국한 후 진성 여왕에게 개혁안으로 시무 10여 조를 건의하였으나 진골 귀족들의 반대로 개혁이 실행되지 못하였어요.

오답 피하기

② 고려 공민왕 때 신돈은 권문세족이 부당하게 빼앗은 토지를 본래 소유주에게 돌려 주고 불법적으로 노비가 된 사람을 양인으로 해방시키기 위해 왕에게 전민변정도감의 설치를 건의하였어요.

③ 조선 중종 때 조광조는 새로운 인사를 등용하기 위해 현량과의 시행을 주장하였어요. 학문과 덕행이 뛰어난 인재를 추천받아 관리로 선발하는 현량과는 사림이 관직에 진출하는 통로가 되었어요.

④ 전봉준은 고부 군수 조병갑의 수탈에 맞서 고부 농민들을 이끌고 봉기하여 관아를 점령하였어요. 이후 사태 수습을 위해 파견된 안핵사 이용태가 봉기에 참여한 농민들을 탄압하자 다시 농민군을 모아 무장에서 봉기하였어요. 백산에 집결하여 4대 강령과 격문을 발표한 동학 농민군은 황룡촌과 황토현 전투에서 관군을 물리치고 전주성을 점령하였어요.

50. 정월 대보름

정답 ④

'음력 1월 15일', '오곡밥', '부럼' 등을 통해 (가)에 들어갈 세시 풍속이 ④ 정월 대보름임을 알 수 있어요. '정월'은 한 해를 처음 시작하는 달, '대보름'은 가장 큰 보름이라는 뜻으로 정월 대보름은 음력 1월 15일입니다. 이날에는 다섯 가지 곡식을 섞어 지은 오곡밥과 묵은 나물 등을 먹고 건강과 풍년을 기원하며 호두, 땅콩, 잣, 날밤 등의 부럼을 깨는 풍속이 있어요.

오답 피하기

① 동지는 일 년 중 밤이 가장 긴 날로 보통 양력 12월 22일 무렵이에요. 이날에는 팥죽과 동치미를 먹었으며, 팥의 붉은색이 잡귀를 물리친다고 여겨 집 안 곳곳에 팥죽을 놓아두기도 하였어요.

② 추석은 음력 8월 15일로, 중추절 또는 한가위라고도 합니다. 이날에는 햇과일과 햇곡식으로 차례를 지내고 성묘를 하였으며, 송편과 토란국 등을 먹었어요.

③ 삼짇날은 음력 3월 3일로, '강남 갔던 제비가 돌아오는 날'이라고도 합니다. 이날에는 진달래화전과 쑥떡 등을 먹었어요.

한국사능력검정시험, 접수부터 합격까지
"큰★별쌤의 라이브방송과 함께"

▶ 최태성1TV 에서

한능검 D-28 (금, 22시)		**한능검 시작합시다 !** "한능검 접수와 함께 스타트~" 큰★별쌤의 합격 열차에 탑승하세요.
★ D-21 (금, 22시)		**한능검 아직도 구석기니?** "열공 부스터를 달아 봅시다." 큰★별쌤과 함께 쭉쭉 진도를 빼 봅시다.
★ D-14 (금, 22시)		**한능검 이제 2주 남았다 !** "2주. 이제 총력전이다." 큰★별쌤의 특급 진단과 함께 중간 점검하는 시간을 가져보세요.
★ D-7 (금, 22시)		**한능검 7일의 기적 !** "포기하지마! 아직 7일이나 남았어." 큰★별쌤이 기적과 같은 일주일을 보내는 방법을 알려드립니다.
★ D-1 (금, 20시)		**한능검 전야제** "내일 시험지 보고 깜놀할 준비해." 큰★별쌤의 예언과도 같은 족집게 강의, 실시간 시청자가 3만이 넘었던 전설의 라방! 꼭 챙기세요.
★ D-DAY		**시험 당일 가답안 공개** "두구두구~ 과연 나는 합격?" 시험이 끝난 직후, 큰★별쌤과 함께 바로 가답안을 채점해 보세요.
★ D+14 (금, 22시)		**한능검 합격자 발표 및 분석** "시험 결과가 나오는 날, 모두 모여라." 다 같이 모여 큰★별쌤과 함께 의미 있는 마무리를 해요.

4대 온라인 서점 1위

		누적 도서 판매 부수	**320만**	2014. 01 ~ 2023. 09 저자 집필 한능검 시험 관련 서적 기준
		누적 수강생 수	**700만**	2002. 03 ~ 2023. 10 EBS, 이투스 누적 수강생 데이터 기준
		누적 조회 수	**1억 300만**	2020. 04 ~ 2023. 10 유튜브 최태성1TV 조회 수 기준

정통파

큰별쌤의 아트 판서와 함께
1달 동안 흐름을 정리하는

한국사능력검정시험

심화 I 기본

문제풀이파

기출문제로 실전 감각을 키우는

회차별 구성	시대별, 주제별 구성
기출 500제	**시대별 기출문제집**
심화 I 기본	심화 I 기본

속성파

큰별쌤이 요약한 필수 개념으로
7일 만에 끝내는

7일의 기적

심화 I 기본

별★별 한국사 한국사능력검정시험 시리즈
이미 많은 분들이 합격으로 검증해 주셨습니다!

남*은(jjj***iii)

왜 큰별쌤인지 알았어요.

매국노 수준의 한국사 포기자, 한능검 심화 가채점 결과 95점 1급 나왔습니다! 태정태세문단세 까지밖에 모르던 한포자였습니다. 중학생 시절 처음 한국사 흐름을 못 따라가고, 외우질 못해서 포기 했어요. 그리고 고등학생 때는 한국사가 싫어서 이과를 선택하게 된 이유도 있었어요. 한국사의 중요성은 알지만 너무나 어렵고 재미없고 지루한 과목이라고 생각했었는데, 큰별쌤을 만나게 되면서 많은 것을 배웠습니다!

선물 같은 한국사 강의를 선물해 주셔서 감사합니다.

책 마지막에 이런 부분이 있었습니다. "내 강의는 돈이 없어서 어쩔 수 없이 듣는 강의가 아니라 돈이 있어도 들을 수 밖에 없는 무료 강의로 만들겠다." 그 부분을 읽었을 때 가슴이 벅차오르더라고요. 시험장에서 너도나도 선생님의 교재를 보고 있는 것을 보았었는데, 뭐랄까 최태성 선생님의 역사의 순간에 들어와 있는 것 같은 느낌을 받았습니다. 정말로 이루어진 것 같으니까요! 지금 이 순간까지 태성쌤이 하셨던 고민과 절망을 제가 감히 헤아릴 수는 없지만 선생님의 꿈을 통해서 저 또한 꿈을 꾸고 희망을 얻어갑니다. 이렇게 큰 선물을 주셔서 정말 감사합니다.

최*혜(cr**27)

김*영(beau***y10)

역사를 알고 나의 삶의 초석이 될 수 있고
최태성 선생님께 무한 감사드립니다.

저는 50대 중후반의 가정주부이며 직장인입니다. 늦은 나이지만 어느 순간 역사를 알아야 하겠다는 생각으로 지인의 추천으로 최태성 선생님을 만나게 되었고 역사에 깊이 빠지게 되었습니다. 공부를 하며 이 나이가 되도록 제대로 알지 못하고 살았다는 것이 부끄럽기도 하고 한편으로는 지금이라도 알게 되어 대행이라는 생각을 하며 강의와 공부를 하게 되었습니다. 일제 강점기를 공부 하면서는 눈물이 많이 나더군요. 지금도 그분들을 생각하면 눈물이 앞을 가립니다. 고맙고 감사합니다. 지금의 우리가 행복하게 살 수 있는 건 모두 그분들의 덕분입니다. 모든 분들을 다 기억할 수는 없겠지만 기억하려 노력할 것입니다. 좋은 기회를 주신 최태성 선생님과 이투스에 감사합니다.

최태성 선생님 덕분에 고득점으로 한능검 1급 합격했습니다!!

정리해 주신 판서를 따로 패드에 정리한 후 하브루타식으로 스토리텔링하며 며칠간 바짝 외우고 시험쳤는데 고득점으로 1급 합격해서 너무 놀랐습니다. 밤도 안 새고 무리하게 공부하지도 않았는데 이렇게 고득점 받은 건 처음이었던... 시험치면서 왜 답이 딱 보이지...? 싶었어요ㅋㅋ 인강듣고 정리하고 외우고 시험치는 동안에 걸린 기간은 10일정도?? 하나하나 정리하는데 시간이 많이 걸려서 그렇지 막상 외우는 시간은 4일정도 걸렸던 것 같습니다. 지인들이 한능검 인강 추천해달라고 하면 저는 고민 1도 하지 않고 역사는 최태성~~~ 하고 최태성 선생님 적극 추천하고 있어요ㅎㅎ 늘 재밌게 강의해 주셔서 넘 감사합니다~

손*훈(sjh**19)

정*원(hak***jang)

한능검 공부를 통해 얻게 된 것

한능검 공부를 할 때 제 목표는 두 가지였습니다. 바로 원하는 급수에 합격하는 것과 합격 후 수강후기를 남기는 것이었어요. 공부하면서 힘들 때마다 합격자분들의 수강후기를 읽으며, 나도 나중에 저렇게 후기를 남기겠다는 생각으로 열심히 공부했습니다. …… 그 동안 어렵고 멀게만 느껴졌던 역사가, 이제는 제 삶의 일부분으로 들어온 것 같아 기쁩니다. 이 글을 읽으시는 다른 분들도, 최태성 선생님의 역사 강의를 통해 삶의 영역이 확장되는 경험을 해보시면 좋겠습니다. 감사합니다!

700만이 선택한

큰★별쌤 최태성
유튜브 공식채널 ▶

별님들이 원하는 **한국사 콘텐츠의 모든 것**,
최태성 TV와 함께하세요.

한국사 **인강** 전문채널

한국사 **교양** 전문채널

초등 별님들의 역사 놀이터!

어린이를 위한 재밌는 역사의 첫걸음!

▶ 유튜브에서 최태성 ▼ 을 검색하세요.